Chefsache Männer

Lizenz zum Wissen.

Sichern Sie sich umfassendes Wirtschaftswissen mit Sofortzugriff auf tausende Fachbücher und Fachzeitschriften aus den Bereichen: Management, Finance & Controlling, Business IT, Marketing, Public Relations, Vertrieb und Banking.

Exklusiv für Leser von Springer-Fachbüchern: Testen Sie Springer für Professionals 30 Tage unverbindlich. Nutzen Sie dazu im Bestellverlauf Ihren persönlichen Aktionscode C0005407 auf www.springerprofessional.de/buchkunden/

Springer für Professionals.
Digitale Fachbibliothek. Themen-Scout. Knowledge-Manager.

- Zugriff auf tausende von Fachbüchern und Fachzeitschriften
- Selektion, Komprimierung und Verknüpfung relevanter Themen durch Fachredaktionen
- Tools zur persönlichen Wissensorganisation und Vernetzung

www.entschieden-intelligenter.de

Springer für Professionals

Peter Buchenau
Herausgeber

Chefsache Männer

Frauen machen Männer erfolgreich

ausspielen sollten im Poker um den besten Job und um die besten Erfolge zu erzielen. Was die oben genannten Attribute anbelangt, haben Frauen hier einen Vorsprung aufzuweisen. Viele Männer müssen daher die Attribute Empathie und Co. meist noch lernen bzw. zulassen. Erfolgsfrauen aus Politik und Wirtschaft machen es vor. Denken wir an Angela Merkel, Christine Lagarde, Hillary Clinton oder an Sheryl Sandberg.

Doch auch von Frauen, die nicht ganz so bekannt wie die genannten Größen sind, kann man sich eine Menge abschauen. In diesem Buch werden Sie viele Anregungen von weiblichen Führungskräften finden, die es nach oben geschafft haben in der Männerwelt des Business. Ich bin mir sicher, dass diese Empfehlungen und Hinweise Ihnen auf Ihrem Karriereweg helfen werden. Ob Sie nun eine Frau sind, die weiter kommen will. Oder ein Mann, der über den eigenen Erfahrungshorizont hinausblicken möchte.

Viel Spaß!
Ihre
Monika Matschnig, im Mai 2015
Wirkung. Immer. Überall.
www.matschnig.com

Zweites Geleitwort

Ich, Bernadette Buder, Model, zweifache stolze alleinerziehende Mutter, bin 29 Jahre alt und geschieden.

Ich lebe mit meinen beiden Söhnen alleine. Hatte viele Dates, aber der richtige Mann war noch nicht dabei. Oft mache ich mir viele Gedanken darüber, ob es überhaupt den richtigen Mann für mich gibt. Vielleicht blockiere ich mich mit meinen Vorstellungen und Ansprüchen an einen Mann selber. So treffe ich aus meiner Wahrnehmung nur Männer, die leider nur Teile meiner vielleicht auch zu hohen Ansprüche abdecken. Doch was macht einen Mann aus meiner Sicht, aus Sicht eines Models, sexy und erfolgreich?

Ich wurde in sehr veralteten Strukturen geboren. In diesen war damals die Vorstellung verbreitet, dass eine Frau keine höhere Bildung benötigt und Schönheit wurde sowieso ganz hinten angestellt. Wichtig war einzig, sehr früh einen Mann zu finden, zu heiraten, Kinder zu bekommen und sich nach der Generation davor zu richten. Ich erkannte zum Glück schon sehr früh mein Potential und meine Fähigkeiten und glaubte an mich. Somit brach ich trotz zweier Kinder noch rechtzeitig aus diesen schrecklichen Strukturen aus.

Gut, damals war ich verheiratet, aber ich war unglücklich. Warum? Weil ich absolut keinen Sinn in meinem Leben sah. Ich wollte etwas schaffen, wollte schön sein, mich selber lieben und natürlich erfolgreich sein. Und das am liebsten mit einem erfolgreichen Mann an meiner Seite, mit dem ich durch dick und dünn gehen kann.

Laufend wurde ich zu Castings und Shootings geladen, doch meine damaligen Umstände ließen mich diese Karriere nicht weiter verfolgen. Zu sehr ließ ich mich leider von meinen Eltern und Freunden beeinflussen und wieder zurück in die alten Strukturen drängen. Doch nachdem ich an einen Punkt kam, an dem ich wirklich nicht mehr konnte, brach ich aus, ließ mich scheiden und lebte mein eigenes Leben. Natürlich mit meinen beiden Söhnen. Ich begann zu studieren, nach dem Motto: Wissen ist Macht. Zeitgleich suchte ich mir gute Jobs und begann mich selbst aufzubauen. Besuchte gute Veranstaltungen und baute meine Netzwerke auf. Männer traf ich nur selten. Wenn, dann ganz bewusst nur spezielle, erfolgreiche und positive Persönlichkeiten. Ich fand mich selbst und wusste genau was ich im Leben wollte: Erfolgreich und glücklich sein, das war mein Ziel.

Zum Thema Männer: Mich interessierten deren Leben und deren Pläne des Glücks. Zeitgleich diskutierten wir über die „perfekte" Lebenspartnerin bzw. Lebenspartner. Beziehungen konnte ich noch nicht eingehen, für das war ich selbst noch zu sehr auf der

Suche und wusste auch noch nicht, wie ich meinen persönlichen Erfolg im Leben erreichen konnte.

Persönlichen Erfolg vergleiche ich immer wieder mit innerem Frieden. Je erfolgreicher man ist, desto glücklicher ist man und umso mehr findet man seine innere Ruhe. Vorausgesetzt, dieser Erfolg ist auf Ehrlichkeit und Fairness aufgebaut. Erfolgreiche Menschen sind auch in der Regel attraktive Menschen und strahlen von innen heraus.

Doch wie schaffe ich all diese Facetten im Leben erfolgreich unter ein Dach zu bekommen. Ich gehe nun mal auf die Grundbedürfnisse zurück. Welche Basis im Leben ist wichtig? Hierfür gehe ich gerne auf die Maslowsche Bedürfnispyramide ein. Sind die ersten Stufen dieser Pyramide abgedeckt, kann ich mit meiner Selbstverwirklichung beginnen. Das größte Hindernis der Selbstverwirklichung ist Angst. Je freier man ist, desto freier und intuitiver kann man sich bewegen und zieht genau das an, was für einen Menschen in dieser Situation gut ist. Frei sein bedeutet auch, frei von Vorurteilen zu sein, Menschen frei sehen können. Schwächen liebevoll zu akzeptieren und das Positive in jedem einzelnen zu erkennen. Darauf aufzubauen, ist ein weiterer Schlüssel für den persönlichen Erfolg. Denn jeder Mensch und jedes Ereignis im Leben hat seinen Grund. Der Grund, der dahinter steckt, muss nur erkannt werden. Die Selbstreflexion und das Analysieren von Situationen sind auch ein wichtige Punkte. Nur so erkennt man Fehler, Schwächen und Situationen, in denen man sich verbessern und eventuell mögliche Gefahren schon vorab verhindern kann. Ein wichtiger Punkt ist, auch zu seinen eigenen Schwächen und Fehlern stehen. Man darf keine Angst davor haben und muss diese so platzieren, dass diese Ängste nicht zum Verhängnis werden. Oft sind die eigenen Schwächen Angriffspunkte von Menschen, die von außen einwirken.

Im Businessleben werden diese oft bewusst von Führungspersönlichkeiten eingesetzt, um ihre Mitarbeiter mit Ängsten und Druck zu manipulieren. Leider bewirkt eine Führungspersönlichkeit in diesem Punkt genau das Gegenteil. Denn Angst löst bei einem Menschen Stress aus. Stress ist auf Dauer für den Körper ungesund. Oft wird Stress als negativ gesehen. Sobald ich aber keine Angst mehr vor meinen Schwächen und Ängsten habe, bin ich unangreifbar.

Hat man Ängste vor Verletzungen, schirmt man sich ab und baut Mauern um sich. Dies spiegelt sich dann auch im privaten Leben. Ich kenne viele Männer, die eine Beziehung oder gar eine Ehe führen, aber die ihre Frau nicht wirklich lieben. Nur aus Angst vor dem Alleinsein führen diese Männer eine Beziehung. Oft ist so eine Beziehung ein Selbstschutz vor der wirklichen wahren Liebe – Angst, diese zu verlieren und verletzt zu werden.

Mehrmals wollte mich ein Mann schon als Geliebte neben seiner Ehe. Doch ich willigte nie ein. Dies hat mehrere Gründe. Zum einen, weil diese Ehefrauen oft die Art von Frauen sind, die ihre Männer bedingungslos lieben und alles für diese tun. Ich gehe das Spiel der Geliebten nicht ein, sondern hebe bei diesem Abendessen (Anmachen) noch richtig seine Frau hervor. Oft geht es wirklich nur um Sex, warum diese Männer versuchen mich zu bekommen. Für mich ist ein Mann, welcher in einer Beziehung, einer Ehe oder in Scheidung lebt, ein absolutes „geht nicht"! Ich selbst war eine betrogene Ehefrau und weiß, wie schmerzhaft es ist, wenn man für einen Mann alles tut, versucht ihm den

Rücken freizuhalten und betrogen wird. Natürlich gibt es immer in jeder Situation mehrere Beteiligte. Und jeder Beteiligte sagt zu dieser Situation „Ja". Ich entschied aus diesem Spiel auszusteigen und trennte mich.

Nach all diesen Erfahrungen machte ich mir viele Gedanken über eine perfekte Beziehung. Was ist wichtig für ein erfülltes Leben auch in Hinsicht auf eine Beziehung, sodass Erfolg und persönliches Glück gegeben sind?

- Freiheit
- Erfolg
- bedingungslose Liebe, Sex, Zärtlichkeiten
- Positiv motivieren
- Gemeinsames freies Wachstum
- gemeinsame Visionen
- Vertrauen
- Ehrlichkeit
- Offenheit

Doch all diese Aspekte kann man nur dann erfüllen, wenn man selbst diese Punkte im Leben gefunden hat. Wichtig ist zu allererst die Reise zu sich selbst, und dann kann auch die richtige und perfekte Liebe ins Leben kommen. Daher wünsche ich allen Lesern dieses Buches viel Erfolg und viele lehrreiche sowie unterhaltsame Stunden zum Thema: „Was macht Männer erfolgreich und sexy?"

Ilse Bernadette Buder,
im Mai 2015

Vorwort

Ja, ich bin der einzige Mann, der nun in diesem Buch schreibt.

Warum? Ich möchte mit dem Buch „Chefsache Männer", welches Sie nun in Händen halten und mit dem zeitgleich erscheinenden Buch „Chefsache Frauen" Tabus brechen. Es ist leider heute in unserer Business und Sportleistungsgesellschaft immer noch stark verbreitet, dass sich Frauen lieber von Frauen trainieren, beraten, coachen oder mentoren lassen und Männer lieber von Männern. Und gerade heute ist das Thema Mann/Frau oder Frau/Mann hoch aktuell. Die von der Bundesregierung eingeführte Frauenquote in den Führungsetagen der Wirtschaft unterstützt dieses Thema und zündet zusätzlich Feuer an. Im Rahmen der Aus- und Weiterbildung von Erwachsenen herrscht aber immer noch Steinzeit.

Schauen wir mal in den Sport, zum Beispiel Fußball Bundesliga. Wenn Sie in der Bundesliga im oberen Drittel mitspielen wollen, benötigen Sie einen Trainer, der eine lange Bundesligaerfahrung hat. Spielen Sie sogar mit dem Gedanken der Meisterschaft, dann brauchen Sie einen Trainer mit Champions-League Erfahrung. Genauso ist es im Business. Wenn Sie als Business-Frau in der Liga der Gentlemen auf Vorstandsebene mitspielen wollen, benötigen Sie einen Trainer, Berater oder Coach, der lange in der Liga der Vorstandsgentlemen mitgespielt hat. Idealerweise jemanden, der selbst einmal Vorstand oder Geschäftsführer in einer Herrenliga war. Der die Regeln der Herren kennt. Leider haben dies eine Mehrzahl der weiblichen Nachwuchsführungskräfte oder auch potentielle weibliche Fachkräfte noch nicht realisiert. Doch, vielleicht haben Sie es sogar realisiert, aber Sie trauen sich nicht, denn Männer und Frauen ticken, arbeiten und denken anders. Und genau das, das Anderssein, also das Unbekannte, macht Ihnen Angst. Sie flüchten zu Vertrautem. Und aus dieser Angst heraus nehmen sich weibliche Fach- und Führungskräfte lieber weibliche Beraterinnen und Coachs. Oft ist dann ein Scheitern vorprogrammiert.

Bei den Männern ist es ebenso. Wenn da eine Frau und ein Mann mit gleichen Qualifikationen zur Beförderung anstehen, werden oft die Männer bevorzugt. Warum? Weil Männer hauptsächlich entscheiden. Daher wählt der Mann den Mann. Hier weiß der Entscheider, was auf Ihn zukommt, er wählt wieder das Vertraute. Der Entscheider stellt jemanden ein, der genauso wie er selbst die männlichen Spielregeln kennt. Würde er eine Frau wählen, hätte er Ungewissheit. Eine Frau denkt anders. Also kommt auch hier wieder die Angst vor dem Unbekannten zum Zuge. Schade eigentlich, viele weibliche

Nachwuchskräfte bleiben daher auf der Strecke, obwohl sie vielleicht besser oder interessanter für die Position gewesen wären.

Das ist total unbegründet. Ich selbst habe in großen Konzern mit Männern und Frauen als Vorgesetzte arbeiten dürfen. Es hat mich ungemein bereichert, beide Seiten kennenzulernen. Ich selbst habe heute auch Frauen in meinem Führungsteam. Gut ein Drittel der Vertriebsleiterpositionen sind mit Frauen besetzt und die Kombination Mann/Frau ist so bereichernd und gibt unwahrscheinlich viele Vorteile, speziell im Vertrieb. Daher bringen Sie die Besten zueinander und haben Sie keine Angst vor Mann und Frau. Lernen Sie die Spiel- und Verhaltensregeln des anderen Geschlechts kennen, es wird sich für Sie lohnen.

So beschreiben in diesem Buch „Chefsache Männer" 16 erfolgreiche Unternehmerinnen, Geschäftsführerinnen, Journalistinnen und Beraterinnen, was Männer aus weiblicher Sicht erfolgreich macht. Egal ob im Berufs- oder Privatleben. Hören Sie auf die Tipps von Barbara Blagusz, Monika Brett, Marlen Buder, Andrea Gasche, Suzanne Grieger-Langer, E. Chiara Hartmann, Brigitte Herrmann, Yvonne Natascha Heum, Regina Kmenta, Christina Linke, Silke Linsenmaier, Petra Polk, Sabine Schwind von Egelstein, Vanessa Weber und Nadine Wendt. Es wird sich für Sie – lieber Mann – lohnen.

Im Schwester-Buch „Chefsache Frauen" beschreiben dagegen 18 Unternehmer, Geschäftsführer, Berater und Coachs, was Frauen aus Mannessicht in Männerdomänen erfolgreich macht. Ein Muss für jede Frau, die in den Gentleman-Club aufsteigen möchte. Falk S. Al-Omary, Christian Becker, Björn Begemann, Max Bormann, Thomas Brandtner, Peter Buchenau, Dr. Dirk Fisseler, Ralf Gasche, Michael von Kunhardt, Dr. Dieter Lederer, Eckhard Lienert, Paul Misar, Roman Patzelt, Dirk Schötteldreier, Kurt Steindl, Christoph Teege, Claus Walter und Floris Weber geben Ihnen zahlreiche Tipps für Ihren Erfolg.

Schlussendlich wünsche ich Ihnen nun, egal ob Frau oder Mann, viel Spaß, Erfolg und Umsetzungsstärke. Stellen Sie die festgefahrenen Regeln auf den Kopf, es wird sich für Sie lohnen!

Ihr Chefsache-Ratgeber
Peter Buchenau
Waldbrunn, im Mai 2015

Inhaltsverzeichnis

1 **Die Stimme – der unterschätzte Wirtschaftsfaktor** 1
   Barbara Blagusz

2 **So werden Sie Weltmeister der Herzen** 25
   Monika Brett

3 **Sind Männer die schlechteren Frauen?** 43
   Marlen Buder

4 **Leadership-Helden** 69
   Andrea Gasche

5 **Führung – 007 statt 08/15** 79
   Suzanne Grieger-Langer

6 **Das Experiment – Synapsen unter Strom** 99
   E. Chiara Hartmann

7 **Souveränität ist sexy – Das Geheimnis wahrer Führungs-Kraft** 123
   Brigitte Herrmann

8 **Charisma und die Macht der Worte** 143
   Yvonne Natascha Heum

9 **Situativ Führen statt alle über einen Kamm scheren** 163
   Regina Kmenta

10 **Geheimtipps für erfolgreiche Männer** 183
   Christina Linke

11 **Männer mit Charisma – erfolgreich anders** 203
   Silke Linsenmaier

12	**Erfolg macht sexy** 219
	Petra Polk
13	**Sie können tun, was Sie wollen, wenn Sie wissen, was Sie tun!** 233
	Sabine Schwind von Egelstein
14	**Erfolg entsteht nicht nur in Tabellen und Reports** 255
	Dagmar Verloop
15	**Geheimtipps für Chefs: Was Business-Frauen wirklich denken** 281
	Vanessa Weber, Katrin Sadwornych, Gwendolyn Stoye-Mingers und Agnes Anna Jarosch
16	**So cool führen Sie die Generation Y** 309
	Nadine Wendt

Die Stimme – der unterschätzte Wirtschaftsfaktor

Die letzten Geheimnisse, wie man(n) überzeugend und kompetent wirkt

Barbara Blagusz

Inhaltsverzeichnis

1.1	Das Einmaleins der Stimme – die richtigen Stellschrauben	2
1.2	Die Stimme als Träger der Emotionen	5
1.3	Die Stimme als Träger der Harmonie	6
1.4	Typisch männlich – typisch weiblich	8
1.5	Den richtigen Ton finden	12
1.6	Fünf Dinge, die Ihre Stimme können sollte – und wo Sie als Mann mit Ihrer Stimme in einem Verkaufsgespräch punkten können	15
1.7	Die drei häufigsten Stimm-Stolperfallen – und Tipps, wie Sie diese umgehen	17
1.8	Chefsache Männer: Top 7 stimmige Karrieretipps – damit man(n) richtig und nachhaltig überzeugt	21
1.9	Zusammenfassung	22
1.10	Über die Autorin	23
Literatur		23

Was macht Männer attraktiv und lässt Frauenherzen höher schlagen? Was lässt uns Respekt zollen und was kann man(n) tun, um zu überzeugen. Stimme ist ein Machtfaktor, der – richtig eingesetzt – ein höchst wirkungsvoller Hebel sein kann, um Männer genau so wirken zu lassen, wie nicht nur Frauen sich das wünschen. Denn die Stimme erzeugt jene Stimmung, die Voraussetzung für Zustimmung ist.

Haben Sie oft mit schwierigen Gesprächspartnern zu tun und wollen kompetenter und glaubwürdiger klingen? Kommen Sie beim Kunden freundlich, aber wenig abschlussstark rüber? Fühlen sich Ihre Gesprächspartner manchmal überrumpelt, weil Sie zu schnell zur Sache kommen?

Barbara Blagusz ✉
SOZUSAGEN, Ungargasse 21 7350 Oberpullendorf, Österreich, 7350 Oberpullendorf, Österreich
e-mail: blagusz@sozusagen.at

Dann macht es Sinn, sich mit Ihrer Stimme zu beschäftigen. Auch wenn man(n) keinen Sprachfehler hat oder sich hauptberuflich als Sprecher betätigt: Schärfen Sie Ihre auditive Visitenkarte und bringen Sie Ihre Stimme in Einklang mit Ihrer beruflichen Persönlichkeit.

Wer beruflich erfolgreich sein will, weiß, oft entscheidet weit mehr der Ton als das schöne Wort. Sprich: Ob Sie als Mann kompetent, glaubwürdig oder vertrauensvoll wirken, entscheidet sich weit mehr über den Stimmklang als über den Inhalt. Die Stimme bestimmt somit den ersten Eindruck, den Arbeitgeber, Kollegen und Geschäftspartner von Ihnen bekommen. Wer weiß, wie die eigene Stimme wirkt, beziehungsweise wie man sich durch Training einen Vorteil verschafft, der hat deshalb im Berufsleben bessere Karten. Dies gilt für Kundengespräche am Telefon ebenso wie für Verkaufsverhandlungen, Reklamationen oder Bewerbungsgespräche. Im persönlichen Gespräch ist Ihre Stimme das Verkaufsinstrument Nummer 1.

Die gute Nachricht: Man muss keine Bühnenerfahrung haben, um durch richtiges Sprechen erfolgreich im Berufsleben zu kommunizieren. Mit dem richtigen Know-how und einigen Tricks lässt sich die intimste Visitenkarte des Mannes erfolgreich vergolden.

1.1 Das Einmaleins der Stimme – die richtigen Stellschrauben

Die Stimme ist ein machtvolles Instrument, das facettenreich bespielt werden sollte. Zuhörer bewerten die Tonalität einer Aussage als vier Mal so wichtig wie den Inhalt einer Nachricht. Ob ein Sprecher glaubwürdig und kompetent erscheint, liegt demnach in erster Linie an der richtigen Betonung, Lautstärke und Tonhöhe. Überzeugend wirken zudem Menschen, die Emotionen in der Stimme zulassen (dies gilt auch und insbesondere für den Mann) und im natürlichen Eigenton bleiben – Höhe, Kraft und Lautstärke, wenn es um Motivation geht, Bass und Resonanz, wenn Glaubwürdigkeit und Vertrauen gefragt sind –, doch der muss oft erst gefunden werden.

1.1.1 Warum der Eigenton so wichtig ist

Wenn Frauen mit einer Kleinmädchenstimme sprechen, löst das bei manchen Männern den Beschützerinstinkt, bei anderen Übelkeit aus. Männer, die zu hoch sprechen, haben schnell ein Imageproblem. Eine zu hohe Stimme klingt immer unnatürlich, auch wenn die Stimme nur unbewusst verändert wird. Ganz besonders gilt dies, wenn wir die Stimme bewusst verändern, um etwas Bestimmtes zu erreichen. Spüren wir jedoch, dass geschauspielert wird, gehen wir als Zuhörer automatisch auf Distanz. Tatsächlich können wir diesen unnatürlichen Stimmklang oft hören, auch wenn er gut gemeint ist. Vielleicht ruft man Ihnen im Supermarkt ein (zu) freundliches, aber schrilles: „Darf's noch was sein?" zu oder der Mitarbeiter am Telefonempfang säuselt mit hoher und gesungener Stimme seine Standardbegrüßung ins Telefon. Alles Situationen, in denen Menschen freundlich klingen wollen. Nur: *Echte* Freundlichkeit hört sich anders an. Sie kommt von innen und entsteht automatisch, ohne die Stimme aktiv in die Höhe zu treiben. Trotzdem wird es gemacht, weil viele annehmen, dadurch positiv zu klingen. Das Problem dabei – es funktioniert nicht. Statt Nähe zu schaffen, gehen wir damit auf Distanz. Wollen Sie Nähe und Vertrauen schaffen, ist das nicht sinnvoll.

1.1.2 Finden Sie Ihren Eigenton!

Der Eigenton ist jener magische Stimmklang, bei dem die Stimmlippen im Kehlkopf völlig entspannt schwingen dürfen. Die Stellmuskeln des Kehlkopfes sind weder über- noch unterspannt. Nicht umsonst wird der Eigenton auch als „Wohlfühllage" bezeichnet. Das klingt auch für die Zuhörer angenehm. Untersuchungen zeigen, dass vor allem voll klingende Stimmen in einer mittleren Tonlage von den meisten Menschen als angenehm empfunden werden. Weder allzu hohe und schrille Stimmen noch brummige, tiefe Stimmen, weil schwer verständlich, sind besonders beliebt.

▶ Wenn Sie in Ihrem Eigenton sprechen, klingen Sie entspannt und wirken dennoch aktivierend.

Der Eigenton bringt Sie wieder zu sich selbst zurück. Er ist immer dann zu hören, wenn wir ganz entspannt sind. Das hört sich bei manchen naturgemäß tiefer und bei manchen von Haus aus höher an. Menschen, die ihre Stimme zu hoch einsetzen, machen das meistens unbewusst. Das heißt aber nicht, dass Sie es nicht bemerken können. Und genau dann ist es klug, die Stimme wieder nach unten zu befördern und in den Eigenton einzuschwingen.

1.1.3 So finden Sie Ihren Eigenton

Ein tiefer wohliger „mmm!" Ton tief aus Ihrem Bauchraum – und schon machen Sie es richtig. Auch ein echtes zustimmendes „Mmhm!" stimmt zumeist in der richtigen Tonlage.
Im Eigenton zu sprechen hat viele Vorteile:

- Sie strengen sich beim Sprechen nicht an.
- Sie wirken authentisch.
- Wenn Sie sich wohler fühlen und authentisch klingen, hört man Ihnen auch gerne zu.
- Die Stimme vermittelt Sicherheit und schafft Nähe.

▶ Es geht nicht darum, nur mehr aus dem Eigenton zu sprechen. Das wäre langweilig und monoton. Die Kunst ist, mit der Stimme nicht „abzuheben" und während des Sprechens immer wieder zum vertrauensvollen Eigenton zurückzukehren.

▸ Machen Sie sich Ihren Eigenton bewusst und spielen Sie rund um den Eigenton, damit andere gerne zuhören. Nutzen Sie diesen wichtigen Überzeugungsvorteil und heben Sie Ihre Stimme auf ein neues Niveau.

1.1.4 Der Ton macht die Musik

Der Wettbewerb wird immer härter, der Erfolgsdruck im Beruf nimmt damit stetig zu. Mehr als 80 % aller Menschen haben einen Sprechberuf, d. h. sie arbeiten permanent mit ihrer Stimme. Viele Weiterbildungsmaßnahmen wie Verkaufstrainings beschäftigen sich jedoch nur mit dem Inhalt. Das ist gut, aber zu wenig. Denn die Stimme gibt dem Inhalt erst die richtige Bedeutung.

Probieren Sie es aus. Sagen Sie das Wort „Gut!" in mehreren Varianten wie: erfreut, seufzend resigniert, nachdenklich etc. So merken Sie schnell, wie die Betonung die Bedeutung verändert.

In der Praxis gilt das ebenso. Doch die meisten hängen an den Worten. Da wird an den richtigen Formulierungen gefeilt, Botschaften und Argumente werden geübt. Nur wird dabei oft übersehen, dass die Stimme auch eine ganz andere Botschaft sendet. Ist der Verkäufer nicht am Kunden interessiert oder nicht von seinem Produkt überzeugt, sondern sitzt ihm im Gegenteil der Umsatzdruck im Nacken, dann wird dies mittransportiert. Wenn auch unbewusst, so entscheiden diese Signale über den Verlauf des Kundengesprächs. Wir hören nicht nur auf das, *was* jemand sagt, sondern *wie* es gemeint ist. Die Stimme ist so individuell wie ein Fingerabdruck, doch sie weiß wesentlich mehr über uns zu erzählen. Wer gut hinhört, erhascht über den Klang des Gegenübers einen Blick in sein tiefstes Inneres.

Die Worte können noch so gut gewählt sein, über die Stimme wird klar, wie Sie es verstanden haben wollen. Und dabei werden schnell innere Einstellungen und Stimmungen hörbar. Und selbst die schönsten Worte werden mit einer gelangweilten oder vernuschelten Stimme nicht die gewünschte Wirkung haben. Daran ändert sich auch nichts, wenn noch so tolle Formulierungen eingeübt werden, die „angeblich" garantiert zum Verkaufsabschluss führen.

1.1.5 Stimme im Stress – ein unbewusstes Signal

Wettbewerb und hohe Umsatzziele erzeugen Stress. Ob Mitarbeiter oder Führungskraft, man(n) gerät dabei schnell unter Druck und das ist hörbar! Bereits in den ersten Sekunden eines Gesprächs entscheidet sich, ob dieses Gespräch erfolgreich verlaufen wird, ob der Kunde Interesse zeigt oder gleich abwinkt. Die Stimme transportiert Ihre innere Haltung. Ein nicht zu unterschätzendes entscheidendes Signal, das Sie unbewusst bei jedem Kundenkontakt mitschwingen lassen.

Sind die an der Stimmerzeugung beteiligten Muskeln zu stark gespannt, empfindet der Zuhörer dies mit. Spricht ein Sprecher über längere Zeit mit einer stark angespannten Stimme, so ist dies im wahrsten Sinne des Wortes auch für den Zuhörer anstrengend. Die Folge: Er schaltet ab und hört nicht mehr zu.

▶ Seien Sie sich dieser Wirkung bewusst und entspannen Sie sich soweit wie möglich vor einem Sprechauftritt. Atmen Sie bei kurzen Einatemphasen lange und geräuschvoll aus. Das entspannt Ihren gesamten Muskeltonus und bringt Sie wieder ins Gleichgewicht. Damit tun Sie sich und Ihren Zuhörern einen Gefallen.

1.2 Die Stimme als Träger der Emotionen

Wir reagieren höchst sensibel auf Emotionen in der Stimme – auf Freund oder Feind und auf die innere Haltung unseres Gegenübers. Diese Einschätzung hat uns Menschen über Jahrmillionen das Überleben gesichert, darüber sind sich Hirnforscher heute einig. Wir reagieren unmittelbar auf Emotionen. Der Verstand folgt erst viel später nach. Und genau diese Emotionen sind in der Stimme hörbar. Das Gefühl von Angst äußert sich beispielsweise oftmals durch eine hohe Stimmlage und unkontrolliertes Atmen, Verachtung durch laute und langsam gesprochene Worte, bei Wut und Ärger ist die Stimmlage höher und das Sprechtempo schneller, wobei eine gestresste Stimme eher hoch, laut und schneller klingt. Bei Schmerz hingegen ist die Stimme zumeist leise und durch Sprechpausen bestimmt.

1.2.1 Zwischen den Zeilen hören

Wir sind Meister darin, zwischen den Zeilen zu hören. Vor allem bei Menschen, die wir kennen, die uns nahestehen, wie Familie oder Freunde. Ein einfaches „Hallo!" am Telefon und wir können sagen, in welcher Verfassung der Sprecher gerade ist. Gestresst, gelangweilt, ärgerlich, freudig erregt oder betrübt – ein Wort genügt und die wahre Bedeutung wird klar. Sprechen wir, dann geben wir viel mehr von uns preis, als uns im ersten Moment bewusst ist.

1.2.2 Sprechen auf Augenhöhe

„Könnten Sie mich eventuell mit Frau Huber verbinden", piepst die Sekretärin leicht unterwürfig ins Telefon. „Also das geht sich doch sicher aus", meint der Kollege mit leicht hochgezogener Augenbraue süffisant. Im Hören von Emotionen sind wir oftmals meisterlich. Sprich: Wir hören nicht darauf, was jemand sagt, sondern wie es gemeint ist. Noch schwieriger wird es, wenn die Stimmhierarchie ins Spiel kommt. Spricht jemand von unten nach oben bzw. von oben herab, empfinden wir dies als unangenehm, selbst wenn es die Position im Unternehmen hierarchisch vorgibt. Ein Sprechen auf Augenhöhe ist jedenfalls auch bei unterschiedlicher Position möglich und anzustreben. Damit erhöht man(n) seine Sympathiewerte ganz enorm, denn nichts ist unangenehmer als ein Gesprächspartner, der sich überheblich gibt. Auf diese Weise wird zudem Respekt vermittelt, der letztlich die Haltung, die innere Einstellung mit der kommuniziert wird, färbt und die Kommunikation auf allen Ebenen besser gelingen lässt.

Es hängt jedoch immer davon ab, wem wir etwas wo, wann, in welchem Kontext und aus welchen Gründen sagen. So verfügen wir je nach Lebenslage über ganz verschiedene Stimmen. Halten wir beispielsweise eine Präsentation, sind wir in einem Verkaufsgespräch oder in einer Teamsitzung, klingt unsere Stimme meist anders als im Gespräch mit Freunden in einer Bar. Bei ersterem versuchen wir wahrscheinlich in einer angemessenen, eher tieferen Tonlage mit mäßiger und ruhiger Sprechgeschwindigkeit zu sprechen. Wir versuchen, in einer für das Publikum hörbaren Lautstärke und um eine deutliche Artikulation bemüht zu sprechen, mit dem Ziel, Kompetenz und Präsenz durch unsere Stimme auszustrahlen. Im Freundeskreis werden wir uns eher ungezwungen mit variierenden Tonhöhen, Lautstärken, Pausen und Betonungen ausdrücken.

Es macht auch einen Unterschied mit wem wir sprechen. Ist uns unser Gegenüber bekannt oder fremd, eher jünger, im gleichen Alter oder deutlich älter als wir? Frauen können beinahe eine ganze Oktave höher sprechen, wenn sie ein Baby oder auch einen kleines Kätzchen erblicken. Männer machen das (zum Glück!) deutlich seltener.

Hier wechseln sich Kontrolle und Automatismus ab. So können wir unsere Stimme auf der einen Seite ganz automatisch an die gegebenen Situationen anpassen. Auf der anderen Seite können wir in jeder Situation unsere eigene Wirkung nach außen kontrollieren und lenken. So drücken wir – mittels unserer Stimme – unseren eigenen Status gegenüber anderen aus.

1.3 Die Stimme als Träger der Harmonie

Kennen Sie das? Sie hören jemandem beim Telefonieren zu und können an Klang und Sprechweise schnell erkennen, mit wem derjenige gerade spricht? Die Stimme verändert sich je nach Situation. Das Sprechtempo, die Pausensetzung, die Tonhöhe, die Lautstärke und die Akzente werden an den Gesprächspartner angepasst. Hinter diesem bewussten wie unbewussten Angleichen (Akkommodation) steckt oft der Wunsch nach sozialer Integration und Akzeptanz. Dieses stimmliche Angleichen schafft Nähe. Sie dient dazu, einen Menschen für sich einzunehmen. Je wichtiger diese Anerkennung ist, desto mehr wird man(n) sich klangsprachlich an sein Gegenüber anpassen. Dabei geht es immer um eine Form der Positionierung. Diese Theorie der bewussten, wie eben auch unbewussten Stimmveränderung, geht auf die Communication Accomodation Theory von Howard Giles zurück. Menschen nähern sich demzufolge einander an (Konvergenz) oder sie weichen voneinander ab (Divergenz). Beides ist deutlich in der Stimme hörbar.

Denn wir kennen auch diese Situationen: Statt einer Angleichung im Sprachstil missachtet der Gesprächspartner sein Gegenüber und hält an den eigenen individuellen Sprachgewohnheiten fest. Damit positioniert sich der Sprecher ebenso. Er hält an der eigenen Identität und dem Wertesystem fest und stellt sich so über die Person des anderen. Es steht außer Frage, dass dies die Kommunikation erheblich stören kann.

Gleichen wir uns im Gespräch einander an, fühlen wir uns auf einer „Wellenlänge", dann schafft dies die Basis für eine positive Beziehungsebene und wir finden unser Gegenüber sympathisch. Beharrt dagegen einer der Gesprächspartner strikt auf seiner Sprachgewohnheit, wirkt dies desinteressiert und wir bewerten ihn als eher unsympathisch.

1.3.1 Gleich und gleich gesellt sich gern

Untersuchungen zeigen, dass Menschen andere Menschen grundsätzlich sympathischer, kompetenter und sozial attraktiver einschätzten, wenn diese eine Ähnlichkeit in ihrem Sprachtempo, in ihrem Rhythmus, in ihrer Tonhöhe und ihrer Lautstärke aufweisen. Sprechen Menschen über einen längeren Zeitraum miteinander, passen sie ihre Sprechtechnik einander noch stärker an und schaffen damit eine positive Beziehungsebene.

1.3.2 Die Macht der Stimme

Mit dieser oftmals unbewussten Annäherung (Konvergenz) und Abweichung (Divergenz) treffen wir für uns sozusagen eine Vorauswahl derjenigen Gesprächspartner, mit denen wir mehr Zeit verbringen wollen. Sie können dieses sprachliche Werkzeug jedoch auch bewusst einsetzen. So können Sie durch die sprachliche Angleichung Menschen auf eine bestimmte Seite ziehen oder durch Abweichung Ihre eigene soziale Position demonstrieren, die über der des anderen stehen kann. Wir sehen also, beides hat Vor- und Nachteile. So kann Nichtangleichung beispielsweise im Falle einer Führungskraft, eines Politikers oder eines Anwalts, der stets seinem eigenen Sprachstil treu bleibt, als überheblich ausgelegt werden. Man(n) bekommt aber auch im positiven Sinne Stärke, Beständigkeit, Stärke und Authentizität zugeschrieben.

„Sprich, damit ich dich sehe" – so lautet ein altes Zitat von Sokrates. Solange unser Gegenüber noch nicht gesprochen hat, fehlt uns ein wichtiger Teil, um ihn einzuschätzen. Die Stimme kann den Gesamteindruck bestätigen oder ihn ins Gegenteil verkehren. Sympathie oder Ablehnung – erst durch das Hören der Stimme entscheiden wir darüber. Gleichzeit schreiben wir der Person einen bestimmten sozialen Status zu. Spricht man(n) ausdrucksstark, so weckt das Assoziationen wie Kompetenz, Stärke und Verantwortungsbewusstsein. Daraus schließen wir wiederum, dass unser Gegenüber eine gute Schulbildung hat oder beruflich erfolgreich ist. Wie man wirkt, liegt also nicht nur an der eigenen Präsentation seiner Stimme, sondern auch daran, wie der Hörer sie wahrnimmt und welche Wirkung und Interpretationen sie bei demjenigen auslösen.

▶ Hören Sie sich selbst zu: Wie sprechen Sie? Überlegen Sie kurz: Gleichen Sie sich eher an oder bleiben Sie Ihrem individuellen Sprachstil „treu"? Was ist in welcher Situation sinnvoller? Beobachten sie dazu auch andere Personen und überlegen Sie, wie diese unterschiedlichen Sprechweisen auf Sie wirken.

1.4 Typisch männlich – typisch weiblich

Die Stimme macht Emotionen und Stimmungen hörbar und lässt – ohne visuellen Kontakt – Rückschlüsse auf Alter und Geschlechtszugehörigkeit zu: Was aber, wenn „Herr Huber" am Telefon wie „Frau Huber" klingt?

Gibt es so etwas wie eine typisch weibliche oder typisch männliche Stimme? Stimme ist nur zu einem sehr geringen Teil angeboren, wie die Länge der Stimmlippen beispielsweise. Der überwiegend größere Teil ist Sprechtechnik und die ist stark gesellschaftlich und von der jeweiligen Kultur geprägt. Die typische Art, wie Männer und Frauen sprechen, ist immer auch ein Abbild der jeweils aktuellen gesellschaftlichen Vorstellungen von Männlichkeit und Weiblichkeit. Da die Stimme uns in unseren gesellschaftlichen Rollen verankert, ist es von entscheidender Bedeutung, wie eine Frau beziehungsweise ein Mann zu klingen, um als Frau beziehungsweise Mann akzeptiert zu werden.

1.4.1 Natur oder Kultur

Frauen und Männer sprechen anders. Nur hat ihnen die Gesellschaft den typischen Sprechstempel aufgedrückt oder hat die Natur sie mit unterschiedlichen Stimmen ausgestattet?

Die mittlere Stimmlage der Männer liegt bei durchschnittlich 120 Hz und bei Frauen bei etwa 220 Hz. Dass Männer normalerweise tiefer sprechen als Frauen, liegt an ihrem größeren Kehlkopf und an den längeren Stimmlippen. Und ganz nach dem Prinzip einer Gitarrensaite klingen längere Stimmlippen tiefer als kürzer gespannte. Doch das ist nur die eine Seite der Medaille, denn jede Kultur bildet ihre eigenen, durchaus der Mode unterliegenden Sprechnormen, die weit über die biologischen Unterschiede hinausgehen können.

Dabei werden wir bereits als Kinder früh geprägt, was für das jeweilige Geschlecht als „angemessen" gilt. Dies finden wir bereits in der Familie. So spricht die Mutter meist weicher und fürsorglicher, während der Vater mit einer eher kräftigeren und durchdringenderen Stimme kommuniziert. Kinder orientieren sich daran und imitieren diese Stimmen dann auch in einem Spiel. So hat Barbie immer eine hohe piepsige Stimme, während Ken tief und männlich brummt. Heutzutage wird auch bei interaktiven Videospielen sehr darauf geachtet, dass die Stimme die Persönlichkeit widerspiegelt. Passt die Stimme nicht zum Produkt, verkauft es sich nicht.

Wir sehen es auch in den Medien. So spricht der coole Leinwandheld mit rauer, tiefer und bestimmter Stimme – meist mit wenig Melodie. Im Gegensatz dazu sprechen Schauspielerinnen meist mit leiser, zerbrechlicher Stimme, wesentlich höher und mit viel Emotion und Ausdrucksstärke gewürzt. Und so mancher Schauspieler bekommt durch den falschen Synchronsprecher gleich ein neues (oft nicht gewolltes) Image.

1.4.2 Stimme als Ausdruck der Persönlichkeit

Männer wie Frauen benutzen ihre Stimme – bewusst oder unbewusst – um bestimmte, gesellschaftlich anerkannte Merkmale des eigenen Geschlechts hervorzuheben. Auch auf die Gefahr hin zu sehr zu pauschalisieren, gibt es doch ein paar nennenswerte Unterschiede, die Mann von Frau unterscheiden, jedoch von Kultur zu Kultur variieren. Außerdem ist Stimme auch immer einem modischen Wandel unterworfen.

So wird die piepsige Kleinmädchenstimme in unserem Kulturkreis zunehmend gering geschätzt. Untersuchungen zeigen, dass Frauen heute im Durchschnitt um eine Terz tiefer sprechen als noch vor 50 Jahren. Experten erklären dieses Phänomen mit der weiblichen Emanzipation. Demnach wollen Frauen im Familien- und Geschäftsleben ernst genommen werden, und das funktioniert mit einer hohen Kleinmädchenstimme nicht. Daher sprechen Frauen heute unbewusst tiefer als früher.

So senkt die Nachrichtensprecherin ihre Stimme ab, bevor sie auf Sendung geht und auch das wohl berühmteste Beispiel der Geschichte – Margaret Thatcher – hat Ihre Stimme mit professioneller Hilfe um fast eine Oktave gesenkt, um sich als Frau auf der männlich dominierten Politbühne Gehör zu verschaffen. Diese fast männliche Sprechstimme wird nicht zuletzt als Grundstein für ihren beispiellosen politischen Erfolg gesehen.

Die männliche Stimme blieb nahezu unverändert. Man(n) musste sich auch nicht erst emanzipieren.

In Call-Centern werden bei Männern und Frauen warme, weiche Stimmen bevorzugt, die „menscheln". Eine gehauchte, singende Stimme passt für einen Mann jedoch nie. Einem Verkäufer, der mit hoher Piepsstimme sein Produkt anpreist, unterstellt man unbewusst Inkompetenz und mangelnde Selbstsicherheit. Einem Arzt entziehen Sie schnell das Vertrauen, wenn er am Satzende immer nach oben geht. Und einem Anwalt nimmt man sein ganzes Know-how und die Autorität nicht ab, wenn dieser sich am Telefon mit hüstelnder Nuschelstimme meldet.

So wie im Fernsehen Leinwandhelden oder weise Männer mit tiefen Bass- oder Baritonstimmen besetzt werden, macht es auch im echten Leben Sinn, die Stimme der beruflichen Rolle anzupassen. Der Vorteil: Die Stimme lässt sich zu ihrem Vorteil verändern – ein Leben lang!

1.4.3 Die passende Stimme zum Job

Wollen Sie selbstsicher wirken, eine Produktpräsentation überzeugend und kompetent vortragen, Glaubwürdigkeit erzeugen, dann bringen Sie Ihre Stimme in Einklang mit Ihrer beruflichen Persönlichkeit.

▶ Überlegen Sie: Wie wollen Sie klingen? Welche Stimme passt zu ihrem Beruf? Klingen sie so, wie Sie klingen wollen?

1.4.4 Andere Kulturen – andere Stimmen

Fremde Länder unterscheiden sich demnach nicht nur in einer unterschiedlichen Sprache im eigentlichen Sinne, sondern auch in Sprechtechnik, wie Stimmhöhe, Betonung, Sprechtempo. So sprechen die meisten Asiaten insgesamt höher als vergleichsweise Deutsche oder Amerikaner. Dadurch klingt das Deutsche ob seiner Tiefe für manche asiatische Ohren sogar bedrohlich. Engländer sprechen höher als Deutsche. Amerikanische Männer jedoch meist tiefer. Spanisch ist vergleichsweise eine sehr schnelle Sprache, das Ungarische hat den Stimmsitz sehr weit vorne. Alleine diese Beispiele lassen erkennen, wie komplex das Universum von Sprache und Stimme ist.

Interessant wird es innerhalb einer Kultur. Hier können uns die Unterschiede bei Männer- und Frauenstimmen eine Idee über die Normen und Werte einer bestimmten Gesellschaft geben.

So sprechen beispielsweise die Japanerinnen im Vergleich zu den meisten Kulturen mit einer höheren Stimme, auch wesentlich höher als japanische Männer. Es spricht dafür, dass der große Unterschied in den Tonhöhen auf bestimmte Geschlechterrollen zurückzuführen ist. Sich klein zu machen und die typisch weiblichen Tugenden in der japanischen Kultur wie Bescheidenheit, Unschuld, Unterwürfigkeit und Hilflosigkeit werden durch diese Sprechweise betont. Japanische Männer, vor allem in höheren Positionen sprechen jedoch in einer tieferen Stimmlage als die Briten, obwohl sich ihr Stimmumfang nicht wesentlich unterscheidet.

1.4.5 Männerstimmen – Frauenstimmen

Eine zu tiefe Stimmlage für Männer gibt es eigentlich nicht. Tiefe Männerstimmen werden in den meisten Fällen positiv bewertet. Der tiefe Stimmklang drückt Entspannung, Güte, Vertrauen, Glaubwürdigkeit, Kompetenz und oft sogar auch Autorität aus. Spricht ein Mann jedoch zu hoch, also deutlich über dem Mittelwert männlicher Sprecher, so kehrt sich die Wirkung ins Negative um. Schnell wirkt Mann dann überspannt, unsicher, mitunter aggressiv oder übererregt und damit unglaubwürdig. Neben der Stimmlage setzen Männer auch ihren Stimmklang (Tonhöhenvariation) anders ein als Frauen.

Wo Frauen mit mehr Tonhöhenvariation und mehr Dynamik arbeiten und demnach melodiöser klingen, weisen Männer üblicherweise eine monotonere Intonation auf. Dies wirkt sich auch auf die Sprechwirkung aus. Frauen werden als verspielter, abwechslungsreicher und damit als emotional expressiver wahrgenommen, Männer hingegen als ernster, eintöniger und damit rationaler.

1.4.6 Mundfaulheit ade!

Auch bei der Artikulation gibt es Unterschiede zwischen Männern und Frauen. Generell kann gesagt werden, dass Frauen präziser und deutlicher artikulieren. Laut Prof. Sendlmeier von der TU Berlin (Sendlmeier 2012) finden besonders junge Männer eine vernuschelte Aussprache cool und kultivieren so ihre Nachlässigkeiten in der Aussprache. Ob das die gewünschte Wirkung auf das andere Geschlecht zeigt, ist eher fraglich.

1.4.7 Ein Hauch von Stimme – Erotik pur?

Stimmen können voll und kräftig klingen oder aber behaucht. Auch hier ist die Wirkung einer hauchigen Stimme bei Männern und Frauen sehr unterschiedlich. Bei einer behauchten Stimme schließen die Stimmlippen nicht vollständig. Es entsteht ein Spalt durch den mehr Luft entweicht als bei vollem Stimmbandschluss und damit einer kräftigen Stimme. Frauenstimmen werden häufiger als behaucht eingestuft als Männerstimmen. Laut Prof. Sendlmeier werden behauchte Frauenstimmen häufig als erotisch wahrgenommen und als warm, weich und angenehm empfunden. Bei Männern wird eine behauchte Stimme hingegen als unsympathisch und im Gesamteindruck negativ bewertet.

Kommt noch eine nasale Sprechweise dazu, kann die erotische Wirkung noch verstärkt werden. Senkt man das Gaumensegel ab, ändert dies den Stimmklang hin zu einem Ausdruck körperlichen Wohlgefühls – wie bei einem guten Essen oder auch bei sexueller Erregung. Dieser Effekt tritt jedoch nur und besonders in Kombination mit einer Behauchung ein. Achtung! Nasalität allein, ohne Behauchung, kann schnell arrogant klingen – und das speziell bei männlichen Sprechern.

▶ Achten Sie als Mann auf einen Stimmbandschluss und damit eine volle, kräftige Stimme. Dies impliziert Stärke, Kompetenz und Durchsetzungsvermögen. Sprechen Sie immer rund um Ihren Eigenton. Seufzen Sie – das entspannt – so finden Sie Ihren persönlichen Ton auch wieder leichter.

▶ Eine sympathische Frauenstimme ist nicht durch die gleichen Eigenschaften charakterisiert wie eine sympathische Männerstimme. So finden Männer helle Stimmen bei Frauen attraktiv, denn diese sprechen für Jugend und Fortpflanzungsfähigkeit.

▶ Tiefe Männerstimmen kommen bei Frauen generell gut an, weil diese unterschwellig Männlichkeit, soziale Dominanz und Gesundheit im Sinne genetischer Stabilität versprechen. Knarrt die Stimme leicht und klingt sie etwas rau, wie etwa die markante Stimme von Clint Eastwood, wirkt das bei Männern oft besonders attraktiv.

1.4.8 Sagen statt fragen

Ein sehr markantes sprechtechnisches Merkmal ist das Nach-oben-Gehen mit der Stimme am Satzende, obwohl es sich nicht um eine Frage handelt. Wenn auch generell häufiger bei Frauen anzutreffen, so findet sich diese Unart auch mittlerweile bei zunehmend mehr Männern. Wird ein Aussagesatz – eine Feststellung – zum Satzende hin mit ansteigender Stimme, also mit Frageintonation gesprochen, so wirkt dies unsicher und so als würde die Aussage in Frage gestellt. Fast so als bitte der Sprecher ängstlich darum, die Äußerungen zu akzeptieren und zu bejahen. Wird die letzte Silbe nicht nur mit Tonhöhen betont, sondern auch noch gedehnt, wirkt dies zusätzlich unsicher.

- Wollen Sie sicher und selbstbewusst wirken, vermeiden Sie ein Ansteigen der Satzmelodie zum Satzende hin unbedingt – es sei denn, es handelt sich um eine Frage.

- Das Oben-Bleiben mit der Stimme am Satzende hat jedoch nicht nur Nachteile – dies haben sich viele Verkäufer, Diskussionsleiter und Verhandler bereits zu Nutze gemacht: Sie werden nicht unterbrochen. Sie signalisieren, dass Sie noch nicht fertig gesprochen haben. Gesprächspartnern fällt es somit schwer in den eigenen Redefluss vorzeitig einzufallen und einen Sprecherwechsel zu erzwingen.

1.4.9 Der Stimmcode

Was haben Klarheit, Freundlichkeit, Vertrauen gemeinsam? Nichts, aber sie bilden den Stimmcode Ihrer Stimme und sind somit der imaginäre Leitfaden eines jeden Verkaufs- und Beratungsgesprächs. Denn der Ton macht die Musik und so entscheidet das *Wie* weit mehr als das *Was* über Ihren Verkaufserfolg. Mit dem Stimmcode können Sie unabhängig von Ihrem Inhalt mehr Glaubwürdigkeit, Kompetenz und Souveränität ausstrahlen. Jeder Stimmcode entspricht einem typischen Betonungsmuster in der Gesprächspraxis. Dabei hat jeder Mensch einen Hauptstimmcode, der die gesamte Ausdrucksform dominiert.

Was der eine bereits klar auf den Punkt bringt, muss der andere viel diskutieren. Wo der eine mit Vertrauen Nähe schafft, bekommt der andere keine Aufmerksamkeit. Was der eine mit Freundlichkeit „smalltalkt", kann beim anderen völlig unverbindlich klingen.

Daher reicht es nicht, sich nur auf Ihre Worte zu konzentrieren. Schärfen Sie Ihre auditive Visitenkarte und heben Sie Ihre Stimme auf ein neues Niveau!

1.5 Den richtigen Ton finden

Sprechtempo, Stimmpräsenz und Betonungsmuster sind wesentliche Faktoren, an denen im Rahmen des Stimmcodes gefeilt wird. Glaubwürdigkeit etwa wird durch Betonung über Tontiefe erreicht. Betonung mit Tonhöhe signalisiert Freundlichkeit. Betonung mit

Lautstärke Überzeugung. Verhandlungen, die nur im freundlichen Ton geführt werden, wirken de facto zu unverbindlich.

1.5.1 Am Beispiel Verkaufsgespräch betrachtet

Laut einer Studie von Sozusagen über interkulturelle Stimm- und Sprechtechnik, sind nur 7 % von 400 befragten Mitarbeitern mit Kundenkontakt mit ihrer eigenen Stimme und Sprechweise zufrieden (Blagusz 2014). 78 % wünschen sich eine Verbesserung in ihrer Stimmqualität und Sprechwirkung. Rund 15 % sind mit ihrer Stimme regelrecht unglücklich. 87 % der Befragten wünschen sich, dass sie mit ihrer Stimme mehr Sicherheit, Glaubwürdigkeit und Kompetenz ausstrahlen. Allein diese Zahlen lassen erkennen, wie wichtig es ist, Stimme und Sprechtechnik zu schulen – ganz besonders auch dann, wenn es um Menschen geht, die Kundenkontakte pflegen.

In einem Verkaufs- oder Beratungsgespräch gibt es vier Grundmuster der Stimme: Vertrauen, Klarheit, Sicherheit und Freundlichkeit. Werden diese vier Stimmcodes jeweils an der richtigen Stelle eingesetzt, können Gespräche wesentlich erfolgreicher geführt werden und Ihre Glaubwürdigkeit steigt. Erzeugt werden diese Stimmcodes mit Betonungen von Lautstärke, Tonhöhe und Tontiefe. Darüber hinaus ist auch die Richtung, in die die Stimme gelenkt wird, wesentlich. Mit unterschiedlichen Stimmenergien hat man direkten Einfluss auf den Zustand der Zuhörer und kann das Gespräch mit aktivierenden oder beruhigenden Sprechenergien lenken.

1.5.2 Tücken des Smalltalks

Das „klassische" Verkaufsgespräch beginnt naturgemäß mit Begrüßung und Smalltalk. Dabei sind gewisse Tonmuster der Freundlichkeit zu empfehlen. Kulturell gesehen ist dies das vorherrschende Betonungsmuster in Österreich, Süddeutschland und deutschsprachige Schweiz. Der Vorteil: Es klingt freundlich und baut Beziehungen auf. Der Nachteil: Die Betonung mit Tonhöhen lässt die Aussage unverbindlich klingen. Werden zusätzlich zur Tonhöhe noch der Konjunktiv und viele Weichmacher – wie „vielleicht" oder „eigentlich" – verwendet, klingt das Gespräch nett, wirkt aber unverbindlich.

1.5.3 Mit Schlüsselworten und Sicherheit zum Ziel

Bleibt man im gesamten Gespräch beim Stimmcode Freundlichkeit, wird es selten zum Verkaufsabschluss kommen. Hier ist es entscheidend für die nächste Phase stimmlich „umzuschalten" und Glaubwürdigkeit über Tontiefen einzelner Wörter zu vermitteln. Dabei ist es ausreichend, einzelne Schlüsselwörter etwas tiefer auszusprechen.

In der dritten Phase des Gesprächs kommt es schließlich auf Sicherheit an. Dazu werden wieder bestimmte Schlüsselworte lauter ausgesprochen als der Rest. Damit ist man in der Abschlussphase, in der es um Termin oder Unterschrift geht. Denn im Stimmmuster Freundlichkeit werden keine Verträge unterschrieben.

Wer um Wirkungshebel wie diese weiß, kann genau das ausdrücken, was gefragt ist und seine Zuhörer in jene Stimmung bringen, die für einen Verkaufsabschluss notwendig ist.

Tipp!
Wie klingt Ihre Stimme? Nehmen Sie doch eine Sprechprobe von sich auf – heutzutage kann das jedes Mobiltelefon.

Nehmen Sie beim Anhören Ihre Stimme wahr:

- Welcher Grundton herrscht vor?
- Klingen Sie freundlich, selbstbewusst, bestimmt, genervt oder unsicher?
- Wie schnell sprechen Sie?
- Können Sie alles verstehen? Sprechen Sie deutlich?
- Würden Sie sich gerne selbst zuhören?

Machen Sie diese Übung in oder nach unterschiedlichen Gesprächssituationen. Einmal morgens, dann abends nach einem Arbeitstag. Interessant ist es auch vor und nach einem Verkaufsgespräch. Versuchen Sie es und hören Sie sich in Ihre Stimme ein. Nach und nach werden Sie bemerken, wie auch Ihre Stimme sich verändert.

Und falls Sie überrascht sind, weil Ihre Stimme so fremd klingt – Ja, da sind Sie in guter Gesellschaft. Fast jeder findet seine Stimme auf Band anfangs ungewohnt. Die gute oder schlechte Nachricht (je nachdem ...): So wie Sie auf Band klingen, so hören Sie alle Menschen – So wie Sie sich selbst hören, das hören tatsächlich nur Sie selbst so.

Arbeiten Sie mit den Stimmcodes – Tonhöhen für mehr Freundlichkeit, Tontiefen für Vertrauen und Nähe und Lautstärke und Richtung für Kompetenz und Klarheit.

Bringen Sie Ihre Stimme und Ihre inhaltlichen Botschaften in Einklang: Wer Stimme und Sprechtechnik beherrscht, wird weniger überhört und mehr wahrgenommen, kann unabhängig vom Inhalt mehr Glaubwürdigkeit und Souveränität erzeugen und damit kompetenter und überzeugender wirken. Techniken wie der Stimmcode können Ihnen dabei helfen, den Goldschatz Stimme zu heben.

1.6 Fünf Dinge, die Ihre Stimme können sollte – und wo Sie als Mann mit Ihrer Stimme in einem Verkaufsgespräch punkten können

1.6.1 Interesse zeigen

Die meisten von uns haben schon einmal ein halbherziges „Mmhm!" am Telefon gehört, während gleichzeitig das Klappern der Computertastatur hörbar war. Jener kränkende Moment, wo wir wissen, unser Gegenüber hört nicht zu. Wir reagieren sehr sensibel auf echtes oder nur vorgetäuschtes Interesse und dabei spielt der Tonfall eine wichtige Rolle. Die Stimme ist ein Beziehungsfaktor, der die Art der Beziehung zwischen Sprecher und Zuhörer bestimmt. Fühlt sich der Kunde nur als potenzieller Erfüllungsgehilfe für Umsatzzahlen angesprochen oder hört er echtes Interesse an seiner Person und seinen Bedürfnissen? Ihr Gegenüber hört das. Und wie können Sie das steuern? Es ist wie so oft eine Frage der inneren Einstellung.

- Hören Sie zu! Konzentrieren Sie all Ihre Aufmerksamkeit auf Ihr Gegenüber. Hören Sie auch zwischen den Zeilen – was will Ihr Gegenüber wirklich, was braucht er?

- Passen Sie sich bewusst in Sprechtempo und Lautstärke an und holen Sie Ihr Gegenüber so an der Stelle ab, an der er sich gerade befindet. Tauchen Sie ein in die Welt Ihres Gesprächspartners.

- Achten Sie auch darauf, dass Ihr Zustimmungston, ein tiefes, wohlklingendes „mmhm!" wirklich aus Ihrem Eigenton kommt. Nur dann wirkt es auch so wie es soll – authentisch und angenehm! Die Folge: Man wird Sie als Gesprächspartner umso mehr schätzen.

1.6.2 Freundlichkeit

Bauen Sie mit Menschen schnell eine Beziehung auf oder tun Sie sich schwer, abseits des Geschäfts auch Smalltalk zu betreiben? Plaudern Sie gerne mit Menschen oder interessiert es Sie wenig, was abseits des Geschäftlichen Ihre Kunden so bewegt? Zugegeben, das ist Geschmackssache und abhängig vom Kundentyp, ob mehr oder weniger Smalltalk angebracht ist. Auch wenn man Freundlichkeit gerne als etwas typisch weibliches Sprechmuster abtut: Gut ist, wenn auch Sie es als Mann können, dann, wenn Sie es brauchen. In bestimmten Kulturen (Firmenkulturen wie Länderkulturen) kommt ein Geschäft ohne eine entsprechende Smalltalk-Phase gar nicht zustande.

- Üben Sie sich auf diesem Parkett – mit Freunden, auf Veranstaltungen oder Messen. Gehen Sie auf Menschen zu und beginnen Sie aktiv ein Gespräch. „Woher kommen Sie?" „Was machen Sie beruflich?" „Wie war die Anreise?" Stimmlich liegt der Smalltalk in der Tonlage höher als das eigentliche Verkaufsgespräch – es plätschert so dahin und dient dem langsamen Aufbau einer Beziehung. Ein unverzichtbarer Bestandteil einer Kundenbeziehung – selbst wenn er manchen Menschen als unwichtige Zeitverschwendung vorkommen mag.

1.6.3 Gelassenheit und Ruhe

Sind Sie nervös, weil Sie heute noch keinen Erfolg verzeichnen konnten oder weil ein schwieriges Kundengespräch bevorsteht? Fühlen Sie sich gestresst und unter Druck, da Ihr Chef oder Sie selbst bessere Ergebnisse erwarten? Die schlechte Nachricht: Es ist hörbar und im schlimmsten Fall ein Nachteil, der sich in Euros messen lässt. Denn unter Stress und Druck wirken Sie nicht souverän. Wenn Ihr Körper angespannt ist, dann betrifft das auch Ihre Stimme und genau diese Stimmung übertragen Sie auf Ihr Gegenüber. Das gilt für Mann wie Frau: Ihre Stimme rutscht in die Höhe und klingt unangenehm. Das sind keine guten Voraussetzungen für ein erfolgreiches Kundengespräch.

- Entspannungsatmen – Atmen Sie langsam und ruhig ein und aus. Zählen Sie beim Einatmen langsam bis 5, dann halten Sie kurz die Luft an und zählen erneut bis 5 beim Ausatmen – wieder mit kurzer Pause. Machen Sie das 1–2 min lang und Sie werden die Entspannung deutlich spüren können.

1.6.4 Überzeugung

Brennen Sie für Ihr Produkt oder würden Sie es selbst nie kaufen? Auch hier gilt: Ihr Gegenüber kann es hören. Das können Sie nicht verhindern. Was also tun? Sind Sie hin und weg von Ihrem Produkt, dann haben Sie sowieso kein Problem. Wenn nicht, dann suchen Sie Aspekte Ihres Produkts, die positiv sind, Vorteile gegenüber Konkurrenzprodukten, Einsatzgebiete, alle Argumente, die für Ihr Produkt sprechen. Begeisterung darf man hören. Als Mann wirken Sie sympathisch, wenn Sie Emotionen zeigen. Scheuen Sie sich nicht davor, aber übertreiben Sie es auch nicht. Denn zu viel Begeisterung schürt Skepsis und dann erreichen Sie das Gegenteil. Ihr Kunde springt ab, statt sich von Ihrer positiven Ausstrahlung anstecken zu lassen.

- Nehmen Sie sich einmal auf, während Sie Ihr Produkt präsentieren. Beim Abspielen der Aufnahme hören Sie dann ganz deutlich, wie Sie klingen. Arbeiten Sie daran. Probieren Sie verschiedene Betonungen aus und lernen sie sich selbst neu kennen. Ihre Kunden werden es Ihnen danken und der Erfolg wird für sich sprechen.

1.6.5 Klarheit

In jedem Verkaufsgespräch geht es irgendwann darum, „Klartext" zu sprechen. Zumeist ist dies in der Abschlussphase der Fall. Schaffen Sie es hier, den nötigen Ernst und Nachdruck in der Stimme zu erzeugen? Haben Sie genug Klarheit und Sicherheit in Ihrer Stimme? Wir sprechen hier von bestimmten Betonungen, die eine Atmosphäre erzeugen. Der Stimmcode Klarheit ist eine Betonungsstruktur, die vielen Verkäufern oft fehlt. Wirken Sie in der entscheidenden Phase des Abschlusses unsicher oder fragend, riskieren Sie, dass Ihr Kunde „es sich nochmal überlegt" und Sie nicht zum Abschluss kommen. Frauen lieben Männer, die klar sprechen und Dinge auf den Punkt bringen können. Nichts wirkt so souverän und überzeugend, nichts unterstreicht Ihre Stärke und Männlichkeit wie ein klares Wort.

▶ Der Stimmcode „Klarheit" ist erlernbar und das geht auch ganz einfach, braucht jedoch ein wenig Hilfestellung, vor allem am Anfang. Gehen Sie am Satzende mit der Betonung nach unten. Suchen Sie sich anfangs Wörter ohne emotionale Bedeutung. Ich übe immer gerne mit „dreiundzwanzig". Sagen Sie die Worte bestimmt und mit Nachdruck. Auch wenn es anfangs zu „streng" klingt, bekommen Sie mit der Zeit ein Gefühl für den richtigen Ton.

1.7 Die drei häufigsten Stimm-Stolperfallen – und Tipps, wie Sie diese umgehen

1.7.1 Stolperfalle Gesprächseinstieg – Anfang gut – alles gut

Jeder Berater oder Verkäufer kennt ihn – diesen besonderen Moment beim Gesprächseinstieg, der darüber entscheidet, wie ein Gespräch weitergeht – ein stimmsensible Moment, der über Erfolg oder Misserfolg entscheiden kann.

Wer schon am Anfang mit einer genuschelten Begrüßung negativ auffällt, der kann das auch später nicht mehr so leicht wettmachen – egal, wie gut die Argumente sind, die er vorzubringen hat. Der Gesprächseinstieg entscheidet über Sympathie und Antipathie, über Erfolg und Misserfolg.

Schlechte Telefonverkäufer beweisen es jeden Tag aufs Neue: Allein der „leiernde" Ton einer oft wiederholten Begrüßung zum Gesprächseinstieg führt zu einem schnellen „Nein, danke!". Was Sie beim Gesprächseinstieg vermasseln, holen Sie später oft nicht mehr auf. Der Kunde reagiert im ersten Impuls auf Ihren Tonfall und weniger auf die Worte.

Schnell klärt sich:

- Habe ich eine Beziehung zu meinem Gesprächspartner hergestellt?
- Sind wir uns sympathisch?
- Habe ich meine Glaubwürdigkeit unter Beweis stellen können?

- Habe ich den Kunden überzeugt?
- Wird er mir weiter zuhören?

> **Praxis-Tipp!**
> Halten Sie kurz vor dem Gespräch inne und überprüfen Sie Ihre Haltung.
> Freuen Sie sich auf das Gespräch oder ist es einfach nur der 97. Kunde, den Sie heute begrüßen?
> Sind Sie genervt und sitzen angespannt auf Ihrem Stuhl, oder blicken Sie erwartungsvoll und positiv dem nächsten Gespräch entgegen?
> Konzentrieren Sie sich auf den Menschen dahinter – ja, da sitzt ein Mensch wie Sie und ich, mit Bedürfnissen, Ängsten, Problemen und Wünschen und das gilt es wahrzunehmen. Wenn Sie vor jedem Kundengespräch einen Augenblick innehalten und den Menschen wertschätzen, den Sie gleich kontaktieren werden, dann haben Sie sehr gute Karten für einen positiven Gesprächseinstieg. Auch für Männer gilt – Lächeln Sie und legen Sie los.
> **Trick 17 – falls es mit dem Lächeln nicht so klappt!**
> Entspannen Sie Ihre Augenbrauen – Ziehen Sie dazu die Augenbrauen hoch und lassen Sie sie dann entspannt fallen. Das hilft Ihnen besonders dann, wenn Sie oft und gerne die Augenbrauen zusammenziehen, was immer mit einer negativen Emotion, wie Ärger, Trauer, Angst oder auch (neutraler) Konzentration einhergeht.
> Soll die Stimme freundlich und wohlwollend klingen, hilft eine entspannte Stirn. Probieren Sie es ruhig aus und hören Sie den Unterschied in Ihrer Stimme.
> PS: Falls gar nichts hilft, dann hilft ein Spiegel. Schauen Sie vor dem Telefonat oder dem Gespräch kurz in einen Spiegel und überlegen Sie: Wollen Sie sich so entgegentreten? Falls ja, wunderbar – falls nein, dann Augenbrauen hoch, einmal lächeln und los geht's!

1.7.2 Stolperfalle Verkaufspräsentation – Warum der Versuch, sachlich zu sein, oft ein Schuss nach hinten ist.

Im Oktober 2005 konnte ein mit Brillanten besetzter Büstenhalter der amerikanischen Popsängerin Britney Spears im Internet ersteigert werden. Das Gebot stand zuletzt bei 39.000 Euro. Nur ein Beispiel dafür, wie viel ein solches Fetischobjekt „verrückten" Fans wert sein kann? Keinesfalls. Kaufentscheidungen sind selten rein rational begründet. Das gilt nicht nur für diese Auktion.

Jede Auktion ist ein Schauplatz der Gefühle. Nirgends lässt sich so gut beobachten, wie Bietgefechte ausgetragen werden, wie Emotionen nicht nur die Kaufentscheidung steuern. Sie treiben auch den Preis in die Höhe. Da zeigt sich, wie Menschen den Wert eines Gegenstandes emotional bewerten – ja überbewerten, gerade wenn sie wie bei einer Auktion sehen, dass andere diesen ebenfalls besitzen wollen.

Unabhängig davon, ob es sich um einen Van Gogh für 20 Millionen Euro oder um ein Comicheft aus den 1950er-Jahren um 20 Euro handelt. Auch im ganz alltäglichen Verkaufsgeschäft ist es nicht anders. Da Kunden oftmals weniger Emotionen zeigen, könnte man meinen, dass Gefühle beim Kauf keine besondere Rolle spielen. Weit gefehlt. Menschen kaufen emotional. Der Käufer verbindet seine subjektiven Gefühle mit dem Kaufgegenstand. Nur hören darf man es nicht.

Charles Bronson mag zwar ein cooler Westernheld sein, würde aber als Autoverkäufer vermutlich kläglich scheitern. Vor allem Männer verbergen ihre Gefühle gerne hinter einer distanziert wirkenden Sachlichkeit, die scheinbar zum guten Ton in der wirtschaftlichen Praxis gehört. Dabei wollen viele in Wahrheit nur kompetent klingen und verwechseln dies mit einem kühlen, nüchternen Tonfall. Fazit: Viele verwechseln Kompetenz mit Sachlichkeit!

Laut der berühmten Mehrabian-Studie liegt die Überzeugungswirkung des Inhalts bei 7 % (Mehrabian 1971; Mehrabian und Wiener 1967). Der Anteil der Stimme liegt bei 38 % und 55 % bei der Körpersprache. Die „VRdS-DPRG-Studie" widerlegt in einem wesentlichen Teil die Ergebnisse der Mehrabian-Studie. Denn anders als bei Mehrabian, welcher dem Text gerade einmal 7 % Wirkungsanteil zuspricht, geht nach der „VRdS-DPRG-Studie" rund ein Fünftel der Gesamtwirkung, nämlich 22 %, auf den Text zurück (Bazil 2015).

Authentisch bedeutet in diesem Zusammenhang, ob der Inhalt mit dem Stimmklang und der Körpersprache übereinstimmt. Wenn ja, empfinden wir das als echt. Wenn nein, dann „gewinnt" die Stimme. Immer! Wenn Sie daher sicher wirken wollen, es aber nicht sind, wird man es an der Stimme hören. Sehr oft erlebe ich das bei Teilnehmern in einem Stimmtraining oder bei einer Verkaufsschulung, die bei dem Versuch sicherer oder kompetenter wirken zu wollen, mit der Stimme ganz „sachlich" werden und wenige bis keine Emotionen hörbar machen.

Dies geht fast immer schief, denn „Sachlichkeit" gibt es nicht. Wenn sie versuchen, Ihre Emotionen zu unterdrücken und wie ein Pokerface oder eine Pokerstimme wirken wollen, erreichen Sie nur eines mit Sicherheit: Ihr Gegenüber wird sich schwertun, Sie zu „lesen". Denn wir hören mehr darauf, *wie* etwas gemeint ist als *was* jemand sagt. Wenn das *Wie* jedoch nicht klar ist – kommt es zu Verwirrung. Unser Gegenüber fragt sich dann: „Wie ist das gemeint? Soll das lustig sein? Ist das sein/ihr Ernst?"

Wir suchen immer nach der Bedeutung des Gesagten. Finden wir hier keine klare Botschaft, interpretieren wir als Zuhörer trotzdem und das zumeist negativ. Kurzum: Wenn wir eine Emotion nicht lesen oder einschätzen können, dann tendieren wir dazu, die Person, das Produkt oder Projekt als Ganzes abzulehnen. So kann der Tonfall massive Konsequenzen für unsere Berufspraxis haben. Und das oftmals ohne dass wir uns dieses Tonfalls bewusst sind.

> **Tipp!**
> Machen Sie es Ihren Zuhörern leicht und machen Sie hörbar und sichtbar, wie Sie das Gesagte meinen. Es sind die Emotionen, die eine Beziehung zwischen Sprecher und Zuhörer schaffen und ohne diese Beziehung gibt es kein gutes Verkaufsgespräch. Das werden die meisten aus ihrer Praxiserfahrung bestätigen können. Keine Emotionen zu zeigen oder der Versuch möglichst sachlich zu sein ist der schlechteste Gefallen, den Sie sich selbst und Ihren Kunden oder Gesprächspartnern tun können.

1.7.3 Stolperfalle Reklamation – Wie Sie mit verärgerten Gesprächspartnern umgehen

Haben Sie schon bemerkt, dass, wenn Sie selbst Kunde sind, es ganz klar scheint, was ein Verkäufer tun muss, um Sie zufrieden zu stellen. Und auch, was passieren muss, damit Sie dort gerne Kunde bleiben. Es scheint so einfach! Nun das ist es nicht. Die meisten Unternehmen schaffen das nicht und haben dann verärgerte Kunden am Hals.

Aufgebrachte Kunden, verärgerte Gesprächspartner und schwierige Mitarbeiter haben eines gemeinsam – sie hängen in Ihren Emotionen fest.

Kümmern Sie sich zuerst um die Emotion!

Die meisten Menschen können nicht zwei Dinge auf einmal tun – sie können nicht verärgert und sachlich gleichzeitig sein. Denn das schließt sich aus. „Jetzt bleiben Sie doch bitte mal ruhig und sachlich" ist ein frommer Wunsch an einen Kunden, der sich gerade in Rage redet. Ganz im Gegenteil, er wird sich wahrscheinlich noch mehr aufregen. Auch wenn Sie das in den meisten Reklamationstrainings so lernen, es funktioniert nicht, denn es signalisiert: „Ich höre dir nicht wirklich zu".

Wenn Sie gleich versuchen, sachlich das Problem zu lösen, dann wird ihr Gesprächspartner nicht kooperieren, denn er ist ja noch damit beschäftigt verärgert zu sein.

> **Tipp!**
> Spiegeln Sie die Geschwindigkeit und damit indirekt den Energielevel. Ärger hat immer einen höheren Energielevel als die Normsprache. Holen Sie Ihr Gegenüber nicht dort ab, wird dieser immer das Gefühl haben, bei Ihnen nicht anzukommen. Sprechen Sie daher ähnlich schnell und zackig. Damit fühlt sich ihr Gegenüber wahrgenommen und gehört. Erst dann verlangsamen sie ihr Sprechtempo und helfen so Ihrem Gesprächspartner sich zu beruhigen. Sie nehmen ihn sozusagen an die Hand. Denn es gilt ein Grundsatz – Wer zuhört, muss mitatmen. Und genau dieses

> Prinzip wirkt besonders stark, wenn Emotionen mitspielen und das Sprechtempo so unterschiedlich ist wie eben bei einer Reklamation. Steigen Sie mit einem höheren Sprechtempo ein, dann signalisieren Sie „ich höre zu – ich verstehe".

1.8 Chefsache Männer: Top 7 stimmige Karrieretipps – damit man(n) richtig und nachhaltig überzeugt

- **Warmer Stimmklang** – Summen Sie im Alltag immer wieder leise vor sich hin – mit locker aufeinander gelegten Lippen! Das wärmt Ihre Stimme auf und trainiert Ihre Stimmbänder. Trainierte Stimmen halten mehr aus, klingen kräftiger, fester und damit automatisch überzeugender.
- **Klarheit.** Wenn Sie etwas wollen, formulieren Sie Ihr Anliegen nicht als Frage, sondern senken Sie die Stimme am Satzende ab. Machen Sie damit auch stimmlich am Ende einen Punkt. Und betonen Sie ein Wort – das wichtigste. Das unterstützt die Aussage. Damit wirken Sie kompetent und klar.
- **Emotion.** Stimme macht Stimmung. Mit unserer Stimme übertragen wir außer dem verbalen Inhalt immer auch die persönliche Stimmung. Ob Stress, Ärger, Anspannung oder freudige Gelassenheit. Ohne Emotionen verkauft sich nichts. Gute Redner setzen gekonnt Emotionen ein.
- **Lautstärke.** Wer zu leise spricht, verblasst, wer zu laut spricht, nervt. Wobei tiefere Stimmen seltener als zu laut empfunden werden, hohe schnell hysterisch wirken. Also Stimme absenken – vor allem wenn Sie zu Nervosität neigen! – und gleichzeitig auf Lautstärke und Betonung achten, um gut hörbar zu bleiben!
- **Monotonie ade!** Vermeiden Sie monotone Sprechweise und Endlossätze! Wechseln Sie das Tempo und schaffen Sie so eine spannende Sprechweise zwischen Entspannung und Dynamik. Zusätzlich machen gekonnte Pausen, eine abwechslungsreiche Stimme und eine ruhige, tiefe Atmung Ihren Vortrag interessant.
- **Einklang.** Viele Menschen denken schneller, als sie reden. Wenn man(n) sich dann verhaspelt, signalisieren Sie Ihrem Gesprächspartner, gedanklich schon ganz woanders zu sein. Schwingen Sie sich auf Ihr Gegenüber ein. Hören Sie zu, gehen Sie auf Tempo und Betonung Ihres Zuhörers ein und konzentrieren Sie sich beim Sprechen auf das, was Sie sagen, auf jedes Wort. Damit steigt Ihre Glaubwürdigkeit.
- **Verbindlichkeit.** Wenn auch in weiten Teilen als höflich empfunden, vermitteln Möglichkeitsformen (würde, wäre, könnte) und rhetorische Weichmacher (eigentlich, vielleicht, normalerweise) wenig Handschlagqualität und langweilen den Zuhörer. Erzeugen Sie stimmige Bilder in den Köpfen der Menschen und verwenden Sie auch noch die passenden Emotionen. Das macht Sie verbindlicher und damit langfristig erfolgreicher.

1.9 Zusammenfassung

Jede Stimme ist frühkindlich geprägt. So gewöhnen wir uns früh die Sprechweise der Personen an, die uns umgeben – wie Eltern, Erzieher, Grundschullehrer. Hatten Sie Glück und ein gutes sprechendes Vorbild? Wunderbar! Falls nicht, haben Sie auch Glück, denn Sie können Ihre Stimme verändern und Ihren Stimmklang verbessern. Um das individuelle Stimmpotenzial optimal auszuschöpfen und in jeder Situation den richtigen Ton zu treffen, gibt es viele Möglichkeiten. Sie können sich funktional auf Atmung und Artikulation konzentrieren, das bekommen Sie bei den meisten Stimmtrainern. Oder Sie lernen den Stimmcode – ein spezielles Konzept zum Stimmtraining, das sich auf die unterschiedlichen Betonungen im gesprochenen Wort konzentriert. Folgende Fragen werden dabei beachtet: Was passiert in einem Dialog? Wer gibt den Ton an? Oder wer beeinflusst sein Gegenüber stärker durch die Art und Weise, wie wir unsere Stimme einsetzen?

Berater und Verkäufer wissen: Wer das Gespräch in die gewünschte Richtung führen kann, hat die Nase vorn. Genau diese Führungssignale in der Stimme gilt es zu erkennen und in einem Stimmtraining zu verbessern, um ein Gespräch positiv zum Abschluss zu führen und um den Gesprächspartner zu überzeugen.

Interessant dabei ist, wie menschliche Emotionen und unterschiedliche Stimmenergien richtig eingesetzt werden können, damit man stimmlich nicht untergeht oder unterbrochen wird, sondern kompetent und glaubwürdig wirkt. Dies ist wichtig für alle Bereiche in Beratung und Verkauf – ob es sich um den Kontakt am Telefon, ein Verkaufsgespräch, eine Besprechung oder eine Präsentation vor Gruppen handelt. In einem Stimmtraining geht es nicht darum, sich einen „Verkaufsjargon" anzugewöhnen, womit Sie Ihrem Gegenüber „manipulativ" irgendeine Entscheidung abringen, die dieser/diese gar nicht will. Vielmehr geht es darum, Ihre unbewussten, vielleicht hindernden Sprechmuster so zu aktivieren, dass Ihre Botschaften so ankommen, wie Sie das wollen. Authentisch und echt. Ganz Sie eben. Nur ohne Ihre unbewussten stimmlichen Stolpersteine. Und noch ein ganz wichtiger Punkt: Stimme ist nicht nur Chefsache!

1.10 Über die Autorin

Barbara Blagusz ist die einzige Stimm- und Sprechtechniktrainerin im deutschsprachigen Raum, die direkt aus dem Verkauf kommt. Seit 1993 ist die studierte Handelswirtin und Wirtschaftspädagogin erfolgreiche Kommunikationstrainerin in den Bereichen Motivation, Kundenservice sowie Vertriebsmanagement tätig und hat in ihren Seminaren bereits tausende Teilnehmer begeistert. Aus dieser Erfahrung schöpft sie, wenn sie über den unbewussten Machtfaktor Stimme in Beratung, Führung und Verkauf spricht. Erleben Sie die wirkungsvollsten sowie aktuellsten Erkenntnisse aus der Psycholinguistik und Kommunikationsforschung. Mit ihrem Konzept „Der Stimmcode ©" erfahren Sie hautnah, wieso der Wirtschaftsfaktor Stimme eine machtvolle Rolle einnimmt. Dabei demonstriert sie humorvoll eine Fülle an praktischen und sofort anwendbaren Tipps authentisch und mit wandelbarem Stimmeinsatz.

Barbara Blagusz verbindet überzeugend wissenschaftliches Know-how mit wertvollem Nutzen für den Alltag – Praxistipps für den Verkaufsprofi sozusagen.

Weitere Infos unter www.sozusagen.at

Literatur

Bazil, V. (2015). Rede und Web. http://www.vrds.de/aktuelles-presse/kolumne/archiv/rede-und-web.php?searched=2007+studie&advsearch=allwords&highlight=ajaxSearch_highlight+ajaxSearch_highlight1+ajaxSearch_highlight2. Zugegriffen: 19.05.2015

Blagusz, B. (2014). Das A und O im Vertriebserfolg: Perfekte STIMMung und persönlicher Kontakt (S. 10). http://www.sozusagen.at/wp-content/uploads/2014/11/Das-A-und-O-im-Vertriebserfolg-Perfekte-STIMMung-und-pers%C3%B6nlicher-Kontakt-.pdf. Zugegriffen: 19.05.2015

Mehrabian, A. (1971). *Silent Messages* (S. 40–47). Belmont.

Mehrabian, A., & Wiener, M. (1967). Decoding of inconsistent communications. *Journal of Personality and Social Psychology, 6*, 109–115.

Sendlmeier, W. (2012). Die psychologische Wirkung von Stimme und Sprechweise. https://www.kw.tu-berlin.de/fileadmin/a01311100/Studiengaenge/2012_Resonanz-Raeume_W_Sendlmeier.pdf. Zugegriffen: 15.06.2015

So werden Sie Weltmeister der Herzen

Wie sie interkulturelle Sensibilität entwickeln

Monika Brett

Inhaltsverzeichnis

2.1	Die Schweizer: Kantig, direkt, ehrlich?	27
2.2	Die Russen: Menschlich, authentisch, herzlich	33
2.3	US-Amerikaner: Dress for Success	38
2.4	Über die Autorin	41

Casanova, George Clooney oder Steve Jobs? Lebenskünstler, Schauspieler, Unternehmer, Athlet oder Banker? Frauen-Versteher, Gentleman oder Macho? Hart oder weich? Mit Jeans und Pulli oder Anzug, Hemd und Krawatte? Der Mann von Welt hat viele Gesichter, macht auf allen Bühnen einen guten Eindruck, kennt die Sitten und Gebräuche in seinen Gastländern – und er prägt die unterschiedlichsten Stile. Die Geschmäcker sind schließlich verschieden und vielfältig. Der erste Eindruck zählt. Und das Auge isst mit.

Deshalb war jener Reporter von der örtlichen Tageszeitung bei Zuhörern und Veranstaltern schnell unten durch: Minuten nach Beginn einer Veranstaltung für ausgewählte Kunden einer Bank – der erste Referent redete bereits – rumpelte er unüberhörbar in den Saal. Er kam nicht, er erschien. Das richtete zwar alle Augen der Anwesenden auf ihn, doch Großhirn meldete unwillkürlich an Kleinhirn: Kopf schütteln. Denn der Mann von der Presse war nicht nur zu laut und zu spät, sondern irgendwie auch zu komisch: Er trug eine Jeans, die mindestens schon drei Mal aus der Mode gekommen war, und einen dottergelben, selbstgestrickten, zottligen Rollkragenpulli aus der Hippie-Zeit. So zu der Veranstaltung einer Bank zu erscheinen, ist zwar vielleicht durchaus mutig – Sympathiepunkte bringt das aber nicht. Dem langhaarigen Presse-Vertreter war das herzlich egal: Meister der Herzen wollte er eh nicht werden. „Wissen Sie, ich mag Banken nicht besonders", sagte er mir, als ich ihn nach der Veranstaltung ansprach. Opposition als Stil-Etikette – das kann man natürlich machen, ich empfehle es aber nicht. Ein absichtlich

Monika Brett ✉
Eichwatt 17, 8105 Regensdorf, Schweiz
e-mail: Monika@monikabrett.com

schlechter Eindruck ist nicht besser als der schlechte Eindruck, den man aus Ahnungslosigkeit hinterlässt.

Apropos ahnungslos: Ich schildere diesbezüglich immer gerne zwei Erlebnisse. Das erste spielte sich in einem Restaurant in der Schweiz ab. Nicht nur bei den Alpennachbarn ist der „Gruß aus der Küche" ja ein Zeichen von Stil, Niveau und gehobener Gastronomie. Ich erlebte nun aber in jenem Edel-Restaurant, wie sich eine junge Dame mit Gucci-Handtäschchen über diese kleine Aufmerksamkeit echauffierte und, sich laut beschwerend, ausrief: „Das habe ich aber gar nicht bestellt." Der Kellner nahm es eidgenössisch gelassen: „Gute Frau, die Küche lässt Sie recht herzlich grüßen. Ich wünsche einen guten Appetit." Das zweite Erlebnis mit einem Fettnäpfchen hatte ich auf einer Geschäftsreise in den Vereinigten Staaten. Die US-Amerikaner sind ja bekanntlich Weltmeister des Smalltalks. Selbst knallharte Verhandlungen beginnen sie erst einmal mit dem minutenlangen Austausch von Belanglosigkeiten. Eine junge Kollegin kannte diese Sitte nicht. Sie nahm die eher als allgemein-floskelhafte Begrüßung zu verstehende Frage „How are you?" auf typisch deutsche Weise bierernst – und erzählte in einem Redeschwall fröhlich drauf los, dass es ihr gut gehe, sie aber einen stressigen Flug mit Verspätungen und Staus gehabt habe. Und so weiter und so fort. Dabei hätten drei Worte gereicht: „I'm fine, thanks."

Reden ist Silber, Schweigen ist Gold, heißt eine alte Benimm-Weisheit. Diese gilt erst recht für den Mann von Welt, der weiß, wo der Bartel den Most holt. Hinter jedem erfolgreichen Mann steckt schließlich eine starke Frau. Auch diese Weisheit hat noch immer Gültigkeit. Ich möchte es sogar noch etwas drastischer ausdrücken, fast martialisch: Wem die Frauen gehören, dem gehört das Land. Zu wissen, was die Gastgeberinnen denken und schätzen, ist also mehr als die halbe Miete, wenn aus der Geschäftsreise in ein anderes Land ein Erfolgstrip werden soll. Der Weg zum Ziel führt über die Frauen: Zwar ist laut einer aktuellen Untersuchung derzeit nur jeder zehnte Vorstandsposten in Unternehmen mit einer Frau besetzt, aber bei alltäglichen Kauf-Entscheidungen sieht die Sache jedoch ganz anders aus. Sie werden zu 80 Prozent von den Damen getroffen. Und auch die angeblich üblicherweise einsam getroffene Entscheidung des Alpha-Mannes halte ich persönlich für eine Mär. Mit einem Schmunzeln gelesen habe ich daher einen Bericht über den Untreue-Prozess gegen den ehemaligen deutschen Top-Manager Thomas Middelhoff. Dessen damalige Sekretärin ließ das Gericht wissen, sie habe Middelhoffs Entscheidungen als „gottgegeben" hingenommen: „Ich habe mich nicht als Controllerin meines Chefs gesehen." Warum sie das wohl so deutlich betonte? Weil es doch eher so ist, dass nicht nur hinter jedem erfolgreichen Mann eine starke Frau steht, sondern auch hinter jedem hervorragenden Manager. „Die Chefsekretärin weiß alles", überschrieb die „ZEIT" daher zu Recht einen Artikel über den Einfluss der Assistentinnen.

Casanova, George Clooney oder Steve Jobs? Lebenskünstler, Schauspieler, Athlet oder Banker? Frauen-Versteher, Gentleman oder Macho? Hart oder weich? Mit Jeans und Pulli oder Anzug, Hemd und Krawatte? So gesehen also gar nicht so entscheidende Fragen. Wer Weltmeister der Herzen werden will, für den ist es viel wichtiger zu wissen, wo die Fettnäpfchen stehen, interkulturelle Sensibilität zu entwickeln und sozusagen weiblich zu denken. Dazu gebe ich Ihnen im Folgenden einige Tipps, wie Sie auf Geschäftsreisen die Sympathien der (starken) Frauen gewinnen können – und damit die der erfolgreichen Männer. Aus Platzgründen beschränke ich mich dabei auf drei Länder: die Schweiz, USA und Russland. In den USA und Russland habe ich als ehemalige Diplomaten-Gattin mehrere Jahre gelebt, die Gepflogenheiten in der Schweiz kenne ich ebenso gut, denn sie ist seit Jahren meine Wahlheimat.

Zuvor möchte ich Sie aber noch auf einen anderen wichtigen Punkt hinweisen: Andere Länder und Kulturkreise zu kennen, zu wissen, was die Gastgeber in punkto Sitten und Bräuche erwarten, ist nur eine Seite der Erfolgsmedaille. Das hilft Ihnen alles nichts, wenn Sie nicht 1000-prozentig hinter dem stehen, was Sie tun. Das richtige Benehmen, die Etikette ist eine wichtige Aktion. Zum echten, nachhaltigen Erfolg wird sie aber nur, wenn Sie lieben, was Sie tun und deshalb vollkommen darin aufgehen. In weitergehenden Studien habe ich mich daher noch mehr mit der Ausstrahlung und deren Zusammenhang mit Erfolg und Glück befasst. Dabei hat sich gezeigt, dass die Menschen, die diese ganz besondere Art der Ausstrahlung hatten, auch besonders gut bei anderen ankamen – vor allem dann, wenn ihr Auftreten stimmte, beziehungsweise stimmig war. Diese Ausstrahlung, auch Charisma genannt, ist unter anderem zurückzuführen auf den Erfolg, den diese Menschen beruflich und auch privat errungen haben, weil sie das, womit sie sich beschäftigen, gerne tun. Ich habe bewusst Beschäftigung geschrieben, denn als Arbeit im Sinne von Mühe möchte ich dies dann nicht bezeichnen: Wenn man etwas gerne tut, dann macht man es immer, egal ob in der offiziellen Arbeitszeit oder außerhalb. Man merkt gar nicht, dass man eigentlich arbeitet, ist entspannt. Es macht einem nichts aus zu arbeiten. Dies gilt nicht nur für Selbstständige oder Freiberufler, sondern auch für die Menschen, die in einem Angestelltenverhältnis stehen, aber das Glück haben, in ihrem Unternehmen entsprechende Wertschätzung zu bekommen. Mein Motto: „Tue was du liebst, und du musst nie mehr arbeiten!"

Glauben Sie mir also: Wenn Sie lieben, was Sie tun, bekommen Sie das gewisse Etwas in Ihrer Persönlichkeit, das Erfolgsmenschen eben nun mal haben. Ihre Verhandlungspartner und Gastgeber (be)merken das, wenn nicht bewusst, so doch unbewusst. Da ist dann etwas Unwiderstehliches. Es kommt ein Automatismus in Gang. Sie sind im Fluss. Der Spaß, den Sie haben, weil Sie Ihre Arbeit gerne tun, überträgt sich, es entsteht eine besondere Atmosphäre, in der alles von alleine gelingt, in der Arbeit gar nicht mehr als solche empfunden wird. Wenn Sie also Ihrem Herzen folgen, dann wissen Sie, was wirklich zählt im Leben. Und sie lieben, was Sie tun. Ihre Gesprächs- und Verhandlungspartner werden Sie dafür schätzen. Zu wissen, wie man sich kleidet und gibt, tut dann nur noch ein Übriges. In diesem Sinne: Viel Erfolg beim Erobern der Herzen!

2.1 Die Schweizer: Kantig, direkt, ehrlich?

Im Online-Forum der Schweizer Boulevard-Zeitung „Blick" ging es heftig zur Sache. „Ich würde es mal so sagen: In der Schweiz ist nicht nur der Gastgeber König, sondern auch das Personal meint schon, es sei ein kleiner König", kommentierte dort eine Leserin einen

Beitrag über ein verbales Scharmützel zweier Tourismus-Chefs – der eine aus Österreich, der andere aus der Schweiz. Sie erhielt darauf enorme Resonanz: Über 1800 Diskutanten stimmten per Klick auf den Like-Button – das ist jenes kleine Symbol mit dem Daumen nach oben – zu, nur rund 250 senkten den Daumen. Wohlgemerkt: Diese dermaßen oft geteilte Meinung stammt von einer „Blick"-Leserin aus dem Schweizer Ort Chur, also einer Einheimischen. Nestbeschmutzung oder einfach nur nüchtern ausgedrückte Realität? Die Schweizer also ein Volk von Muffeln und Majestäten? „Sie sind nur freundlich, wenn sie sich von ausländischen Geschäftsleuten einen vorteilhaften Deal erhoffen", schimpfte einmal ein Bekannter aus Deutschland, der häufig in der Schweiz zu Gast ist. Er behauptet, dort fast nur schlechte Erfahrungen gemacht zu haben – bis hin zu Pöbeleien auf offener Straße, wenn die Einheimischen ein deutsches Autokennzeichen erkannten. Sein Fazit: „Die Schweiz suche ich nur auf, wenn es sich aus geschäftlichen Gründen durch nichts vermeiden lässt."

Wenn er meint ... Ich jedenfalls lebe gerne bei und mit den Schweizern – und sage es daher mal so: Da hat einer einfach mal kräftig Dampf abgelassen. Alles eine Frage des Blickwinkels – außer es geht um die Schönheit der Natur: Die Gipfel der Schweizer Alpen sind ein Wander-, Ski- und Snowboardparadies. Sie bieten immer einen traumhaften Blick, egal aus welchem Blickwinkel.

Ausländern gegenüber haben die Schweizer allerdings, so scheint es, tatsächlich eine geteilte Meinung. Bei der Volksabstimmung über die Einwanderung im Jahre 2013 gab es eine klare geografische Teilung am sogenannten Röstigraben (so nennt der Volksmund die Sprachgrenze zwischen der deutschen und der französischen Schweiz). Ja, man ist schon auf die Einwanderer angewiesen; besonders die Fachkräfte aus dem „großen Kanton" sind sehr beliebt und gerade in der Ostschweiz, wozu auch das Züricher Gebiet gehört, geschätzt. Die insbesondere in der Zentralschweiz mehrheitlichen Gegner starker Immigration weisen dagegen auf eine für die kleine Schweiz fast unzumutbare Flächenüberbauung hin, die durch den Zustrom von 1,1 Millionen Immigranten erforderlich wird.

2.1.1 Bleiben Sie ruhig!

Ein Vorurteil hält sich allerdings hartnäckig in der gesamten Eidgenossenschaft: das von den „schreienden Deutschen". Lautstärke und Auffälligkeit im Auftreten und Benehmen fällt in der ruhigen, diskreten Schweiz sehr auf – und zwar äußerst negativ. Die Schweizer sind ein bescheidenes und ruhiges Völkchen. Sie stellen sich nicht gerne in den Vordergrund und leben nach dem Motto: „Weniger ist mehr". Zumindest vorgeblich. Man hat, aber zeigt es nicht. Und schon gar nicht redet man darüber. Herumzuprahlen wie jener Protz in der fast schon legendären Sparkassen-Werbung („Mein Haus, mein Boot, mein Auto"), kommt gar nicht gut an in der Schweizer Damenwelt, schreien schon gar nicht. Der wahre Gentleman ziert sich in der Schweiz mit Bescheidenheit. Oder hält sich an die alte Regel: „Der kluge Mann schweigt." Und landet dann den Überraschungscoup, indem er einfach mal auf sein Boot auf dem Züricher See einlädt und die Dame mit dem Cabrio abholt. Solches Understatement lieben die Schweizer. Das einzige Statussymbol, das der Schweizer tatsächlich oft noch offen trägt und zeigt, ist seine Armbanduhr. Diese ist aber keine persönliche Angeberei, sondern wiederum ein patriotisches Statement für die ganze Schweiz als Weltmarktführer der Uhrenindustrie. Dazu dient aber nicht die protzige Rolex-Uhr, die überwiegend von Kellnern demonstrativ und deshalb gut sichtbar am rechten Handgelenk getragen wird, wenn sie den Block zücken und die Bestellung aufnehmen. Der Mann von Welt trägt vielmehr z. B. Maurice Lacroix, IWC oder Patek Philipp. Das passt zum obligatorischen Understatement, weil man solchen Uhren den Preis nicht ansieht und nur der Experte den wahren Wert kennt.

Das führt mich nun zu der Frage: Durch welche Äußerlichkeiten lässt der bescheidene Mann in der Schweiz seine inneren Werte erstrahlen? Und was macht ihn liebenswert für die Frauenwelt? Eine Freundin aus Hamburg brachte es, als gerade eine Maschine der Fluggesellschaft Swiss aus Zürich kommend in der Hansestadt landete, folgendermaßen auf den Punkt: „Jetzt kommen wieder die schicken Schweizer". Sie meinte Männer, die Eleganz und Männlichkeit ausstrahlen. Mit einem klassischen, aber modischen Anzug, geprägt von italienischer Eleganz, entspricht man dem Bild von Sicherheit – nicht nur als Banker. Männer, die zum Beispiel durch ihren Gang und ihre Körperhaltung souverän auftreten. Oft wird dem Schweizer nachgesagt, er sei langsam. Wenn Langsamkeit das Gegenteil von Hektik und Stress ist, dann stimmt das auch tatsächlich. In der Schweiz schätzt man ausgeglichene, nicht aus der Ruhe zu bringende Menschen mit einer entsprechend gelassenen und doch kontrollierten Körperhaltung. Diese Eigenschaften strahlen ebenso Sicherheit aus wie ein ruhiger Gang. Rennen Sie also, wenn Sie sich in der Schweiz aufhalten, bloß nicht hektisch und gestresst wirkend herum.

2.1.2 Drei Küsschen in Ehren: Anrede/Begrüßung

Auch wenn der Schweizer zunächst distanziert erscheint: Begrüßung und Anrede verlaufen überaus herzlich. Bei beruflichen Kontakten beschränkt man sich auf das Schütteln der Hände, kennt man sich aber schon ein wenig besser und besonders bei Privatkontakten, dürfen es auch mal Wangenküsschen sein. Dabei fallen Ausländer oftmals dadurch auf, dass sie nach dem zweiten Kuss – linke Backe, rechte Backe – abbrechen. Dabei sind in der Schweiz diesbezüglich aller guten Dinge drei: Der Schweizer begrüßt seine lieben Freunde und guten Bekannten mit drei Wangenküssen: links, rechts, links. Oder frei nach einem biblischen Ratschlag: „Hält dir ein Schweizer die linke Backe hin, so biete ihm auch die rechte und dann noch mal die linke an." Als Mann von Welt, der für sich in Anspruch nimmt, die Sitten der Schweizer zu kennen, sollten Sie dies unbedingt auch tun – das zeugt von echtem Verständnis, Kultur-Kenntnissen und guten Umgangsformen.

So, jetzt haben Sie also drei Küsschen verteilt. Doch was dazu sagen? Nun, die Anrede ist genauso unkonventionell wie die Begrüßung. Ein freundlich-lockeres „Grüezi" ist auch bei Unbekannten beziehungsweise geschäftlichen Begrüßungen vollkommen ausreichend.

In Deutschland wäre bei Geschäftspartnern ein dem „Grüezi Frau/Herr..." entsprechendes, schlichtes „Hallo" ein Etiketten-Verstoß. Hier ist als Begrüßung unbedingt das streng formale „Guten Tag Frau/Herr..." zu wählen. In der Schweiz ist zudem oft auch die Floskel „Grüezi wohl" zu hören. Diese wird besonders dann angewandt, wenn man jemanden im Vorbeigehen begrüßt, oder, natürlich ohne Namenszusatz, bei Unbekannten. Ein Einzelner begrüßt eine Gruppe immer mit „Grüezi wohl miteinand."

Insgesamt gilt, Reserviertheit hin, Freundlichkeits-Diskussion her: Die Schweizer sind sehr höfliche Menschen.

2.1.3 Bloß nicht mit der Türe ins Haus fallen: Das Gespräch

Bevor Sie tiefer in ein Gespräch einsteigen oder auch in gesellschaftlichen Runden ist es üblich, mit ein bisschen Smalltalk zu beginnen. Doch Vorsicht! Auch hier sollten Sie Ihre Worte wohlfeil wählen. Das falsche oder ein ungeeignetes Thema kann das gesamte nachfolgende Gespräch oder auch Verhandlungen negativ und nachhaltig beeinflussen. Diesbezüglich sind die Schweizer sehr sensibel. Meiden Sie vor allem das mit Vorurteilen behaftete Thema Geld. Das sollten Sie immer im Hinterkopf behalten. In Deutschland neigt man ja dazu, die Schweiz als eine Art Paradies zu betrachten, in dem Milch und Honig aus dem Wasserhahn fließen und alle die Taschen voller Alpen-Dollars haben. Auf meinen Auslandsreisen (ich lebe in der Schweiz) höre ich oft die Behauptung, dass für mich der Aufenthalt im europäischen Grenzland ja besonders günstig sei. Wenn ich schildere, dass auch in der Schweiz nicht jeder im schmucken Eigenheim wohnt, ernte ich regelmäßig erstaunte Blicke. Gerade in städtischen Regionen ist eine Immobilie um ein Mehrfaches teurer als zum Beispiel in Deutschland. Und so kann auch der gut verdienende Kollege durchaus in einer kleinen Mietwohnung leben – und für diese zahlt er unter Umständen zwei- bis dreimal so viel Miete als für eine vergleichbare Wohnung in Deutschland. Da bleibt am Ende vom höheren Lohn, von mehr Netto vom Brutto nicht mehr viel übrig.

Also, pst, sprechen Sie Ihren Schweizer Gesprächspartner bloß nicht auf Geld oder das höhere Lohn-Niveau in seinem Land an. Absolutes No-go in der finanziell so verschwiegenen, diskreten Schweiz! Ebenso wie übrigens auch Politik und Religion.

„Ja, meine Güte, kann ich denn in der Schweiz nur übers Wetter reden, oder was?", werden Sie jetzt vielleicht fragen. Doch, nein, ganz so ist es nicht. Nutzen Sie doch einfach den Stolz der Schweizer auf ihr Land für sich und loben Ihre Gesprächspartner für ihr Land und dessen landschaftliche Schönheiten. Oder sprechen Sie über die vielfältigen, tollen Sport-Möglichkeiten, die dieses bietet. Das zwischenmenschliche Eis schmilzt, wenn Sie über die Schweizer Berge schwärmen. Aber seien Sie nicht enttäuscht, wenn ihr Schweizer Gesprächspartner gesteht, kein Skifahrer zu sein. Oder zeigen Sie diese Enttäuschung wenigstens nicht. Dass man in der Schweiz mit Skiern an den Füßen zur Welt kommt, ist nämlich ein Gerücht. Aber klar: Viele Teile der Schweizer Alpen sind UNESCO-Weltnaturerbe, und die Fahrt mit dem Glacier Express ist ein besonderes Highlight, was man nicht unerwähnt lassen sollte, wenn man es kennt. Genauso sind Kunst und Kultur geeignete Gesprächsthemen, mit denen Sie punkten können.

Nachfolgend einige Persönlichkeiten, die zu kennen Ihnen im Gespräch mit Schweizern durchaus Sympathien einbringen kann:

1. Friedrich Dürrenmatt (1921–1990), Schriftsteller; bekannteste Werke: „Der Richter und sein Henker", „Der Besuch der alten Dame" „Die Physiker".
2. Max Frisch (1911–1991), Schriftsteller; bekannteste Werke: „Biedermann und die Brandstifter", „Andorra", „Homo Faber". Züricher Bürger freuen sich besonders, wenn sie über die Max-Frisch-Stiftung, die jährlich einen Schriftsteller-Preis für den deutschsprachigen Raum vergibt, im Bilde sind. Weitere Sympathiepunkte bei kulturell interessierten Zürichern bringt es Ihnen ein, wenn Sie wissen, dass Max Frisch in seiner weniger erfolgreichen Zeit als Architekt das sehr schöne Züricher Freibad „Letzigraben" entworfen hat. Dieses Freibad hat er mit dem Gartenarchitekten Gustav Amman geplant. Die besondere Architektur vermittelt eine Ferienstimmung und grenzt sich so von den gewöhnlichen Massenbädern ab. Der „Letzigraben" ist bei Einheimischen und Gästen gleichermaßen beliebt.
3. Paul Klee (1879–1940), impressionistischer Maler und Mitarbeiter am Bauhaus, in der Schweiz geboren und gestorben. Das „Zentrum Paul Klee" in Bern bietet wechselnde Ausstellungen aus seinen Werken. Ein Ausflug nach Bern inklusive Besuch der Ausstellung lässt die Herzen kulturaffiner Frauen höher schlagen.
4. C. G. Jung, (1875–1961) Psychotherapeut, wurde in Kesswil auf der Schweizer Seite des Bodensees geboren, lebte und praktizierte viele Jahre in der Gemeinde Küsnacht an der sogenannten Goldküste des Züricher Sees. Die C. G.-Jung-Gesellschaft mit Weiterbildungsveranstaltungen und Vorträgen für die Öffentlichkeit hat in Zürich ihren Sitz.
5. Henri Nestlé (1814–1890), Industrieller; Hersteller von Kondensmilch, Kindermilchpulver, diätischen Lebensmitteln.
6. Gottlieb Duttweiler (1888–1962), Kulturförderer; Gründer von Migros, dem größten Detailhandelsunternehmen der Schweiz und des Gottlieb-Duttweiler-Instituts für wirtschafts- und sozialpolitische Fragen.

2.1.4 Pünktlich wie die Schweizer Uhr: Wesensarten und Werte

Auch in der Schweiz gilt der Spruch: „Pünktlichkeit ist die Höflichkeit der Könige." Es liegt vielleicht an der sprichwörtlichen Präzision der Schweizer Uhren, dass Pünktlichkeit als die Tugend schlechthin bei den Alpennachbarn gilt. Das geht so weit, dass ich Ihnen rate, lieber sogar ein paar Minuten früher zum Termin zu erscheinen. Damit bekunden Sie Respekt und sind auf jeden Fall als erster da. Denn der Schweizer nimmt es bei Terminen sehr genau: Wenn Sie 16 Uhr vereinbart haben, kommt er nicht um 16 Uhr, sondern „am vieri". „Um" ist ihm zu vage. Schweizer sind Meister darin, den Tagesablauf detailliert zu planen und zu organisieren. Das Land empfinde er wie eine „fertiggebaute Modelleisenbahn-Anlage, in der alles wunderschön arrangiert und gepützelt aussieht", spottete der Schauspieler Dieter Moor einmal über die fast schon penetrante Genauigkeit seiner Landsleute. Auch Sie sollten daher penibel auf ihre Termine vorbereitet sein.

▶ Noch ein Tipp von mir: Wenn Sie bei Schweizern eingeladen sind, dann geizen Sie bitte nicht beim Gastgeschenk. Die Schweizerin liebt hier die Großzügigkeit, beispielsweise ein üppiges, teures Blumenarrangement.

2.1.5 Verstehen reicht: Die Sprache(n)

Die Schweiz ist in drei Sprachzonen aufgeteilt: Die Deutschschweiz, die sich zum größten Teil von der Ostgrenze bis zum sprichwörtlichen Röstigraben erstreckt, der sich wiederum westlich von Bern über Biel, Freiburg, das Westjura bis zum westlichen Teil des Wallis zieht. Westlich des Röstigrabens beginnt die französische Schweiz; Bern und Biel zum Beispiel sind zweisprachig. Im Süden (Tessin) wird Italienisch gesprochen. In der Schule werden Schweiz-weit alle drei Sprachen gelehrt, so dass Sie keine Verständigungsschwierigkeiten befürchten müssen. Allerdings wird es Ihnen hoch angerechnet, wenn Sie die jeweilige Kantonssprache zumindest rudimentär beherrschen. Oft sprechen Westschweizer oder Tessiner fast kein Deutsch. In den deutschsprachigen Kantonen wird „Schwyzer Dütsch" gesprochen. Die Mundart klingt in den unterschiedlichen Regionen auch unterschiedlich und ist für Zugereiste und Gäste nicht nachsprechbar. Nicht nur deshalb warne ich davor, sich aus Höflichkeit und Respekt im Regio-Dialekt zu versuchen. Damit können Sie sich nur blamieren. Selbst Deutsche, die lange in der Schweiz leben, schaffen es kaum, eine Unterhaltung auf „Schwyzer Dütsch" zu führen. Sie ernten von ihren Schweizer Freunden meist nur ein müdes Lächeln. Sympathiepunkte bringt das nicht. Sehr wohl aber, wenn Sie ihren Schweizer Freunden oder Geschäftspartnern erlauben, in ihrer Mundart zu sprechen. Sie müssen das aber natürlich auch verstehen und der Unterhaltung mühelos folgen können.

2.1.6 Wohl bekomm's! Essen und Trinken

Auch hinsichtlich der Tischsitten sind die Schweizer eher konservativ. Es gelten im Wesentlichen die gleichen Regeln wie in Deutschland. Der Gastgeber eröffnet das Essen mit einem „Guten Appetit"; ansonsten wird auf diese Floskel nahezu überall verzichtet. Sie stoßen an mit „Prost" oder „zum Wohl"; in der französischsprachigen Schweiz sagt man „à votre santé", in den „italienischen" Landesteilen „salute". Es ist üblich, beim Antrinken des Weins mit den Gläsern an deren oberen Rand anzustoßen und den Trinkspruch zu sagen. Diese Zeremonie wird auch bei alkoholfreien Getränken gepflegt. Seien Sie also nicht „geizig" mit dem Anstoßen!

Auch für ihren Käse sind die Schweizer berühmt. Er ist ein Markenzeichen des Landes. Und doch sind die Schweizer deshalb nicht, wie es das Klischee vermitteln will, tägliche oder bloße Raclette-, Fondue- und Rösti-Esser. Um noch einmal zum Vergleich auf die Schwaben zurückzukommen: Die Schwaben also essen ja auch nicht nur Spätzle, nur weil sie ein Markenzeichen der dortigen Küche sind. Und so genießen die Schweizer genauso gerne das asiatische, italienische oder deutsche Essen – so sie es denn in guter Qualität erhalten.

Aber klar: In der ganzen Schweiz liebt man das Fondue. Dieses ist eine Mischung aus geschmolzenem Käse, Weißwein und Kirschwasser. Die Eidgenossen sind stolz auf ihre besonderen Käsemischungen, für die sie oft ein Geheimrezept haben. Es kommt also durchaus an, die raffinierte Käsemischung zu loben. Im Sommer freut sich das „Grillieren" großer Beliebtheit. Bei Privateinladungen gibt es Fleisch, Gemüse und andere Köstlichkeiten vom Holzkohle- oder Gas-Grill, auch bei halboffiziellen Einladungen.

Sie können sich als besonderer Gast der Familie fühlen, wenn Sie von Ihren Schweizer Freunden zum „Grillieren" am Nationalfeiertag, dem 1. August, eingeladen werden. Diesen Tag feiert der Schweizer meist im Kreis seiner Familie auf einer Wiese beziehungsweise einem Grillplatz in freier Natur.

2.2 Die Russen: Menschlich, authentisch, herzlich

Zwischen meinem ersten und bislang letzten Moskau-Aufenthalt lagen insgesamt 15 Jahre. In dieser Zeit hat sich hinter dem ehemals Eisernen Vorhang politisch, wirtschaftlich und gesellschaftlich viel verändert. Die Menschen, ihre Sitten, Gebräuche und (Alltags-) Kultur sind jedoch gleich geblieben.

Betrachtet man die Geschichte Russlands, dann erkennt man, dass die Menschen schon immer der politischen Willkür ausgesetzt waren. Das prägt auch den Umgang der Menschen miteinander und deren Sitten. Der politische Druck und die Einschränkungen der Freiheit in der ehemaligen Sowjetunion ließen die Menschen zurückhaltend, scheu und ängstlich im Umgang mit Fremden werden. Das vom Regime verhängte Kommunikationsverbot der Bürger mit Ausländern tat dazu ein Übriges. Trotzdem habe ich – besonders während meiner Reisen in die südlichen Republiken in den 1980er-Jahren – eine Neugierde gegenüber Fremden und die für Russen typische Wärme, Herzlichkeit und große Gastfreundlichkeit feststellen können. Diese Eigenschaften sind es, von denen auch heute noch meine Beziehungen zu Russen geprägt sind – zumindest die privaten.

2.2.1 Blick ins Familienalbum: Das Geschäftsleben

Die Auflösung der Sowjetunion und die Öffnung des Landes haben dazu geführt, dass die Russen sehr weltoffen geworden sind. Die Umgangsformen in Russland gleichen sich folglich immer mehr denen der westlichen Welt an. Im Geschäftsleben verhält man sich grundsätzlich konservativ-zurückhaltend, wodurch der Russe im ersten Augenblick etwas distanziert erscheint. Dies sollte aber nicht darüber hinwegtäuschen, dass in Russland der persönliche Eindruck, den man von einem Geschäftspartner hat, sehr wichtig ist beziehungsweise emotionale Aspekte die Geschäftsbeziehung beeinflussen. Sobald der Russe Sie etwas besser kennt, ist das Eis gebrochen und er zeigt sich sehr menschlich. Da kann es passieren, dass man sich auch im Geschäftsleben freundschaftlich auf die Schulter klopft oder auch umarmt, wenn man sich sehr gut kennt. Solche Körperkontakte zeugen von Vertrauen. Wenn Sie ehrliches und persönliches Interesse an den Menschen zeigen, dann werden Sie hoch angesehen. Das geht so weit, dass guten Geschäftspartnern sogar zum Beispiel Familienfotos gezeigt werden oder Sie gar in die Familie zum Essen eingeladen werden. Menschlichkeit und Herzlichkeit stehen im Vordergrund. Mein Tipp deshalb: Seien Sie einfach so, wie Sie sind. In Russland können Sie mit Authentizität und einem selbstbewusst-freundlichen, sachlichen Auftreten Vertrauen gewinnen. Lassen Sie sich nicht von den peinlichen Auftritten neureicher Russen in Luxus-Urlaubsresorts täuschen. Diese sind nicht repräsentativ für das gesamte Land. Im Gegenteil. Geben Sie sich daher bescheiden und betreiben Sie Understatement. Sie kommen gut an, wenn Sie bei Ihren Geschäftspartnern Ihre wirtschaftlichen Erfolge nicht zur Schau stellen.

Die Kleidung für den Herrn ist dezent-zurückhaltend und ohne schrille Farben. Zudem legen die Russen Wert auf gute Schuhe. Das hat historische Gründe, weil diese in der Sowjetunion als Importware kaum zu bekommen waren. Daher zeugt der Herr, der gute Schuhe trägt, von Wohlstand und Status.

Das Straßenbild in den größeren Städten ist geprägt von sehr eleganten und gestylten Damen. Sie sind meist stark geschminkt mit kräftigem Lippenstift und Rouge und sehr oft auf Stöckelschuhen unterwegs. Da könnte man glatt die über Filme und Medien kolportierten Vorurteile bestätigt sehen. Doch das ist unangebracht. Es ist einfach nur so, dass die russischen Frauen größten Wert auf ein gepflegtes, schickes und feminines Äußeres legen. Auch im Geschäftsleben bevorzugen sie daher klassische, nicht zu kurze Röcke und hohe Schuhe. Die Frauen mit Respekt und Höflichkeit zu behandeln, ist selbstverständlich.

Übrigens: Trotz dieser Vornehmheit ist es im Winter durchaus üblich, zu Veranstaltungen, privaten Einladungen oder ins Büro mit dicken Winterstiefeln zu kommen. Vor Ort werden diese dann aber gegen die leichten Straßenschuhe, die man in einer Tasche mit sich trägt, ausgetauscht. Daran sollte man sich also nicht stören.

2.2.2 Keine Angst vor Nähe: Anrede und Begrüßung

Grundsätzlich gelten für die Begrüßung in Russland die gleichen Regeln wie bei uns. Die Distanzzonen sind allerdings kleiner als zum Beispiel in Deutschland. Bei privaten Begegnungen und auch unter guten Geschäftspartnern begrüßt man sich gerne mit Umarmung und Küssen auf die Wange. Zucken Sie also nicht zurück, wenn Ihr russischer Geschäftspartner Sie an sich drücken möchte. Es zeugt von guten Beziehungen und Vertrauen!

Wenn sich Ihnen ein russischer Bekannter oder Geschäftspartner vorstellt, dann wird er dies immer mit seinem Vor- und Vatersnamen tun. Wundern Sie sich also nicht, wenn der Familienname, der Ihnen möglicherweise bekannt ist, nicht genannt wird. Der Vatersname ist bei den Russen sehr wichtig. Sie erkennen diesen an dem Zusatz „-witsch" bei Männern beziehungsweise „-owa" bei Frauen. Gebildet wird der Vatersname durch das Anhängen dieses Zusatzes an den Vornamen des Vaters. Bei der Anrede wird „Herr" (Gaspadin) oder „Frau" (Gaspascha) weggelassen, also nur Vor- und Vatersname genannt.

Doch Vorsicht! Das alles heißt nicht, dass Sie nun gleich auf Anhieb per Du sind. Sie sollten daher trotzdem beim Sie bleiben und sich mit Vor- und Zuname vorstellen.

2.2.3 Sei umarmt, mein Freund! Die Körpersprache

Russen rücken näher zusammen. Das heißt wie gerade bei der Begrüßung schon erwähnt: Die Distanzzonen sind kleiner und eher vergleichbar mit Südeuropäern. In Russland umarmt man sich gerne oder klopft sich auf die Schulter – nicht nur unter Freunden. Wird solche körperliche Nähe unter Geschäftspartnern gezeigt, dann kann man davon ausgehen, dass die Verhandlungen positiv verlaufen sind.

Auch das Lächeln ist positiv zu bewerten. US-Amerikaner lächeln sehr oft in einer Geschäftsbesprechung. Das hat dann aber nichts zu bedeuten. Russen dagegen lächeln weniger. Dafür ist es ehrlich und positiv gemeint.

2.2.4 Bleiben Sie seriös! Das Gespräch

Sachlich und zurückhaltend, wenig Komplimente und keine Kritik am Gastland: Das sind die wesentlichen Regeln für den Smalltalk in Russland. Man redet nicht über Geld, die politischen Missstände im Land oder das Wetter. Kommt der Russe allerdings von sich aus auf die Familie zu sprechen, dann wissen Sie, dass seine Sympathie auf Ihrer Seite ist.

Zurückhaltung ist auch in einer anderen Beziehung anzuraten: Russinnen fühlen sich oft unbehaglich, wenn sie Komplimente erhalten, da sie es nicht gewohnt sind. Sie lieben die Zurückhaltung. Süßholz zu raspeln ist also zwar gut gemeint, verfehlt aber meist die Wirkung.

Ruhig aus sich herausgehen dürfen Sie dagegen in kultureller Hinsicht: Russen freuen sich über das Lob ihrer Kultur, wie zum Beispiel die großen Werke ihrer Komponisten. Bei den Damen machen Sie sich äußerst beliebt, wenn Sie etwa von Ihrem Besuch im Bolschoi Theater in Moskau erzählen können, von „Schwanensee", „Dornröschen" oder dem „Nussknacker" von Pjotr Tschaikowsky.

2.2.5 Alles kommt auf den Tisch! Essen und Trinken

Auch in diesem Punkt muss ich die große Gastfreundlichkeit der Russen loben. Wenn Sie zu Ihren russischen Freunden oder Geschäftspartnern eingeladen werden, dann wird alles aufgetischt, was die Hausfrau zu bieten hat. Das ist generell so. Deshalb wird jede Einladung zu einem wahren Festmahl. Aber auch im Restaurant lässt man sich nicht lumpen und es wird reichlich bestellt. Sie sollten also mit genug Appetit zum Essen kommen, wenn Sie eingeladen werden.

Die klassische Menüfolge Vor-, Haupt- und Nachspeise kennen die Russen nicht. So es diese doch gibt, dann ist sie vom Westen übernommen. Es ist üblich – besonders bei Privateinladungen – dass alle Gerichte auf einen Tisch gestellt werden und man sich davon bedient, so wie es einem schmeckt. Fleisch als Tellergericht ist in Russland nicht üblich. Ob das ein Relikt aus kärglichen bäuerlichen Zeiten ist oder an der Fleischknappheit während der Sowjetregierung liegt, sei dahingestellt. Auf dem üppig gedeckten Tisch – man hat manchmal den Eindruck, dass sich dieser unter der Schwere der Speisen biegt – gibt es von unserer Warte aus betrachtet, überwiegend Vorspeisen. Die russischen Suppen „Soljanka" (Kohlsuppe mit Fleisch oder Fisch) und „Borschtsch" (Gemüsesuppe mit Fleisch und Roter Bete) serviert mit dickem Sauerrahm sind sehr nahrhaft und werden oft schon als Hauptspeise angeboten. Daneben werden „Pelmeni", mit Fleisch oder Fisch gefüllte Teigtaschen, sauer eingelegtes Gemüse, wie zum Beispiel Kohl, Gurken oder Peperoni aufgetischt. Bei besonderen Feierlichkeiten oder wenn es das Budget erlaubt, gibt es auch Kaviar. Diesen isst man traditionell auf sogenannten „Blinis". Das sind kleine Buchweizenpfannkuchen. „Blinis" gibt es mitunter mit Marmelade auch als Dessert. Zu beiden wird „Smetana" gereicht, also fettreiche, saure Sahne. Alternativ isst man Kaviar auf einem Butterbrot (dunkles russisches Vollkornbrot) oder Toast. Eine russische Spezialität ist „Julienne", ein mit Rahm überbackenes Pilzgericht, das in einer kleinen Metallpfanne serviert wird oder schon auf dem Tisch steht. Dieses Gericht wird – auch im Restaurant – direkt aus dem Pfännchen gegessen.

Erfolgt die Einladung ins Restaurant, dann ist das Menü nach westeuropäischem Vorbild dreigeteilt in Vor-, Haupt- und Nachspeise. Eine bei Russen beliebte Nachspeise ist das „moroschonje" genannte Eis. Die Russen lieben dieses zu allen Jahreszeiten, was man an den Eisständen, die überall aufgestellt sind, erkennen kann.

> **Mein Tipp**
> Beginnen Sie nie mit dem Essen, bevor der Gastgeber Sie mit „Prejatnaja apetita" dazu aufgefordert hat. Wundern Sie sich nicht, wenn Sie von ihren russischen Gastgebern ständig und hartnäckig gebeten werden zuzugreifen. Es ist nicht nur die Gastfreundschaft, sondern auch Gewohnheit oder einfach nur Formalität. Denn die Russen tun das untereinander auch ständig.

2.2.6 Alles Wodka, oder was?

Abschließend noch zum Klischee, demzufolge die Russen angeblich bei jeder sich bietenden Gelegenheit Wodka im Überfluss trinken. Tatsächlich ist es so, dass die meisten Alkohol gewohnt sind. Zu Sowjetzeiten war es üblich, dass sich drei Männer an einer Ecke zusammenfanden und sich eine Flasche Wodka teilten – mal eben so zwischendurch. Dies soll Sie jedoch nicht animieren, es den Russen diesbezüglich nachzutun, nur um sich beliebt zu machen. Ein bisschen mittrinken ist aber durchaus angebracht. Denn in Russland gilt das gemeinsame Trinken nicht nur als Bestandteil der Gastfreundschaft, sondern auch als allgemeine Form des Umgangs miteinander. Das Trinken war schon bei Empfängen des Zaren üblich – und ist es auch bei Familienfesten. Bei geschäftlichen Mittagessen halten sich allerdings auch die Russen in punkto Alkoholkonsum zurück. Wein wird jedoch immer gerne zum Essen getrunken.

Bei einem ausgedehnten Abendessen – privat oder im Restaurant – darf der Wodka jedoch keinesfalls fehlen. Sehr große Sympathien können Sie für sich gewinnen, wenn Sie sich dem Wodka-Zeremoniell unterwerfen. Zur Zarenzeit galt in Russland die Regel: „Wer nicht trinkfest ist, hat keinen Platz bei den Russen". Die Trinkfestigkeit ausländischer Geschäftspartner spielt heutzutage zwar nicht mehr eine so große Rolle wie damals, aber es gehört zum guten Ton und zum Aufbau guter Geschäftsbeziehungen, die Trinksprüche zu erwidern.

Seien Sie also darauf gefasst, dass Ihr russischer Gastgeber die Wodka-Gläser füllen lässt, sein Glas erhebt und einen Trinkspruch ausbringt. Dieser Zeremonie können Sie nicht entkommen! Es wird mit dem Tischnachbarn angestoßen, der Trinkspruch erwidert. Üblich ist zum Beispiel „na sdarowje" (auf die Gesundheit). Gern werden aber auch persönliche oder auf das Geschäft bezogene Trinksprüche aufgesagt. Sie können hier punkten, wenn Sie schon einen eigenen Trinkspruch vorbereitet haben, etwa auf den Gastgeber oder, sogar sehr gerne, auf die Damen. Danach wird das Wodka-Glas in einem Zug geleert, ohne es abzusetzen! Frauen trinken übrigens ebenfalls mit!

> **Mein Tipp**
> Lehnen Sie ein angebotenes alkoholisches Getränk nie ab! Das kann als Beleidigung des Gastgebers ausgelegt werden und ist ein ernsthafter Verstoß gegen die Etikette. Glaubhafte Ausreden wie Hinweise auf Gesundheit, Autofahren, Medikamenten-Einnahme oder Religion sind aber zulässig.
>
> Das förmliche beziehungsweise Geschäftsessen wird durch den Gastgeber beendet, in dem dieser sich erhebt und den Tisch verlässt.

2.2.7 Aus alter Tradition: Die Rolle der Frau

Frauen sind auch im Geschäftsleben – was die Umgangsformen betrifft – in traditionellen Rollen verhaftet. Es ist nicht üblich, dass eine Frau die Rechnung im Restaurant bezahlt. Bei geschäftlichen Essen lässt sie das durch einen Mitarbeiter erledigen, falls sie die Gastgeberin ist. Bei privaten Einladungen gibt sie diskret dem Herrn das Geld, damit dieser bezahlen kann, wenn sie die Rechnung übernimmt.

Auch wenn es inzwischen viele erfolgreiche russische Geschäftsfrauen gibt, ist Russland immer noch ein patriarchalisches Land. Frauen werden im Geschäftsleben wie Frauen und nicht wie Geschäftspartner behandelt. Das heißt: Sie haben alle Vorrechte, die sie auch sonst in der Gesellschaft haben. Das ist also anders als in westlichen Ländern, wo Frauen ja im Geschäftsleben gleich behandelt werden sollen oder es nur um die Rangfolge geht. Sie handeln absolut richtig, wenn Sie Ihre russische Geschäftspartnerin nach den gesellschaftlichen Regeln wie eine Frau behandeln. Im Unterschied zu Deutschland bestehen Russinnen im Geschäftsleben auf ihren gesellschaftlichen Vorrechten. Das heißt, dass ihnen bei einem Restaurantbesuch der ehrenvollste Platz zugewiesen wird, also möglichst an der Wand mit Blick ins Lokal. Das gilt auch, wenn die Frau selbst Gastgeberin ist. Und auch am Ein- und Ausgang: Frauen lassen sich von Männern gerne die Türe öffnen. Und sie bezahlen auch beim Geschäftsessen nicht selbst.

Ebenfalls traditionell: Die Dame freut sich in Russland wie anderswo auch über Blumen. Geizen Sie aber nicht, sondern kaufen Sie einen üppigen Blumenstrauß, auch wenn das vor allem im Winter sehr teuer ist! Rosen als Dank für eine Einladung kommen immer gut an und werden auch nicht als Anzüglichkeit empfunden.

2.3 US-Amerikaner: Dress for Success

Ich werde meine Ausführungen zu Amerika praktischerweise auf den Norden beschränken. Denn die Unterschiede zu Mittel- und Südamerika sind noch einmal viel größer, obwohl die Geschäftskontakte dahin in den vergangenen Jahrzehnten stark zugenommen haben.

Im Grunde genommen unterscheiden sich die Amerikaner gar nicht so sehr von uns Europäern, was ja auch nicht verwunderlich ist, stammen ihre Urahnen doch meist vom alten Kontinent. Jedoch kennzeichnet der unerschütterliche und auf Gott bauende Optimismus, Krisen zu bewältigen, immer noch das Wesen der Amerikaner. Unterstützt wird dieses Charakteristikum durch die in der ersten Hälfte des 20. Jahrhunderts etablierte gesellschaftliche Vorstellung vom „American Dream", der jedem Aufstieg und Erfolg verspricht. Die Selfmade-Mentalität der US-Amerikaner ist beispiellos. Der „American Dream" und die Einwanderer-Mentalität haben die ganze Nation geprägt. Amerikaner sind Fremden gegenüber sehr offen. Auch wenn sie sich als Individualisten sehen, sind sie in vielen Bereichen jedoch konformistischer als Europäer. Dies liegt wiederum oft in der Firmenkultur begründet, die gleichzeitig auch den Lifestyle der Amerikaner beeinflusst.

Alles ist irgendwie Business. Die Regeln der Firmenkultur müssen streng befolgt werden. Das gilt auch für den Dresscode, der in vielen amerikanischen Unternehmen sehr restriktiv ist. So durften im IT-Konzern IBM lange Zeit nur weiße Hemden getragen werden.

Tatsächlich sind die blütenweißen Hemden in den USA auch heute noch wesentlich weiter verbreitet als in Europa. Der dunkle Anzug ist in den meisten traditionellen Berufen Pflicht. Durchaus Usus ist auch die Krawatte, die nur dann abgelegt wird, wenn es der Geschäftspartner vorschlägt. Mit dem Sprichwort „Never underdressed" können Sie in den USA sehr gut punkten. Das bedeutet: Seien Sie lieber besser angezogen als Ihr Gegenüber. Durch gepflegte und korrekte Kleidung schaffen Sie Vertrauen und gewinnen Sympathiepunkte. Mit korrekter Kleidung werden Sie als kompetent angesehen („Dress for Success") und ehren gleichzeitig Ihren Gesprächspartner. Das gilt besonders und immer noch in den USA. Stellen Sie sich einfach einmal die umgekehrte Situation vor: Sie kommen in einem „casual", also eher im lockeren Freizeitlook mit Hose, kariertem Hemd und Blazer in eine Besprechung, in der Ihre Gesprächspartner in dunklen Anzügen mit weißen Hemden und Krawatten sitzen. Sicher möchten Sie in den Boden versinken!

2.3.1 Gentleman gefragt: Der Umgang mit Frauen

Kleider machen Leute: Das gilt auch und besonders im Umgang mit Frauen – nicht nur in den USA. Obwohl der Anteil der Frauen in hohen beruflichen Positionen in den USA sehr groß ist, wird die Frau im Business noch sehr nach gesellschaftlichen Regeln behandelt. Das heißt: Es gibt hier in vielen Situationen keine Trennung zwischen gesellschaftlicher Stellung als Frau und beruflichem Rang. Die Frau wird fast immer als Frau angesehen und entsprechend behandelt. Bevor ich diesbezüglich auf Einzelheiten eingehe, möchte ich nicht unerwähnt lassen, dass Männer vorsichtig sein müssen, um sich nicht den Vorwurf der sexuellen Belästigung einzuhandeln. Das geht in den Staaten sehr schnell ...

Auch wenn sich Frauen in den USA – besonders im Geschäftsleben – meist sehr souverän und oft auch maskulin verhalten, sollten Sie sie immer zuvorkommend und respektvoll behandeln. Das sollten Sie dabei stets beachten:

- Öffnen Sie der Dame stets die Autotür von außen.
- Lassen Sie beim Betreten des Restaurants der Dame immer den Vortritt, auch wenn sie nicht die Ranghöchste ist.
- Warten Sie bei der Begrüßung, bis die Dame Ihnen die Hand reicht – auch wenn sie (geschäftlich) nicht die Ranghöchste ist. Schauen Sie ihr dabei unbedingt in die Augen!

2.3.2 Auf Du und Du: Anrede/Begrüßung

Bei der Begrüßung eines Ihnen unbekannten Geschäftspartners sollten Sie sich formell mit Vor- und Nachnamen vorstellen: „Good morning/afternoon/evening, My name is ... Good to meet you". Beim zweiten Mal oder wenn Ihr Geschäftspartner Sie schon kennt, wird er Sie sehr wahrscheinlich nur mit dem Vornamen ansprechen. Das ist dann in Ordnung so. Sie können den Gruß auf dieselbe Weise durch Anrede mit dem Vornamen erwidern. Lassen Sie sich aber nicht täuschen! Diese Geste ist nicht automatisch ein Freundschaftsangebot. Wenn man sich auf der gleichen geschäftlichen Ebene unterhält, ist die Anrede mit dem Vornamen durchaus üblich. Dies bedeutet allerdings nicht, dass die Distanz aufgehoben ist. Also nicht als Kumpelhaftigkeit werten! Die Distanzzonen sind, im Gegenteil, sogar größer als in Europa: Ein kurzer, fester Händedruck zeugt von Souveränität und ist in jeder Situation angemessen. Augenkontakt ist bei der Begrüßung und auch im weiteren Gespräch sehr wichtig. Die Distanz beträgt – wie auch in Westeuropa – eine Armlänge. Diese sollte nie unterschritten werden.

2.3.3 Auf des Messers Schneide: Tischmanieren

Im Wesentlichen gleichen die Tischsitten der Nordamerikaner denen bei uns. Es gibt allerdings einen Unterschied, der uns als Westeuropäer befremdlich erscheinen mag: In den USA benutzt man das Messer wirklich nur zum Schneiden der Speisen. Das heißt: Die Amerikaner essen nur mit der Gabel. Diese halten sie in der rechten Hand, es sei denn, sie schneiden Fleisch. Dann nehmen die Amerikaner das Messer in die rechte, die Gabel in die linke Hand, zerschneiden das Fleisch, legen das Messer wieder hin und essen mit der rechten Hand weiter. Sie müssen sich diese Essgewohnheit aber nicht aneignen. Es wird in den USA akzeptiert und toleriert, dass wir Europäer anders mit Messer und Gabel umgehen. Sollten Sie die Speisen zerkleinert auf dem Teller serviert bekommen, dann können Sie diese Gewohnheit selbstverständlich beibehalten, ohne sich genieren zu müssen!

2.3.4 Ein Lob auf den Grill: Feste und Privatfeiern

Ganz sicher haben Sie das Herz Ihrer amerikanischen (Geschäfts)Freunde erobert, wenn Sie zu privaten Feiern nach Hause eingeladen werden. Kommen Sie zu so einem Anlass casual gekleidet! Das heißt: Es darf eine saubere Jeans sein und ein Hemd oder Polo-Shirt sowie Halb- oder Leinenschuhe. Im Sommer tragen die Amerikaner in der Freizeit sehr gerne kurze Hosen und Sandalen. Wenn Sie auch so gekleidet kommen, sollten Sie den Gastgeber schon sehr gut kennen. Es wird im Sommer in den USA sehr gerne gegrillt. Das heißt dort „barbecue". Die Amerikaner lieben es. Barbecue ist schon fast ein Freizeitsport. Und auch eine Prestige-Sache: Die Grillausrüstung in amerikanischen Haushalten übertrifft manchmal schon die Ausstattung einer normalen Küche. Sie können daher gut punkten, wenn Sie den Grill und dessen Ausrüstung loben – und selbstverständlich auch das Essen!

2.3.5 Süßes oder Saures? Geschenke

Man freut sich in den USA über alles aus Europa! Sicher kommen Sie sehr gut an mit (Schweizer) Schokolade, soweit Sie nicht im Sommer reisen und der Gefahr ausgesetzt sind, dass Ihre Geschenke dahinschmelzen. Wenn Sie Schokolade verschenken, die mit Alkohol gefüllt ist, dann haben Sie unter Umständen einen Volltreffer, denn so etwas gibt es nicht in den USA. Natürlich gehören die deutschen Kuckucksuhren immer noch zu den beliebten Geschenken. Diese eignen sich allerdings nicht als „Mitbringsel".

Fazit Casanova, George Clooney oder Steve Jobs? Lebenskünstler, Schauspieler, Unternehmer, Athlet oder Banker? Frauen-Versteher, Gentleman oder Macho? Hart oder weich? Mit Jeans und Pulli oder Anzug, Hemd und Krawatte? Der Mann von Welt hat viele Gesichter und weiß sich zu benehmen. Wenn Sie meine Tipps befolgen, dann haben Sie allerbeste Voraussetzungen, bei der Weltmeisterschaft um die (weiblichen) Herzen nicht nur mitzuspielen, sondern dort auch die entscheidenden Punkte zu machen.

2.4 Über die Autorin

Monika Brett Keynote-Speakerin, Autorin und Coach, hat über 15 Jahre in sechs Ländern und auf drei Kontinenten gelebt. Die ehemalige Diplomaten-Gattin kennt die Besonderheiten und Mentalitäten der Menschen in vielen Ländern, ihre kulturellen Unterschiede und Bräuche aus unzähligen Reisen und persönlichen Begegnungen. Sie traf weltbekannte Persönlichkeiten wie zum Beispiel George Bush, Raiza Gorbatschowa u. a., war im Weißen Haus zu Gast und besuchte den russischen Präsidenten Wladimir Putin in seiner Privatdatscha. Die leidenschaftliche Köchin bewirtete über 1000 in- und ausländische Gäste in ihren diplomatischen Haushalten.

Monika Brett hat als Trainerin für internationale Businessetikette für namhafte Unternehmen und in offenen Seminaren ihr Wissen über moderne und interkulturelle Umgangsformen weitergegeben. Mit den lebendigen, humorvollen Schilderungen ihrer Erlebnisse und ihren Vorträgen begeistert und fasziniert sie ein immer größeres Publikum.

Sind Männer die schlechteren Frauen?

Wie das Weibliche den Chef zu einer liebenswerten Marke machen kann

Marlen Buder

Inhaltsverzeichnis

3.1	Mein Studienobjekt: Weibliche Männlichkeit	43
3.2	Was ist das: Chef sein?	44
3.3	Meine These: Mehr Weiblichkeit macht Männer zu besseren Chefs	45
3.4	Die Männer unter den Chefs – eine Typologie	46
3.5	Männer und Frauen: Jeder ist alles	49
3.6	Zehn Dinge, an denen man einen guten Chef erkennt	54
3.7	Drum prüfe sich, wer führen will	61
3.8	Fazit: Ist der Mann nun eine schlechtere Frau?	65
3.9	Über die Autorin	66
Literatur		67

3.1 Mein Studienobjekt: Weibliche Männlichkeit

Ich bin Chefin. In dieser Deutlichkeit sage ich das hier an dieser Stelle vermutlich das erste Mal. Wenn Menschen mich fragen, was ich beruflich mache, spreche ich von mir nämlich als Geschäftsführerin einer Agentur für Markenbildung und Kommunikation. Dieser Gastbeitrag brachte mich dazu, mich erstmals eingehend mit dem Begriff „Chef" auseinanderzusetzen. Chef und Chefin sind sprachlich recht hart klingende Worte. Ist es meiner Weiblichkeit geschuldet, dass ich mich lieber als Geschäftsführerin sehe? Nein, ich denke, in diesem Terminus kommt mein Wesen als „Chefin" besser zur Geltung: Ich verstehe etwas vom Business und betrachte mich in der Position eines Menschen, der leitet – eben führt. Er verrät auch, wie ich mich selbst meinen Mitarbeitern gegenüber sehe: Natürlich bin ich ihre Vorgesetzte, doch lege ich höchsten Wert auf Augenhöhe, Vertrauen und ein

Marlen Buder ✉
NARCISS & TAURUS cross media store gmbh, Kötzschenbroder Str. 26,
01139 Dresden, Deutschland
e-mail: m.buder@narciss-taurus.de

menschliches Miteinander. Attribute, die ein Chef oder eine Chefin freilich auch mitbringt. Und doch ist der Chef/die Chefin eher mit Bedeutungsfeldern um Hierarchie, Macht und Entscheidungsgewalt konnotiert als der Geschäftsführer oder die Geschäftsführerin, in deren Wortlaut auch eine soziale Komponente zu hören ist.

Sind diese Gedankengänge nun typisch weiblich? Nein. Ich teile mir die Geschäftsführung mit einem Mann. Und er sieht sich genauso wenig vordergründig als Chef, sondern ebenfalls eher als Partner unserer Mitarbeiter. Gemeinsam fordern und fördern wir sie. Darin sehe ich, sehen wir neben den wirtschaftlichen Faktoren die wichtigste Aufgabe einer Führungskraft, egal ob man sie nun Chef, Chefin oder Geschäftsführung nennt. Das gemischte Doppel an der Spitze unserer Agentur prädestiniert mich zu diesem Gastbeitrag, denn ich habe sozusagen am lebenden Subjekt beobachten können, wie ein Chef tickt.

Meine Geburtstagstorte trug in diesem Jahr 37 Kerzen. Seit über elf Jahren bin ich, was man allgemeinhin Chefin nennt. Ich habe ein Unternehmen mit einem Ziel und einem Leistungsportfolio gegründet. Beides hat sich im Laufe der Zeit natürlich auch gewandelt, doch Chefin bin ich seit Anbeginn: anfangs meine eigene und heute für 13 Mitarbeiter.

Im Unterschied zu manch anderem, habe ich mich nicht als Führungskraft beworben, sondern bin in diese Rolle hinein- und mit ihr gewachsen. Chefin sein ist für mich Passion. Berufung.

Nicht anders geht es meinem Geschäftspartner – 14 Jahre älter, weiser und erfahrener als ich es zu Beginn unserer Geschäftsgründung war. Unsere Führungsansätze sind so gleich wie sie sich auch unterscheiden. Das Studium dieser Herangehensweisen und dessen Ergebnisse bilden die Basis für diese Zeilen, die kein wissenschaftlicher Versuch, sondern vielmehr das Resümee meiner persönlichen Erfahrungen sind.

3.2 Was ist das: Chef sein?

Eine der wichtigsten Erkenntnisse: Chef sein ist eine der tollsten Aufgaben, die ich mir vorstellen und die ich auch täglich leben kann. Hierin liegt eine der intensivsten Möglichkeiten, sich selbst und andere zur Weiterentwicklung und (Selbst-)Erkenntnis zu befähigen. Als Geschäftsführerin einer Agentur für Markenbildung schöpfe ich diese Möglichkeiten gleich zweimal aus, denn auch unseren Kunden helfe ich in Erkenntnis- und Entwicklungsprozessen. Es scheint also Parallelen zwischen der Marken- und der Unternehmensführung zu geben. Auf diesen Aspekt gehe ich später intensiver ein.

Chef sein bedeutet auch ein hohes Maß an persönlicher Freiheit, zumindest im Vergleich zum klassischen Angestellten: Ich kann mir meinen Tag selbstständig einteilen, meine Aufgaben heraussuchen, niemand schreibt mir etwas vor. Diese hierarchische Unabhängigkeit war mir schon immer wichtig, denn bereits vor dem Einstieg in das Berufsleben verfolgte ich beständig meine eigenen Ziele und traf die dafür notwendigen Entscheidungen selbst. Darin sehe ich auch eine Voraussetzung für die Rolle eines Chefs. Man muss in der Lage sein, sein persönliches Leben bewusst zu führen, es zu entwickeln und vor allem nie damit aufzuhören.

Niemand wird als Chef geboren, wir entwickeln uns dahin. Dafür muss natürlich bereits ein gewisser Pool an persönlichen Eigenschaften vorhanden sein, nicht jeder hat das Zeug zum Chef. Mein Background – eine pädagogisch-philosophische Grundausbildung kombiniert mit der Leidenschaft für Kreativität, Marketing und dafür, Menschen von Ideen zu begeistern – erweist sich mir in meiner Funktion als Chefin als hilfreicher Komplize. Vielleicht ist es mir deshalb recht gut gelungen, gemeinsam mit meinem Geschäftspartner eine ausgewogene „Chefetage" zu bilden. Wir betrachten nicht nur unsere Mitarbeiter, sondern nehmen auch deren Blicke auf und an. Mein Team ist dadurch mein Spiegel, der mir mal charmant, mal brutal meine eigenen Fehler zeigt. Dann gilt es, genauer hinzuschauen. Und nicht nur das: Ich muss mit dem Gesehenen auch umgehen und darauf reagieren.

An dieser Stelle erklimmt schon eine wichtige Frage im Kosmos um Mann, Frau, Chef den Raum: Schauen auch Männer gern auf eigene Schwachstellen, die sie im Spiegel namens Mitarbeiter sehen? Schließlich gelten sie doch als das starke Geschlecht. Oder ist dies ein nicht mehr zeitgemäßes, mittlerweile gar falsches Denkmodell? Gibt es ihn noch, den „typischen" Chef? Wenn ja, was macht ihn aus? Sind Männer die besseren Führer in einem Unternehmen? Gibt es überhaupt männliche Führung oder geistern mit all diesen Fragen realitätsfremde Antworten in unseren Köpfen umher? Was ist denn in Bezug auf Führung überhaupt männlich und was weiblich?

Nicht außer Acht zu lassen, ist bei letzterer Fragestellung auch, dass männlich gern automatisch mit Mann und weiblich mit Frau konnotiert wird. Aber: „Zur Überwindung [des] Irrglaubens, dass alle Männer männlich und alle Frauen weiblich führten, entwickelten Forscher das Androgyniekonzept. Sie gehen davon aus, dass sowohl Frauen männliche, als auch Männer weibliche Eigenschaften besitzen können. Laut Sandra Bem zeichnen sich androgyne Personen durch den Besitz einer Kombination von männlich und weiblich angesehenen Eigenschaften aus. Beide Geschlechter sollten folglich ihre Differenzen überwinden und sich durch die Vereinigung ihrer Fähigkeiten auf eine höhere Stufe als Mensch heben. [...] Männlich und weiblich werden folglich nicht mehr in einer entweder-oder-Beziehung betrachtet, sondern in einem Sowohl-als-auch-Verhältnis [...]" (Glaesner 2007, S. 54).

Das Androgyniekonzept besagt also, dass in beiden Geschlechtern jeweils die Elemente des anderen ruhen. Bestätigung dieser Theorie sehe ich darin, wie eine vorbildliche Führungsqualität entsteht, in Bezug auf Marken wie auch Unternehmen. Beide Führungsmodelle ähneln einander. Aus diesem Vergleich ziehe ich nun meine These.

3.3 Meine These: Mehr Weiblichkeit macht Männer zu besseren Chefs

Jeder Mensch, Frauen wie Männer, trägt jeweils weibliche und männliche Züge in seinem Wesen. Führung, die Mission eines Chefs, spielt sich im Spannungsfeld zwischen Innen und Außen ab. Er muss seine Mitarbeiter und seine Geschäftspartner genauso führen (innen) wie er das Unternehmen repräsentieren und voranbringen, also nach außen führen muss.

Das Innen wird als weibliches, das Außen als männliches Element betrachtet. Der klassische Chef, wie ich ihn mir vorstelle und damit sicherlich ein Gros der allgemeinen Sicht teile, lässt von seinen weiblichen Wesenszügen allerdings wenig zu. Auch Frauen sollten den Mut haben, sich ihres männlichen Wesens zu bedienen. Da Führung schließlich, wie auch die Marke, eine Dimension nach außen hat, verlangt sie sogar auch nach männlichen Elementen. Aber: Da die im Inneren beginnende Führung essenziell mit sozialen Kompetenzen verknüpft ist, die wiederum eher den Frauen zugesprochen werden, behaupte ich, dass Frauen die besseren Chefs oder Führer sind. Männer können bessere Chefs werden, wenn sie das Weibliche in ihnen nicht negieren und unterdrücken, sondern in ihrem Führungsstil mehr weibliche Anteile zulassen.

An dieser Stelle komme ich noch einmal auf die zu Beginn des vorangegangenen Kapitels angerissenen Parallelen zwischen Marken- und Unternehmensführung zurück. Auf den Chef, wie generell auf Unternehmen, sind Gedanken und Modelle der Markenführung übertragbar. Zu meinen eigenen Beobachtungen gesellen sich also die unstrittigen Gesetzmäßigkeiten der Branche, in der ich wirke. Jedes Unternehmen ist eine Marke, ob es will oder nicht, ob es ihm bewusst oder nicht bewusst ist. Es möchte einen bestimmten Markt für sich beanspruchen, ihn also markieren. Das gelingt dem Unternehmen jedoch nur, wenn es wie die Marke nach innen wie außen authentisch wahrgenommen, genutzt und konsumiert wird. Der Chef hat die Aufgabe, das Unternehmen – die Marke – zu führen. Er prägt die Wahrnehmung im wahrsten Sinne des Wortes entscheidend mit. Dafür muss er die Grundmechanismen der Markenbildung und Markenführung kennen, denn beides schließt nicht nur das allgemein Bekannte wie etwa das Corporate Design ein, sondern auch weiter reichende Elemente wie Corporate Identity und Corporate Behaviour. Darin werden auch Persönlichkeit und Kompetenz der Führung, also des Chefs, spürbar. Als Marketer ist es meine Mission, Marken zu entwickeln, sie authentisch und emotional aufzuladen, damit sie unsere Kunden sowie deren Kunden mitreißen und begeistern. Eine Mission, die auch ein Chef hat – nach innen wie außen, seinen Mitarbeitern wie seinen Geschäftspartnern gegenüber. Oftmals begegne ich der Ansicht, eine Marke strahle nur nach außen. Doch der Puls einer Marke sind auch jene, die sie leben, in ihrem Sinne schaffen und sie kommunizieren: die Mitarbeiter eines Unternehmens, das Team, das einem Chef unterstellt ist.

3.4 Die Männer unter den Chefs – eine Typologie

Bevor man die Frage, was gute und was männliche Führung ist, beantworten kann, muss man erst einmal wissen, welche Arten von Chefs es in der Unternehmenswelt überhaupt gibt. Ein Regelwerk hierzu gibt es vermutlich nicht. Ich leite die folgende Typologie allein aus eigenen Beobachtungen ab, und ich bin mir sicher, dass sie auch gut in ein Regelwerk passen würden. Ich versuche mich an dieser Stelle im Entwurf von möglichen Stereotypen. Die meisten Chefs, auch denen ich begegnet bin, tragen selbstverständlich mehrere Facetten in sich, sind also „Mischwesen". Neben der langjährigen Beobachtung meines Geschäftspartners habe ich in meiner Beratungstätigkeit natürlich auch Kontakt mit anderen Chefs und Chefinnen. Mittlerweile lernte ich weit über 100 Führungspersonen intensiv kennen. Jeder Zusammenarbeit mit einem neuen Kunden stellen wir in unserer Agentur einen sehr tiefgehenden Analyseprozess voran. Diese äußerst essenzielle Basis widmet sich beispielsweise auch Fragen zum Führungsstil eines Unternehmens und zur Unternehmenskultur sowie dem Hinterfragen von Visionen und Strategien. Wir prüfen den Motor eines Unternehmens auf Herz und Nieren. Sein Treibstoff – der Chef bzw. die Chefin – sind ein wesentliches „Untersuchungsobjekt". Im Zuge dieser Auftaktarbeit entdeckte ich verschiedenste Ausprägungen der Spezies Chef. Sie bilden mit Sicherheit nicht alle Möglichkeiten ab, eines aber kann ich definitiv sagen: Es waren weit mehr Männer als Frauen darunter. Das bestätigt auch der kürzlich erfolgte Blick der Wirtschaftswoche in die Chefetagen deutscher Großkonzerne: „Die Topetage der deutschen Wirtschaft ist immer noch eine Männerdomäne: Zwar saßen in den Vorständen der 30 Dax-Konzerne einer Studie zufolge Ende 2014 mehr Frauen als im Vorjahr. Doch insgesamt fiel die Bilanz von 160 börsennotierten Unternehmen negativ aus, wie aus der am Dienstag veröffentlichten Studie der Unternehmensberatung EY (Ernst & Young) hervorgeht. Danach gab es nur 37 Frauen im Topmanagement der Firmen im Dax, MDax, SDax und TecDax, Ende des Vorjahres waren es noch 41. Dem stehen aktuell 626 männliche Vorstandsmitglieder gegenüber" (Wirtschaftswoche 2015).

Ob die folgenden Beschreibungen Indizien für Männlichkeit sind, ist zu hinterfragen, denn sie finden sich ganz sicher auch in den Persönlichkeiten von Chefinnen wieder. Mir geht es lediglich darum, die Vielfalt der Chefs, die ich eingehender beobachten konnte, einer Typisierung zu unterziehen.

„Der Alte"
Er ist weit über 50 und hat das Unternehmen mit den eigenen Händen aufgebaut. Er kann reiche Erfahrungen und eine Menge Wissen vorweisen, deshalb ist er von einer allzu vertrauten Mentalität geprägt: Das haben wir schon immer so gemacht und deshalb machen wir es auch weiter so. Was solchen Chefs demnach fehlt, ist manchmal etwas Offenheit für neue Ideen und auch für Veränderungen. Was macht das mit dem Team? Das habe ich in diesem Zusammenhang meist als sehr demotiviert erlebt. Mit „dem Alten" ist ein Changeprozess schwer in Gang zu setzen.

„Der Menschliche"
Er möchte geliebt werden und er ist sehr beliebt. Dieser Chef hat einen offenen Führungsstil, jeder kann mit seinen Sorgen zu ihm kommen, seine Tür steht immer offen. Er ist Neuem gegenüber sehr aufgeschlossen, ändert aber manchmal sehr schnell seine Meinung. Es kann passieren, dass er heute etwas anderes will als noch gestern – was ist in der Zwischenzeit passiert? Er hat jemanden getroffen, dies und jenes mit ihm diskutiert, und nun sieht er die Dinge anderes. Was passiert mit seinem Team? Auch hier herrscht trotz

aller Beliebtheit Demotivation und Unsicherheit, denn dieser menschliche Chef ist unberechenbar. Der Wunsch, diese soziale Komponente, von allen geliebt zu werden, erscheint mir als vordergründig weiblich – oder sitze ich hier etwa einem Klischee auf?

„Der Juniorchef"
Er ist voller Tatendrang und hat auf seine Chance gewartet, den Alten endlich abzulösen, um Veränderungen herbeizuführen. Vom Team wird er noch etwas kritisch beäugt: Er muss sich erst einmal beweisen und sich das Vertrauen noch verdienen. Der Juniorchef weiß um diese heikle Situation und will sich immer rückversichern. Daneben verfolgt ihn jemand: Der Alte kann nicht loslassen und regiert aus dem Schattenkabinett. Was dem Team fehlt, sind klare Entscheidungen und die Möglichkeit, zum Junior wirklich Vertrauen zu fassen. Sehe ich hier etwas typisch Männliches? Wohl kaum, denn auch die altgediente Chefin wird nicht von jetzt auf gleich ihren Thron räumen, um ihn ihrer Nachfolgerin zu überlassen. Entscheidend in diesem „Kampf" sind eher die Selbstverständnisse der Hauptprotagonisten namens Junior und Senior – wie verstehen sie ihre Rolle und wie nehmen sie diese wahr?

„Der Macher"
Ein gleichsam geliebtes und gefürchtetes Modell, und ich denke, auch ein sehr männliches. Der Macher bewegt viel, er geht immer voran, tatkräftig und vor Energie strotzend. Der Macher schont sich nicht, gibt pausenlos alles. Aber er will am liebsten auch alles selber in die Hand nehmen. Klar: Weil er es ja auch am besten kann. Das hat er schließlich schon x-mal bewiesen. Seine Mitarbeiter werden zu Handlangern, er gibt zu wenig Verantwortung ab und heimst natürlich auch gern die Lorbeeren für sein Handeln ein. Ein Teamplayer sitzt mit dem Macher nicht am Ruder.

„Der Hubschrauber"
Wie der Name schon sagt, ist er berühmt dafür, sehr viel Luft aufzuwirbeln. Er kommt schnell mal vorbei, wirft viele Fragen auf, gibt keine Antworten und lässt sein Team in großer Verwirrung zurück. Auch diese Eigenschaft konnte ich bisher nur bei männlichen Chefs beobachten, was jedoch auch meiner Datenbasis der Beobachtungsobjekte geschuldet sein möge. Das Team des Hubschraubers versucht sein Bestes, um für Klarheit zu sorgen und seine Aufgaben zu erledigen. Es wird vermutlich mehr in der Kantine essen als andere, denn für den Hubschrauber braucht man viel Energie.

„Der Choleriker"
Mit ihm ist nicht gut Kirschen essen. Es gibt Tage, da geht man ihm besser aus dem Weg. Das Team versucht jeden Tag aufs Neue, seine Stimmung aus dem Kaffeesatz zu lesen: Ist heute wohl ein guter Tag, um ihm meine Ausarbeitung oder die Idee für ein neues Projekt vorzuschlagen oder ist es schon von vornherein zum Scheitern verurteilt? Was diesem Chef fehlt, ist ein gewisses Maß an persönlicher Reife, sich und sein Handeln zu reflektieren und seine Stimmung nicht zu sehr von äußeren Einflüssen abhängig

zu machen. Dem Choleriker entbehrt sich die Basis der Führungsfähigkeit, nämlich erst einmal sich selbst zu führen, zu steuern, zu regulieren. Meist wird von *dem* Choleriker gesprochen. Cholerikerinnen hingegen sind äußerst selten. Ist dieser impulsive Typ also typisch männlich? In einem Onlineartikel des Tagesspiegels wird dazu Isabella Heuser, Direktorin der Klinik für Psychiatrie der Charité, wie folgt zitiert: „Dass Männer in einer solchen Situation häufiger körperlich sichtbar wütend werden oder sogar tätlich werden, hat auch mit hormonellen Unterschieden zu tun. Frauen lenkten ihre Gefühle der Wut eher nach innen, seien deshalb stärker gefährdet, depressiv zu werden" (Müller-Lissner 2013). Es scheint also, als sei das liebe Testosteron der Übeltäter. Doch laut Tagesspiegel nicht nur das. Auch die Prägung durch die Umwelt manifestiert sich im Wesen des Cholerikers ganz besonders deutlich.

„Der Ansager"
Er hat wenig Geduld. Lange Erklärungen? Nein, danke! Kurz und knapp muss es sein, gern auch flott per E-Mail. Aufgaben werden puristisch formuliert, selbstverständlich mit einer Deadline, aber ansonsten recht schlicht in der Ausführlichkeit und erst recht ohne genaueren Kontext oder das Kundtun einer Erwartung. Der Ansager verlangt viel von seinem Team, Gedanken lesen zum Beispiel. Zum einen gibt er viel Verantwortung ab und lässt viel Freiraum, er ist ergebnisorientiert, das Resultat muss stimmen. Zum anderen kommt es allerdings auch zu vielen Änderungsschleifen in Prozessen, bis Ergebnis und sorgsam im Inneren gehütete Erwartung passen. Auch im Ansager sehe ich vorwiegend männliche Züge: Das Ziel ist das Ziel, der effektive Weg wenig relevant.

3.5 Männer und Frauen: Jeder ist alles

Wenn ich die ganze Zeit über männliche und weibliche Züge spreche, muss ich erst einmal deren Eigenschaften auf den Grund gehen. Wenn wir von der These ausgehen, dass beide Elemente in beiden Geschlechtern zu finden sind, bedeutet männlich führen nicht gleich Mann und weiblich führen nicht gleich Frau. Wesenselemente, die als männlich und weiblich gelten, sind bei beiden zu finden, unterschiedlich stark ausgebildet.

Also betrachten wir doch erst einmal, was es mit diesem ominösen männlich-weiblich auf sich hat und schauen wir auf mein eigenes Beispiel, die gemischte Doppelspitze: Welche Elemente finden sich wie bei wem wieder?

3.5.1 Das Weibliche: Was die chinesische Harmonielehre und was mein Studienobjekt zutage fördert

Basis der Zuordnung ist das chinesische Symbol für Harmonie, das Yin und Yang. Als weiblich (Yin) gelten in dieser Betrachtungsweise folgende Attribute (Kleinhenz 2010):

- bewahrend,
- kooperativ,
- intuitiv,
- empfangend,
- innerlich,
- warm,
- ganzheitlich,
- passiv,
- Aufopferung,
- systemisch.

Inwiefern kann ich diese Adjektive nun mir selbst als auch meinem männlichen Mitstreiter in der Geschäftsführung zuschreiben?

Bewahrend
Es gibt sicherlich einiges, das ich zu bewahren wichtig finde. Darin sehe ich jedoch kein typisches Frauendenken. Auch Männern sind gewisse Aspekte so bedeutungsvoll, dass sie diese bewahren wollen. Veränderung ist für die Entwicklung unabdingbar, doch sollte sie behutsam umgesetzt werden, sonst steht man eher vor einem Chaos. Erprobte, gut funktionierende Prozesse und bewährte Verhaltensweisen sind es wert, bewahrt zu werden. Gute Führung resultiert aber in selbem Maße auch daraus, dass man eine gesunde Portion an Neuem zulässt. Mein Mitchef erscheint mir bewahrender als ich. Das, denke ich, liegt auch an seinem Altersvorsprung und nicht zuletzt an seinem sozialen Hintergrund. Womöglich tastet er sich als Familienvater weniger schnell an Veränderungspotenziale heran, weil Sicherheit – die im Bewahren ja mitschwingt – für ihn einen höheren Stellenwert hat. Dementsprechend denke ich, dass das als weiblich geltende Element keine Frauensache, sondern eine Frage des menschlichen Typs ist. In meinem Fall kann ich diese Eigenschaft eher meinem männlichen Kollegen zuschreiben.

Kooperativ
Das trifft zweifelsohne auf mich zu, ich bin sehr kooperativ. Auch bei meinem Mitchef kann ich hier mit dem Kopf nicken. Er hält einen kooperativen Führungsstil für opportun, legt es bisweilen jedoch trotzdem darauf an, sich durchzusetzen. Manchmal fehlt ihm also die Offenheit zu echter Kooperation. Auch ich gehe ab und an bereits mit einer fertigen Lösung, die eigentlich keiner Zusammenarbeit mehr bedarf, in ein Teammeeting. Doch ich stelle meine Ansätze auch zurück, wenn meine Mitarbeiter mich von Alternativen überzeugen, so dass am Ende oftmals doch kooperativ entworfene Wege entstehen.

Intuitiv
Das Bauchgefühl ist selten ein schlechter Ratgeber, denn der eigene Körper weiß oft am besten, welche Entscheidungen gut für einen sind. Ich folge meiner Intuition auf jeden Fall, könnte das aber auch noch ausbauen. Auch mein Geschäftspartner vertraut seiner

Eingebung. Ich denke, dass intuitiv bestimmtes Verhalten eine grundsätzlich menschliches Gesetz ist, ein evolutionär auf alle Festplatten gespeichertes Programm. Dementsprechend bestimmt uns alle, also auch die männlichen Chefs – so sie es denn zulassen, dieses weibliche Element.

Innerlich
Als innerlich definiere ich die Art, viel mit sich im inneren abzumachen. Wie wir eingangs schon erfahren haben, lenken Frauen zum Beispiel ihre Wut eher nach innen als ihre männlichen Kollegen. Innerlich heißt für mich auch, gedankliche Selbstmonologe zu führen, ehe etwas verlauten zu lassen. Ich kann für mich dieses weibliche Element bestätigen: Erst nachdem sie einige nach innen gewandte Prozesse durchlaufen haben, kommuniziere ich Dinge nach außen. Auch bei meinem Mitchef konnte ich dieses Verhalten beobachten, und es geht bei ihm sogar noch weiter: Manches dringt bei ihm nie nach außen und gipfelt in Verschwiegenheit.

Warm
Grundsätzlich kann ich mir diese Eigenschaft schon zuschreiben, definitiv. Von Außenstehenden werde ich oft als kühl beschrieben, meine Wärme scheint also nicht auf den ersten Blick erkennbar. Schütze ich mich an dieser Stelle unbewusst, weil ich offenbar andere Signale aussende? Oder nehme ich etwas nicht ganz an? Mein Geschäftspartner ist definitiv ein warmer, mitfühlender Mensch und das sieht man auch auf den ersten Blick. Das weibliche Element der Wärme ist also ganz prägnant in ihm verankert.

Ganzheitlich
Auch hier ein klares, klares „Ja, so bin ich". Ganzheitlichkeit ist schon der Grundpfeiler für unsere Agenturarbeit, also trage ich diesen Aspekt auf jeden Fall sehr ausgeprägt in mir. Meinem Kollegen geht es genauso, auch er ist für Ganzheitlichkeit Feuer und Flamme.

Passiv
Dieses Attribut steht für mich zum einen im Gegensatz zum Thema Führung. Innerhalb der Chefetage begreife ich mich auch als aktiveren Part. Das erlaubt meinem Mitchef bisweilen auch, sich ein wenig mehr zurück zu lehnen – passiv zu sein. Beruflich trifft die Passivität also eher nicht auf mich zu. Im Privaten hingegen schon, hier ist sie ein Ausgleich.

Aufopfernd
Welche Frau ist das nicht? Auf unseren Schultern ruht die ganze Last der Welt, niemand dankt es uns. Männer sehen dem freudig zu und sind froh, dass sich einer der vielen Aufgaben annimmt. Ein zu hartes Urteil? Typisch Frau? Na, nicht umsonst ist die Aufopferung ein weibliches Element. Ein klares Ja für die Chefin, ein deutliches Nein für den (Mit-)Chef.

Systemisch
Auch hier ein klares 1:0 für die Chefin. Ich habe definitiv den besseren Überblick über alles, wie das eine in das andere greift, was wie und wovon abhängt.

Was haben wir aus der Anwendung der chinesischen Harmonielehre auf die führende Doppelspitze gelernt? Mein Studienobjekt Mitchef hat viele weibliche Aspekte in sich vereint. Sein weibliches Gegenstück noch viel mehr.

3.5.2 Das Männliche: Was die chinesische Harmonielehre und was mein Studienobjekt zutage fördert

„In unserem patriarchalischen System wurde bisher das ‚Männliche' höher geschätzt als das ‚Weibliche'. Es war anerkannter fordernd, aggressiv und rational statt bewahrend, empfangend und intuitiv zu sein. Aber diese Einstellung befindet sich im Rückzug und das zeigt sich auch: Sie merken das gerade im Umgang mit Kunden – Fachkompetenz alleine reicht nicht mehr aus!" (Kleinhenz 2010). Die bisher mehr be- und geachtete Männlichkeit offenbart sich auch in einem heute zum Schmunzeln anregenden Kapitel der Geschichte: Erst 1977 wurde jener Paragraf im Bürgerlichen Gesetzbuch geändert, der bis dato vorschrieb, dass eine Frau zum Arbeiten die Erlaubnis ihres Ehemannes brauchte. Bis Sommer 1958 konnte dieser Ehemann sogar nach eigenem Gutdünken den Arbeitsvertrag seiner Frau kündigen, ohne dass sie ihm hierzu ihr Einverständnis geben musste.

Was charakterisiert die chinesische Harmonielehre nun als männlich? Was macht das Yang aus?

Als männliche Elemente gelten (Kleinhenz 2010):

- fordernd,
- wettbewerbsorientiert,
- rational,
- aggressiv,
- äußerlich,
- kalt,
- fokussiert,
- aktiv,
- Selbstausdruck,
- linear.

Fordernd
Wir fordern beide, aber wir tun es unterschiedlich. Ich gebe eine klare Erklärung dazu, was ich fordere und unterstütze auch auf dem Weg zum Ergebnis. Mein Geschäftspartner hingegen stellt nur die Forderung und will sich nicht weiter damit beschäftigen, bis er das Geforderte auf seinem Schreibtisch findet.

Wettbewerbsorientiert
Höher, weiter, schneller. Eine Einstellung, die als typisch männlich gilt. Gleichstand in meinem Fall, denn wenn es um den Job geht, trifft auf mich diese Trias genauso zu wie auf meinen männlichen Gegenpart.

Rational
Rationalität ist seltener ein Grund, als viele denken. Im Marketing wissen wir, dass zu mehr als 80 % unserer Entscheidungen nicht rational, sondern aufgrund von Emotionen gefällt werden – das gilt für Männer wie für Frauen. Nur denken Männer öfter, dass sie rationale Entscheidungen treffen. Mein Mitchef ist hier eine Ausnahme, da Emotionalität ein Leitprinzip unserer Markenschöpfungen ist. Dementsprechend ist er sich seiner emotional geprägten Entscheidungsbasis bewusst.

Aggressiv
Dieses Element prägt uns beide nicht sehr. Wenn überhaupt, würde ich meinem Mitchef in wirklich schwierigen Situationen eine kleine Spur davon zuschreiben.

Äußerlich
Wie ich schon in der Analyse der weiblichen Elemente beschrieb, sind mein Geschäftspartner und ich eher die innerlich fokussierten Typen, wenn es darum geht, reflektiert zu handeln. Das Äußerliche spielt bei ihm allerdings trotzdem eine merkliche Rolle. Die Produktion nach außen, die Selbstdarstellung, gehört aber auch zu seinem Aufgabenbereich: Er ist Verkäufer mit Leib und Seele, und das mehr als ich.

Kalt
Dieses Element trifft auf keinen von uns beiden zu. Abgesehen von der bereits bei den weiblichen Elementen beschriebenen Sicht anderer auf mich, sind wir beide sehr warmherzige Menschen.

Fokussiert
Also ehrlich, hier muss ich nun wirklich mal in mich hineinlächeln. Ein klares 1:0 für die Chefin. Mein männlicher Mitchef lässt sich nämlich allzu leicht von allem Möglichen ablenken. Fokussierung gehört nicht zu seinen Stärken, daran hindert ihn sein kreatives Potenzial.

Aktiv
Ein männliches Element, das – wie bereits beschrieben – der weibliche Part in unserem Führungsduo stärker innehat.

Selbstausdruck
Wenn der Selbstausdruck meint, dass man eigene Bedürfnisse explizit zum Ausdruck bringt und sie auch ins Zentrum des eigenen Handelns stellt, führt der Chef hier vor der

Chefin. Meint der Selbstausdruck das Wort, denke ich, kann sich in meinem Fall die Chefin klarer ausdrücken, was ihr Selbst genau will.

Linear
Ich stelle mir vor, dass lineare Führung das Gegenteil der vernetzten bzw. systemischen ist. Das ist wohl so ähnlich wie der berühmte Tunnelblick, bei dem der Mann die Butter im Kühlschrank nicht finden kann. Das stelle ich mir in Sachen Führung schwierig vor. Beispiel: Ich habe eine Aufgabe zu vergeben, und der erste, den ich sehe, der bekommt sie, weil ich den anderen – also quasi die Butter im Regal darunter – nicht gesehen habe. Das könnte theoretisch in unserem Beispiel passieren, aber hier gibt es ja noch die systemisch denkende Chefin, die für ihren Überblick bekannt ist und zuvor gefragt wird.

3.6 Zehn Dinge, an denen man einen guten Chef erkennt

Mein kleiner Vergleich zeigt: An der Spitze unserer Agentur regiert kein typisch männlicher Chef. Aber die männlichen Elemente, die vorhanden sind, werden ausgelebt. Die Frage ist, welche Elemente der Führung von Menschen und der Führung des Geschäftes dienlicher sind, denn bei Führung geht es auch um Dienen. Manche Eigenschaften sind hier auf beiden Seiten gewinnbringend, manche eher hinderlich. Also macht es die Mischung, was meine Eingangsthese, jeder Mensch trage weibliche und männliche Elemente in sich, stützt. In Bezug auf den Umgang eines Chefs mit Menschen, denke ich, sind die weiblichen Aspekte etwas im Vorteil. Wie ich darauf komme? Das beantworte ich mit weiteren Fragen: Welche zehn Eigenschaften sind denn für einen guten Chef überhaupt wichtig? Und welche davon sind eher Yin, welche Yang?

Eine Vision haben
„Eine wichtige Qualifikation einer erfolgreichen Führungskraft liegt laut Peter Drucker, dem Pionier der modernen Managementlehre, in der Fähigkeit, die richtigen Ziele zu setzen" (Glaesner 2007). Jeder Unternehmer, jeder Chef sollte eine klare Vision haben. Am besten teilt er diese mit seinem Team, entwickelt sie zu einer gemeinsamen Vision und einem Leitbild für alle weiter. Wozu braucht er das? Ich denke, die Frage beantwortet sich von selbst: Nur so wird er für sich und auch für seine Mitarbeiter einen Sinn der Arbeit lancieren können, und der sollte sich nicht nur aufs Geldverdienen beziehen. Genauso wie er es sich auch von seinen Mitstreitern wünscht, dass sie nicht nur da sind, weil sie dafür bezahlt werden. Also braucht er eine Vision in erster Linie, um einen Sinn und klare Ziele für sein Unternehmen vor Augen zu haben.

Das Team braucht diese Sicht ebenfalls. Wenn wir den Chef als Marke betrachten und seine Mitarbeiter als die Kunden, die ihm vertrauen, dann können sie sich mit ihm nur wirklich identifizieren, wenn sie diese Vision des Unternehmens auch für sich fühlen und übernehmen können. Gibt es keine gemeinsame Vision, die alle emotional beflügelt, ist es viel schwerer, seine Ziele zu erreichen.

3 Sind Männer die schlechteren Frauen?

Abb. 3.1 Jeder fliegt für sich allein?

Ein paar Abbildungen verdeutlichen noch einmal die Wichtigkeit einer Vision bzw. was passiert, wenn verschiedene oder gar überhaupt keine Leitbilder vorhanden sind (siehe Abb. 3.1).

Entweder hat jeder seine eigene Vision und fliegt quasi in eine andere Richtung, oder ... (vgl. Abb. 3.2)

... einige sind schon auf einem ähnlichen Weg und andere folgen gar keiner Vision, weil sie sich noch nie wirklich darüber Gedanken gemacht haben und auch vom Chef dazu nicht inspiriert worden sind. Dann vergibt sich unser Chef ein ganz wichtiges Potenzial in seiner Unternehmensführung (vgl. Abb. 3.3).

Chefs sollten die Möglichkeit nutzen, durch die emotionale Kraft einer gemeinsamen Vision einfacher voran zu kommen und durch eine klare Mission, Strategie und einen Aktionsplan eine genaue Ausrichtung, Raum für Korrekturen und eine gemeinsame Verantwortung für die Entwicklung des Unternehmens zu etablieren. Auch mein Geschäftspartner und ich hatten eine Vision im Kopf. Sie muss natürlich aktiv erarbeitet und kommuniziert werden. Hierbei kommt meinem Mitchef manchmal sein als weiblich definiertes Element der Passivität in die Quere.

Authentisch sein
Eine Mogelpackung fliegt immer auf. Statten wir eine Marke mit Attributen und Versprechen aus, die sie nicht leben und halten kann, weil das dahinterstehende Unternehmen sie

Es ist mir wirklich ein Bedürfnis, mein Team weiter zu bringen, die Kompetenzen wie auch Persönlichkeiten jedes einzelnen Mitarbeiters zu entwickeln und zu sehen, wie jeder Stück für Stück in dem, was er tut, selbstständiger und selbstbewusster wird.

Anders mein männlicher Mitchef: Wissen weiterzugeben ist für ihn eher anstrengend. Seine Meinung: „Ich habe Menschen mit einem gewissen Studienabschluss eingestellt, also sollten sie dieses oder jenes wohl wissen. Bevor ich das alles erklärt habe, mache ich es lieber selbst und erledige die Sache damit schneller." Eine durchaus pragmatische, für den Anfang auch richtige Herangehensweise, aber eben auch ziemlich kurz gedacht. Vielleicht ist die Weitergabe von Wissen eher eine weibliche Domäne? Sie erfordert auch Geduld. Nicht alles ist von jetzt auf gleich umsetzbar. Manche Abläufe brauchen Wiederholung und die daraus resultierende Erfahrung. Bin ich ungeduldig, nehme ich meinen Mitarbeitern diesen Effekt und mir die Chance, eine Aufgabe langfristig abgeben zu können. Natürlich hat die Geduld auch Grenzen. Als Chef muss ich erkennen, ob ich eine den Fähigkeiten der ausgewählten Person angemessene Aufgabe ausgewählt habe. Wenn nicht, justiere ich nach. Im schlimmsten Fall bedeutet die Geduldgrenze dann auch die Trennung vom Mitarbeiter.

Teamplayer sein und ein gutes Gespür für Menschen haben
Als Chef nützt es nichts, allein in seinem Elfenbeinturm zu sitzen und hier und da Aufgaben runterpurzeln zu lassen. „Sobald es darum gehe, komplexe Zusammenhänge zu verstehen und neue Lösungswege zu beleuchten, kann eine Gruppe mehr leisten als ein Individuum, was schon Burow in seinen Abhandlungen zu Kreativen Gruppen zeigt. Vorteile von Teamarbeit manifestieren sich im summierten Wissen aller Beteiligten und der Möglichkeit neue Denkanstöße zu geben, die eine Einzelperson alleine nicht erkannt hätte" (Glaesner 2007).

Man sollte Spaß daran haben, ein Teamplayer und natürlich Teamleader zu sein. Sein Team fit zu machen und weiterzuentwickeln, ist wie schon erwähnt die erste wichtige Sache. Dafür muss man sein Team kennen, sich hineinversetzen und es einschätzen können.

Nicht nur beim Meistern von Aufgaben lohnt sich das Teamplaying, sondern auch wenn es um Festlegungen geht: „Für Führungskräfte werden kommunikative Fähigkeiten heutzutage immer essentieller. Laut Lukas handele es sich bei den kommunikativen Kompetenzen einer Führungskraft jedoch nicht um gewöhnliche Gesprächsfähigkeiten, sondern die Gabe aus einem Meinungsaustausch mit den Mitarbeitern heraus Entscheidungen zu treffen" (Glaesner 2007).

Dazu gehören verschiedene Aspekte. Zuallererst muss ein Chef Menschen mögen, wirkliches Interesse an ihnen haben, an seinen Kunden genauso wie an seinen Mitarbeitern. Empathiefähigkeit ist eine Schlüsselkompetenz für einen guten Chef. Zuhören zu können, ist die Voraussetzung für das Erkennen von Bedürfnissen, die es zu erfüllen gilt. Wer kein gutes Gespür für Menschen mitbringt, wird ständig an seinen Kunden wie auch Mitarbeitern vorbeireden und -entwickeln. Eine gute Kommunikation ist hierfür ebenso ausschlaggebend: Sie sollte klar, reflektiert und zielführend sein.

Motivieren und positiv denken

Hier meine ich nicht die hinreichend bekannte „Tschakka!"-Veranstaltungen, sondern die richtige Motivation an der richtigen Stelle. Sie haben ein stressiges Projekt mit einer unmöglichen Deadline. Auch der Chef hat manchmal Zweifel, ob und wie das wohl zu schaffen ist, sollte dies aber nicht an die große Glocke hängen. Negative Stimmung ist ansteckend, positive auch – und mit einer positiven Grundstimmung lässt sich Großes, ja Größeres leisten. Grundlage dafür ist das ebenso positive Denken, dass meines Erachtens nichts damit zu tun hat, dass man sich selbst etwas einredet. Auch hier gilt die Pflicht zur Authentizität, man muss es wirklich leben. Wir kennen sie alle, die berühmte Medaille mit ihren zwei Seiten. In allem, auch in einer Niederlage, steckt immer auch ein positiver Aspekt. Es sich zur Grundeinstellung zu machen, diese Seite ebenfalls zu sehen, empfinde ich als eine sehr wichtige und gute Chefeigenschaft. Dies zudem seinem Team zu vermitteln, ist für mich Teil der Motivation, auch nach schwierigen Projekten wieder in den Sattel zu steigen und nach vorn zu schauen. Zu viel Negativität bringt niemandem etwas und erst recht nicht einem Unternehmen. Laut Esther Book entstehen die wirklichen Leistungen einer Organisation durch positives Denken und die Ausrichtung auf neue Chancen (Book 2001).

Entscheidungen treffen

Ein ganz wichtiger Punkt. Auch wenn wir vorhin schon über Fehler gesprochen haben und sie definitiv erlaubt und wichtig sind: Keine Entscheidung zu treffen, ist ein Fehler, der nicht dazu gehört. Selbst wenn ich eine Entscheidung treffe, die sich später als falsch herausstellt, ist es immer noch besser, als sie vor mir her zu schieben, denn lediglich dann kann ich daraus lernen.

Gute Organisation

„Nur das Genie beherrscht das Chaos" ist keine förderliche Maxime für die Führung. Auch hier komme ich auf die Basis, sich selbst organisieren zu können, zurück. Natürlich ist es möglich, im Chaos zu arbeiten, solange ich nur mein eigener Chef bin. Sobald jedoch andere Mitspieler dazukommen, erscheint mir fehlende Strukturierung als wenig ratsam. Von Anfang an schon an morgen denken, effektive Prozesse entwickeln und Arbeiten standardisieren, spart später enorm viel Zeit und Nerven. Wenn ein Unternehmen wachsen soll, ist es sehr viel einfacher möglich, auf vorhandene Prozesse aufzubauen und diese zu transformieren. Beim Aufbau solcher Strukturen kam es in meinem Fall zwischen Chefin und Chef zu gewaltigen Auseinandersetzungen. Ihm scheint das alles nicht notwendig und zu starr, für mich liegt in guter Organisation aber eine Grundvoraussetzung, um effektiv zu arbeiten und zu führen. Hier prallten zwei Welten aufeinander – waren es die männliche und weibliche? Letzterer werden zumindest das Händchen für Organisation und systemisches Denken als Domänen zugewiesen.

Gute Rahmenbedingungen schaffen
Was, Sie brauchen einen neuen Rechner? Der alte ist noch gut, Windows XP läuft da doch super! In einem Unternehmen muss nicht nur die Stimmung, sondern auch die Arbeitsatmosphäre passen. Gut ausgestattete Arbeitsplätze gehören dazu. Hilfreich ist dabei die Frage an sich selbst: Wo und wie würde ich gern arbeiten? Die Antwort darauf trifft sich ganz bestimmt auch mit denen der Mitarbeiter.

Verantwortung abgeben und das eigene Ego zurückstellen
Wenn ich immer nur aufgabenbezogen denke, dann arbeitet mein Team zwar brav alle anfallenden Dinge ab, wird aber nicht angeregt, selbstständig zu denken. Das ist für beide Seiten nicht zufriedenstellend. Aufgaben sollten deshalb so gegliedert sein, dass sie übergreifend funktionieren und ich so ganze Bereiche und Verantwortlichkeiten delegieren kann. Eine Herangehensweise, die zu beiden Elementen, weiblich wie männlich, gut passt. Auch mein Geschäftspartner befürwortet das Übertragen von Verantwortung, scheitert in der erfolgreichen Umsetzung jedoch am Punkt „Wissen weitergeben". Gibt man Verantwortung ab, muss man auch das eigene Ego zurückstellen. Nicht alle guten Ideen und Erfolge dieser Welt entspringen dem meisterlichen Geist eines Chefs oder einer Chefin. Diesem Punkt steht allerdings das als männlich geltende Element der Wettbewerbsorientierung entgegen.

Lernbereit und offen für Neues bleiben
Och nö, damit muss ich mich doch nicht beschäftigen, dafür habe ich doch meine Leute! Diesen Satz schon mal gehört oder selbst gedacht? Sicher sollte man als Chef nicht den Anspruch haben, alles zu wissen und zu können, aber ein gewisses Interesse an neuen Dingen und Möglichkeiten muss man sich erhalten. „Einen erfolgreichen Manager zeichne es aus, Veränderungen des Umfelds und Ereignisse innerhalb der Organisation zu beobachten und sich die Frage zu stellen, welche Vorteile sie bringen könnten. Des Weiteren sollte er versuchen, jede Form von Wandel als Chance zu betrachten statt als Bedrohung" (Glaesner 2007). Das weibliche Element des Bewahrens ist an dieser Stelle also offenbar nicht dienlich.

Ein Überblick über neue Verfahren und Techniken schadet nie. Dabei reicht es schon, einen Prozess zu entwickeln, wie man von den eigenen Mitarbeitern auf dem Laufenden gehalten werden kann. Ist man weder lernbereit noch offen für Neues, verliert man irgendwann den Anschluss und alles wird umso schwieriger. Um unternehmerisch am Ball zu bleiben, muss man wie oben erwähnt offen bleiben, sonst verpasst man womöglich eine Chance, die sich einem bietet, weil man sie gar nicht als solche wahrnimmt. Den Fortbestand des Unternehmens zu sichern, ist ja wohl eine zentrale Aufgabe des Chefs. Also: Augen auf!

Erkennt man einen guten Chef an seiner Weiblichkeit?
Viele dieser zehn Eigenschaften, die einen guten Chef ausmachen, sind weiblich, denn vieles davon kommt von innen: Organisation, Empathie und die emotionale Kommunika-

tion sind hierbei wohl die prägnantesten. Doch Vorsicht! Das bedeutet im Umkehrschluss keineswegs, Männer seien schlechtere Chefs. Meine elfjährige Beobachtung zeigt ja bereits, dass es durchaus Männer gibt, die viele weibliche Elemente in sich tragen. Und wir haben zudem gelernt, dass Männer nicht nur männlich und Frauen nicht nur weiblich führen. Denke ich jedoch an meine Cheftypologie zurück, stünde es manchem Chef sehr gut, ließe er mehr weibliche Anteile zu, strahlte er diese inneren Werte auch nach außen. Die Frage ist, weshalb Männer jene femininen Elemente einsperren und sie nicht hinauslassen, um von ihren positiven Effekten zu profitieren. Auch hier scheint ein gesellschaftliches Konstrukt schuld: Welcher Mann hat nicht als Junge gehört, ein Indianer kenne keinen Schmerz? Ist es dieses althergebrachte Sozialisierungspathos, das vielen Chefs die weibliche Färbung ihres Führungsverhaltens verwehrt? Weil die Umwelt deutliche „Männlichkeit" von einem Chef erwartet? Doch, liebe Männer, dem Weib in euch entkommt ihr nur schwer. Es zu leugnen, führt zu Unsicherheit – Unsicherheit im Führungsverhalten, die wiederum in Sprunghaftigkeit mündet. Am Ende ist diese Art zu leiten nicht zielführend. Also, seien Sie doch mal weiblich und vertrauen Sie mehr Ihrer Intuition!

3.7 Drum prüfe sich, wer führen will

Zu wissen, welche zehn Eigenschaften ich mitbringen muss, um ein guter Chef zu sein, ist das Eine. Zu glauben, dass man diese Eigenschaften besitzt, das Andere. Noch wichtiger aber erscheint mir, dass man sich regelmäßig selbst überprüft: Folgen wir unserem Anspruch noch konsequent oder gibt es Handlungsbedarf? Haben wir eine oder mehrere Eigenschaften vernachlässigt und ergibt sich dadurch ein unstimmiges Bild nach außen? Sich selbst zu prüfen, muss ein regelmäßiger Automatismus sein. Stehen meine Mitarbeiter vor mir und sagen, dass sie mit meinem Handeln nicht mehr zurechtkommen, oder leidet das Geschäft gar darunter, ist es bereits zu spät.

Eine solche Selbstbetrachtung muss leicht möglich sein, schließlich habe ich als Chefin ein lebendiges Tagesgeschäft und Aufgaben, die daneben ebenfalls gut erfüllt werden müssen. Handlungsbedarf gibt es natürlich immer – Stichwort Lernbereitschaft und Offenheit. Doch trotz aller Veränderungen muss die Basis dauerhaft stimmig sein. Der Wandel in Denkprozessen erfordert auch einen Wandel in der Kommunikation und im Verhalten. Insgesamt muss ich als Chef stets eine harmonische Einheit sein.

3.7.1 Von der Marken- zur Unternehmensführung: ein Handlungsmodell

Wie ich eingangs in meiner These erwähnte, trifft diese Notwendigkeit auch auf Marken zu. Meine Agenturarbeit folgt einem grundsätzlichen Modell, einem Gesetz quasi, das auf jedwede Marke anzuwenden ist. Zentraler Betrachtungsgegenstand ist die sogenannte Unternehmenspersönlichkeit, die Corporate Identity. Im Marketing geht man davon aus, dass ein Unternehmen genauso eine individuelle Persönlichkeit hat wie ein Mensch. Natürlich setzt sich diese Persönlichkeit auch aus anderen Faktoren zusammen, letztendlich aber wird sie von Menschen, Emotionen und einem damit verbundenen nötigen Zeicheninventar geprägt. All das ist nicht willkürlich, sondern unterliegt klaren Regeln. Unstrittig ist zudem, dass in einer Unternehmenspersönlichkeit auch das Charisma der dahinterstehenden Menschen ruht, dessen erster Botschafter meist der Chef ist. Ein Chef, der sich für Golf nicht begeistern kann, wird vermutlich nie erfolgreich einen Golfplatz leiten. Jemand, der sich aus Überzeugung vegetarisch ernährt, wird wahrscheinlich nie das Fleisch irischer Weiderinder zu seinem Geschäft machen. Die persönlichen Visionen des Menschen, was ein Chef noch vor seiner Position im Business ja ist, werden also immer auch im Geiste eines Unternehmens mitschwingen – was übrigens auch für alle Mitarbeiter gilt.

Das Modell der Marke, mein tägliches „Mantra", scheint mir auf die Chefpersönlichkeit übertragbar. Es enthält alle Bausteine, anhand derer ich mich und meinen Mitchef überprüfen kann.

Um eine Marke entwickeln bzw. weiterentwickeln zu können, muss man sich ihre unabdingbare Ganzheitlichkeit vor Augen führen. Wenn Sie sich noch erinnern: Ganzheitlichkeit ist ein weibliches Element. Der erste Grundsatz einer Marke und, wenn man die Markenmechanismen auf die Chefpersönlichkeit überträgt, damit auch einer Führungsperson ist also ein weiblicher Aspekt. In unseren Analysen widmen wir uns mit dem jeweiligen Unternehmer dieser Ganzheitlichkeit, der Corporate Identity. Oftmals wird dieser Begriff falsch verstanden, verwechselt oder etwa mit dem Corporate Design eines Unternehmens gleichgesetzt. Das aber ist schlichtweg falsch. Identity ist das englische Wort für Identität: Wie bei einem Menschen setzt sich die Identität auch bei Unternehmen aus Aspekten wie biografischer Prägung (Geschichte), Charakter, Aussehen (das übrigens ist das Corporate Design, es ist also Teil der Corporate Identity und keineswegs dasselbe), Sprache (Kommunikation, Aussagen) und anderem zusammen. Die Identität eines Unternehmens bzw. einer Marke ist im Unterschied zum menschlichen Individuum der Konsens vieler Persönlichkeiten, die durch eine Kultur, gemeinsame Werte, Visionen und Ziele verbunden sind. So wie man Personen mit Eigenschaften beschreibt, zum Beispiel sportlich, witzig oder ehrlich, sollte es im besten Fall auch für eine Marke möglich sein. Deckt sich die eigene Sicht noch mit der Außenstehender, haben wir es geschafft, ein scharfes Markenbild, ein eindeutiges, klares Image am Markt zu platzieren. Dann erhält die Marke Vertrauen, und die Zielgruppe wird ihr treu folgen.

Ziele, die wohl jeder Mensch hat: Man soll ihm trauen und ihm folgen. Das gilt insbesondere für den Chef eines Unternehmens: Seine Mitarbeiter, seine Geschäftspartner und Kunden sollen ihm gegenüber ein gutes Gefühl haben und ihm Vertrauen wie Treue schenken.

Wie in der Abb. 3.4 zu sehen, müssen dazu verschiedene Komponenten betrachtet werden.

Die drei äußeren Säulen Aussagen, Aussehen und Handlungen stehen immer in Bezug zum inneren Kern, der Persönlichkeit. Der Kern bedarf regelmäßig der Prüfung, ob die äußern Punkte noch das Innere widerspiegeln. Ergibt sich hier eine Diskrepanz, muss justiert

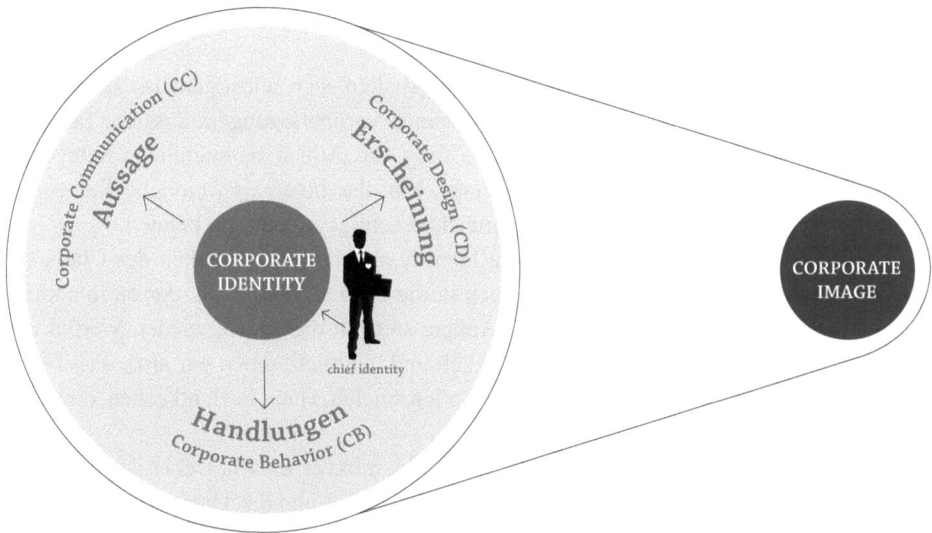

Abb. 3.4 Erweitertes Modell Corporate Identity nach Birkigt, Stadler, Funck

werden. Nur wenn alle Teile eine Einheit bilden, ist es möglich, am Markt ein scharfes Abbild meines Unternehmens zu hinterlassen, ein Corporate Image. Vernachlässige ich auch nur eine Komponente, gerät die Einheit aus dem Gleichgewicht und ich werde bei den Menschen immer ein komisches Baugefühl zurücklassen: Der Marke wird nicht geglaubt.

3.7.2 Der Chef als Marke?

Wenn der Chef zentraler Botschafter einer Marke ist, sollte deren Führung dann auch seine Sache sein? Dazu ein klares Ja! Der Chef ist schließlich wichtiger, wenn nicht sogar wichtigster Bestandteil des Kerns einer Corporate Identity. Er hat innerhalb eines Unternehmens eine besondere Rolle: Ein großes Stück seiner Identität muss sich in der Unternehmenspersönlichkeit wiederfinden, soll es mit Herzblut und erfolgreich geführt werden. Das bestätigt auch eine Studie der Agentur Strichpunkt: „Unternehmen, die ihre Marke zur Chefsache gemacht haben und auf Vorstandsebene managen, durchschnittlich über einen 30 % höheren Markenwert als solche, die ihre Markenverantwortung auf einem unteren Managementlevel angesiedelt haben" (Amerland 2015).

Wenn der Chef der wichtigste Bestandteil des Kerns ist, sollte auch er ein scharfes klares Bild von sich, seinen Zielen, Erwartungen und Vision gezeichnet haben. Dieses Bild muss auch für den Betrachter stimmig sein. Unternehmensführung bedeutet, mehrere Zielgruppen zu bedienen und miteinander zu verbinden. Zielgruppen sind hierbei nicht nur Kunden und Öffentlichkeit, sondern auch Mitarbeiter und Geschäftspartner. Ein Chef führt ein Unternehmen also nach außen (Kunden, Öffentlichkeit) wie auch nach innen (Team, Partner).

Analog zu Marke und Unternehmen ist er angehalten, sich selbst genauso zu schärfen und kritisch zu hinterfragen. Entsprechend meiner Vorüberlegungen, dass die Führung nach außen mit männlichen Elementen (vgl. Yang: das Außen als männliche Kategorie) und nach innen mit weiblichen Attributen (vgl. Yin: das Innen als weibliche Kategorie) verknüpft ist, ist der Chef, der beide Pole gleichberechtigt zulässt, gut beraten.

Wenden wir das Modell der Corporate Identity auf die Persönlichkeit des Chefs an, müssen die drei äußeren Komponenten auch in diesem Fall dem Kern, der darin enthaltenen Vision, den Leitlinien dienen. Das Äußere spiegelt das Innere wieder. Werfen wir einen Blick auf unseren Diskurs über männlich und weiblich, sehen wir also, dass beide Elementgruppen in der Führung essenzielle Rollen spielen, Hand in Hand gehen, einander bedingen und brauchen.

Will der Chef der identitätsstiftende Nukleus sein, muss er wissen, wer er ist und wohin er will: Werte, Visionen und Ziele in Bezug auf sich selbst und das Unternehmen müssen passen. Ein Chef, der alles so belassen will, wie es ist, wird mit seinem Unternehmen am sich stetig wandelnden Markt nie überleben. Wer Ruhe liebt, wird selten in einer hektischen Branche erfolgreich sein. Wer auf seinen Bleistift besteht, wird nie ein zweiter Steve Jobs. Eine klare Vorstellung von Gegenwart und Zukunft ist also die unabdingbare Basis, authentisch zu handeln und darauf aufzubauen.

Werte, Visionen und Ziele sind auch die Grundlage für die Kommunikation, in unserem Markenmodell als Corporate Communication benannt. Wie bei der Entwicklung einer Marke müssen auch bei der Chefpersönlichkeit die Aussagen auf die Identität abgestimmt sein. Beides findet sich im besten Fall ganz oder zumindest als überwiegende Schnittmenge in der Unternehmenskultur wieder.

Werte, Visionen und Ziele bestimmen auch die Erscheinung, das Auftreten nach außen. Wichtigster Aspekt hierbei ist das Verhalten, in unserem Markenmodell als Corporate Behaviour wiederzufinden. Zeigt sich eine Marke oder ein Unternehmen nach außen als innovativ und zukunftsgerichtet, legt nach innen aber eher bewahrende und starre Verhaltensmuster an den Tag, wird sie schnell enttarnt. Gleiches gilt für den Chef: Postuliert er Moderne, tippt seine Memos aber noch auf der alten Schreibmaschine, mag das vielleicht ein persönliches Gimmick sein, wird sein Gegenüber jedoch zweifeln lassen. Der Chef lässt Aussagen und stimmiges Auftreten also bestenfalls in konsequenten Handlungen gipfeln.

Zum Außen gehört in Sachen Mensch freilich auch die Kleidung. Dabei muss es gar nicht immer der Nadelstreifen sein. Im Gegenteil, die klassische Schlips-und-Kragen-Mentalität könnte in einem zukunftsgerichteten Unternehmen ungewollt Staub hinterlassen. Natürlich muss man insbesondere als Chef mit wacherem Blick durch die Boutiquen streifen, doch in der Kleidung kann man viel von der Unternehmenspersönlichkeit transportieren. Gerade im Bereich der Kreativagenturen komme ich damit immer wieder in Berührung: Eine Grafikerin, die eine mutige Kampagne präsentiert und dabei selbst ängstlich in einen Bleistiftrock gepresst ist, wirkt vermutlich wenig glaubwürdig. Chefs müssen auch ein gewisses Maß mehr an Entertainment leisten, hierbei helfen neben der Kommunikation auch optische Tricks. Und diese können übrigens Männer wie Frauen gleich toll anwenden. Nur weil wir seit jeher als das schöne Geschlecht gelten, können es Männer mit uns in Sachen Stil ohne Zweifel aufnehmen.

Dem Chef kommt im Unternehmen also eine immens wichtige Funktion zu: Er ist Vorbild für alle. Gelingt es ihm, für sich eine Marke zu sein, wird es auch sein Team einfach haben, Stringenz in Aussagen, Auftreten und Handeln an den Tag zu legen und sich damit ehrlich zu identifizieren. Der Chef ist Marke in der Marke. Daraus leitet sich die Konsequenz ab, dass er sein eigenes Markenmodell immer genauso auf den Prüfstand stellen muss wie das für das Unternehmen geltende Modell: Dient meine eigene Vision der meines Unternehmens? Korrelieren meine Werte und Ziele mit denen meines Unternehmens? Im zweiten Schritt gilt es dann, die äußeren Faktoren – Kommunikation/Aussagen, Erscheinung, Handlung – in Bezug auf sich selbst als Vorbild wie auch die unternehmerische Marke zu kontrollieren.

Zum Schluss dieses Kapitels noch eine Anmerkung: Die Identität und Identifikation eines Chefs hängt nicht unerheblich davon ab, wie er Chef des Unternehmens geworden ist. Meine Ausführungen beziehen sich vorrangig auf Führungspersönlichkeiten, die ein Unternehmen selbst oder mit aufgebaut haben oder, etwa durch die Familie oder langjährige Zugehörigkeit, tief darin verwurzelt sind. Für eingesetzte Geschäftsführer gelten aber trotzdem die gleichen Regeln. Auch sie sind Vorbild. Werte, Visionen und Ziele des Unternehmens, dessen Geschicke sie leiten, müssen ihnen im selben Ausmaß bewusst und Teil der eigenen Identität sein. Aussagen, Erscheinung und Handlung – auch wenn sie von anderen festgelegt worden sind – unterliegen für sie denselben Prämissen. Findet sich ein Geschäftsführer, der für seinen Dienst am Unternehmen einen Gehaltsscheck empfängt, nicht in der Corporate Identity seines Unternehmens wieder, muss er sich entweder fragen, ob er als Mensch am richtigen Platz ist oder ob die Zeit nicht reif genug ist, die Unternehmenspersönlichkeit zu überdenken.

3.8 Fazit: Ist der Mann nun eine schlechtere Frau?

Was haben wir durch die Betrachtungen auf den letzten Seiten erfahren? Der Chef ist anders, die Chefin auch? Es könnte so einfach sein, ist es aber nicht. Wenn man sich in die Thematik von geschlechtsgeprägten Führungsstilen begibt, stößt man unweigerlich auf alle in diesem Diskurs vorhandenen, auch wissenschaftlich geprägten Ansätze: von der Gleichheits- oder Differenzierungstheorie über das Androgynie-Prinzip bis hin zum Diversity Management.

Nach meiner kleinen Beobachtungsstudie lasse ich mich zu einem Mix hinreißen. Es gibt sie, die weiblichen und männlichen Elemente der Führung. Beide sind für die innere und die äußere Führung eines Unternehmens notwendig. Viele weibliche Elemente sind gut in der Leitung eines Teams, beim Hineinfühlen in den Kunden und der Organisation von Arbeitsabläufen einsetzbar. Männliche Elemente sind hilfreich, wenn es darum geht, sich nach außen zu produzieren, neue Wege zu beschreiten und Dinge aktiv und fokussiert anzugehen.

Obwohl laut einer Studie des Marktforschungsinstituts Toluna 77 % aller Deutschen an einen weiblichen oder männlichen Führungsstil glauben (Gabbert 2013), belegen viele weitere Studien das Gegenteil. Zwischen dem Führungsstil vom Männern und Frauen gibt es keine signifikanten Unterschiede (Oerder 2011).

Erkannt habe ich in meiner kleinen Analyse auch, dass es den typischen männlichen Chef wie den weiblichen nicht geben kann. Der Stil eines Chefs, sein Unternehmen zu führen, hängt immer von vielen Faktoren ab, die ihn geprägt haben. Führung ist wie jedes soziale Verhalten kontextabhängig.

Ich denke, einige der bedeutsamsten Ansprüche an gute Führung sind die Authentizität und das Hören auf die innere Stimme, die Intuition. Es scheint mir wichtig, auch als Mann seine weiblichen Elemente in der Führung anzuwenden und sich nicht von männlichen Rollenmodellen, dem noch weit verbreiteten traditionellen Bild des männlichen Chefs, leiten zu lassen. Weibliche Anteile zu nutzen hat nichts mit Schwäche zu tun, sondern kann hier zu einer Bereicherung werden. Frauen haben es da etwas einfacher: Wenn sie ihre männlichen Anteile leben, wird das oft bewundernd gesehen, da im Führungsverhalten immer noch eine männliche Sicht dominiert. Wenn die Chefin „tough" ist und sich durchsetzt, hört sich das in unseren Ohren besser an, als wenn der Chef sich sehr empathisch in seine Mitarbeiter hineinversetzen kann.

Da ich mich mit Markenversprechen bestens auskenne, schließe ich meinen Beitrag mit einem Appell an die männlichen Leser unter Ihnen: Chefs, steht zur Frau in euch! Es lohnt sich!

3.9 Über die Autorin

Marlen Buder ist ein leidenschaftlicher und entscheidungsfreudiger Mensch. Beobachten und empathisch agieren sind Eigenschaften, die sie sowohl als Privatperson als auch in ihrer Rolle als Geschäftsführerin zeigt. Ob außergewöhnliche Marken mit Herz und Seele oder die Talente und Persönlichkeiten ihrer Mitarbeiter: Die Essenz ist für sie wichtig, muss entdeckt, entfaltet und bestmöglich gefördert werden.

Hier spiegelt sich schon ihre Art des Managens wider. Für gewöhnlich denkt man nun: Sie ist eine Frau, sie führt natürlich weiblich. Doch ist das tatsächlich so? Warum darf Marlen Buder über Männer als Chefs diskutieren? Ganz einfach: Weil sie ihre Agentur nicht allein, sondern mit einem männlichen Geschäftspartner führt und weil sie in ihrer Beratertätigkeit weit mehr als hundert Chefs intensiver kennengelernt hat – ein Großteil davon männlich. Noch mehr Nähe zum Betrachtungsgegenstand dieses Buches gibt es also fast nicht.

Marlen Buder lebt seit 1996 in Dresden und studierte Philosophie, Politik- und Erziehungswissenschaften sowie Interkulturelle Kommunikation an der Technischen Universität Dresden sowie der Florida State University. Seit 2003 widmet sie sich der Beratung von Unternehmen, die sich neu positionieren, ihre Marke von Grund auf überprüfen oder einen Weg aus einer unternehmerischen Krise finden möchten. Tiefgreifende Analysen von Vertrieb, Produkten, Dienstleistungen und Kommunikationsstrukturen gehören zu ihrem Beratungsansatz. Mit anschließenden Handlungsempfehlungen gibt sie Unternehmen eine klare Richtung vor, vergisst aber bei allen rationalen Prozessen in der Entwicklung von Marken nie, dass wir Menschen unsere Entscheidungen zu über 80 % auf der Grundlage von Emotionen treffen.

Literatur

Amerland, A. (2015). *Muss die Marke Chefsache sein?* http://www.springerprofessional.de/muss-die-marke-chefsache-sein/5481242.html. Zugegriffen: 07.05.2015.

Book, E. (2001). *Der beste Mann für diesen Job ist eine Frau. Das Erfolgsgeheimnis der US-Top-Managerinnen.* (S. 28). München.

Gabbert, K.-D. (2013). *Viele glauben an typisch männliche und weibliche Führungsstile.* http://www.focus.de/finanzen/karriere/arbeit-viele-glauben-an-typisch-maennliche-und-weibliche-fuehrungsstile_aid_989373.html. Zugegriffen: 07.05.2015.

Glaesner, K. (2007). *Geheimrezept weibliche Führung? Hintergründe, Mythen und Konzept zum weiblichen Führungsstil. Eine empirische Untersuchung beim Deutschen Gewerkschaftsbund.* (S. 54, 77, 81, 83). Universität Kassel.

Goffee, R., & Jones, G. (2006). Führen mit Charakter. *Havard Business Manager, 28*(3), 60.

Kleinhenz, S. (2010). *Unterschiede im Führungsstil: Führen Frauen und Männer gleich gut?* http://www.onpulson.de/1693/unterschiede-im-fuehrungsstil-fuehren-frauen-und-maenner-gleich-gut/. Zugegriffen: 07.05.2015.

Müller-Lissner, A. (2013). *Jähzorn wie bei Jürgen Klopp gibt es häufig bei Männern.* http://www.tagesspiegel.de/weltspiegel/psychologie-jaehzorn-wie-bei-juergen-klopp-gibt-es-haeufig-bei-maennern/8823524.html. Zugegriffen: 07.05.2015.

Oerder, K. (2011). *Die Mär vom weiblichen Führungsstil – zwischen Frauen und Männern existieren keine großen Unterschiede.* http://rheinsalon.wordpress.com/2011/09/15/die-mar-vom-weiblichen-fuhrungsstil--zwischen-frauen-und-mannern-existieren-keine-grosen-unterschiede/. Zugegriffen: 07.05.2015.

Wirtschaftswoche (2015). *626 Männer, 37 Frauen – Chefetagen deutscher Großkonzerne.* http://www.wiwo.de/erfolg/management/chefetagen-deutscher-grosskonzerne-626-maenner-37-frauen/11192278.html. Zugegriffen: 07.05.2015.

Leadership-Helden

Erfolg braucht wahre Männer

Andrea Gasche

Inhaltsverzeichnis

4.1	Von Thekentigern und Businesskriegern	70
4.2	Meilensteine auf dem Weg zum Leadership-Helden	74
4.3	Über die Autorin	78
Literatur		78

Wann ist ein Mann ein Mann? Herbert Grönemeyer arbeitete sich schon 1984 an dieser Frage ab und bescherte uns Tiefgründiges: „Männer kriegen keine Kinder/Männer kriegen dünnes Haar". Grönemeyers Fazit: „Männer sind auf dieser Welt einfach unersetzlich." Letzteres gilt auch für gute Führung. Es braucht Menschen mit Format, um Unternehmen zum Erfolg zu führen, ohne dass die Mitarbeiter auf der Strecke bleiben. Frauen können das zweifellos auch. Aber mir geht es im Folgenden darum, was wahre Männer auszeichnet. Männer, die die Führungsaufgabe mit Bravour meistern, inspirieren, anspornen und begeistern, echte Leadership-Helden also. Die sind leider dünn gesät. Als Mitarbeiterin, Kollegin und Chefin hatte ich es im Laufe der Jahre rund um den Globus häufiger mit Thekentigern zu tun, mit Weichspülern, Jammerlappen, HB-Männchen und Sonnenkönigen. Kennen Sie nicht?! Oh doch, den einen oder anderen kennen Sie sehr wahrscheinlich auch. Vielleicht sitzt sogar einer im Nachbarbüro. Und an ihren Marotten und Versäumnissen lässt sich ablesen, was wahre Führungsstärke auszeichnet. Womit das Programm dieses Beitrags bereits umrissen ist.

Andrea Gasche ✉
Haus Dürresbach, 53773 Hennef, Deutschland
e-mail: mail@gasche.com

4.1 Von Thekentigern und Businesskriegern

Im Laufe unseres Lebens haben wir alle es mit den unterschiedlichsten Führungspersonen zu tun, mit Lehrern, Ausbildern, Professoren, Teamleitern, Abteilungsleitern, Geschäftsführern, Gründern, Inhabern usw. Wem sind Sie selbst gerne gefolgt? Und bei wem ging ein Aufatmen durch die Abteilung, wenn es hieß, „der Chef ist diese Woche nicht da"? So zahlreich die Führungspersonen sind, so rar sind die echten Führungspersönlichkeiten. Einer Führungspersönlichkeit folgt man gerne und bereitwillig, einer Führungsperson folgt man zähneknirschend. Warum ist das so? Werfen wir einen Blick auf einige weniger begabte Führungskräfte.

4.1.1 Der Thekentiger

Ein Veranstaltungs- und Bankettservice eines exklusiven Sporthotels vor den Toren Berlins, mit dem ich zusammengearbeitet habe: Der Bankettleiter sprühte auf den ersten Blick vor Energie: raumgreifende Bewegungen, laute Stimme, immer zu Scherzen aufgelegt und nie um Worte verlegen. Die Teambesprechung verging wie im Flug: Ein Witz hier, eine flotte Bemerkung dort, eine Mischung aus Selbstlob, guten Ratschlägen und scherzhaften Bemerkungen prasselte auf die Anwesenden herein. Nachfragen der Kolleginnen und Kollegen („Chef, es gibt Probleme bei ..." „Was machen wir mit der Beschwerde von ...") wurden rasch vom Tisch gefegt: „Das kriegen Sie schon hin, Meyer." Bald wurde mir klar, warum die erfahreneren Kräfte von dieser Art zu Führen weit weniger beeindruckt waren als die anwesenden Frischlinge: Hier missbrauchte jemand seine Position als Bühne für eine einzige Ego-Show, das Bedürfnis zur Selbstdarstellung machte echte Kommunikation unmöglich. Zuhören? Fehlanzeige. Hilfestellung bei Problemen? Durchdachtes Verteilen von Aufgaben? Ebenfalls Fehlanzeige. Viel Wind, wenig Konkretes und eine auf Dauer schwer zu ertragende Egozentrik. Das reicht für einen leidlich unterhaltsamen Abend in der Kneipe, vor allem mit der Aussicht, sich beim nächsten Mal woanders hinzusetzen. Als Dauerveranstaltung am Arbeitsplatz ist es eine harte Geduldsprobe.

▶ Nicht die größte Klappe ist entscheidend. Echte Leadership-Helden können zuhören und anderen Menschen Raum geben.

4.1.2 Der Weichspüler

Im Rahmen meines Wirtschaftsstudiums verschlug es mich in eine große Beratungsgesellschaft, ein sehr wettbewerbsorientiertes Umfeld mit hohen Leistungsanforderungen. Naturgemäß sammeln sich in diesem Biotop vor allem ehrgeizige Mitarbeiter, die etwas erreichen wollen. Ein entsprechend dynamisches Auftreten bis in Körperhaltung und Gestik hinein war eigentlich selbstverständlich. Ein Kollege jedoch fiel schon körpersprachlich aus dem Rahmen: Weicher Händedruck, schlurfender Gang und eine eher lethargische Ausstrahlung hatten so gar nichts mit der aufrechten Haltung und der demonstrativen Effizienz der Übrigen zu tun. „Ach ja, das ist der Herr ..., der leitet bei uns die IT-Abteilung", hieß es. Nach wenigen Wochen wusste ich, dass ein ausweichendes „Könnte schwierig werden" und ein halbherziges „Ja, mal sehen, ob wir das hinkriegen" zu den Standardantworten des Beschriebenen gehörten. Ansinnen der Nutzer wurden ausgebremst, Fragen vergessen, Neuerungen verschleppt, von pro-aktiven Serviceüberlegungen und Verbesserungsangeboten ganz zu schweigen. Der IT-Chef handelte nur auf akuten Druck von oben und wurde im Unternehmen mehr seufzend ertragen als ernst genommen: „So sind die IT-ler halt ..."

▶ Sich wegducken funktioniert nicht. Echte Leadership-Helden gestalten ihren Verantwortungsbereich, sie wollen etwas bewirken, einen Beitrag leisten.

4.1.3 Der Jammerlappen

Nach dem Studium gründete ich eine Event-Agentur, die rasch auf 40 Mitarbeiter anwuchs. Plötzlich war ich selber Chefin. Sicher habe ich dabei nicht immer alles richtig gemacht. Zu den Entscheidungen, die ich nie bereut habe, gehört allerdings die Entlassung des Mitarbeiters, der „eigentlich" das Catering leiten sollte: Alex. Binnen weniger Wochen war es ihm gelungen, eine Art Pawlow'schen Reflex bei mir auszulösen: Sobald der Name fiel, stieg mein Blutdruck. Dabei war Alex eine erfahrene Kraft. Doch leider ging immer etwas schief, wofür er ebenso sicher niemals etwas konnte. Mieses Kunden-Feedback? – „Ein Nörgler, der meckert immer." Überfordertes Thekenteam? – „Kann ich nichts zu sagen, bei meiner dicken Erkältung war ich froh, dass ich den Tag überhaupt irgendwie überstanden habe." Schlecht verhandeltes Angebot? – „Was sollte ich denn machen? Der Kunde wäre sonst zur Konkurrenz gegangen." Die meiste Aufmerksamkeit widmete Alex der eigenen Befindlichkeit. Ging irgendetwas in die Hose, bestätigte das sein pessimistisches Weltbild: „Ich hab ja gleich gesagt, das könnte eng werden ..." Seine Ziele fürs nächste Jahr: „Tja, die Zeiten sind schwierig, ich weiß gar nicht, ob wir uns da auf genaue Zahlen festlegen sollten ..." Statt ein Minimum an Energie zu versprühen, saugte Alex so zuverlässig Energie wie ein Vampir Blut.

▶ Pessimismus und Nabelschau blockieren Erfolge. Echte Leadership-Helden nehmen Herausforderungen optimistisch an und suchen die Schuld für Misserfolge nicht notorisch bei anderen.

4.1.4 Der Sonnenkönig

Über Narzissten, Egomanen und Psychopathen in der Chefetage sind inzwischen viele Bücher und Artikel erschienen. Die Finanzkrise befeuerte das Nachdenken über extrem selbstbezogene, gefühlskalte, ruhmsüchtige und Risiko mit Kamikaze verwechselnde Manager noch einmal. Als langjährige Geschäftsführerin eines gehobenen Hotels in Kapstadt lernte ich solche Manager als Gäste kennen, meist charmant und geschmeidig im Gespräch mit mir, herrisch und mit Eiseskälte wenige Sekunden später gegenüber dem „einfachen" Personal. Trotz aller Warnungen waren sie oft nicht davon abzubringen, die teuren Statussymbole (Luxusuhr, hochpreisige Kamera) in einer Stadt großer sozialer Unterschiede zur Schau zu stellen. Oft reagierten sie tödlich gekränkt und schneidend, wenn eigene Wünsche und Vorstellungen nicht unmittelbar umzusetzen waren. Wer sie von beruflichen Meriten berichten hörte, musste den Eindruck gewinnen, die dreistelligen Millionengewinne großer Konzerne seien einzig und allein ihrem Engagement zu verdanken, während alle anderen, von den Vorstandskollegen bis zu den Heerscharen der übrigen Mitarbeiter, wenn überhaupt nur einen unbedeutenden Beitrag geleistet hätten. Das galt übrigens auch dann noch, wenn jemand wegen katastrophaler Bilanzen längst mit goldenem Handschlag verabschiedet worden war: reine Böswilligkeit, eine Verschwörung von internen Gegnern und der missgünstigen Wirtschaftspresse. Hätte man nur etwas mehr Zeit gehabt, wäre die Insolvenz sicher abgewendet worden … Dass sich mancher Topmanager wundert, warum man ihm Regelverstöße tatsächlich als Veruntreuung ankreidet und ihm nun sogar Gefängnis droht, wundert mich wiederum nicht: Ein Sonnenkönig wähnt sich über den Regeln, die für das normale Volk gelten.

▶ Selbstbezogenheit und emotionale Kälte verhindern Selbstreflexion und persönliche Entwicklung. Echte Leadership-Helden können sich selbst in Frage stellen und kritisches Feedback ertragen.

4.1.5 Der Businesskrieger

Wer als Geschäftsfrau viel unterwegs ist, kommt in Versuchung, sich für Momente in die Fünfzigerjahre des letzten Jahrhunderts zurückzuwünschen. Mutter und Großmutter berichten, es habe damals Männer gegeben, die einer Frau die Tür aufhielten, ihr höflich den Vortritt ließen und ihr schwere Lasten abnahmen. Ich bin es inzwischen gewöhnt, beim Verlassen eines Flugzeugs irgendwann einfach in die Gangschlange zu grätschen, wenn ich es einmal eilig habe. Männer haben es scheinbar *immer* eilig. Ausnahmslos. Ich wundere mich auch nicht mehr, wenn ich mich mit einem schweren Koffer in der Gepäckablage abplage und dabei von drei Männern interessiert beobachtet werde. Ob die Alte das wohl schafft? Kürzlich betrat ich schwer bepackt ein Tagungshotel und musste gegen einen Strom junger Anzugträger ankämpfen. Dass mir jemand Hilfe anbietet, erwarte ich ja schon gar nicht mehr. Aber ein paar Zentimeter auszuweichen, das wäre schon schön gewesen. Ja, ich kenne das Gegenargument: „Die Frauen wollen doch emanzipiert sein! Das haben sie nun davon." Liebe Männer, da habt ihr etwas missverstanden. Ihr dürft meine Vorschläge und Argumente im Business ernst nehmen – und mir *trotzdem* die Tür aufhalten. Ich denke mit dem Kopf. Nicht mit den Armen.

Möglicherweise finden Sie es kleinkariert, auf klassischen Umgangsformen herumzureiten. Natürlich bekomme ich eine Tür auch selbst auf. Doch für mich steckt hinter diesem rüden Verhalten nicht selten eine kaltschnäuzige Haltung, die auch in anderen Situationen zum Tragen kommt: superspitze Ellenbogen, eine „Hauptsache ich"-Mentalität, in der nur die eigenen Interessen zählen und der Mitmenschlichkeit fremd ist. Ich sehe diese Haltung, wenn die junge hübsche Sekretärin angeflirtet wird, während die graue Maus, die deren Arbeit zum Teil miterledigt, herumgeschubst wird. Oder wenn eine Führungskraft in Krisensituation nur aalglatte Beruhigungsfloskeln abgibt, statt die Ängste der Mitarbeiter ernst zu nehmen. Oder wenn darüber schwadroniert wird, dass im Geschäft kein Platz sei für „Gefühlsduselei", und Manager wie Söldner die Unternehmen wechseln. Ein leitender Manager in einem Pharmakonzern, der eine Abteilungsleiterin allein buchstäblich im Regen stehen ließ, obwohl eine gemeinsame Taxifahrt vereinbart war, bestätigte meine These übrigens auf das Schönste: Ein Jahr später bekam die Mitarbeiterin einen Aufhebungsvertrag, aus dem einzigen Grund, ihre Stelle jemand anderem zuzuschanzen. Ignoriert wird, dass solche Vorgehensweisen über die unmittelbar Betroffene(n) hinaus wirken und Loyalität und Engagement der ganzen Abteilung untergraben. Schließlich könnte jeder selbst das nächste Bauernopfer sein.

▶ Unhöflichkeit und markiges Auftreten sind keine Zeichen der Stärke. Echte Leadership-Helden respektieren ihr Gegenüber und handeln fair. Sie können Menschen mitnehmen und flößen Vertrauen ein.

4.1.6 Das HB-Männchen

In den Sechzigerjahren kannte es jeder: Das emsige HB-Männchen, das im Alltag über die eigenen Füße stolpert und am Ende des Werbespots jedes Mal „in die Luft geht". Während das HB-Männchen längst in Pension ist, sterben die Choleriker auf der Chefetage offenbar nicht aus. Ob im Studentenjob bei einem Finanzdienstleister, ob als Projektmanagerin im Event-Bereich oder später als Geschäftsführerin in Verhandlungen mit Firmenkunden: Regelmäßig kreuzte jemand meinen Weg, bei dem es schon vorher warnend hieß: „Nehmen Sie es nicht persönlich, wenn der laut wird. Der meint das nicht so!" Faktisch stimmt das: Der echte Choleriker explodiert aus nichtigem Anlass, zum Beispiel, weil ihm zuvor schon drei Läuse über die Leber gelaufen sind und man im ungünstigen Moment seine Schusslinie kreuzt. Oder weil er gerade einen Blick auf die Quartalszahlen geworfen hat und nun dringend einen Blitzableiter braucht. Doch wie soll man es sonst nehmen, angebrüllt zu werden – wenn nicht „persönlich"?! Mancher Choleriker scheint auch zu denken, als Chef habe er die Lizenz zum Herumbrüllen. Besonders unerträglich wird es, wenn die Launen des Vorgesetzten völlig unkalkulierbar sind und aus mangelnder Impulskontrolle eine wahre Schreckensherrschaft wird. Das hat mit echter Führung nichts, aber auch gar nichts zu tun.

▶ Wie soll jemand ein Unternehmen im Griff haben, der nicht einmal sich selbst im Griff hat? Echte Leadership-Helden sind souverän und strahlen Ruhe aus.

4.2 Meilensteine auf dem Weg zum Leadership-Helden

Wenn es in der Überschrift heißt, „Erfolg braucht wahre Männer", so wirft das natürlich mehr Fragen auf, als es beantwortet. Denn was ist das schon, ein „wahrer" Mann? Wer sich durch die Weiten des Internets klickt oder unter Freundinnen wie Geschäftspartnerinnen umhört, sieht sich rasch bestätigt, dass es die klassischen „männlichen" Eigenschaften sind, die Frauen nach wie vor an Männern schätzen: Selbstbewusstsein, Verantwortungsgefühl, Mut, Entscheidungskraft, Großzügigkeit, Zuverlässigkeit und Gentleman-Manieren. Wir Frauen scheinen uns da ziemlich einig zu sein. Ein Portal, das helfen will, Beziehungen zu retten, reduziert die entscheidenden Punkte sogar noch weiter: Frauen wollen danach

- … einen Mann, der selbstbewusst ist und
- … einen Mann, der sie schätzt (Beziehungsretten 2015).

All dies lässt sich problemlos auf den Führungskontext übertragen. Mitarbeiter folgen am ehesten starken Persönlichkeiten, die ihnen gleichzeitig Orientierung geben und Wertschätzung vermitteln. Bestätigt wird dies durch Umfragen dazu, was den „idealen Chef" ausmacht. 2011 befragte die Unternehmensberatung *von Rundstedt HR Partners* 6800 Arbeitnehmer in elf Ländern, wie sie sich die ideale Führungskraft vorstellen. Die gewünschten Top Five der Eigenschaften (König 2011):

- „planen und organisieren",
- „einbinden und motivieren",
- „kommunizieren und erklären können",
- „gute Arbeit anerkennen",
- „selbstsicher auftreten".

Ganz ähnlich die Resultate einer anderen Befragung: 2012 veröffentlichte *BEI (Business Education International)* die Ergebnisse einer online-Umfrage zum Thema „Der ideale Chef: Wie sollte er sein?" Die fünf wichtigsten Merkmale des Idealchefs hier (BEI Training 2012):

- „Er gibt klare Ziele vor" (64 %),
- „Er gewährt Handlungsspielräume und überträgt Verantwortung" (64 %),
- „Er erkennt gute Arbeit an und spendet Lob dafür" (47 %),
- „Er ist fachlich kompetent" (39 %),
- „Er ist fair und bevorzugt niemanden" (33 %).

Folgt man einer aktuellen Untersuchung des sozialen Netzwerks *XING*, verschiebt sich das Gewicht für die jüngeren Mitarbeiter der „Generation Y" etwas weiter in Richtung Zwischenmenschliches, während „klare Handlungsanweisungen" eher nachranging (auf Platz 7 von 9) landeten: Rund 1000 junge Berufstätige zwischen 23 und 35 Jahren nannten in einer Studie der *Hamburg Media School* in Zusammenarbeit mit *XING* vorrangig folgende Erwartungen an eine Führungskraft (XING 2014):

- „Offenheit und gute Kommunikation",
- „Loyalität und Rückhalt",
- „Die Ermöglichung von Flexibilität und Freiräumen beim Arbeiten".

Insgesamt schält sich das Bild eines souveränen Alphamannes heraus, der es nicht nötig hat, sich in den Vordergrund zu spielen und dennoch souverän Herr der Lage ist. Auf diesem Bild basieren die folgenden acht Etappen auf dem Weg zum Leadership-Helden.

1. Etappe: Anderen mit Respekt begegnen

Höflichkeit, Freundlichkeit, Respekt, Rücksichtnahme sind keine hohlen Floskeln, sondern werden im Alltag gelebt. Sie sind Ausdruck einer souveränen Persönlichkeit, die es nicht nötig hat, andere arrogant abzukanzeln oder gar niederzubrüllen wie ein Choleriker. Es soll Unternehmen geben, in denen der Umgangston der Kandidaten gegenüber Pförtnern, Fahrern und Assistentinnen sorgfältig beobachtet wird und in Bewerbungsentscheidungen mit einfließt. Keine schlechte Idee, finde ich. Businesskrieger, die mit ihrer Machtfixierung und Kälte Unternehmenskulturen zerstören und nachhaltige Erfolge verhindern, bleiben so außen vor.

2. Etappe: Wissen, wer man ist

Gute Führung beginnt mit Selbstführung. Dazu gehört eine realistische Einschätzung der eigenen Stärken und Schwächen. Neben der Bereitschaft zur Selbstreflexion braucht es dazu Feedback von außen, von fähigen Vorgesetzten und wohlwollenden Kollegen, von Externen wie professionellen Coaches oder im Rahmen von professionellen Instrumenten wie wissenschaftlich fundierten Persönlichkeitsprofilen und 360-Grad-Erhebungen. Eine solche Rundum-Befragung erhebt die Einschätzungen von Mitarbeitern, Kollegen, Vorgesetzten und Kunden. Blinde Flecken in der Selbstwahrnehmung sind heikel, sie können zu Mitarbeiterfrust und Misserfolg führen, wie etwa beim Thekentiger, der sich möglicherweise für besonders kommunikativ hält, aber als egozentrisch wahrgenommen wird, oder beim Jammerlappen, der davon ausgeht, selbst überhaupt keine Verantwortung für Fehler oder Versäumnisse zu tragen.

3. Etappe: Anerkennen, dass man nicht perfekt ist

Wer sich eigener Schwächen bewusst ist, kann sie leichter im Zaum halten. Gleichzeitig wird er toleranter mit anderen und deren Schwächen umgehen. Er vermeidet Selbstherrlichkeit und den Wahn der Unfehlbarkeit, dem der Sonnenkönig zum Opfer fällt. Der perfekte Chef ist also nicht perfekt, er weiß vielmehr von seiner Un-Perfektheit. Er umgibt sich nicht nur mit Jasagern und Abnickern, sondern ist offen für kritisches Feedback. Er ist bereit dazuzulernen und sich weiterzuentwickeln.

4. Etappe: Offen sein für andere „Wahrheiten"

Eines haben viele unerträgliche Vorgesetzte gemeinsam: Es gibt nur eine Wahrheit – ihre. Wer anders denkt, denkt verkehrt. Wer die Lage anders einschätzt, irrt sich. Wer als Mensch nicht tickt wie sie, stört oder macht etwas falsch. Häufig stellen solche Chefs bevorzugt Mitarbeiter ein, die ihnen ähnlich und daher sympathisch sind. Sie scharen Jünger um sich und erzeugen ungute personelle Monokulturen. Dabei weiß man aus der Teamforschung seit langem, dass sich in echten Teams die Stärken unterschiedlicher Persönlichkeiten addieren. Man braucht für die meisten Projekte nicht nur Kommunikatoren oder Analytiker, nicht nur penibel Gewissenhafte oder kreative Innovatoren, nicht nur Planer oder Machertypen – man braucht sie alle, um bestmögliche Ergebnisse zu erzielen. Hinzu kommt: Wer akzeptiert, dass jeder in seiner Welt, aus seiner Situation heraus Recht hat, tut sich leichter damit, in Verhandlungen Win-win-Situationen zu schaffen. Er ist in der Lage, die Sichtweise anderer einzunehmen und strategisch klug zu handeln. Wichtigste Voraussetzungen hierfür: aufmerksam beobachten, gut zuhören, voreilige Schlüsse vermeiden.

5. Etappe: Ein übergeordnetes Ziel verfolgen

Seit Helmut Schmidt Visionären empfahl, einen Arzt aufzusuchen, sind Visionen in Misskredit geraten. Dennoch: Wer glaubwürdig führen will, braucht ein Wohin – ein Ziel, das über das Tagesgeschäft hinausweist und Menschen inspiriert. Was ein klares Ziel bewirken kann, zeigt die Erfolgsgeschichte von Microsoft. Bei der Unternehmensgründung 1975 formulierte Bill Gates die Vision, auf jedem Schreibtisch, in jedem Haushalt solle künftig ein PC stehen („a computer on every desk and in every home"). Amazon ist der ehrgeizigen Vision von Jeff Bezos, „das kundenorientierteste Unternehmen der Welt zu sein, bei dem Kunden alles finden, was sie online kaufen wollen", in den vergangenen Jahren ziemlich nahe gekommen. Google erklärt seinen Unternehmenszweck so: „Das Ziel von Google ist es, die Informationen der Welt zu organisieren und für alle zu jeder Zeit zugänglich und nutzbar zu machen" (Arnold 2010).

Man muss kein Weltunternehmen gründen, um sich zu fragen, wohin die eigene Arbeit führen soll: Was hat das Unternehmen davon, dass es Sie und Ihre Abteilung gibt? Menschen brauchen Sinn, und starke Führungskräfte sind Sinnstifter.

6. Etappe: Sich Herausforderungen stellen

Für die meisten Bereiche im Business gilt: Der Wettbewerb ist härter, die Welt komplexer, der Erfolg kurzlebiger geworden. Was heute funktionierte, kann morgen schon wirkungslos sein. Der Marktführer von heute kann morgen durch wendige Start-ups in Bedrängnis geraten. Und der Wissensvorsprung von heute kann morgen schon aufgebraucht sein. In einer solchen Welt braucht es Führungskräfte, die nicht ängstlich am Status quo festhalten, sondern offen, neugierig und innovativ bleiben. Das erfordert die richtige Mischung aus Selbstkritik und Optimismus, die nötige Besorgnis, eigene Versäumnisse rechtzeitig zu erkennen, und die Zuversicht, auch dieses Mal eine Lösung für das Problem zu finden. Wer diese Zuversicht ausstrahlt, dem folgen Menschen auch in schwierigen Zeiten.

7. Etappe: Entschlossen handeln
Zuversicht alleine reicht selbstredend nicht – Einsichten müssen Taten folgen. Nicht ohne Grund ist „Handlungsorientierung" eine zentrale Dimension vieler Persönlichkeitstests. Flache Hierarchien und kooperative Führung ändern nichts daran, dass am Ende einer zentrale Entscheidungen treffen, ihre Umsetzung vorantreiben und ihre Konsequenzen verantworten muss. Souveräne Führungskräfte sitzen die Dinge nicht aus, sie handeln. Sie delegieren klar und entschlossen. Sie stellen sich bei der Umsetzung hinter ihre Mitarbeiter, und sie stellen sich vor sie, wenn es Gegenwind gibt. Sie scheuen auch unpopuläre Maßnahmen nicht, wenn es die Situation erfordert. Dazu gehören deutliche Vieraugenkritik, Abmahnungen oder die rechtzeitige Beendigung wenig erfolgreicher Vorhaben.

8. Etappe: Druck standhalten, sich treu bleiben
Ein Eigentümerwechsel, ein neuer Vorgesetzter, eine schwierige wirtschaftliche Situation, eine veränderte Unternehmensstrategie – eine Reihe von Faktoren können dazu führen, dass eine Führungskraft sich in einem Dilemma wiederfindet und zu Maßnahmen genötigt sieht, die das eigene Gewissen belasten: Mitarbeiter unter Druck setzen, Eigenkündigungen herbeiführen, Qualitätsmängel verschleiern, Umsatzerwartungen schönen. Echte Führungsstärke erwächst aus innerer Unabhängigkeit und einem soliden Wertekompass. Was noch verantwortbar ist und wo Grenzen überschritten werden, das zu entscheiden, erfordert ein hohes Maß an Eigenständigkeit. Dazu gehören auch die Bereitschaft, sich äußerem Druck zu widersetzen, und der Mut zu wissen, wann die aktuelle Führungsaufgabe beendet werden muss.

▶ „Erfolg ist nicht, was du hast, sondern wer du bist", soll der amerikanische Selfmade-Millionär Bo Bennett einmal gesagt haben. Leadership-Helden wissen das und handeln nach dieser Maxime. Wahre Männer ebenso. Und genau das macht die Zusammenarbeit mit ihnen zu einem Gewinn!

4.3 Über die Autorin

Andrea Gasche ist Diplom-Kauffrau, Unternehmerin sowie Event- und Business-Managerin. Sie studierte an der Europa-Universität Viadrina und an der Universität Linköping (Schweden).

Nach intensiven – auch internationalen – Berufserfahrungen bereits während ihrer Studienzeit im Hotel Kempinski & Sporting Club Berlin, der Allianz Versicherungs AG und der Unternehmensberatung Price Waterhouse Coopers gründete sie 2003 im Anschluss an ihr Studium ihr erstes eigenes Veranstaltungs-Unternehmen. Von 2005 bis 2010 leitete sie in Kapstadt/Südafrika erfolgreich ihr eigenes ****Hotel sowie ein Tour-Operating-Unternehmen. Seit Ihrer Rückkehr 2011 lebt sie in Berlin und Bonn und führt ihre Firma EMC Berlin (Event. Management. Consulting) sowie das Business-Management der Unternehmen Ralf Gasche Coaching & Ralf Gasche Akademie.

Mehr unter www.emc-berlin.com und www.gasche.com

Literatur

Arnold, F. (2010). *Lernen von Bill Gates: Wie schaffe ich es ganz nach oben?* http://www.spiegel.de/wirtschaft/unternehmen/lernen-von-bill-gates-wie-schaffe-ich-es-ganz-nach-oben-a-701511.html. Zugegriffen: 07.05.2015.

BEI Training (2012). *Der ideale Chef – Wie sollte er sein? Befragung 2012.* http://static.bei-training.com/files/div/der-ideale-chef-v01.pdf. Zugegriffen: 07.05.2015.

Beziehungsretten (2015). *Trennungsgründe.* www.beziehungretten.eu/trennungsgruende.htm. Zugegriffen: 07.05.2015.

König, A. (2011). *So sieht der ideale Chef aus.* http://www.cio.de/a/so-sieht-der-ideale-chef-aus,2285189. Zugegriffen: 07.05.2015.

XING (2014). *Offenheit, Rückhalt, Freiräume: Was die Generation Y von ihrem Chef erwartet.* https://spielraum.xing.com/2014/10/offenheit-rueckhalt-freiraeume-was-die-generation-y-von-ihrem-chef-erwartet/. Zugegriffen: 07.05.2015.

Führung – 007 statt 08/15

Suzanne Grieger-Langer

Inhaltsverzeichnis

5.1 Intro 79
5.2 007-Axiome für Agenten der Wirtschaft 80
5.3 Über die Autorin 97

5.1 Intro

Ich bin Profiler und ob Sie es glauben oder nicht, ich glaube an das Gute im Menschen – nur sehe ich es wenig entwickelt.

Und es wird Ihnen nicht schwerfallen zu glauben, dass ich an Leistungsträger glaube – ich sehe sie allerdings von Luftpumpen und Idioten bedrängt. Ich schreibe Ihnen hier, um Sie für eben solche ruinösen Menschen zu verderben und bin gespannt, ob es gelingt.

Doch zurück auf Anfang. Wer bin ich?

Ich bin Profiler. Im Fernsehen sehen Sie es so: Wenn die Feld-Wald-und-Wiesen-Polizei nicht mehr weiterkommt, dann hat sie noch ein Ass im Ärmel, das ist die Visitenkarte vom Profiler. Und binnen Sekunden erscheinen auf Ihrem Flachbildschirm Agent Johnson mit Agent Johnson, in schwarzem Trenchcoat und cooler Sonnenbrille, schnuppern an einem abgebrochenen Zweig, blicken souverän über den Tatort und verkünden: „Suchen Sie einen Weißen, zwischen 30 und 40, Verwaltungsfachangestellter, war früher Bettnässer."

Alles, was Sie da sehen, ist wahr – nur dass ich nicht an einem abgebrochenen Zweig schnuppere. Nein, nun mal im Ernst. Ich bin Wirtschaftsprofiler. Meine Kollegen aus dem Sonntagstatort, die Kommissare, kommen erst am Ende der kriminellen Nahrungskette, wenn es längst passiert ist. Und das ist es, worum es geht: Es soll gar nicht erst passieren.

Suzanne Grieger-Langer ✉
Halligstrasse 33, 33729 Bielefeld, Deutschland
e-mail: info@grieger-langer.de

Mein Job ist, die Tat zu verhindern, indem ich Typen durchleuchte, um Täter auszusortieren.

Und während ich das mit viel Leidenschaft tue, bleibt mein Blick natürlich nicht für die Auftraggeber verschlossen. Ob es nun um einen Bewerbungsprozess für eine Spitzenposition geht oder die Vorbereitung einer besonders wichtigen Verhandlung. Nicht nur das Gegenüber habe ich im Visier, sondern auch meinen Geschäftspartner, denn diesen soll ich bestmöglich vorbereiten. Dabei fällt mir erschreckend oft auf, dass viele Unternehmer eher für Liquidität arbeiten, denn für Rentabilität. Das muss nicht sein und dafür braucht es auch keine Raketentechnik, sondern die folgenden 007-Axiome für Agenten. Ich habe sie auf Ihren Managementalltag übertragen.

5.2 007-Axiome für Agenten der Wirtschaft

Woher ich die 007-Axiome der Agenten habe? Ich bin Instruktor für „Survivability". Das ist ein Bereich der Nachrichtendienstpsychologie und der erste Teil der Ausbildung besteht schon darin, das Wort „Survivability" richtig aussprechen zu lernen. Worum es geht? Survivability ist das Überleben im Hoch-Risiko-Bereich. Das meint aber weder wie Nehberg im Schlüpfer um die Welt zu segeln oder wie McGuyver mit Tesa und Schweizer Messer die Welt zu retten. Survivability meint in einem Umfeld, das geradezu verrücktspielt, zu überleben. Und auf Ihre stumme Frage, welche Waffen es dazu braucht – es geht dabei gar nicht so sehr um den Angriff, sondern um die geschickte und damit unsichtbare Verteidigung. Ihre Waffe ist Ihr Verstand!

Der erste, der die Axiome für Agenten öffentlich machte, war 1991 der FBI-Agent Frank Watanabe, 19 Axiome postulierte er, dann wurden es über die Jahre 38 Axiome und nun? Mittlerweile sind sie aus dem Internet verschwunden – Sie dürfen sich selbst einen Reim darauf machen.

Und schon geht es los. Die folgenden 007-Axiome für Agenten sollen Sie nicht nur über den Tag bringen, sondern in die Zukunft. Also aufgepasst.

5.2.1 001 Orientierung

Hinter mir kichert es. Das ist nicht ungewöhnlich. Aber was jetzt kommt, das ist völlig neu in mehrjähriger Zusammenarbeit: „Niemand macht solche Fotos!" Und kichert weiter. Jess, meine Assistentin, gibt doch tatsächlich Ihre asiatische Zurückhaltung auf. Das ist ein untrügliches Zeichen dafür, dass ich vielleicht doch etwas neben der Spur fotografiere. Ich lasse mich aber nicht beirren und mache weiter.

Was ich fotografiere? Mein Auto. In schöner Regelmäßigkeit, manchmal sogar mehrmals täglich. Nein, das ist kein Zwang. Das ist eine Notwendigkeit. Nein, Ich bin keine Autofanatikerin, Autoliebhaberin oder vielleicht Fotografin für Autos. Ich bin auf Geschäftsreise, ständig, und wenn ich nicht fotografiere, wo ich im Parkhaus mein Auto abgestellt habe, finde ich es im Leben nicht wieder.

Es ist also besser, ich mache mich jetzt, bevor wir beide in den Flieger steigen, vor meiner Assistentin lächerlich, als dass wir morgen mit einem Suchtrupp mitleidiger Mitreisender das Auto suchen – denn das ist unumstritten peinlich.

Ich kann Ihnen gar nicht sagen, wie oft ich schon vor dem Kassenautomaten meditierte und auf göttliche Eingebung von Parkdeck und Platznummer hoffte, bis es endlich Handys mit Fotofunktion gab. Halleluja!

Es macht mir also verständlicherweise ein diebische Freude mein Publikum gleich zu Anfang meines Vortrags mit Fangfragen zur Orientierung auflaufen zu lassen. Wie das geht?

Meine erste Frage – und Sie können sie sich ja gleich mit beantworten: Wissen Sie, wo es hier etwas zu essen gibt? Meist sehe ich dann eine Menge Hände oben. Klar, weiß man das.

Und nun meine zweite freche Frage: Wissen Sie, wo die Toiletten sind? Hier ernte ich nicht nur Lacher, sondern garantiert alle Hände oben. Klar, das wissen immer alle.

Und nun meine dritte Frage: Wo sind die Notausgänge? – Hier lichtet sich der Ärmelwald bedenklich. Wie jetzt, Notausgänge? Nein, daran hat kaum einer gedacht. Nach denen schaut man doch nur, wenn man in Not ist.

Genau das ist das Problem. Die meisten Menschen – und damit auch die meisten Manager – sind rein bedürfnisorientiert: Wo ist das Futter und wo bringe ich es wieder weg. Einen Notfallplan haben die wenigsten. Aber lassen Sie mich eines aus Erfahrung sagen. Sie können Not und Krisen nicht planen. Die passieren einfach so. Sie können auch nicht sagen, ich wohne in einem Erste-Welt-Land und alles bleibt gut. Das mag für die Masse der Bevölkerung gelten. Aber wer kann sicher sein, dass nicht ein einzelner Verrückter es gerade auf Sie abgesehen hat. Zu sagen, ich tue niemandem etwas, mir macht selbst dann auch keiner was, ist wohl etwas naiv.

Das erste, was Agenten lernen und das erste, was Agenten in einer neuen Situation tun, ist, sich zu orientieren. Damit das nicht alle paar Minuten neu erfolgen muss, braucht es logischerweise eine Grundsatzorientierung. Diese Orientierung ist Ihr Maßstab, um sich zurechtzufinden und spontan neu zu justieren. Sie brauchen Orientierung an zwei Polen:

- woher,
- wohin.

Die erste Frage nach dem Woher meint weder Ihre gesellschaftliche oder familiäre, noch Ihre örtliche Herkunft. Es meint Ihr *Warum*. Es geht um das *Why* der Generation Y. Sie müssen sich – und um glaubwürdig zu sein, auch anderen – beantworten: warum sind Sie hier überhaupt angetreten.

Diese Frage ist existenziell, denn sie orientiert und verortet Sie in drei Dimensionen: erstens persönlich, zweitens pragmatisch profitabel und drittens auch politisch. Damit stehen Sie felsenfest ohne an Flexibilität zu verlieren. Und weil dieses 001 der Orientierung so existenziell wichtig ist, verweilen Sie bestmöglich solange hier, bis Sie sich die Fragen nach dem Warum eindeutig beantworten können.

Es geht nicht darum, was Sie im Einzelnen tun. Es geht nicht darum, wie Sie das tun. Es geht für Sie selbst und für Ihr Gegenüber einzig darum, warum Sie das tun, was Sie tun. Simon Sinek entwickelte hierzu den goldenen Kreis – the Golden Circle.

Zum Hintergrund: Die meisten Menschen und auch die meisten Unternehmen wissen, *was* sie tun. Ob klein oder groß, egal in welcher Branche, können alle erklären, welchen Service sie bieten und welche Produkte sie herstellen. Dies ist das *Was*. Und es ist leicht zu identifizieren.

Die Besseren unter ihnen wissen zusätzlich, *wie* sie tun, was sie tun. Hier sind wir im besten Falle beim Alleinstellungsmerkmal. Es geht darum, abzugrenzen, wie verschieden und wie viel besser das eigene Angebot im Vergleich zur Konkurrenz ist. Leider glauben die meisten, dass dies die treibende Kraft im Entscheidungsprozess ist. Doch das ist es nur auf der oberflächlichen Ebene, auf der Ebene der Anreize, denn ein entscheidendes und emotionsgebendes Detail fehlt: das Warum.

Nur sehr sehr wenige Menschen, geschweige denn Unternehmen, können klar formulieren, *warum* sie tun, was sie tun. Das *Warum* meint nicht, das Geld zu verdienen. Geld zu verdienen ist weder für Menschen noch für Unternehmen das Ziel, es ist die Voraussetzung, um das zu tun, was sie tun. Geld – ein reines Tauschmittel – ist Voraussetzung für gute Leistung und Resultat guter Leistung.

Beim Warum aber geht es darum, zu formulieren:

- Warum stehen Sie jeden Morgen auf?
- Warum existiert Ihr Unternehmen?
- Und warum sollte das irgendjemanden interessieren?

Und dabei ist eben dieser Beweggrund nicht nur der Motivator für Sie, sondern auch für Ihr Gegenüber!

Ich empfehle jedem dringend(!) sich grundsätzlich zu orientieren. Wenn Sie Erfolg haben wollen, müssen Sie orientiert sein. Wenn Sie nachhaltig sein wollen, müssen Sie orientiert sein. Wenn Sie Lust am Leben und Leichtigkeit haben wollen, müssen Sie orientiert sein.

Wie das geht? Tabelle 5.1 zeigt die vier Schritte der Orientierung für Agenten und Anfänger.

Wow, das sind große Fragen. Ja! Und darum ist jeder im Vorteil, der sich die sehr sinnvolle Mühe gemacht hat, sich diese Fragen zu beantworten. Die meisten scheitern schlicht an der ersten Frage und sind damit auch sofort raus aus der Champions League. Wollen Sie ganz oben mitspielen? Wollen Sie die oberste Liga entscheidend mitbestimmen? Dann stellen Sie sich der Frage: Was ist der Sinn Ihres Lebens?

Lassen Sie sich gern Zeit bei der Beantwortung. Ich habe Jahre gebraucht und über Jahrzehnte beobachte ich, wie sich mein Sinn immer schärfer herauskristallisiert.

5 Führung – 007 statt 08/15

Tab. 5.1 Vier Schritte der Orientierung für Agenten und Anfänger

Agenten	Anfänger
1. Was ist der Sinn Ihres Lebens?	1. Was ist der Sinn Ihres Jobs?
2. Leben Sie diesen Sinn so, dass er Sie und die Ihren ernährt!	2. Arbeiten Sie so, dass es lukrativ ist!
3. Messen Sie alles – wirklich alles – an Ihrem Sinn. Dient es dem Sinn Ihres Lebens, so gehen Sie dieser Chance nach. Dient es dem Sinn Ihres Lebens nicht, so verwerfen Sie diese Verführung und bleiben Sie auf Ihrem Weg	3. Messen Sie alles – wirklich alles – am Anspruch Ihres Jobs. Dient es der Erfüllung Ihres Jobs, so gehen Sie dieser Chance nach. Dient es der Erfüllung Ihres Jobs nicht, so lassen Sie sich nicht ablenken und machen Sie Ihren Job
4. Sie werden automatisch erfolgreich sein – mit Leichtigkeit und Nachhaltigkeit!	4. Sie werden automatisch erfolgreich sein!

Wie mein *Warum* lautet? Ich bin angetreten, um den Status Quo der Schmuseführung herauszufordern. Ich sehe das Potential der Leistungsträger und schütze sie vor Pfeifen und Psychopathen!

5.2.2 002 Entscheidung

„Und? Was machen wir jetzt?", „Tja." ... Schweigen.

Kennen Sie das? Es geht nicht voran, keiner macht auch nur einen halbherzigen, geschweige denn waghalsigen Versuch, die Situation zu steuern. Aggressives Abwarten ist die Devise, bevor man für etwas verantwortlich wird oder sich womöglich das Gemaule der Gemeinde einhandelt. Erstmal nichts tun und die anderen erwartungsvoll anschauen.

Das sind Situationen für die ich einfach nicht geboren bin. Ich möchte etwas tun. Ich muss dann einfach etwas tun. Allerdings weiß ich aus Erfahrung, dass hier die Abseitsfalle droht. Also was tun?

Ich werde es Ihnen an einem Mädchenbeispiel erläutern. So mancher Mann macht dasselbe durch, doch es passt so wenig zum Bild des coolen Managers, dass wir es Mädchenbeispiel nennen wollen. Folgendes passiert: 6.12 Uhr morgens und der Bund meiner Hose sagt mir, dass ich weit weg von dem bin, was eine Bikinifigur genannt wird. Da ich mich zwischen Ankleiden oder Atmen entscheiden muss und die gute Erziehung siegt, stehe ich so gegen 6.18 Uhr kurzatmig am Frühstückbuffet des Hotels. Aus Sportgründen habe ich die Treppe benutzt und mir dabei überlegt, dass heute der erste Tag meiner neuen Abnehmphase ist. Aber kaum wabern Kaffee- und Brötchengerüche auf mich zu, da stehe ich auch schon vor der amerikanischen Form des Kandis, Kellogg's Frosties, Mannomann und die sind nicht nur lecker, da habe ich immer das prima Gefühl, den Tiger im Tank zu haben, solange der Zuckerschock anhält. Unbeholfen mit mir und meiner Abnehmidee ringend, habe ich Glück im Unglück der Versuchung und eine Gruppe Chinesen drängelt mich weiter. Schwupps, das warme Buffet, auch nicht schlecht, aber da war doch was: Man darf doch total fettig essen, wenn man irgendwas anderes weglässt.

Was war das bloß? Äh, und wieder zu langsam, die Leute drängeln sich vor und ich stehe vor den Plunderteilchen ... Ich will es kurz machen. Irgendwie kriege ich die Kurve und bleibe hart, weil ich doch als Top-Managerin nicht vor einem ollen Leberwurstbrötchen einknicke. Ich habe dann nochmal schwere Zeiten in der Vormittagspause, während ich neidisch auf die anderen mit ihren Keksen und Schmatzriegeln schiele. Mittags rette ich mich mit angeblich wichtigen Telefonaten vor der Creme brûlée. Und wenn Sie meinen, toll, die hat's drauf ... Nein, hat sie nicht! Ich bin spätestens um 17.00 Uhr so gar, dass kein Keks und keine Schokolade in Greifweite vor mir sicher sind. Tatsächlich schaffe ich es, in der zehnminütigen Nachmittagspause so viele Kalorien in mich hineinzustopfen, wie es mir mit regulärem Essen über den ganzen Tag niemals möglich gewesen wäre.

Und dieses Verhalten steht nicht nur in Zusammenhang mit meiner Figur, sondern auch mit der Führung in unserer Wirtschaft. Da schießt einem morgens oder wann immer ein Impuls durchs Hirn und wird mal direkt unüberlegt angefangen. Weil aber das Ganze weder Konzept noch Kondition hat, ist alles nach ein paar Stunden/Woche/Monaten schon nicht mehr wahr.

Und es bleibt alles beim Alten? Nein, es wird schleichend schlimmer – ob Figur oder Führung. Was also braucht es? Zuerst einmal die Einsicht, dass es eine richtige Entscheidung braucht, statt eines halbherzigen Impulses!

Sie gewinnen in der Verhandlung nicht mit Argumenten, sondern mit der Strategie. Sie gewinnen in der Führung nicht mit Impulsen, sondern mit der Strategie. Sie gewinnen auch im Privatleben ausschließlich mit einer guten Strategie – und die will wohl überlegt sein!

Weg also von der reinen Emotion, hin zur klaren Entscheidung. Und da ist noch etwas: Wir Deutschen haben so eine ungünstige Scheu davor, groß zu denken. Und das ist schade, denn Lösungen sind ehrlich gesagt schlichtweg banal. Also, Mut zur Größe in der Entscheidung.

Klein-Klein in Entscheidungen braucht niemand, denn das ist ein Zeichen der Pfeifen: Da wird für einen Charity-Event über Serviettenfarben diskutiert, ohne einen einzigen Sponsor an Bord zu haben. Da wird ein Wolkenkratzer gebaut und man bekommt sich über das Design der Toilettendeckel in die Haare, bevor auch nur die Statik steht. Dieses Phänomen ist ein klares Zeichen für „kann nix, will aber viel" – ein Pfeifen-Phänomen.

Was ein Performer-Phänomen ist, ist der folgende Fall: Eine Entscheidung ist die logische und damit leichtgängige Konsequenz aus der individuellen Orientierung. Sprich: Wenn ich weiß, was der Sinn meines Lebens und Tuns ist, dann ist es herzlich einfach Entscheidungen zu treffen, denn sie orientieren sich immer(!) an der einen Entscheidung: Was ist der Sinn meines Lebens (Für die Anfänger: Was ist der Sinn meiner Position, meines Projektes ...). Ist das erst einmal entschieden, ist alles Kommende eine logische und leichte Folge. Und das tolle – es braucht nur wenige Basis-Entscheidungen und gut. Das spart enorm viel Energie.

Noch einmal zum Merken: Eine Entscheidung ist groß und grundsätzlich – und damit fertig!

5.2.3 003 Fokus

„Sag' mal, was ist eigentlich aus der Sache mit dem Dings geworden?" „Äh ..." „Was war denn da entschieden worden?" „Poh, kann ich mich nicht dran erinnern."

Mannomann ... kennen Sie das, dass die Halbwertzeit von Entscheidungen und Absprachen bei einigen Leuten der einer Eintagsfliege entspricht? Was kann ich mich da aufregen. Und wissen Sie, worüber ich mich noch mehr aufregen kann? Wenn ich selbst vergesse, was ich mir überlegt hatte. Irgendwann – gerne nachts um 3.00 Uhr – fällt es mir dann wieder ein. Und ich nehme mir vor, es gleich nach dem Aufstehen anzugehen. Bis dann halt zum Aufstehen, das nach dem Motto verläuft: Was interessiert mich mein Geistesblitz von heute Nacht.

Es würde mich beruhigen, wenn es Ihnen ab und an auch so geht, dass das Geschrei der Umwelt so laut ist, dass Sie Ihre eigenen Erinnerungen und Ermahnungen nicht mehr hören und vom Weg abkommen. Nicht, weil ich es Ihnen gönnen würde – nein, ich wünsche Ihnen Besseres –, sondern weil ich dann nicht die Einzige bin, die sich toll was vornimmt und das dann direkt mal wieder vergisst.

Was also tun? Sich fokussieren. Logisch, soweit kommen Sie alleine auch, oder? Tja, es tut mir leid, aber Lösungen sind banal. Es geht hier nicht um Raketentechnik, sondern um das Mind-Set, mit dem Sie zur Raketentechnik in der Lage sind. Und 003 lautet eindeutig: Fokus. Das bedeutet alle Energie auf Ihr Ziel (Ihre Orientierung 001) auszurichten. Wie ein einfacher Krieger, der seine Kraft bündelt und sie vollständig auf sein Ziel ausrichtet.

Sie fixieren sich auf Ihr Ziel. Ja, soweit waren Sie in Gedanken auch schon einmal und was ist nur daraus geworden. Daher hier ein einfacher Tipp für enorme Wirkung: Fokus braucht Visualisierung! Das heißt, dass Sie sich Ihr Ziel, aufschreiben, aufmalen, aufhängen – direkt vor den Augen sollten Sie sich mindestens mehrfach täglich selbst mit der Nase darauf stupsen, wo Sie eigentlich hinwollen.

5.2.4 004 Disziplin

Von meinem Schreibtisch aus habe ich einen wunderbaren Blick ins Grüne. Dieser Blick wird regelmäßig von meinem Nachbarn durchkreuzt. Nein, der ist nicht unnett, sondern wirklich ein toller Typ, aber eben mit einer enervierenden Angewohnheit: Er läuft. Und ich meine so richtig laufen, nicht nur bis zum Bäcker hoppeln. Der rennt einfach mal so am helllichten Tag los – gern auch bei nicht so tollem Wetter – kommt nach einer guten Stunden wieder und ist mal eben durch die gesamte Stadt gelaufen. Ich bin die Strecke heimlich mit dem Auto abgefahren und kam auf 28 km. Was soll das? Warum läuft der nicht heimlich? Dann müsste ich mich nicht so mies fühlen, weil ich seit Jahren meine gesammelten Trimm-Dich-Geräte schone. Gemein, wie der mich unbeabsichtigt auf die drei F der Verlierer stößt:

1. Faulheit

Typischerweise begehrt hier der Manager in ehrlicher Entrüstung auf. Moment mal. Ich arbeite zwölf Stunden am Tag. Ich bin ja vieles, aber nicht faul. Glaube ich Ihnen, wenn es um das reine Tun geht. Aber wenn wir auf die Axiome der Agenten schauen, dann geht es nicht darum einfach irgendwas zu tun, sondern das Richtige zu tun. Sprich so wenig wie möglich, um Energie zu sparen – Sie erinnern sich ja, die Krise kann man nicht planen, aber sie wird kommen – und so viel wie nötig, um die entschiedenen Ziele zu erreichen.

Unser Problem in der Führung – ob Unternehmens-, Menschen- oder Lebensführung – ist, dass wir gern das tun, was uns leicht fällt, und was wir kennen. Dummerweise ist das nicht automatisch das, was es zu tun braucht.

Ich fordere Sie also fragend heraus: Tun Sie fleißig das Richtige?

2. Feigheit

Einen feigen Manager? Wo sollen wir den denn finden? – Oh, gar nicht weit weg. Es ist das gleiche Prinzip, das gleiche Problem, wie wir es mit der Faulheit haben: Die Feigheit ist nicht flächendeckend. Im Gegenteil führt sie ein ausgeprägtes Inseldasein und konzentriert sich auf das Image. So mancher Manager hat eine regelrechte Panik davor mit einer Entscheidung blöde dazustehen, so dass er sich eine ungewöhnliche Entscheidung vorsichtshalber gleich spart und damit prima im Mittelmaß managt. Wenn es dann schief geht, kann man sich immerhin darauf berufen, dass es so im Lehrbuch steht.

Ich kann Ihnen versichern: Wenn Sie in der Führung Erfolg haben wollen, dürfen Sie nicht feige sein!

3. Fixation

Was ist jetzt das? Fixation ist Stagnation ist Tod oder Pleite. Wenn man sich mit den neuen Medien so schwer tut und anstatt in das Thema beherzt einzutauchen, feige abdriftet und abwartet, nach dem Motto: Vielleicht schalten die das Internet auch wieder ab, dann ist demjenigen wirklich nicht mehr zu helfen. Das Problem ist nicht, dass das keiner wahrnehmen würde. Das Problem ist, dass sich niemand mit dieser Trümmertruppe auseinandersetzten wird, denn wer nicht fleißig und beherzt am Puls der Zeit bleibt, der wird abgehängt. Und wem schon der Kadavergeruch der Katastrophe anhaftet, der wird gemieden. Es ist also fatal, sich im Kreis zu drehen und zu sagen; Wieso, macht doch sonst auch keiner hier. Ja, und anderswo? Da, wo die Musik gemacht wird? Da ist das Leben, da ist der Erfolg. Wenn Ihnen jemals ein Satz herausrutscht, wie: „Das haben wir immer schon mit Erfolg gemacht", dann ist es Zeit für ein dringend nötiges Update. Frage: Wie oft bekommen Sie ein Update für Ihr Smartphone? Ich will es Ihnen beantworten, auch wenn Sie es nicht bewusst wahrnehmen: einmal im Quartal.

Frage: Wie oft bekommt Ihre Strategie ein Update? – Da habe ich keine weiteren Fragen, sondern verweise dringend auf die drei K des Managements.

Die drei K des Managements sind nicht Kinder, Kirche, Küche, sondern:

1. Klarheit

Hier sind wir nicht nur zufällig, sondern zielgerichtet an die 001 Orientierung erinnert. Sie brauchen Klarheit darüber, *warum* Sie antreten, *was* Sie erreichen wollen und welchen Umgang (das *Wie*) Sie zu akzeptieren bereit sind.

Kennen Sie das, dass jemand so gar nicht weiß, was er/sie will? Das ist doch furchtbar. Nichts geht voran, nichts kann demjenigen recht gemacht werden und nichts bewegt sich.

Zuallererst braucht es Klarheit in der Sache, bevor man sich in Bewegung setzt.

2. Kompetenz

Bei diesem Management-K übertreibt es der Deutsche gern. Um genau zu sein, habe ich den Eindruck, dass wir Deutschen Kompetenzfetischisten sind. Da braucht es mindestens zwei Diplome und weitere Zettel und Zertifikate, um sich überhaupt auf die Straße zu trauen. So ein Blödsinn. Wenn ich bei all meinen Studien und Weiterbildungen eins als Unternehmerin gelernt habe, dann ist es die einfache Weisheit, dass es draußen in der Wirtschaftswildbahn weit weniger Hochschulwissen braucht, als man uns weismachen will. Was es da draußen aber auf jeden Fall braucht, ist eine gehörige Portion Straßenkompetenz.

Meiner Meinung nach setzt sich eben diese Straßenkompetenz aus den Faktoren Klarheit und Konsequenz zusammen. Kompetenz ist schön und gut, lässt sich notfalls aber als Dienstleistung einkaufen. Klarheit und Konsequenz allerdings sind nicht käuflich zu erwerben, die müssen schon mitgebracht werden. Wenn Sie diese beiden allerdings nicht mitbringen, dann sind Sie in der Führung eine Gefahr für die Volksgesundheit in Ihrem Unternehmen – und das ist wohl kaum zu verantworten.

3. Konsequenz

Die unschöne Konsequenz ist wohl die offenkundigste Disziplin, wenn es eben um 004 Disziplin geht. Tja, eben war es noch so schön und nun geht es tatsächlich darum, die Dinge auch dann noch durchzuziehen, wenn es weh tut. Das ist nicht nur eine Frage von Wissen (Klarheit mit Kompetenz), sondern vor allem von Willen und Wucht. Konsequenz entbehrt nicht einer gewissen Aggression, die sich allerdings nicht auf das Umfeld richten muss. Gleichwohl verlangt es von Ihnen eine gewisse Schmerzaffinität. Das meint nicht, dass Erfolg nur über Hardcore-Sado-Maso zu haben ist, aber es sind die, die nicht gleich zucken oder zicken, wenn sie sich einen Piekser einhandeln, die es bis zum Ende schaffen, also zum Erfolg. Die, die weniger Schmerzaffinität haben, geben zu früh auf, weil es anstrengend wird, weil es weh tut, weil es eine Durststrecke zu überwinden gilt, bevor die Belohnung kommt. Also: Augen auf und durch!

Das Schöne an der Disziplin aber ist, ist man erst mal mit ihr zusammen, tut es gar nicht mehr so weh. Sprich, es ist mit der Disziplin wie mit dem Laufen. Die Anfänge, die ersten 20 cm, vom Sessel in die Turnschuhe, die sind das Problem. Danach läuft es quasi von alleine. Aber ich werde nicht die Erste sein, die Ihnen sagt: Wenn Sie wirklich Erfolg haben wollen, müssen Sie auch dranbleiben, wenn es weh tut.

Der schnelle Tipp zur Disziplin: Wenn die Entscheidung erst einmal gefällt ist, nicht mehr darüber nachdenken – einfach machen. Sobald Sie anfangen, darüber nachzudenken, fangen Sie an, sich leid zu tun und kommen mit sich und der Welt ins Hadern. Das bringt keinen weiter. Also: Machen, statt lassen!

5.2.5 005 Achtsamkeit

Sie erhalten Doppel-null-Status nicht mit Hau-Drauf, sondern mit Hab-Acht. Es geht darum, Silhouette von Substanzen zu unterscheiden. Das bezieht sich nicht nur auf Projekte, sondern auch auf Personen. An dieser Stelle gehen wir wieder tiefer. Nun berichte ich Ihnen von denen, von denen Sie sich stark, um nicht zu sagen brutal, abgrenzen sollten: Das sind die Pfeifen und Psychopathen. Typischerweise wird nur unterschieden zwischen Posern und Performern, doch in Sachen Poser gilt es, sich vor einer ganzen Reihe von Patienten zu schützen.

Die landläufige Meinung in Sachen Performer ist, dass diese Leistungsträger an der Spitze der Gesellschaft stehen. Sie sind es, die die Wirtschaft nach vorne bringen. Sie sind es, zu denen wir aufblicken. Sie sind es, zu denen wir gehören wollen. Alles schön und gut, doch leider ist das nicht der ganze Teil der Wahrheit. Um genau zu sein, stützten sich auf die Schultern der Performer zwei Sorten Mäuse, die den Leistungsträger geradezu döppen (unter Wasser drücken) – so, wie wir das als Kinder im Freibad taten. Die, die döppen, sind obenauf und haben Spaß. Der, der gedöppt wird, muss zusehen, dass er nicht absäuft. Im Freibad ist das unter Gleichstarken ein lustiges Spiel. In der Wirtschaft ist das für wenig aggressive Leistungsträger eine bittere Realität.

Was passiert da eigentlich? – Auf den Schultern des Leistungsträgers ruhen sich die Absahner aus. Auf der einen Schulter stützen sich die Laien unter den Posern ab. Das sind die Pfeifen. Auf der anderen Schulter hebeln sich die Psychopathen ebenfalls auf Kosten des Leistungsträgers nach oben. Somit profitieren viele von einem und alle behaupten, sie hätten die Leistung erbracht.

Wie passiert das eigentlich? – Pfeifen und Psychopathen gehören zur Gattung der Eindrucksmanager. Das heißt, dass sie nicht ihre Abteilung managen, sondern den Eindruck über sich selbst. Und wenn man nicht mit dem lästigen Tagesgeschäft beschäftigt ist, hat man selbstredend viel Einfallsreichtum und Energie, um sich gut darzustellen.

Gehen wir tiefer – schauen wir uns die beiden Pole der Poser genauer an:

Die Pfeifen sind nicht nur Leistungs- sondern auch Kompetenzsimulanten. Sie hören sich gern sprechen und verfügen über schier unendliche Zeit. Von Beruf sind sie gern auch Sohn oder Tochter und sehen sich kurz vor Kanzler. Allerdings bringen sie keine PS auf die Straße. Die Pfeifen gehören zu den Laien-Leistungs-Betrügern. Sobald man sie konfrontiert oder wenigstens auf eine Leistungserbringung festnageln will, kommen sie einem moralisch mit: „Du musst uns aber auch erst einmal ins Boot holen." und „So ein Projekt muss ja auch erst mal wachsen." Und das ist typisch für Pfeifen. Es wird endlos diskutiert, denn Pfeifen scheuen Entscheidungen (siehe 002 Entscheidungen) wie der Teufel das Weihwasser. Im besten Falle machen sie eine Grundsatzbefragung, teilen das Ergebnis durch die Zahl der Köpfe und verkünden den miesen Kompromiss als Konsens. Im besten Falle also verbleiben Sie mit Pfeifen im Mittelmaß. Schuld ist immer bei anderen zu suchen und wehe Sie erwarten Überdurchschnittliches. Das ist fast schon ein Beweis Ihres Irrsinns.

Falls Sie sich heimlich still und leise gerade selbst fragen, ob Sie eine Pfeife sind, kann ich Entwarnung geben. Ach was, Sie erhalten hier von mir die Absolution. Denn: Es ist das Wesen der Pfeife, dass sie zwar nicht unbedingt über wenig Intelligenz verfügt, sehr wohl aber über eine selbstgewählte Selbstreflexionsschwäche. Sprich: Die Pfeife hält sich immer und unter allen Umständen für einen Performer.

Wenn Sie sich also gerade selbst fragen, ob Sie eine Pfeife sind, dann ist das ein Zeichen dafür, dass Sie keine Pfeife sind. So einfach ist das und für die ganz besonders Selbstkritischen unter uns hier noch ein kleiner Pfeifentest (vgl. Abb. 5.1).

Ein einziger Tipp zum Umgang mit Pfeifen: Intelligente Menschen haben nicht das Recht, mit Pfeifen tolerant zu sein. Den Pfeifen mangelt es an Entwicklung. Entwicklung verlangt Erziehung. Und die darf gern in jedwedem Alter von wem auch immer kommen.

Erschwerend bucht sich auf das Konto der Pfeifen, dass sie auf alle Leistungsträger, die über wenig Selbstbewusstsein verfügen, maximal leistungshemmend wirken. Sprich, Sie dürfen nicht die Pfeife vor ihren eigenen Fähigkeiten schützen, sondern die im Selbstbewusstsein leichtgewichtigen Leistungsträger vor der gespaltenen Zunge der Pfeifen.

Beachten Sie bitte eins: Pfeifen arbeiten sehr geschickt mit moralischer Erpressung. Sie redefinieren und justieren eine Sachlage so lange (und hier zeigt sich eindeutig Intelligenz), bis sie zu ihren Bedürfnissen passt. Das ist kein Zeichen von Integrität, sondern von Illusion, dem größten Feind des Fortschritts. Also, ran an die Pfeifen und zurück mit ihnen auf den Boden der Tatsachen!

Nun kommen wir zu den Profi-Posern, den Psychopathen. Sie sind keine Kompetenzsimulanten, im Gegenteil, die haben wirklich was drauf. Doch nach anfänglichem Anfüttern gehen sie in die Leistungssimulation. Das schwierige mit den Psychopathen ist, dass sie über eine ganze Menge Charme verfügen. Das Problem mit den Psychopathen ist, dass sie anfänglich nicht so arrogant rüberkommen, wie es ein Narzisst tun würde. Im Gegenteil sind sie wortgewandt, charmant und in den Anfängen eines Kontaktes ein Traum für jeden Entscheider. Dummerweise braucht es Monate, bis man bemerkt, dass es sich um einen Albtraum handelt. Um es kurz auf den Punkt zu bringen: Während die Pfeife schlicht im Gemüt auch schlicht nur mit sich und der eigenen Geltung beschäftigt ist, ist der Psychopath sehr darauf aus, seine Intelligenz bestmöglich einzubringen und Situationen so zu gestalten, dass sie ihm auf Dauer immer zutragen. So wird er sein Gegenüber sorgfältig abchecken, um sich Vorteile in Verhandlungen zu verschaffen. Dabei ist er besonders daran interessiert, die Schwächen und Tugenden, die Eitelkeiten und Sehnsüchte, das Selbstbild und den Hintergrund zu einer Person zu erfahren. Aus diesen Erkenntnissen

	Pfeifen-Check | ein Dutzend Details zum Wesen der Pfeife
☐	**Enger Bezugsrahmen** Hier kombinieren sich provinzielle Weltsicht mit dem Selbstbild eines Kosmopoliten.
☐	**Entscheidungshemmung** Kann sich nicht entscheiden und holt sich unangemessen viele und an sich unangemessene (inkompetente) Meinungen ein.
☐	**Mental geringe Halbwertzeit** Kann Ergebnisse und Entscheidungen, die seinen Bezugsrahmen übersteigen, nicht konservieren. Diskussionen beginnen immer wieder bei Adam und Eva.
☐	**Infantiler Lebensstil** Löst sich sehr spät aus dem Elternhaus und braucht auch darüber hinaus Unterstützung an Elternstatt.
☐	**Olympisches Prinzip** Will überall dabei sein, besonders da, wo es etwas Besonders gibt. Dies entspricht seiner Geltungssucht, aber nicht seiner Leistungserbringung.
☐	**Selbstüberschätzung** Konsequentes Mitreden ohne Ahnung. Fragt auch nicht konstruktiv, sondern blökt gern Allgemeinplätze heraus.
☐	**Moralisches Anklagen** Im Konfrontationsfall wird nicht sachlich diskutiert, sondern moralisch angeklagt, dass der Kritiker nicht richtig gefragt, geführt… (was auch immer) hat.
☐	**Abventilation hinter dem Rücken** Geht Konflikte nicht mit offenem Visier an, sondern streut Gerüchte hinter dem Rücken der starken Persönlichkeiten.
☐	**Mangel an Selbstreflexion** Immer ist jemand oder etwas anderes Schuld, wenn etwas nicht klappt. Es ist auch davon auszugehen, dass die Pfeife eigentlich schon vorher wusste, dass das nicht gut geht, sie wollte aber angeblich keine miese Stimmung machen.
☐	**Redefinitionen** Verdreht Tatsachen und Absprachen zu den eigenen Gunsten, so dass die Pfeife immer gut dasteht.
☐	**Abseitsfalle** Bietet sich anfänglich immer engagiert an, verdünnisiert sich dann aber, wenn es drauf ankommt (Arbeit, Verantwortung, Farbe bekennen…).
☐	**Emotionale Unreife** Ist nicht in der Lage für sich, das eigene Leben, persönliche Ziele und weitere Projekte einzustehen.

Abb. 5.1 Pfeifentest

und als versierter Charakter-Schachspieler, bastelt er sich eine psychologische Fernbedienung zum Gegenüber. Wie es ihm beliebt und es seinen Gelüsten zuträgt, wird er nun das Wunschprogramm im Hirn des Anderen anklicken. Wenn Sie nun denken, dass Ihnen das nicht passieren kann, dann sind Sie leider naiv. Denn bevor Sie irgendetwas merken können, sind Sie schon besoffen geschmust vom Psychopathen. Und das kennen Sie doch, wenn jemand verliebt ist – derjenige sieht nicht die Realität, sondern eine geschönte Version. Und mit einem Psychopathen bewegen Sie sich auch in einer gephotoshopten Version. Wie also entgehen Sie einem Psychopathen? Nun zuerst einmal sollten Sie ihn erkennen. Und erkennen können Sie ihn mithilfe des Quick-Checks (vgl. Abb. 5.2).

Tja, das sind ja wirklich schäbige Charakterzüge. Das Problem ist, dass Psychopathen meist hochfunktional in die Gesellschaft integriert sind. Das gelingt ihnen mit ihrem oberflächlichem Charme und äußerst sorgfältiger Planung der Taten, die sich mit einer ruhigen und bedächtigen Vorgehensweise kombinieren. Typischerweise erkennt das Opfer erst nach 12–18 Monaten, was da wirklich läuft.

Ein einziger Tipp im Umgang mit Psychopathen: Der Spruch „Da gehören immer zwei dazu", ist hier vollkommen verkehrt. Für alle die, die nicht die Hohe Schule des Betruges besucht haben, gilt der sofortige Freispruch! Sie müssen sich nicht für das schämen, was Ihnen jemand anderes angetan hat. Und Sie sind nicht verantwortlich für die Schäden, die Psychopathen ihrem Umfeld beibringen.

Wer nun denkt, es reicht mir jetzt, nun kann es ja nicht mehr schlimmer kommen, der muss wohl doch noch einmal tief durchatmen. Da gibt es eine ganz wundersame Zwitterspezies – den Machiavellisten. Das ist eine Pfeife, die von einem Psychopathen geführt wird. Der Psychopath ist der Marionettenspieler und weiß mit seinem Charme geschickt die Motivationsfäden zu führen. Die Pfeife in ihrer fast schon narzisstischen Kombination von Geltungsdrang und Selbstüberschätzung glaubt, selbst und vor allem selbstständig zu denken und zu handeln. Dieser Chaoten-Zwitter ist zwar schnell erkennbar, gleichwohl aber brandgefährlich. Wie Sie ihn erkennen? Nun, ganz einfach: Es ist das typische Bild des Jungberaters, Mitte Zwanzig, mit dem Habitus eines Industrie-Tycoons von Mitte Sechzig auf der Höhe seiner Macht. Für den Unbeteiligten ist das eine der lachhaftesten Vorstellungen, die ihm in der freien Wirtschaftswildbahn begegnet. Für den Lieferanten, der mit einem Monopolisten verhandeln muss und sich diesem Großkotz als Einkäufer gegenübersieht, ist es ein einziger Alptraum.

Die wichtigste Botschaft von 005 Achtsamkeit: Sortieren Sie pingeligst Ihr Umfeld aus. Überprüfen Sie gut, mit wem Sie sich umgeben wollen. Mit wem sind Sie bereit Geschäfte zu machen? Was sind Sie bereit, sich bieten zu lassen?

Viele Unternehmer und auch Manager meinen, dass sie keine andere Chance haben, als sich Personen und Situationen anpassen zu müssen. Das stimmt nicht. Doch es kann sehr wohl sein, dass man Sie in den vergangenen Monaten/Jahren so sehr aus Ihrem Fokus gebracht hat, dass Sie die Orientierung verloren haben. Das bedeutet: Alle Maschinen auf Stopp! Raus aus der Situation! Neu justieren – ohne Angst! Zurück in Ihr Selbstvertrauen, zurück zu Ihren Zielen, zurück zu Ihren Fähigkeiten! Sie können mehr, wenn Sie bei sich bleiben!

Psychopathen-Check | ein Dutzend Details zum Wesen des Psychopathen
☐ **Blender mit oberflächlichem Charme** Raffinierte und einnehmende Umgangsformen, die helfen hohe Positionen zu erlangen und das Vertrauen der Entscheider zu gewinnen.
☐ **Übersteigerter Selbstwert** Bisweilen äußerst arrogant und eingebildet, überschätzt den eigenen Wert, teils auch die eigenen Fähigkeiten, maßlos.
☐ **Exzessiver Erlebnishunger** Ist schnell gelangweilt und sucht daher ständig nach Stimulation. Geht große Risiken ein, ohne Angst vor den Folgen.
☐ **Pathologisches Lügen** Als krankhafter Lügner führt der Psychopath Menschen ohne Skrupel in die Irre.
☐ **Manipulatives Verhalten** Manipuliert geschickt und nutzt Menschen gnadenlos aus.
☐ **Fehlen von Reue und Scham** Ist geradezu unbarmherzig und blind für die Bedürfnisse anderer, sofern ihm diese nicht dienen. Hegt Verachtung für die Opfer.
☐ **Oberflächliche Gefühle** Verfügt nur über ein sehr eingeschränktes Spektrum von Gefühlen, kaum zu warmen Emotionen fähig, weiß dies aber geschickt zu verbergen.
☐ **Parasitärer Lebensstil** Nutzt andere gern aus und ist auch gern (scheinbar) finanziell abhängig. Achtung: Cäsar-Phänomen!
☐ **Promiskuität** Häufig wechselnde Partner, zahlreiche Affären und hat auch Lust daran, andere zu sexuellen Handlungen zu zwingen.
☐ **Keine langen Beziehungen** Außer zum Schein vermag der Psychopath keine längeren Beziehungen zu pflegen. Bindungen sind nicht von Dauer, Bezugspersonen wechseln häufig.
☐ **Ablehnung von Absprachen** Verabredungen und Verträge werden nicht eingehalten. Oft werden auch Rechnungen nicht bezahlt.
☐ **Verantwortungslosigkeit** Manipuliert und weist die Verantwortung von Folgen von sich.

Abb. 5.2 Psychopathen-Check

5.2.6 006 Fitting

Survival of the fittest? – Survival of the fittest! Gern bezieht man(-ager) sich auf Charles Darwin. Die Idee ist gut, doch wird sie bei den meisten leider von den drei F der Verlierer verdreht. Sie sind zu faul, das zu tun, was jeder Journalist, Wissenschaftler und Agent automatisch macht: Quellen prüfen! Für Agenten ist das Prüfen der Quellen überlebensnotwendig, für Wissenschaftler der eigentliche Job und für Journalisten eine Frage der Professionalität. Und auch für jeden anderen wäre es grundsätzlich immer sinnvoll, Quellen und Quellcode selbst zu prüfen. Denn schnell sitzt man einem Faktoid auf und hält ihn für einen Fakt. Wie bitte? Was ein Faktoid ist? – Irgendwer behauptet irgendwas, viele blöken es nach und die Mehrheit akzeptiert dies als die Wahrheit. Nicht selten machen sich dabei alle lächerlich. Und genau so ist es auch mit Darwins *Survival of the Fittest*. Der Unbedarfte übersetzt es nämlich gern als das Überleben derer, die die Helden im Fitness-Studio sind. Sprich, ab Mitte Management (alternativ ab Mitte Fünfzig) fängt man das Marathonlaufen an. Sicherlich ist Führung an sich immer eher Marathon als Sprint. Das bedeutet aber nicht, dass man als Manager nur gut ist, wenn man zusätzlich noch draußen kilometerweise den Asphalt platt läuft.

Darwins *Survival of the Fittest* bedeutet, dass die überleben, die sich am besten an die Herausforderungen der Umgebung anpassen, sprich damit umgehen können. Achtung: Es heißt nicht, sich an die wilden Forderungen von Einzelnen anzupassen oder sich der Wucht des Mainstreams unterzuordnen. *Survival of the Fittest* meint, dass man sich den Herausforderungen stellt, indem man aufpasst, was die Umwelt von einem verlangt, dass man sich einpasst in die Rhythmen des Marktes und das man dabei sein Ding (sein Leben und Unternehmen) macht und in die Zukunft bringt.

Die Modewelt hat das bereits begriffen. Wenn man in der Mode vom Fitting spricht, dann spricht man vom letzten Anpassen der Kleidung an die Models vor dem Runway, sprich der Modenschau. Alles soll für diesen einen Moment perfekt sein, um die Kunden zu überzeugen.

Im Management bedeutet das Fitting ebenfalls das Anpassen, allerdings nicht der Mode, sondern des Managements an die Herausforderung. Hierzu habe ich eine Handvoll Fragen an Sie:

- Haben Sie Ihr Ohr am Puls der Zeit?
- Haben Sie ein Gefühl für die verborgenen Anforderungen der Zukunft?
- Sind Sie fit, also up to date?

Wenn Sie jetzt schnell antworten mit: „Ja, klar!", dann habe ich große Sorgen, ob Sie wirklich verstanden haben, worum es geht. Sie können nie (!) genug wissen. Ich erinnere noch einmal an meine vorstehende Frage zum Update: Ihr Smartphone erhält mindestens einmal im Quartal eine Aktualisierung vom Hersteller. Und Sie, wie oft aktualisieren Sie Ihr Managementbetriebssystem in Ihrem Kopf? Unterziehen es einer gewissenhaften Bilanz? Suchen nach neuem Lernstoff?

Liebe Managerinnen, liebe Manager, mal ehrlich, wenn ein Alltagsprodukt einer solchen Überarbeitungsfrequenz unterliegt, meinen Sie dann nicht, dass Sie als Entscheider eher mehr als weniger tun sollten, in Sachen „Persönliches Update"?!

5.2.7 007 Individualität

Wer sind Sie? Warum sind Sie angetreten? Wo wollen Sie hin? Sind Sie vertrauenswürdig? Handeln Sie verantwortlich?

Wir haben kein Vertrauen mehr in Unternehmen oder Funktionen. In unserer transparenten Welt des Informationszeitalters fühlen wir uns abgeschmeckt vom Fehlverhalten Einzelner. Leider nehmen viele nun alle Manager in Sippenhaft. Das ist weder fair noch freundlich, doch der Fall. Wenn Vertrauen missbraucht wurde, wenn Mensch sich mit Manager nicht mehr sicher fühlt, dann haben wir – alle – ein Problem.

Dummerweise gilt gerade in Sachen Vertrauensverlust: Der einzige Weg hinaus, ist hindurch! Stellen Sie sich der Herausforderung, stellen Sie sich den Menschen, stellen Sie sich den Ansprüchen. Die Handlungsdevise lautet: Persönlichkeit statt Psychopath. Lassen Sie die Menschen Ihre Substanz spüren. Haben Sie den Mut, Sie selbst zu sein. Niemand will mehr den typischen Managerklon: gleiche Kleidung, gleicher Haarschnitt, gleicher Singsang. Bitte: Es braucht echte Menschen im Management.

Woran man die erkennt? Was der Mensch verlangt? Wie Persönlichkeit sichtbar wird? – Hier sind die sieben Säulen der Macht ein hervorragendes Menschen-Maß. Die sieben Säulen der Macht bemächtigen in zwei Richtungen: Es geht darum, die eigene Macht zu entwickeln und gleichzeitig missbräuchlicher Macht anderer widerstehen zu können.

Und damit sind die sieben Säulen der Macht Ihr Schutzschild gegen Krisen, Manipulationen und Machtspiele. Mit ihnen navigieren Sie sicher durch unzivilisiertes Gebiet und gehen mit Werten in Führung.

Die Säulen bilden das Fundament Ihrer Persönlichkeit. Sind sie im Gleichgewicht, kann Sie nichts nachhaltig erschüttern. Die Selbstachtung, die Sie sich mit Ihren sieben Säulen aufbauen, führt zur persönlichen Autonomie und kann Ihnen nicht wieder entrissen werden. Sie nutzen Ihr Potential, schaffen produktive Veränderung und verankern ethische Werte – so gelingt nachhaltiges Wachstum.

Also, auf geht's mit den Säulen der Macht, denn mit ihnen erfolgt Erfolg! Eines noch vorab: Erfolg ist und bleibt personenbezogen. Doch wer hat das „Erfolgsgen"? Diese Frage stellen sich wohl alle Personaler. Als Profiler antworte ich auf die Frage, welche persönlichen Qualitäten man(ager) braucht, um mit Macht sinnvoll umgehen zu können. Es sind die sieben Säulen der Macht:

- **Standfestigkeit**
  Unerschütterlichkeit in schwierigen Situationen,
- **Leidenschaft**
  Lust auf Leistung,

- **Selbst-Kontrolle**

  sich selbst im Griff haben, um Personen und Situationen zu entschärfen,
- **Liebe**

  mit Wohlwollen und Wertschätzung im Kontakt,
- **Kommunikation**

  in jeder Lage verstehen und die richtigen Worte finden,
- **Wissen**

  was Sie und Ihr Unternehmen weiter bringt,
- **Ethik**

  mit Stil und Würde durch den Berufsalltag.

Jede Persönlichkeit ruht auf diesen sieben Säulen, sie bilden ihr Fundament. Sind die sieben Säulen im Gleichgewicht, kann das Gebäude der Psyche durch Nichts erschüttert werden.

Die erste Säule der Macht ist die Säule der Standfestigkeit. Hier entwickeln Sie Ihr Vermögen, mit beiden Beinen fest auf dem Boden der Tatsachen zu stehen. Mit sicherem Stand wird man Sie nicht aus Ihrer Position verdrängen können – Sie füllen diese aus: geistig und mental. Sie wissen zudem, wo Sie stehen.

In der nächsten Säule, der Leidenschaft, kommen Sie in Bewegung. Leidenschaft ist nur förderlich, wenn Standfestigkeit besteht. Sind Sie noch schwankend, wird die Leidenschaft nur für Unruhe sorgen. Sie verirren Sie sich bald im Wald der Möglichkeiten und werden zum Spielball anderer.

Ist Ihre Standfestigkeit aber stabil entwickelt, so kann Sie nichts mehr beleben als die Macht der Leidenschaft. Sie gibt Ihnen den Schwung, der Lust auf Leistung macht.

Der Schwung der Leidenschaft wird in der nächsten Säule – Selbst-Kontrolle – koordinieren und kontrolliert. Das bedeutet nicht, „Deckel drauf", sondern Kraft und Impulse in die Bahnen lenken, die Ihnen und Ihrer Karriere förderlich sind. Selbst-Kontrolle, geistige und mentale, gibt Ihnen Macht über sich selbst.

Die Säule der Selbst-Kontrolle entwickelt die Fähigkeit zur so genannten *social control*, der sozialen Kontrolle. Leider sind viele Manager hier in der falschen Richtung tätig. Sie glauben nach außen kontrollieren zu müssen. So versuchen sie ihr Umfeld zu kontrollieren und nennen dies Management. Doch die Kontrolle muss sich nach innen richten. Soziale Kontrolle bedeutet, sich selbst innerhalb eines sozialen Umfeldes zu kontrollieren. Diese Selbstkontrolle ist die Voraussetzung, um sozial fähig zu sein. In der Säule der Selbstkontrolle entwickeln Sie also Ihre Gesellschaftsfähigkeit.

Sowohl ihre potentiell grenzenlose Entwicklungsfähigkeit als auch Ihre selbst auferlegten Beschränkungen zeigen sich hier. Nur wenn Sie Ihre Ängste und Machtansprüche überwinden, können Sie anderen ihre freie Entfaltung lassen. Der Weg zur Säule der Liebe führt damit zwingend über die Selbst-Kontrolle.

Zuerst sind Sie einfach nur da (Standfestigkeit), dann kommen Sie in Bewegung (Leidenschaft) und in der dritten Säule kontrollieren Sie diese Bewegung (Selbstkontrolle). Diese ersten drei Säulen dienen dazu sich innerlich darauf vorzubereiten mit dem Umfeld in Kontakt zu treten. Erst, wenn Sie es vermögen, sich selbst zu beherrschen, wenden Sie sich Ihrem Umfeld zu.

In der vierten Säule, der Säule der Liebe, präsentiert sich die Schnittstelle nach außen. Nun leben Sie die Kontaktfähigkeit, die sich aus den Qualitäten der drei vorangegangenen Säulen ergeben. Wesentliche Qualitäten, die es für Führungskräfte hier zu entwickeln gilt, sind Wertschätzung und Wohlwollen für ihre Mitarbeiter. Das Machtpotential der Liebe umfasst drei Bereiche:

1. Individualität meint Ihre Liebe zu sich selbst. Es bedeutet, sich mit seinen Ecken und Kanten, Vorzügen und Fehlern zu akzeptieren, anzunehmen und lieben zu lernen.

2. Loyalität bezieht Ihre Liebe auf andere. Es geht darum, sich loyal zu verhalten, mit dem Bewusstsein über Ihre Rolle im Leben Ihrer Mitmenschen.

3. Wahrheitstreue ist Ihre Liebe zur Wahrheit, denn ohne Aufrichtigkeit kann die Liebe zu sich selbst und zu anderen nicht gedeihen.

Nur wenn Sie sich selbst akzeptieren, können Sie Ihren Mitarbeitern entspannt und wohlwollend begegnen.

Ist bis hierhin alles gut etabliert, möchten Sie nun von anderen lernen. Sie möchten sich mitteilen über die Dinge, die Sie bewegen (Leidenschaft), für die Sie stehen (Standfestigkeit), die Sie hemmen (Selbst-Kontrolle) und voran treiben (Liebe).

Nun teilen Sie in der Säule der Kommunikation Ihre innere Haltung mit anderen. Sie sind nun buchstäblich interaktiv, tauschen sich aus, und entwickeln sich weiter.

Das Thema Kommunikation wird in vielen Bezügen mehr als erschöpfend behandelt. Und doch – meist fehlt das Bewusstsein und die Kompetenz über die reinen Kommunikations-Techniken hinaus im Miteinander etwas entstehen zu lassen, zwischen den Zeilen zu lesen und Unausgesprochenes zu beantworten.

Wissen ist Macht! Wenn Sie die richtigen Informationen haben, können Sie Ereignisse in Gang bringen oder aber verhindern. Ihr Wissen führt Sie durch den Dschungel des Management-Alltags.

Laut Faustregel sind 85 % allen Fehlverhaltens mangelnde Information! Hier ist auch Fehlinformation gemeint. Besonders in unserem Informationszeitalter wird Information oft zum Zweck der Kontrolle missbraucht und Desinformation und Propaganda dienen dazu, die Massen zu manipulieren.

Wissen ist nicht einfach nur Information – es tritt in viererlei Gestalt auf:

- **Wissenschaft:** sammelt Informationen methodisch und sortiert sie in Fachbereiche. Einzelne Themen werden mit der wissenschaftlichen Kamera abgelichtet und in Alben sorgfältig verwahrt – zum Nachschlagen bereit.
- **Intuition:** das so genannte Bauchgefühl ist ein wirksamer Leitfaden auf dem Weg zur Wahrheit. Man begreift den Lauf der Dinge und hat untrügliche Vermutungen.

- **Weisheit:** entsteht durch das Lernen aus Erfahrungen, den eigenen oder denen anderer. So kann man anhand vergangener Ereignisse treffsichere Prognosen über die Zukunft machen.
- **Visionäres Wissen:** Visionen zeigen Ihnen Ihren ganz persönlichen Weg im Leben.

Jede Form des Wissens hat nicht nur ihre Berechtigung, sondern ist lebenswichtig für Ihren Führungsalltag!

Ihr Wissen nicht kontrollierend, sondern fördernd einzusetzen ist eine Frage der Ethik. Ethik bedeutet „sittlich". Es geht darum, dass Sie sich in Ihrem Alltag sprichwörtlich anständig verhalten.

Die Säule der Ethik hält für Sie einen Handlungsmaßstab bereit und einen Schutzschild gegen Manipulationen und Machtspiele. Ethik stabilisiert Sie ähnlich wie die Standfestigkeit. So können Sie den Dingen Ihren Lauf lassen, ohne sich aufzuregen oder über Gebühr einzumischen. Die Säule der Ethik verschafft Ihnen Ruhe inmitten erschütternder Ereignisse. Sie sehen klar, was um Sie herum vorgeht. Sie erreichen mit dieser Qualität von Macht eine Immunität gegen Hackordnungen und Intrige.

Wer die sieben Säulen der Macht für sich entwickelt hat, hat sich selbst entwickelt – von der Führungskraft zur Führungspersönlichkeit!

5.3 Über die Autorin

Suzanne Grieger-Langer Profiler Suzanne Grieger-Langer fordert den Status Quo der Schmuseführung heraus, indem sie Performer von Pfeifen und Psychopathen befreit. Sie sind bei ihr nicht richtig, wenn Ihnen Mittelmaß genügt, sie sind bei Ihr goldrichtig, wenn Sie die Top-Liga entscheidend mitgestalten wollen.

Claim
Persönlichkeit. Macht. Sinn

Nutzen des Beitrags für den Leser
Profiler Suzanne Grieger-Langer (Instruktor für Survivability = Überlebensfähigkeit im Hoch-Risiko-Bereich), überträgt die 007 Axiome für Agenten in die Welt der Wirtschaft.

Professionalität
Profiler Suzanne Grieger-Langer – Diplom-Pädagogin, Psychologin, Psychotherapeutin – Bestseller-Autorin, Herausgeberin, Lehrbeauftragte – erfolgreiche Unternehmerin seit 1993.

Sie ist die Frontfrau der Grieger-Langer Gruppe mit einem Mitarbeiternetzwerk, das sich mit 150 Experten um den Globus spannt. Spezialisiert auf Führung, entwickelt die Gruppe weltweit Personen zu Persönlichkeiten. Ihr Profiling ist der Schlüssel zu 7 Milliarden Menschen. Mit ihrem Betrugsschutz stärken sie die Gesellschaft. Ihr USP ist die Berechnung von Charakterprofilen auf dem Niveau des psychogenetischen Codes.

Wenn nicht sie, wer dann, kann Ihnen helfen, durch die Untiefen der Menschheit zu steuern?

Weitere Infos unter www.suzannegriegerlanger.com

Das Experiment – Synapsen unter Strom

E. Chiara Hartmann

6

Inhaltsverzeichnis

6.1	Authentizität – Bewusstsein – Ausdruck	103
6.2	Identität – Prinzipien – Diplomatie	104
6.3	Denkmuster – Schubladen – Netz	105
6.4	Ziel – Plan – Liste	107
6.5	Anpassung – Wissen – Wirkung	108
6.6	Profil – Fähigkeiten – Kompetenz	110
6.7	Respekt – Ansehen – Aussehen	110
6.8	Kommunikation – Verständnis – Danke	112
6.9	Motivation – Macht – Logik	113
6.10	Verhandlung – Frauencodex – Prüfstand	115
6.11	Gesellschaft – Stolperfalle – Anspruch	117
6.12	Bewegung – Mensch – Maschine	118
6.13	Zusammenfassung	119
6.14	Die letzten Sätze	120
6.15	Über die Autorin	121

▶ Mentale Imagination besitzt die Abilität, durch Kontinentaldrift kausierte Gesteinsformationen in ihrer lokalen Position zu transferieren.

Sind Sie der Meinung, dass diese oben aufgeführte Aussage stimmt? Als Eventmanagerin, die sich mit Werten- und Botschaftenvermittlung beschäftigt, stelle ich bei meinen persönlichen Interviews mit Führungspersönlichkeiten die unterschiedlichsten Fragen. Es ist immer spannend, die Antwort zu hören.

E. Chiara Hartmann ✉
EventManufaktur Secrets of Chiara, Inh. EventManufaktur Secrets of Chiara, Ahornweg 7,
71299 Wimsheim, Deutschland
e-mail: info@secrets-of-chiara.de

Für die Umsetzung der Events benötige ich Empathie, Kreativität, analytisches Gespür und den Mut meines Gegenübers, weil wir uns auf einer anderen Ebene der Live-Kommunikation befinden. Als anerkannte Profilerin/Coach kann ich sehr leicht erkennen, welcher Typus Mensch mir gegenüber sitzt, mit welchen Ressourcen er zu seiner Entwicklung beitragen kann und welche Verbote es ihm schwer machen, Dinge zu verändern. Das sind einige Facetten meiner Fähigkeiten, die es mir ermöglichen mit meinem Gegenüber auf Augenhöhe zu kommunizieren, um seine Bedürfnisse zu erkennen.

Als Businessfrau bin ich angekommen. Werde von den Männern und Frauen geschätzt, respektiert und akzeptiert. Meine besonderen Referenzen führen auf die erfolgreiche Zusammenarbeit mit meinem Team, meinen Partnern und das Vertrauen meiner Kunden zurück. Diese bestätigen, dass die Eventmanufaktur ein Unikat in der Branche ist. Qualität vor Quantität ist mein Credo.

Wie alles begann …

War es ein leichter Weg? Nein, es war ein steiniger Aufstieg. Aber das Gefühl Erfolg zu spüren, weil ich ihn mir Schritt für Schritt selbst erarbeitet habe, möchte ich nicht missen. Aufgrund dessen, dass ich von der Assistenz über den Vertrieb bis zur Führung meine Erfahrungen gesammelt habe, schreibe ich Ihnen, was eine Frau wirklich bewegt.

Es geht in meinem Leben schon immer um die Fragen: Was bewegt Menschen? Wie bewege ich Menschen? Wofür bewege ich Menschen, Dinge und Situationen?

Diese haben mich geprägt und bei diesem Buch mitzuschreiben war ein weiterer Erfolg. Gelernt habe ich sehr viel in meinem Berufsleben und einige Erkenntnisse waren sehr schmerzvoll, aber sie haben mich zu der Frau werden lassen, die ich jetzt bin. Meiner weiteren Entwicklung sehe ich sehr positiv entgegen und die Menschen, die mir begegnen, tragen dazu bei.

Manchmal sind Rückschläge der Hinweis für das Wachstum, das in einem schlummert. Und aufgeben – niemals! Die Richtung der Strategie wechseln führt zum Ziel. Geht nicht, gibt es nicht, wurde sehr früh zu meinem Glaubenssatz.

Aufgrund der intensiven Gespräche freue ich mich, Ihnen diese Einsichten auf den Punkt zu bringen und damit etwas zu bewegen. So stellte ich mir am Anfang, als ich noch vor einem weißen Bildschirm saß, die Frage: Was ist der Unterschied zwischen mir und anderen Frauen? Ist es meine Einstellung, mein Aussehen, meine Kompetenz oder die Demut? Für mich habe ich es herausgefunden, es ist eine gesunde Mischung. Und Authentizität ist einer der Schlüssel meines Erfolges.

Bevor ich nur einen Buchstaben von meiner Tastatur gedrückt habe, fühlte ich es. Die Erinnerungen kamen hoch, das Gefühl von Misserfolg, von stundenlangem Arbeiten, wenn andere schon nach Hause gegangen waren und die Hoffnung, mein Talent würde meinen Vorgesetzten irgendwann auffallen. Doch so war es nicht, denn ich hatte großartiges Fachwissen, war sehr fleißig und nahm Aufgaben an, die laut Stellenbeschreibung nicht meine Aufgaben waren. Warum ich das tat? Aus heutiger Sicht ging es mir um Anerkennung. Studiert habe ich nicht, sondern alles von der Pike auf gelernt. Ins kalte Wasser wurde ich mehr als einmal gestoßen und lernte früh, dass ich im Job keine Unterstützung erwarten konnte. Mir durften keine Fehler unterlaufen. Schon damals wie heute, wurde mein männlicher Kollege in vieler Hinsicht gefördert und war schnell an der Position, die ich verdient hätte. Wie mir ging es einigen Frauen, die ich in meinem Leben getroffen habe und heute immer noch im Vorzimmer der Führungsebene antreffe.

Es waren meine diversen Erlebnisse und die von Assistentinnen, die sich langsam hochgearbeitet haben und mir als Geschäftsinhaberinnen mittlerweile gegenüber sitzen, die mich inspirierten meine Gedanken niederzuschreiben. Wir zogen am selben Strang – dann kommt der Mann ins Spiel. Die männliche Psyche, die Verhaltensmuster und die daraus resultierenden Handlungen studierte ich bis ins kleinste Detail. Es war spannend, als Assistentin des Geschäftsführers und private Sekretärin zu arbeiten, aber ein Lob war so selten wie eine Gehaltserhöhung. Immer mehr Arbeit, bis ich eines Tages einfach „Stopp" sagte. Ohne mich zu rechtfertigen, beendete ich meinen Arbeitstag und mein Chef war erstaunt, sagte aber nichts dazu. Meiner Beförderung stand nichts mehr im Weg. Als Businessfrau gesehen zu werden, hat mich berührt und ich war stolz auf meine Leistung. Nicht mehr nur Handlanger zu sein für andere, Dienstleister über alle Maßen hinaus, sondern eine geschätzte Persönlichkeit, die sehr gute Etats realisierte.

Wissen Sie, was er gesagt hat? Er hätte schon immer gesehen, was für eine Leistung ich erbringe, dachte aber, dass ich mich mit diesen Aufgaben gut fühle und sah keinen Bedarf, mich zu befördern. Bis ich es forderte und Anspruch anmeldete. Meine Position wurde jeden Tag stärker, aber ich hörte nicht auf, die männlichen Kollegen zu profilen und somit wurde mir klar, dass ich zwar Frau bleiben wollte, aber sie mit meinen Waffen schlagen würde. Das Revier aufzumischen war meine Herausforderung. Damals eine gute Idee, aus heutiger Sicht – nicht gerade clever. Der Kampf begann, bis ich spürte, dass ich nicht kämpfen wollte. Dann zog ich den Schlussstrich und plötzlich war wieder alles ganz einfach. Ich ging nicht mehr auf Konfrontation, sondern lud sie ein, in meiner Welt Platz zu nehmen und das war mein Erfolg. Nach einem weiteren Jahr des Angestelltenverhältnisses habe ich mich selbstständig gemacht.

Jetzt fingen die Herausforderungen erst richtig an. Sich sein eigenes Netzwerk aufzubauen, seine Geschäftspartner/innen zu pflegen und neue Ideen in seinem Business zu entwickeln, um am Markt ein Alleinstellungsmerkmal zu bekommen. Mein Anspruch erwies sich als der richtige Weg. So gibt es viele spannende Informationen, warum ich heute zur Kategorie „Businesslady" und als Entrepreneur siegreich meine Unternehmensgeschichte schreibe.

Manager von führenden Unternehmen sind mittlerweile Teil meiner Kundschaft. Wir sind in der Gegenwart angekommen. Für das Buch nahm ich mir die Zeit verschiedene Frauen und Männer, aus unterschiedlichen Geschäftsbereichen zu interviewen und stieß auf positives Feedback und eine große Bandbreite an Antworten. Die fremden Überzeugungen und meine Feststellungen ergeben für Sie ein ganzes Bild. Das Ergebnis ist interessant und bietet nur einen kleinen Einblick in das, was uns in den nächsten Jahren erwarten wird.

Doch nun zu meiner Frage, die ich schon vielen Menschen gestellt habe
Stellen Sie sich vor, Sie stehen vor einem Berg. Sie steigen den Berg langsam hinauf. Der Weg ist nicht ganz einfach, überall liegen große und mittlere graue Steine auf ihrem Weg zum Gipfel. Endlich! Sie haben es geschafft, sie sind am Ziel.

Was ist ihr nächster Schritt?
In diesem Abschnitt des Buches geht es um ein Experiment, um Ihre Synapsen unter Strom zu setzen. Ob dies funktionieren wird, liegt daran, ob sie sich auf dieses Experiment Ihre Realität zu verändern, eingehen.

Ganz ehrlich, haben Sie gerade gedacht, ich gehe den Berg dann wieder hinunter?

Dann stelle ich Ihnen jetzt die Frage, warum?
Sie halten mit diesen weiteren Zeilen eine Möglichkeit in der Hand, Ihr Denken und das Handeln, aus einem anderen Blickwinkel zu sehen. Sich die Frage zu stellen, was bewegt meine eigenen Gedanken und meine Visionen. Wie fühlt sich mein Gegenüber mit meinen Handlungen?

Wenn Sie sich auf das Experiment einlassen, dann lesen Sie weiter, wenn nicht, dann lesen Sie die Zusammenfassung (Abschn. 6.13).

Sie sind also doch neugierig, und ein experimentierfreudiger Mann. Willkommen in meiner Welt!

Meine Herren, Ihr Erfolg ist auch meiner! Mit Fragen und Statements setzen wir uns in diesem Kapitel auseinander und versuchen die Frau besser zu erkennen. Zielführende Tipps haben eine nachhaltige Wirkung auf Ihre Denkmuster.

Warum sollen wir Fremdsprachen lernen, wenn wir unsere gegenseitige Spezies nicht verstehen? Denken, handeln und fühlen. Mann und Frau sehen das vom Ansatz her ähnlich, aber von der Motivation des Begreifens komplett anders. Können Mann und Frau sich im Business gegenseitig akzeptieren?

Ja, das Gespür für sein Gegenüber zu haben, die Situation neutral einschätzen zu können und sich auf Gemeinsamkeiten statt auf die ersichtlichen Gegensätze zu konzentrieren würde das Thema der Gleichberechtigung aus einer anderen Perspektive erscheinen lassen.

Wenn Mann Mann ist, kann Frau Frau sein?

Wie stehen Sie zu dieser Frage, könnten Sie sich vorstellen, dass dieser Satz wahr ist?

Authentizität ist eine Eigenschaft, damit sich beide in ihrem Naturell chancengleich bewegen, und eine ehrliche und direkte Kommunikation ist der Weg zum nachhaltigen Erfolg.

Lassen wir uns darüber sprechen von *Frau* zu *Mann*!

6 Das Experiment – Synapsen unter Strom

6.1 Authentizität – Bewusstsein – Ausdruck

▶ Authentizität ist, wenn das Denken und Handeln übereinstimmen und die Wirkung im Außen wiederspiegelt.

Wenn wir die ersten Worte aus dem Anfang des Kapitels getrennt voneinander betrachten, erkennen wir den Satz in seiner Bedeutung.

Mentale Imagination = der Glaube/die Vorstellungskraft
Abilität = die Fähigkeit
Kontinentaldrift kausierte Gesteinsformationen = das Gebirge
in ihrer lokalen Position zu transferieren = verschieben/versetzen

Der Glaube kann Berge versetzen heißt dieser Satz.

Scheinbar ganz einfach zu verstehen? Die Gedanken sind ein Konstrukt, an dem viele Wissenschaftler sich versuchen. Wie sie tatsächlich funktionieren, bleibt jedoch ein Rätsel.

Da ich mich mit der Biostruktur von Mann und Frau auseinandersetze, habe ich mir darüber Gedanken gemacht. Was unterscheidet Mann und Frau so sehr, dass im Business diese Fragen und Diskussionen immer wieder aufkommen?

Frauen sind kompliziert – Männer aber auch. Männer sind machtorientiert – Frauen aber auch. Was ist jetzt die Wahrheit oder die Wirklichkeit? Stärken Sie Ihre Wahrnehmung, indem Sie sensitiver Ihre Umgebung beobachten und darauf achten, was Menschen in Ihrem Alltag bewegt. Doch ein Mann, der bescheiden ist, wirkt weniger als Mann in der Gesellschaft. Eine Frau, die sich behauptet, ist anstrengend. Frauen suchen die Veränderung, Männer arrangieren sich mit vorhandenen Situationen. Zeigen Lösungen innerhalb dieser Strukturen.

Frauen kommunizieren weniger ihre Position und wirken dadurch schwächer als Chef.
Wir leben in einer Zeit, in der gutes Marketing das Außen begeistert. Ausdruck, Wirkung und das Beherrschen der Machtcodes sind wichtige Werkzeuge, um sieghaft als Mann oder Frau in die Geschichte einzugehen. Männer haben das Verhalten früh gelernt. Schon als kleiner Junge wird dem Mann viel abgenommen. Das Mädchen muss meist lernen, für sich und den kleinen Bruder zu sorgen und der Mutter im Haushalt zu helfen. Somit werden beide in ihren Glaubenssätzen und Handlungen geprägt. Dominantes Auftreten ist schon aus körperlicher Hinsicht dem Mann in die Wiege gelegt worden, tut das eine Frau, wird sie als schwierig empfunden. Es geht um den Rang. Unnahbarkeit und sich Raum nehmen, um sich zu präsentieren, ist für Männer selbstverständlich. Eine Frau muss hier in eine Rolle schlüpfen und Erfahrung sammeln. Erst dadurch kann sie ihre alten Denkmuster durchbrechen, auflösen und authentisch handeln.

Ob es durch unsere Bildung möglich ist, dass Menschen aus ihren Fehlern lernen?
Eine Führungskraft, egal ob Mann oder Frau, braucht Persönlichkeit, damit sich Situationen verändern. Kommunikation kann nur beidseitig zum Erfolg führen. Versuchen Sie

die Frau in ihrer Rolle als Frau zu respektieren und ihr eine Entfaltungsmöglichkeit für Entwicklung zu geben, damit die Kämpfe aufhören. Es liegt in Ihren Händen, ein neues Revierverhalten zu entwickeln und eine andere Wahrnehmung zu platzieren.

6.2 Identität – Prinzipien – Diplomatie

Manche sind der Meinung, Männer müssen im Business nichts lernen, um sich dort zurechtfinden zu können, sie sind bereits angekommen.

Es existieren weiche und harte Strukturen. Welche haben Vorteile und wann entstehen Nachteile?

Frauen sollen nicht durch ihr äußeres Erscheinungsbild überzeugen, sondern durch Kompetenz und Leistung. Wenn Sie trotzdem natürlich gut aussieht, ist das in Ordnung. Aber weniger ist mehr. Das ist die Meinung einzelner Männer. Durch den Urinstinkt sinkt die männliche Leistung bei Anwesenheit einer attraktiven Kollegin.

Weiche Strukturen stehen für die Pflege von Beziehungen und werden der Frau zugeordnet. Die harte Formation steht für das Ergebnis einer Sache, das sind die Merkmale der männlichen Verhaltensweise.

Für den gesunden Erfolg in einem Unternehmen ist es wichtig, beide Seiten zu integrieren und zu formieren.

Das Prinzip der Frau, Beziehungen zu erhalten und Harmonie im Umfeld zu schaffen, bringt Ihnen als Mann folgende Vorteile, wenn Sie es erst einmal erkannt haben:

Beziehungsmanagement
Durch das Ansprechen von Emotionen öffnen sich ihr die Menschen, das bringt Vertrauen und macht sie zu einem guten Beziehungsmanager.

Demut
Durch den Umgang mit Kindern üben sich Frauen in Demut und nehmen sich nicht so wichtig. Sie tun mehr für den anderen ohne eine Gegenleistung zu verlangen.

Hinterfragen
Die Leistungsbereitschaft einer Frau dient der Sache und ihren Kollegen, sie fragt sich, wie kann der andere auch erfolgreich sein.

Lösungen
Durch die Gewohnheit, sich immer wieder auf neue Situationen einzustellen, hat die Frau gelernt, Probleme als Tatsache zu sehen und dafür findet sie eine innovative Lösung. Frauen sind es gewohnt, bei Problemen neue Wege zu finden.

Motivation
Soziales Denken und Handeln, wie einen Kuchen ins Büro bringen, ihnen einen Kaffee mit einer Postkarte zur Motivation auf den Tisch zu stellen, ist für die Frau eine Leichtigkeit in ihrem Tun.

Organisation
Menschliche Probleme hat die Frau immer auf ihrer Liste, deswegen baut sie in ihre Agenda immer einen Puffer ein.

Teamgeist
Konkurrenz und Rivalitäten sind für Frauen seltener erkennbar. Sie planen gern gemeinsam Projekte und feiern damit gemeinsam den Erfolg.

Vernetzung
Durch das Familienleben fällt es Frauen leichter, mehrere Dinge gleichzeitig zu vernetzen.
   Ist es nicht erstrebenswert, dass sie der Frau Zeit geben und ihre Ressourcen anerkennen?
   Die Ziele des Diversity Management sind es, eine produktive Gesamtatmosphäre im Unternehmen zu erreichen und die Chancengleichheit zu verbessern.
   Den Paradigmawechsel zu leben, liegt bei Frau und Mann und im Moment stelle ich mir die Frage, warum wir darüber überhaupt diskutieren?
   In unserer Welt ist so vieles durcheinander. Die spannenden Rituale im Business sind nur ein weiteres Feld der Obrigkeiten diese unterschiedlichen Themen zu observieren.

6.3 Denkmuster – Schubladen – Netz

Das Denken von Frauen und Männern ist verschieden, aber das Wissen darüber so vielschichtig. Stellen Sie sich vor, Sie sind im Büro und der Stress holt sie bis zum Feierabend so ein, dass Sie fast die Verabredung mit Ihren Kumpels zum Stammtisch vergessen.
   Aber rechtzeitig kam der Telefonanruf von Ihrem guten Freund. Trotz der vielen nicht erledigten To-dos schalten Sie ihren PC ab und dann hat Ihr Geist Freizeit.
   Sie können Ihren Abend mit Ihren Freunden genießen ohne darüber nachzudenken, was sie am nächsten Tag im Geschäft erwartet. Abschalten und die Informationen in die Schublade legen. Vielleicht nicht immer, aber besser als eine Frau.
   Das heißt, eine Frau denkt nicht in Schubladen, sondern immer im Netz. Frauen können Informationen nicht trennen und speichern, da ihr Gehirn nicht so stark wie die eines Mannes in einzelne Bereiche aufgeteilt ist. Diese Situation wird Ihnen bekannt vorkommen. Eine Frau kommt zu Ihnen und redet über ihre Probleme. Sie als Beschützer wollen ihr einen Ratschlag geben, darüber regt sich die Frau auf und schreit sie an, ich wollte mir das nur von der Seele reden und brauche keine Lösung.

Seltsames Verhalten, nein es liegt in ihrer Natur, meine Herren, Frauen brauchen keine Lösung, sie wollen sich nur alles von der Seele reden. Und deswegen verstehen sie es auch nicht, dass Sie als Mann nicht über Ihre Probleme reden. Frauen setzen dies oft mit Desinteresse gleich. Also wenn Sie das nächste Mal mit einer Frau sprechen, hören Sie einfach nur zu und fragen Sie, ob sie einen Ratschlag möchte. Das Kommunizieren macht für eine Frau nur dann Sinn, wenn es darum geht, Beziehungen zu pflegen. Für Sie als Mann ist das Vermitteln von Fakten und Informationen wichtig. Deswegen telefonieren Frauen mit einer großen Hingabe.

Es ist bekannt, das sich Männer nicht auf ihre Beziehung konzentrieren können, wenn sie Probleme am Arbeitsplatz haben. Im Gegensatz dazu tut eine Frau sich schwer, sich auf die Arbeit zu konzentrieren, wenn sie Probleme in der Beziehung hat. Hier gilt es Verständnis gegenüber diesem Verhaltensmuster zu zeigen, damit sich die Frau am Arbeitsplatz wohlfühlen kann und nicht mit weiteren Problemen zu kämpfen hat. Was wir daraus lernen können? Strukturierter und direkter Umgang bringt uns Schritt für Schritt näher zu unserem Miteinander und somit zum Erfolg.

Frau stellt sich Fragen – Mann fragt nach Antworten
Eine Frau hinterfragt und rechtfertigt sich und Situationen. Ein Mann fragt nach Antworten, um eine Lösung für das Ergebnis darzustellen. Die Rechtfertigung ist ein Merkmal, das typisch Frau ist, statt ihrem Problem und ihrem Anliegen Nachdruck zu verleihen, was der Mann tun würde.

Sprachlosigkeit oder Schlagfertigkeit lernen die Frauen, weil sie sich in der Businesswelt zurechtfinden müssen, die noch von den Regeln der Männer dominiert wird. Doch Sie sind schon weiter als Sie denken, deswegen sprechen Sie Frau nochmals auf ihr Problem an, weil sie es erst lernen muss, situationsbedingt zu reagieren.

Scheinbar ist sie die Unwissende, vielleicht sitzt Ihnen eine versierte Beherrscherin ihres Handwerks gegenüber. Seien Sie sich nicht zu sicher, selbst eine graue Maus kann durch ihre Intelligenz einen Vamp verkörpern.

Kennen Sie diese Sätze aus Ihrem Sprachportfolio, meine Herren?
Direkt, klar und mit harter Stimme, sagen Sie folgende Sätze:

- Diese Fakten lassen nur eine Entscheidung zu …
- Aus meiner Erfahrung heraus sage ich, das ist so …
- Der Standpunkt lässt keine weitere Diskussion zu …

Eine Frau ist besonders wachsam, wenn sie solche oder ähnliche Aussagen treffen. Sie ist im ersten Moment irritiert, aber entlarvt Sie schneller als Sie denken. Ob es so ist oder nicht, das Denkmuster einer Frau zieht daraus folgende Schlüsse:

Ihr Einwand wird nicht anerkannt, Sie stellen ihre Kompetenz in Frage. Sie wollen sie zum Schweigen bringen oder sie manipulieren. Was bringt Ihnen das, meine Herren?

Wenn eine Businessfrau Ihr Spiel durchschaut, wird sie Sie entlarven und hinterfragen, gegebenenfalls vor dem Team bloßstellen oder Alternativen fordern.

6.4 Ziel – Plan – Liste

Jede Frau besitzt sie. Jede Frau lebt nach ihr. Jeder Mann kann sie in seinem Leben nicht gebrauchen. Was denken Sie, wovon ich hier rede, meine Herren?

Es ist die Liste. Sie bestimmt das Denken und Handeln einer Frau, egal ob im Business- oder Privatleben. Wir stellen uns hier nicht die Frage, warum das so ist, sondern versuchen zu hinterfragen, warum Sie als Mann diese Liste nicht führen. Männer haben im Gegensatz zu Frauen ihren Plan oder eine Agenda. Ein Plan ist klar eingeteilt, hat einen Anfang und ein Ende, dazwischen kaum Abweichungen. Der Plan wird strukturiert aufgesetzt und danach gearbeitet, um sein Ziel ohne viel Ablenkung zu erreichen. Für das nächste Ziel wird ein neuer Plan erstellt. Die Kontrolle ist es, was einen Plan so wertvoll macht und dem Mann seine Stärke verleiht.

Frauen haben ihre Liste. Diese wird nicht kontrolliert, im Gegenteil, sie wird schnell abgearbeitet und des Weiteren im Minutentakt täglich erweitert. Als wenn das nicht genug wäre, was das Gehirn verarbeiten muss. Nein, durch das Organisationtalent einer Frau, schreibt diese weitere Co-Listen in ihrem Kopf. Es liegt an der Vernetzung ihrer Verzweigungen im Gehirn. Es ist einfach ihre Natur und die Zeit sich dahingehend zu ändern, wurde ihr im Business nicht gegeben.

Und ob diese Korrektur des Denkens sein muss, ist zu hinterfragen. Für Frauen heißt es immer nur – sich anpassen. Frauen sind erfolgreich, wenn sie weibliche Männer darstellen. Das ist doch ver-rückt – ja das Wortspiel gefällt mir. Etwas in eine andere Richtung zu rücken, um den veränderten Prozess zu erkennen, ist eine spannende Herausforderung für die Menschheit. Wollen wir das? In einer verrückten Welt leben? Oder eine Antwort auf die Frage zu finden, warum die Frauenquote eine solche Präsenz im 21. Jahrhundert erreicht hat?

Dabei klingt die Vision, wenn „Mann Mann ist, kann Frau Frau sein" oder umgekehrt sehr verlockend. Wir müssen unseren Horizont erweitern, offen sein für unsere Einstellung, nichts kopieren oder reproduzieren. Warum muss eine Frau Zahlen, Daten, Fakten liefern? Obwohl es nicht ihrem realen Wesen entspricht, tut sie es, weil sie damit erfolgreich werden kann. Warum soll sie sich an Verhaltensregeln, Business-Etikette und Machtcodes, welche von Männern diktiert worden sind, anpassen? Wer hat die Business-Bücher geschrieben? Wer stand auf der Bühne, um Vorträge zu halten? Die Männer und das ist längst Vergangenheit.

Aber dieses Bild ist in der alten DNA von vielen Unternehmen noch geblieben. Es ist die Zeit, welche für das neue Frauenbild fehlte, um sichtbar zu machen, was Frauen im Business verändern und erhalten können. Gemeinsam mit dem Mann ist eine Frau ein unschlagbares Team. Denn wir sind alles Menschen, die sich begegnen. Gegensätze ergänzen sich und spielen sich Bälle zu.

Wenn wir auf andere Kontinente schauen, die uns als Vorbild dienen können, sehen wir, dass es funktioniert, die Frau als vollwertige Führungskraft im Unternehmen zu etablieren. Wahrscheinlich ist das Thema „Schwangerschaft" eine wichtige Grundlage für Diskussionen, aber würde man der Frau Möglichkeiten offenbaren, trotz der Schwangerschaft weiterhin für das Unternehmen tätig sein zu können, wäre dieser Meinungsaustausch nicht vorhanden.

Viele Geschäftsmodelle wirken bereits und die Zukunft orientiert sich danach. Vergessen Sie das Altertum und blicken Sie in die neue Zeit. Denn diese hat jetzt begonnen und Sie – bewegen sich mittendrin.

6.5 Anpassung – Wissen – Wirkung

Als Frau aufzutreten, heißt im Business: Alles weglassen, was von der Kompetenz ablenkt und dem Mann keine Gelegenheit geben, die Frau als Person abzuwerten. In der Führungsebene geht es nicht darum, wie ich etwas ausführe, sondern um das, was zu tun ist! Diese unterschiedlichen Aussagen muss eine Frau kennen, um vom Fachwissen auf Führungsmodus umzuschalten.

Meine Herren, Sie haben es von Ihrem traditionellen Netzwerk gelernt. Frauen denken, sie müssen sich den überholten Normen anpassen und verlieren dadurch ihre Stärken, welche sie als Frau zu einem zielorientierten Mitarbeiter machen würde. Im Businessalltag treffen Uniformen aufeinander und Männer brauchen sich nicht anzupassen, weil sie sich auf diesem antiquarischen Parkett perfekt bewegen.

Wenn jemand mit einer sicheren Persönlichkeit und einer sehr guten Ausstrahlung den Raum betritt, gewinnt er, obwohl er noch nicht angefangen hat zu sprechen. Das ist so bei Menschen, egal ob Mann oder Frau. Sehen Sie den Mensch oder nur das Geschlecht, wenn Sie jemanden einstellen, befördern oder als Businesskontakt wählen? Der erste Eindruck zählt. Eine Frau wird gezwungen, sich im Understatement zu üben und ihre Weiblichkeit zu verstecken.

Die Optik kann die Männer irritieren und Intelligenz ist unangenehm bei einer Frau. Natürlich darf das Kleid nicht zu kurz sein, da gebe ich Ihnen Recht. Aber wir reden in diesem Kontext von Businessfrauen und jede meiner Interviewpartnerinnen wusste, wie die Business-Etikette funktioniert.

Und trotzdem passiert es immer wieder. Frauen werden gekündigt, obwohl sie einen sehr guten Job machen. Woran liegt das? Stellen Sie sich vor, eine Assistentin sitzt im Büro, um sie herum nur Männer, denen sie zuarbeiten soll. Sie hat eine sehr gute Ausbildung, Fachwissen und letztes Jahr ihren Master gemacht. Kompetenz und Leistung bringt sie täglich in ihrem Tun. Und trotzdem wird ihr gekündigt.

Der Grund: Sie trägt zu kurze Röcke, hat zu lange pink lackierte Fingernägel und macht mit ihrer Weiblichkeit die Männer verrückt. Der Chef muss entscheiden, wie er mit so einer sehr guten Fachkraft umgehen soll und er kündigt ihr, damit wieder Ruhe in seinem Revier herrscht und die Hormone nicht verrücktspielen. Er hat ihr die Chance gegeben, sich zu verändern und mit ihr persönliche Gespräche geführt, aber sie hat ihr Verhalten nicht verbessert. Warum ist das so? Entweder kann diese Frau sich nicht umstellen oder sie will nicht. Beides könnte sein. Eventuell fühlt sie sich in dieser Weiblichkeit wohl und kann sehr gut damit arbeiten, weil sie stolz ist, eine Frau zu sein. Eventuell gehört sie zu den Frauen, die noch nicht im Geschäftsleben auf dieser Ebene angekommen sind. Vielleicht drückt ihre Optik bei den Männern bestimmte Knöpfe, die dieses Verhalten und diese Emotionen hervorrufen. Warum können Männer nicht neutral mit dieser Situation umgehen? Warum muss die Anpassung wieder bei der Frau vollzogen werden? Sicher, es gibt die Business-Etikette, diese regelt auch die Kleider- und Benimmvorschriften, um sich gekonnt seinem Gegenüber zu präsentieren. Manche Frauen sind sich der femininen Ausstrahlung bei Männern allerdings nicht bewusst und es gibt nur wenige Frauen, welche die Männer direkt darauf ansprechen, dass sie doch bitte in die Augen sehen sollten, statt auf ihr Dekolleté. Hier hat der Ausspruch „Menschen auf Augenhöhe begegnen" wohl seinen Ursprung und die Berechtigung. Die Männer sollten sich dessen bewusst sein und nicht ihrer Fantasien freien Lauf lassen und vor allem hören Sie auf zu projizieren, meine Herren. Projektion umfasst das Übertragen der eigenen Vorstellung, die nicht der Realität entsprechen.

Die Frau muss akzeptieren, dass der Kleidungsstil und ihr Benehmen eine tragende Rolle im Business spielen. Als Mann können sie bei einer Frau, die mit Ihnen arbeitet, dieses Thema in höflicher Form ansprechen und zur Änderung gegebenenfalls beitragen. Zahlreiche Frauen wissen, dass sie, wenn sie attraktiv sind, es schwerer im Business haben. Hier können nur die Männer eine Veränderung unterstützen, indem sie Frauen im Businesskontext als gleichberechtigt ansehen und die Sache im Fokus behalten.

Einzelne Männer sind überzeugt davon, sie müssen nichts mehr dazu lernen, aber die Frauen schon. Es ist ein wertvoller Prozess von der Weiblichkeit im privaten Bereich zur Business Lady zu wachsen. Hierfür werden moderne Regeln gebraucht, um die antiquarischen Pfade zu verlassen. Wer wird diese festlegen? Hierüber sollten wir uns Gedanken machen! In manchen Ländern wird die Frau in ihrer ganzen Weiblichkeit anerkannt und Komplimente gehen nicht unter die Gürtellinie, sondern sind der Schmuck, mit dem die Frau an die Spitze steigt.

Wenn Sie eine Frau in Ihrem Geschäftsleben haben, die sich der Etikette nach falsch verhält, unterstützen Sie diese, damit sie den Zusammenhang versteht. Frauen sollen keine Kopie von einem Mann sein – das wäre Verschwendung ihrer Weiblichkeit. Im Wort Verschwendung ist das Wort „Wendung" versteckt. Es ist die Zeit für eine Reform in Ihrem Denken. Frauen brauchen die Plattform, um sich neu orientieren zu können, ohne den Beweis sich behaupten zu müssen. Schaffen Sie ein passendes Umfeld und geben Sie Ihren männlichen Kollegen dieses Wissen weiter. Begrüßen Sie die Unternehmens-Lady auf dem Red Carpet.

Eine wahrhaftige Lady läuft langsamer an die Tür, um Ihnen die Chance zu geben, sich der Regel zu bedienen, ihr die Tür zu öffnen, damit Sie Erfolg haben. Meine Herren, was tun Sie für das Erfolgserlebnis einer Lady, um die Karrierestufen hinaufzusteigen? Gehen Sie hinter oder vor ihr?

6.6 Profil – Fähigkeiten – Kompetenz

Bekommt ein Mann von einer Frau eine E-Mail mit Komplimenten, die über die sachliche Ebene hinausgehen? Eher nicht. Klar, es gibt immer die Ausnahme, aber gehen wir vom Regelfall aus. Frauen, die in der Männerwelt erfolgreich sind, werden oftmals als Lustobjekt gesehen. Egal welcher Fleiß und welche Kompetenz dahinter stecken. Erfolg bei Frauen wird niemals so gesehen wie bei Männern, die für ihre Leistung gelobt werden und Bewunderung seitens ihrer Kompetenz ernten. Frauen wollen auch gelobt werden, für Ihre Leistungen und nicht nur angesprochen werden, wenn sie Signale senden. Leider ist das in den meisten Unternehmen der Fall. Eine Frau muss, aus welchem Grund auch immer, mindestens doppelt so viel schuften für die gleiche Anerkennung, die ein Mann bekommt. Welchen Grund kann es hierfür geben?

Auszeichnungen, Intelligenz oder Meinungen zu einem Projekt interessieren nicht. Bei einer attraktiven Frau kommt das schleichende Gefühl immer wieder hoch, es geht nicht um die Sache, sondern um etwas ganz anderes. Frauen sind nicht dumm, sondern spüren sehr schnell, wenn Männer statt in die Augen auf andere Körperteile achten. Das lässt Sie schwach erscheinen und unterstützt die Frauen dabei, gegen statt für Sie zu arbeiten. Wie würden Sie es finden, nach Ihren gewissen Attributen gewertet zu werden, statt nach ihren Leistungen?

Stellen Sie sich vor, sie würden ein Portrait im TV-Sender bekommen und am nächsten Tag erhalten Sie E-Mails von Frauen, die sie einfach nur vernaschen wollen, aber der Sprung zum Erfolg bleibt aus und sie verschwinden wieder im Nirwana. Würde Sie das überzeugen weiterzumachen?

Frauen müssen täglich damit kämpfen, mit flotten Sprüchen, mit zweideutigen E-Mails und vielem mehr. Manche davon können sehr gut damit umgehen, aber viele Frauen haben deswegen schon gekündigt. Nur auf sein Äußeres reduziert zu werden, ist hart und mindert das Selbstwertgefühl.

Unterstützen Sie Frauen, indem sie sachlich bleiben und ihre Leistung anerkennen und loben. Geben Sie ihnen die Chance, sich Ihnen als Mensch zu beweisen und werten Sie nicht in zweierlei Maß. Eine Frau hat vieles zu bieten, was Sie als Mann nicht leisten wollen oder können, verbünden Sie sich mit den Frauen, statt ihnen das Leben schwer zu machen.

Seien Sie ein Gentleman und freuen Sie sich, wenn eine Frau in ihrem gesamten Wesen als Lady präsentiert und der Paradigmenwechsel in Unternehmen stattfindet.

6.7 Respekt – Ansehen – Aussehen

Wir stellen uns die Frage, warum tragen Männer Anzüge bei Businessterminen? Geht es hier um das Ansehen oder Aussehen?

Uniformiertes Auftreten untereinander spiegelt die Persönlichkeit wider. Kompetenz und Vertrauen werden akzeptiert. Das Bild einer Frau unterscheidet sich im Auftreten, in der Bewegung und in der Energie. Vertrauen muss sie sich hart erarbeiten. Im erfolgreichen Businessleben nimmt der Druck „gut" auszusehen immer mehr zu. Dies gilt selbstverständlich auch für die Frau. Nur hat diese sich wieder mit verschiedenen Ansätzen auseinanderzusetzen oder Anpassungen wahrzunehmen. Wenn sie zu attraktiv ist, nimmt die Anerkennung ihrer Kompetenz ab.

Warum ist das so? Schauen wir uns dazu zwei Geschichten an
Nehmen wir an, es kommt eine selbstbewusste Blondine in Ihr Büro in einem schwarzen Anzug und mit geschlossenen Haaren zum Zopf gebunden. Sie trägt ein sanftes Parfüm und lächelt sie an und redet mit Ihnen über dieses und jenes. Erzählt von der letzten Präsentation, die sie erfolgreich durchgeführt hat, als sie die Unterlagen für ihr Meeting auf Ihren Tisch legt.

Lesen Sie die Unterlagen durch oder lassen Sie sich von dem Lächeln und der Kompetenz, welche ihr Auftreten vermittelt, kurz irritieren?

Nehmen wir an, es kommt eine schüchterne kleine Frau mit einem grauen Pullover und einem langen schwarzen Rock und strähnigen langen dunklen Haaren in ihr Büro. Der Geruch von der Kantine schwingt mit, als sie den Raum wieder verlässt. Auch sie hat Ihnen die Unterlagen für ihr Meeting auf den Tisch gelegt, jedoch sehen sie dort noch Fettflecken auf dem Papier.

Welcher Person trauen Sie zu, das Konzept korrekt bearbeitet zu haben?
Meine Herren, beide Frauentypen haben den Kampf mit der Akzeptanz. Der erste Eindruck zählt in Sekunden und wer den Business-Knigge hinsichtlich Kleidung nicht kennt, fällt hier durch das Raster, egal welche Kompetenz die Frau hat, welche Fähigkeiten hinter ihrer Fassade stecken.

Das Aussehen wird mit Lebensenergie und Leistungsfähigkeit verglichen. Attraktivität ist einer der großen Erfolgsfaktoren. Wenn sich eine Frau jedoch weiblich kleidet, bringt es ihr nicht immer nur Vorteile. Im Kostüm projiziert ein Mann oft ein Bild in eine Frau, die sie gar nicht ist. Durch die Medien und die Erinnerungen trägt jeder sein Bild der Definition in seinem Gehirn mit sich. Die Urinstinkte und die Fantasie spielen Ihnen auch hier wieder einen Streich. Wenn Sie eine Frau sehen, dann hilft Ihnen dieser Tipp bestimmt weiter.

Erkennen Sie in ihrem Kleidungsstil Klarheit und Wertigkeit, ist das ein Zeichen, dass die Frau weiß, wie man sich im Business kleidet, ihre Weiblichkeit aber nicht verstecken wird. Dezentes Makeup kann auch die Lippen unterstreichen und ist niemals eine Aufforderung, sondern ein Schmuckstück, das die Attraktivität und das Lebensgefühl unterstreicht. Aber es gibt Ausnahmen und diese sind von Branche zu Branche verschieden. Seriös bedeutet nicht langweilig. Eine Frau schlüpft ab und an in Rollen, was zur Änderung ihres Outfits führen kann und tagesform- sowie situationsabhängig ist. Es geht wieder um Anpassung, eine Frau ist ein Chamäleon und somit passt sie sich ihrem Umfeld hinsichtlich Kleidung oftmals an. Eine Frau kleidet sich aus einem weiteren Grund feminin, um ihre Leistung zu steigern. Sie fühlt sich einfach besser und ist authentisch in ihrem Denken und Handeln als Frau. Aber vielleicht kennen Sie das Gefühl selbst, man fühlt sich so, wie man sich kleidet. Sie würden doch nicht im Jogginganzug zu einem Businessmeeting gehen, oder?

Sie sehen, eine Frau hat einfach mehr Auswahl in ihrem Styling, aber in einem gebe ich Ihnen auf jeden Fall Recht: Es darf nicht von der Sache ablenken, wenn sie einem Mann gegenüber tritt. Manche Frauen haben einfach Freude daran, etwas mehr Lippenstift tragen und sie genießen die Macht und den damit verbundenen Erfolg. Sie sind einfach *Frau*. Ist das eine Sünde im Business?

Ein Mann kann dahingehend kaum attraktiv genug sein, um erfolgreich zu sein. Ob sich dieses festgefahrene Bild ändern wird, ist fraglich, aber sie könnten dazu beitragen diese Einstellung zu verändern.

6.8 Kommunikation – Verständnis – Danke

Es gibt zwei Methoden, die mit dem Wort Danke in Verbindung gebracht werden. Ist „Danke sagen" nur eine Floskel und das Unwort in der heutigen Zeit? Schon früh werden wir dazu erzogen, uns zu bedanken und es entspricht einer guten Erziehung, wenn man diese Regel befolgt. Kennen Sie Alternativen für das Wort Danke? Außer in Fremdsprachen, wie thank you oder merci oder wohl der sich freuen kann, ist mir kein Wort bekannt, welches dieser charakterstarken Buchstabenfolge solche Wirkung verleiht.

Die Danke-Methode
Danke wird hauptsächlich mit materiellen Werten und möglichst teuren Geschenken in Verbindung gebracht. Stellen wir uns die Frage: Sollen wir uns für etwas bedanken, das man nicht sieht? Zum Beispiel für ein Wort, eine vorübergehende Geste oder ein Gefühl? Wenn jemand einem die Tür aufhält, im Zug einen Platz anbietet oder einem die Hand auf die Schulter legt, wenn der Arbeitstag mal nicht so gut gelaufen ist, wäre Danke angebracht. In der heutigen Zeit, bei der die Uhren den schnellen Lebenstakt angeben, tritt diese wichtige Höflichkeitsform oftmals in den Hintergrund.

Wird das Tun selbstverständlich oder erwarte ich nichts anderes? Nichts ist selbstverständlich. Eine Frau kann das nicht annehmen, dass Sie als Mann das nur tun, weil Sie es wollen, können und dürfen. Sondern sie sieht dahinter immer einen Grund des Wohlwollens ihr gegenüber. Sei es für ihre Beförderung, für ihr Wohlgefühl oder für ihr Verständnis.

Bei Ihnen als Mann ist das oftmals anders. Sie können manchmal das Wort Danke nicht mehr hören, weil Sie denken, es ist eine Floskel im Sprachgebrauch einer Frau. Sehr vielen Frauen ist es antrainiert, sich für alles zu bedanken, das stimmt, und es gibt Situationen, da ist es nicht wahrhaftig gemeint. Aber in der Regel ist Danke kein Unwort, sondern ein Wort, welches Glück und Zufriedenheit vermittelt. Frauen und Männer haben ihre Synapsen im Gehirn verschieden programmiert.

Sehen Sie nach dem Lesen dieses Buches die ehrliche Freundlichkeit, sanfte Rücksichtnahme oder die angenehme Höflichkeit einer Frau aus einer neuen Perspektive, belohnen Sie sie dafür, indem Sie das Dankesagen trainieren.

Die Frau wird ein unerwartetes „Danke" sogar als zusätzlichen Lohn für ihre Leistung und Kompetenz annehmen und dadurch zufriedener sein. Vorsicht jedoch mit der Wortfolge „Danke, aber". Wenn das eine Frau für ihre Bemühungen erhält, setzt sie dies mit der Entwertung der Anerkennung gleich. Für Sie als Mann ist es nur eine Abfolge von Worten, um ihren Standpunkt klarer darzustellen, für die Frau eine verbale Ohrfeige.

Männer sehen das Lob mit der Einschränkung so, dass niemand abhebt, egal ob Mann oder Frau. Das kleine Wort „aber" ist der große Unterschied gegenüber dem, wie Frauen loben. Männer messen sich gegenseitig, wenn sie loben, Frauen ist dieser Gedanke fremd. Es geht ihr um Harmonie und nicht um Rivalität.

Klingt das zu trivial? Das „Ja, aber"-Spiel macht Ihnen als Mann Spaß. Eine Frau macht das verrückt. Sie versteht es immer als Angriff. Es gibt noch eine weitere Variante des Wortes Danke.

Nein-Danke-Methode
Das ist wahrscheinlich der Irrtum, warum Männer das Wort Danke als Unwort bezeichnen. In meinen Interviews wurde diese Wortkombination mehrmals erwähnt. Vielleicht kennen Sie diese Situation. Sie sprechen der Sekretärin ein Kompliment aus. Als Antwort erhalten Sie: „Nein, danke, das ist doch nicht nötig. Wenn Sie nicht gewesen wären, dann hätte die Präsentation nicht zum Auftrag geführt." Die Frau wünscht sich ehrliche Komplimente für ihre Leistung, aber durch solche Aussagen zwingt sie den Mann, dies nicht mehr zu tun. Paradoxe Zusammenhänge, nicht wahr? Ob es das Wort danke sein muss, eine passende Geste oder ein Geschenk. Seien Sie kreativ und versuchen Sie, die Frau in ihrem Denken zu verstehen. Trotz der Unterschiedlichkeit der Auffassung. Danke sagen macht Sie erfolgreicher!

6.9 Motivation – Macht – Logik

Frauen wollen gefallen und Männer wollen Macht, heißt es in verschiedenen Aussagen. Stimmt diese These? Entspricht sie unserer Logik? Logik ist der Sektor, mit dem man beweisen kann, ob das, was ein Mensch sagt, überhaupt richtig ist. Entspricht diese Logik und Definition des Wortes Macht dem modernen Bildnis? Frauen sind oftmals zurückhaltender in Machtspielen. Das hat den Grund, den Überblick zu behalten, um zielgenauer zu agieren, bis die Position geklärt ist. Kritischer sind allerdings die Männer bei Entscheidungen, sie konzentrieren sich intensiver auf den Sachverhalt. Oftmals werden Frauen von Männern als Bedrohung gesehen. Wie treten Sie einem Feind gegenüber? Bestimmt nicht mit offenen Armen, sondern mit Skepsis und Abstand. Wenn Sie das tun, spürt das eine Frau mit ihren feinen Antennen der Empathie, somit schließt sich der negative Kreislauf und das Spiel nimmt seinen Lauf.

Sind Opfer oder tatkräftige Menschen mächtiger? Können Sie sich vorstellen, dass Zuschauer dieses Verhalten steuern? Die Gruppe ist oft als Zuschauer gemeint. Wenn Sie sich der Vorgehensweise gegenüber einer Frau der Gruppe von Männern anschließen, werden sie automatisch zum Täter. In einer Beziehung gibt es immer einen Täter, Opfer, Zuschauer und das Lamm. Sonderbar ist es, dass dort, wo ein Lamm auftaucht, der Zuschauer zum Täter wird. Beobachten Sie sich in Ihrem Verhalten gegenüber einer Frau und entscheiden Sie von Situation zu Situation, welcher Figur Sie Macht geben wollen.

Von Natur aus haben Sie in Ihrer Körpersprache als Mann einen Wissensvorsprung. Betrachten wir zum besseren Verständnis die Tierwelt. Nehmen wir zum Beispiel Pferde. Bei diesen bestimmt die Rangordnung das soziale Ergebnis. Ein Kampf wird nur dann geführt, wenn ein Hengst Schwäche signalisiert bekommt. Manchmal reicht schon das Bewegen eines Ohres, um die Rangfolge klarzustellen und den Schwächeren zu bewegen, damit das Gleichgewicht in der Herde wieder hergestellt wird. Es existiert keine Gleichrangigkeit und der Stärkere gewinnt, weil es um das Überleben geht. In diesem Sinne denkt und handelt der Mensch anders. Insbesondere im Businesskontext. Bei Frauen zum Beispiel spielt es eine große Rolle, welche berufliche Stellung ihr Gegenüber hat. Danach zeigt sie die Bereitschaft zu einer Zusammenarbeit oder nicht.

Männer denken differenzierter. Sie haben früh gelernt, um die soziale Stellung in Konkurrenz zu treten, andererseits den großen Vorteil einer Gruppe zu sehen und handeln danach, wobei die Position an zweiter Stelle steht.

Frauen und Männer können in vielerlei Hinsicht nicht aus ihren verstaubten Denkmustern ausbrechen, weil die Prägung so stark ist und immer wieder aktiviert wird. Frauen sehen die Rangordnung als Feindbild und den Mann somit nicht gleichgestellt, dies liegt an einem weitreichenden Detail.

Aber warum ist das relevant zu wissen, meine Herren?
Stellen Sie sich vor, Sie sind ein unsichtbarer Beobachter bei einer Verhandlung. Sie könnten, als Mann, sofort feststellen, wer in diesem Gespräch das Sagen hat. Eine Frau ist hier im Nachteil. Sie erkennt das visuelle Einknicken nicht an. Diese Unterwerfungsgeste anhand der Körpersprache wirkt nicht bei ihrem Gegenüber. Ganz im Gegenteil, Frauen gehen fast immer auf Konfrontation und dies auch mit ihrer Körpersprache. Sie neigen sich nach vorne oder stehen auf, selbst wenn sie nachgeben sollten.

Bei Pferden ist es so, dass die Hengste genau wissen, wann sie verloren haben und dies mit ihrer Körpersprache dem anderen Hengst zu erkennen geben. Eine Frau hat dies nie gelernt und somit führen Mann und Frau einen unterschiedlichen Dialog, der dann zum Kampf führt, bei dem es nur um gewinnen oder verlieren geht.

Das muss nicht sein. Sie sind interessiert an intelligenter Macht, dann nutzen Sie diese sinnvoll als zielbringendes Instrument in der Kommunikation. Unterstützen Sie die Frau, indem Sie dieses Wissen weitergeben und Sie werden erstaunt sein, wie viele Frauen diese Signale der „Unterwerfungsgesten" nicht kennen. Dies hat nichts mit der Unterwerfung an sich zu tun, sondern mit der Erkenntnis darüber, dass der gegenseitige Rang im Business aus Respekt gewahrt wird. Im Gegenzug sollten Sie die Frau als Lady erkennen und sich ihr gegenüber so verhalten. Auf den Revier-Kampf ist eine Frau von der Evolution gesehen nicht eingestellt. Ihr Kampf hat ganz andere Regeln und das Ziel einer Frau verfolgt sie sehr gewissenhaft, weil sie Geduld hat. Macht zu spüren kann sehr reizvoll sein und Frauen wissen um die Machtcodes der Männer. Macht fühlt sich interessant an und kann zum Erfolg führen, aber nur dann, wenn man um die Gesetze der Macht weiß. Die Frau sieht die Macht als Mittel, um etwas Positives zu bewegen, wenn negative Gedanken der Grund sind, dann seien sie lieber auf der Hut, meine Herren. Frauen lieben es, immer mehr Macht zu bekommen, dies kommt durch das Verhalten, sich behaupten zu müssen, eine Reproduktion von männlicher Überlegenheit darzustellen. Sie haben sich mittlerweile mit den Regeln der Macht für Männer beschäftigt und kennen ihre Spielzüge und sind somit mindestens einen Schritt voraus.

Kennen Sie die Machtcodes der Frau?
Machen Sie sich die Mühe zu recherchieren, zu kombinieren und dann wieder aufzulösen, um diese Information zu bekommen? Wenn Sie einen Plan haben, der Sie zum Ziel führt, dann kann ich mir vorstellen, dass Ihnen das wichtig ist. Eine Frau sieht das anders. Sie sammelt Wissen wie Schuhe, ist detailverliebt und neigt zur Perfektion. Deswegen haben Sie oft einen Vorteil, meine Herren. Warum steigt ein Mann schneller die Karriereleiter hinauf? Leider bleibt die Businessfrau oftmals in ihren Strukturen verhaftet, weil sie denkt, sie braucht immer noch mehr Wissen, um die Sache perfekt zum Abschluss zu bringen. Das ist der Moment, bei dem der Mann die Chance nutzt, die Frau zu überholen und sich an die Spitze zu setzen. Sich von der Perfektion zu lösen, fällt einer Frau sehr schwer, ist aber Voraussetzung, für den aktiven Prozess des Wandels. Eine Frau wird für Sie erfolgreich arbeiten, wenn sie für ihre Leistung von Ihnen anerkannt wird. Ein Mysterium ist allerdings, dass viele Frauen schlichtweg vergessen, diese Anerkennung zu fordern. Sie will, dass Sie in ihr diese Berufung erkennen. Wenn Sie die Besonderheit einer Frau loben, wird sie Ihnen Wertschätzung zurückgeben und Türen in ihrem Netzwerk öffnen, die für Sie als Mann nur schwer erreichbar sind. Somit werden Sie in Ihrem Vorankommen effizienter und effektiver. Strategie und Kombinationsvermögen, gepaart mit ausdauernder Disziplin, werden von Frauen eingesetzt. Ihr Ziel ist es, Schritt für Schritt und manchmal mit kleinen Umwegen, nicht festgefahren zu bleiben. Eine Lady, meine Herren erwartet von Ihnen, dass Sie um diese Dinge wissen. Seien Sie ein Gentleman und gehen Sie das nächste Mal einen Schritt auf sie zu, statt sie als Bedrohung zu sehen, dann wird sie zu Ihrem gleichberechtigen Geschäftspartner und Ihr Ansehen als Mann bleibt bestehen. Das uniformierte Bild fordert Veränderung, damit Entwicklung stattfindet.

6.10 Verhandlung – Frauencodex – Prüfstand

Verhandlungen gibt es jeden Tag. Es geht nicht immer um Verträge, sondern um normale Arbeitsabläufe. Unterschätzen Sie niemals eine Frau und denken Sie daran, dass Frauen oft die direkte Konfrontation vermeiden. Frauen wünschen sich Würdigung und die respektvollen Worte „Danke" und „Bitte" sollten in Ihrem Wortschatz parat sein: Eine Frau, welche Wertschätzung erhält, wird es lieben, für Sie zu arbeiten und sich wohlfühlen. Denn Harmonie braucht eine Businesslady, um ihren Job als Berufung ausüben zu können.

Warum ist das so?
Die Evolution bestätigt der Frau, dass sie im Normalfall dem Mann im Kampf körperlich unterlegen ist. Aber eine Frau hat eine Eigenschaft, mit der sie dem Mann überlegen ist – die Geduld.

Sie kann auf den richtigen Moment warten, um Ihnen, bildlich gesehen, das Messer in den Rücken zu stechen, meine Herren. Und wenn sie nicht mehr daran denken, dann schlägt sie zu und zwar subtiler, als sie es sich vorstellen können, um Sie ihre Rache fühlen zu lassen. Oftmals kommt dies bei der Geschäftsbeziehung Assistentin und Chef vor. Wer seine Assistentin nicht zu schätzen weiß, hat sich mit solchen Problemen auf einen heißen Stuhl gesetzt. Sie ist eine helfende Idealistin, aber als Profilerin weiß ich, wie solch ein Typus Mensch funktioniert. Sollten Sie dann noch analytisches Gespür in ihren Glaubenssätzen finden, ist der Sieg dieser Frau vorprogrammiert. Sie wird nicht aufgeben, Sie zu vernichten, egal welchen Preis es sie kosten wird.

Es ist immer ein Preis zu zahlen, Gewinn- und Verlustrechnungen gehören zum Business dazu. Aber Frauen verhandeln mit einem intensiven Wertesystem, von dem sie nur schwer abweichen. Denn beim Frauencodex gibt es keine Kompromisse. Umso früher Sie darüber Bescheid wissen, desto besser, damit es gar nicht so weit kommen muss, dass Sie dieser Rache einer Frau in die Falle gehen.

Spielerische Schachzüge können in Verhandlungen spannend sein. Bei einer Frau sollten Sie darauf achten, dass sie mit dem Wechsel ihrer Strategie flexibel ist. Sie ist unberechenbar, besonders wenn ihr Unrecht getan wurde. Eine Frau bemüht sich in Verhandlungen um Ausgleich und Konsens, die Konflikte eher an den Spitzen herauszukristallisieren und ist bereit, bei Eskalation gegenzusteuern.

Obwohl einer Frau Schwäche und übertriebene Weichheit nahegelegt wird, kann sie, von einer Sekunde auf die andere, knallharte Entscheidungen treffen.

Folgende Punkte können Ihnen mit einer Verhandlungspartnerin an Ihrer Seite effektive Vorteile bringen:

- Bei einer Besprechung bringt die Empathie einer Frau Ihnen große Vorteile.
- Eine Frau kann besser soziale Regeln einfordern, weil sie einfach dieser Rolle im Gesamtbild der Gesellschaft entspricht.
- Das Multitasking ist ihr in die Wiege gelegt worden. Nähe herstellen, dem Gegenüber Bestätigung zu vermitteln und sich zu entschuldigen gehören ebenfalls zu den besonderen Fähigkeiten, welche sie als Verhandlungspartnerin für Sie so wertvoll werden lassen kann.
- Wenn Einigungsgespräche in eine vielschichtige Diskussion gehen, können Frauen mehrere Dinge gleichzeitig: beobachten, differenzieren und als Vermittler eine ziel-

führende Rolle einnehmen. Dies zeichnet die Businessfrau als effiziente Gesprächspartnerin aus.

Doch greifen Sie niemals die ethischen Werte einer Frau bei Auseinandersetzungen an. Frauen brauchen Sicherheit, Klarheit und respektvolle Umgangsformen. Sonderbarerweise sehen Sie, dass diese Merkmale dem Mann in seiner Rolle zugeordnet sind. Wenn wir dieser Logik Glauben schenken, wäre dies die ideale Ergänzung für eine erfolgreiche Zusammenarbeit.

6.11 Gesellschaft – Stolperfalle – Anspruch

Für dieses Thema machen wir eine kurze Exkursion in Sachen Recht, Gerechtigkeit und nicht zu vergessen den Anspruch. Sie sehen schon, alleine in den verschiedenen Worten gibt es gravierende Unterschiede. Wie soll dann die Denkweise von einem Mann und einer Frau hier einen gemeinsamen Nenner finden? Im Recht ist die Frage: Was steht der einzelnen Person zu?

Unter Anspruch versteht man die Erwartung und Wertvorstellung an eine Person. Gerechtigkeit ist mit der Aufforderung verbunden, ungerechte Zustände in gerechte umzuwandeln. Möchte eine Person gerecht handeln, dann hat sie die Pflicht sich nach der Erwartung des anderen zu verhalten. Wie Sie sehen können, haben der Anspruch und die Gerechtigkeit die Erwartung im Fokus. Beim Recht stellt die Person die Zugeständnisse in den Vordergrund. Wenn man das Verhalten von einem Mann beobachtet, fordert er mehr sein Recht ein, als dass er seinen Anspruch stellt. Eine Frau dagegen wünscht sich Gerechtigkeit und fordert keinen Anspruch.

Zu kompliziert, meine Herren?
Wenn es alleine durch das Überdenken dieser Wortkombinationen Ihre Synapsen zappeln lässt, was bedeutet dies für das klare Verständnis und der wahren Erkenntnis dahingehend? Die Frau sollte lernen, den Anspruch für ihre Kompetenz und Leistung anhand von Anerkennung in für sie gerechter Form und Handlung zu fordern. Ein Mann sollte sich auf das Experiment einlassen, sich selbst nicht so wichtig zu nehmen. Nicht sein Recht in den Mittelpunkt zu stellen, sondern die Gerechtigkeit zum Wohle der Frau zu hinterfragen.

Eine prekäre Ausfertigung der Umstände? Auf den ersten Blick ja, aber wenn Sie sich dem modernen System öffnen, wird diese Aussage Substanz bekommen. Die Antworten darauf entstehen direkt vor Ihren Augen. Im Moment sehen Sie eine überfüllte Matrix mit alten Werten, Rechten, Ansprüchen und Pflichten. Ein Stromausfall in Ihrem System und nach dem Reboot werden sich die Leitungen neu verbinden. Immer schneller und bunter ergeben sich visuelle Effekte. Die Veränderung hat bereits begonnen. Unser Jahrhundert gibt keine Chancen des Rückschritts. Die neuen Strukturen vernetzen sich Sekunde um Sekunde, um eine neues Gen zu platzieren. Stolperfallen gibt es jetzt schon. Wird das

System diese überarbeiten, um neue Rollenspieler mit fremdem Gedankengut zu generieren?

Wie treten wir in diese Stolperfallen? Männer, indem sie sich ihrem Egoismus hingeben. Das bedeutet, sie wollen alles alleine schaffen. Die Kraft holen sie sich aus der Gruppe und orientieren sich an den Schwächen der anderen, um ihr Revier abzustecken.

Frauen, indem sie denken, dass sie schwach sind. Ihre Kraft holen sie sich vom Team dadurch, dass sie alle zufriedenstellen, weil sie perfekt sein und die wertvollen Beziehungen pflegen wollen. Wenn Männer wie Frauen diese Modifikation forcieren, bedeutet das, weg vom Einzelkämpfer hin zum Teamplayer. Minimieren des Selbstwertkonflikts und mehr Selbstliebe. Weniger Perfektion, um Zeit für den Einzelnen zu haben. Es ist unausweichlich, den Wechsel der Glaubenssätze zu vollziehen, um dem zukünftigen Verfahren offen gegenüberzutreten.

6.12 Bewegung – Mensch – Maschine

Denken Sie, das ist die Realität? Wenn der Mensch eine Maschine ist, warum reagiert er dann mit Emotionen und Diskussionen gegenüber dem Thema „Frauenquote" so extrem? Wäre es dann nicht rational lösbar, um dieses Thema vom Tisch zu kriegen?

Nach meinen Recherchen habe ich folgende Antwort gefunden. Es gibt für alle Zeiten keine Eigenschaft, welche einen prinzipiellen Unterschied zwischen Mensch und Maschine widerlegt.

Der Mensch ist eine Art Bio-Roboter. Und der geniale Pionier der Computertechnik, Alan Turing hat es mal wieder auf den Punkt gebracht: Sage mir, was du glaubst, worin genau sich ein Computer von einem Menschen unterscheidet und ich werde einen Computer bauen, der deinen Glauben widerlegt.

Sehen wir in einem Computer eine Frau, kann man dies rein wissenschaftlich so belegen, dass Mann oder Frau der Spezies Mensch angehören. Der Unterschied wird durch die persönlichen Glaubenssätze festgelegt.

Bewegung ist der Schlüssel, um vorwärts zu kommen. Stillstand bedeutet Rückschritt, heißt es? Unterschätzen Sie nie eine Frau, denn wenn sie einen Schritt zurück macht, könnte es sein, dass sie nur den richtigen Anlauf holt, um Sie zu überholen.

Der Mann sollte hinterfragen lernen, um verschiedene Wege zu sehen und zu begreifen, dass er durch das Wissen und die Fähigkeiten, die er damit aktiviert, auch an neue Ressourcen kommen kann, um Erfolg zu haben. Durch weniger Stress im Miteinander werden Sie gesund bleiben, weil Sie zufrieden sind und zufriedene Menschen sind glücklich.

Es liegt bei jedem einzelnen, wie er das Wort *Erfolg* für sich definiert.

Der Umgang mit Frauen, meine Herren, ist ganz einfach, sehen Sie den Mensch in ihr und stellen Sie sich folgende Fragen:

- Was bewegt Menschen?
- Wie bewege ich Menschen, Dinge und Situationen?
- Was, wer bewegt mich und wie?

Finden Sie für sich heraus, was Bewegung bedeutet.

Männer sollten mehr hin- und zuhören, zwischen den Zeilen lesen lernen, innovative Denkmuster akzeptieren, unterschiedliche Körpersprache achten, sich mit der Frau und ihren angeborenen Fähigkeiten auseinandersetzen. Motivationsgründe herausfinden, warum die Frau eine gute Ergänzung als Sparringspartner im Business ist und wie man ihr auf Augenhöhe begegnen kann.

Frau sollte Frau bleiben und ihre soziale Kompetenz leben. Mit schwierigen Emotionen lernen umzugehen und dem Controlling positiv gegenüberstehen, um die Struktur des Mannes in der Businesswelt zu erhalten.

Bewegung ist der Zustand jenseits der Ruhe, um Veränderungen anzustoßen. Wir können in Bewegung kommen, in Bewegung sein und Bewegung gewinnen. Frauen bewegen sich anders. Nicht nur in ihrer Körpersprache, sondern sie wägen mehr ab. Verbundenheit und Beziehungen zu pflegen ist ihnen wichtig, den Mensch zu sehen, ihn zu fordern und zu fördern.

Die Unternehmen sollten die alte DNA aus ihrem Denken herausnehmen, somit kann Entwicklung stattfinden und den zugeteilten Rollen sich bessere Möglichkeiten der Zusammenarbeit öffnen.

Einzelkämpfer treten immer mehr in den Hintergrund.

6.13 Zusammenfassung

Meine Herren, das Kapitel ist fast zu Ende. Jeder hat eine andere Sicht der Dinge bekommen durch seine Erfahrungen und das ist es, was ich erreichen wollte. Ihre Synapsen unter Strom zu setzen, damit Sie ihre eigenen – neuen – Gedanken kreieren.

Wenn Ihre Bitte nicht als Anweisung verstanden wird und die Frau ihre Anweisung nicht als Bitte formuliert, dann sind wir auf dem Weg der Entwicklung – der Kommunikation von Mensch zu Mensch.

Das *Experiment* ist gelungen, wenn Ihr *Bewusstsein* Veränderung zulässt, um den *Ausdruck* in den verschiedenen Thesen zu verstehen. Mit wahrer *Authentizität* ist es möglich, seine eigene *Identität* zu stärken.

Die *Prinzipien* zu akzeptieren und die *Diplomatie* einer Frau als Stärke zu erkennen.

Die facettenreichen *Denkmuster* geben Ihnen das Wissen, ob *Schubladen* oder *Netze* am Werk sind, um sich gegenseitig zu verstehen.

Wie jemand sein *Ziel* erreicht, ob mit einem *Plan* oder eine *Liste,* liegt im Auge des Betrachters.

Die *Anpassung* ist notwendig, um das vorhandene *Wissen* in Wirkung zu verwandeln.

Durch das *Profil* eines Menschen öffnet sich der Horizont, um seine *Fähigkeiten* zu erweitern und seine *Kompetenz* zu fördern.

Wenn jeder den *Respekt* wahrt, erhöht dies sein *Ansehen* und das *Aussehen* wird zur Kür, aber nicht zur Pflicht.

Die *Kommunikation* setzt *Verständnis* voraus und nur dann führt sie auf Augenhöhe zu nachhaltigen Erfolg. *Danke* fördert die Zugehörigkeit.

Die *Motivation* entspricht dann der *Logik*, wenn diese *Macht* nicht missbraucht wird.

Bei *Verhandlungen* gilt es durch geschickte Züge den Verlust zu vermeiden oder Gewinn zu generieren. Der *Frauenkodex* steht auf dem *Prüfstand* und mit passender Werteorientierung sichern Sie sich somit den maßgeblichen Erfolg.

Die *Gesellschaft* sortiert durch *Stolperfallen* aus, um dem *Anspruch* der Business-Etikette gerecht zu werden.

Durch die *Bewegung* von *Mensch* und *Maschine* wird die individuelle Entwicklung stattfinden, wobei die Maschine an Programme gebunden ist.

Das *Resümee* all dieser Worte und Ihrer Einstellung ergibt das Weltbild der Zukunft.

6.14 Die letzten Sätze …

Wohl dem, der sich freuen, kann, dass er sich die Zeit nahm, diese Zeilen zu lesen. Es hat mich mit Stolz erfüllt, für Sie zu schreiben. So verabschiede ich mich von Ihnen und wünsche Ihnen weiterhin eine erfolgreiche Zeit. Meiner Meinung nach sollte der passende Mensch mit seinen Fähigkeiten am richtigen Platz eines Unternehmens sein, um seinen Beitrag leisten zu können und nicht über das Geschlecht entschieden werden. Das ist oberflächlich und nicht mehr zeitgemäß. Die Menschen lieben den Fortschritt, warum investieren sie ihn dann nur mit einem Teil ihrer Motivation in Veränderungen hinsichtlich dieser Thematik? Es gibt Unternehmer/innen, bei denen ist dieses Thema nicht präsent, diese Gründe erfahren Sie in einer anderen Geschichte. Und vielleicht konnte ich mit meinen Ausführungen zu diesem Thema Ihre Welt ein wenig auf den Kopf stellen. Nur gemeinsam sind wir ein unschlagbares Team.

Mit dem letzten Satz gehen wir zurück in Ihre Welt, bei der unser gemeinsames Experiment begonnen hat, meine Herren.

Welcome to the next level!
Es existiert ein Interesse an der generellen Rezession der Applikation relativ primitiver Methoden komplementär zur Favorisierung adäquater komplexer Algorithmen.

▶ Die Lösung: „Warum einfach, wenn's auch kompliziert geht!"

6.15 Über die Autorin

E. Chiara Hartmann ist seit über 20 Jahren Eventmanagerin und Vertriebsprofi mit Herz und Verstand. Durch innovative Ideen, die Kreative, für nationale und internationale Unternehmen der unterschiedlichsten Branchen. Konzeptionerin mit analytischem Gespür für das Wesentliche.

Ihre Karriere startete sie als Assistentin der Geschäftsführung im Marketing und Vertrieb. Gehörte zu den Top 3 der Vertriebskräfte in der Kommunikationsbranche in Deutschland und performte für renommierte Event- und Incentive-Agenturen u. a. für die Formel 1 weltweit.

Im Jahre 2003 gründete sie die EventManufaktur Secrets of Chiara. Mit dem einzigartigen Eventstil WordArt Entertainment, einem professionellen Team und individuellen Inszenierungen, der realen und virtuellen Welten, hat sie sich als Unikat in der Branche platziert.

Die Botschaften und Wertesysteme der Institutionen werden, mit speziellen Eventpartnern, auf die Bühne gebracht. Authentizität, Bewegung von Menschen/Emotionen und Neurowissenschaften sind ihre Schwerpunkte.

Als Profilerin wird sie eingesetzt, um das Potential und die Ressourcen der Führungskräfte und Mitarbeiter festzustellen, erfolgsmindernde Faktoren aufzulösen, zu motivieren, um zielführende Entwicklung zu generieren.

Authentizität & Verhaltensflexibilität ist ihr Spezialgebiet.

Zu ihrem Team gehören nationale und internationale Toptrainer/Coachs und Speaker, welche sie als Inhaberin der Agentur B2B Speaker erfolgreich an Unternehmen vermittelt. Diese Firmen werden von ihr weiterhin, als Beraterin, effektiv unterstützt.

Mehr unter www.secrets-of-chiara.de und www.die-profilerin.de und www.b2b.speaker.de

Souveränität ist sexy – Das Geheimnis wahrer Führungs-Kraft

7

Brigitte Herrmann

Inhaltsverzeichnis

7.1 Spieglein, Spieglein an der Wand – Selbsterkenntnis ist der erste Weg 126
7.2 I am because you are – Warum Egotrips und Co. nicht zum Erfolg führen 129
7.3 Schon entdeckt? – Der Mensch hinter dem Mitarbeiter 130
7.4 Warum Fische nicht auf Bäumen leben – So geht stärkenbasiertes Personalmanagement 131
7.5 Mitarbeiter zu Mitstreitern machen – Plädoyer für einen positiven Führungsstil 134
7.6 Deutschland sucht den Super-Chef – Was macht echte Führungspersönlichkeiten aus? . 135
7.7 Special: Diamonds are a girl's best friend – Frauen führt man(n) anders! 138
7.8 Resümee: Souverän = sexy – In 7 Schritten zum Führungserfolg 140
7.9 Über die Autorin 141
Literatur 142

> Führungsaufgaben sind im Grunde Beziehungsaufgaben. Um sie erfolgreich zu lösen, bedarf es einer Persönlichkeit, die in einem gesunden Selbstgefühl verankert ist. (Wolfgang Schmidbauer, Psychoanalytiker)

Praxisbeispiel

Wütend und enttäuscht verlässt Anita K. am Dienstagvormittag das Büro ihres Chefs. Dieser hatte sie beauftragt, für die wichtigste Messe des Anlagenbauers ein neues Konzept zu erarbeiten. Auf diese Gelegenheit hatte sie schon lange gewartet und war überglücklich. Endlich konnte sie ihrem Chef zeigen, dass noch viel mehr in ihr steckt als das Organisieren von Kleinmessen und das Bestellen von Werbematerialien für den Außendienst. Über Wochen hatte sie sich voller Enthusiasmus dem neuen Messe-Konzept gewidmet, innovative Ideen entwickelt, die Kalkulation und eine entsprechende Präsentation für die heutige Sitzung der Geschäftsleitung ausgearbeitet. Und dann so was: Der Chef erklärt ihr vor allen Sitzungsteilnehmern mit knappen Worten, dass sie

---

Brigitte Herrmann ✉
Inspirocon, Lessingstraße 7, 76744 Wörth am Rhein, Deutschland
e-mail: herrmann@inspirocon.de

© Springer Fachmedien Wiesbaden 2016
P. Buchenau (Hrsg.), *Chefsache Männer*, DOI 10.1007/978-3-658-07510-1_7

wichtige Informationen vergessen hätte und somit das neue Konzept nun doch nicht zur Diskussion stünde. Anita K. ist wie vom Donner getroffen – welche wichtigen Informationen? Die hatte sie vom Chef nie bekommen. Auf ihre Nachfrage reagiert er eher genervt und räumt lapidar ein, dass er das wohl vergessen hätte. Damit ist das Thema für ihn erledigt. Keine Entschuldigung für die vorenthaltenen Informationen, keine Wertschätzung für die wochenlange Ausarbeitung, kein Dankeschön, gar nichts. Anita K. fühlt sich verraten und bloßgestellt. Und nun, da ihr ganzes Engagement völlig umsonst war, ist nicht nur ihre Motivation für die nächsten Aufgaben automatisch auf dem Nullpunkt angekommen, sondern auch das Vertrauen zu ihrem Chef hat einen deutlichen Kratzer bekommen.

Situationen wie diese spielen sich in deutschen Unternehmen, so oder ähnlich, tagtäglich tausendfach ab und im Grunde ist es auch völlig normal, sich ab und an über den eigenen Chef zu ärgern. Schließlich sind auch Führungskräfte nur Menschen, die von Zeit zu Zeit Prioritäten übersehen und Fehler machen. Kritisch wird es dann, wenn die Demotivation der Mitarbeiter als Folge eines generell mangelhaften Führungsstils entsteht und anhält. Die Auswirkungen sind logischerweise Leistungsabfall, Arbeitsausfall und eine innere Kündigung, der nicht selten die echte folgt. Wie Führungskräfte diese negative Kettenreaktion vermeiden können, davon handelt dieser Artikel.

Regelmäßige Studien wie zum Beispiel der jährliche Gallup Engagement Index Deutschland (Gallup 2014) veranschaulichen, wie es um die emotionale Mitarbeiterbindung in deutschen Unternehmen steht. Zwar haben sich die Werte der inneren Kündigung von 24 % in 2013 deutlich auf 17 % reduziert, das große Mittelfeld mit immerhin 67 % macht jedoch nach wie vor nur Dienst nach Vorschrift. Wertvolles Potenzial, das hier – ohne mit der Wimper zu zucken – verschwendet wird.

Wie verbreitet der Mangel an wahrer Führungskraft offenbar ist, verdeutlicht auch eine Studie der Talent-Management-Beratung Development Dimensions International (DDI 2012), deren Titel eigentlich schon Bände spricht: „Lessons for Leaders from the People Who Matter". Von den Beschäftigten, die im Rahmen dieser Studie befragt wurden, gaben 37 % an, nur manchmal oder niemals motiviert zu sein, ihr Bestes für ihre momentane Führungskraft zu geben. Und viele würden sogar lieber einen Strafzettel, eine Erkältung oder einen schmerzhaften Kater ertragen, als ein schwieriges Gespräch mit ihrem Chef zu führen.

Ergebnisse, die deutlich machen, dass es im zwischenmenschlichen Miteinander zwischen Führungskräften und Angestellten häufig alles andere als rund läuft. Allerdings führen diese „Beziehungsprobleme" nicht nur zu Frustration und einem enormen Motivationsrückgang, sondern wirken sich auch direkt auf die Produktivität der Mitarbeiter und damit auf den Erfolg eines Unternehmens aus. Über 50 % der Befragten gaben an, sie würden bis zu 60 % produktiver arbeiten, wäre ihr derzeitiger Chef so gut wie der beste ihrer bisherigen Laufbahn.

Fast alle Befragten, die erklärten, momentan für die beste Führungskraft ihrer Karriere zu arbeiten, sind zu ständigen Bestleistungen bereit. Und warum: weil sie sich durch ihre Führungskraft unterstützt fühlen, produktiver zu arbeiten.

Dahingegen leiden demotivierte und unzufriedene Mitarbeiter darunter, dass ihre Vorgesetzten niemals oder selten auf ihre Anliegen eingehen, die den Arbeitsplatz betreffen, oder dazu neigen, „Lieblingsmitarbeiter" auszumachen. Auch die Angewohnheit, Probleme lieber selbst zu lösen, anstatt Mitarbeitern dabei zu helfen, Lösungen eigenständig zu entwickeln oder der Mangel an guten Leistungs-Feedbacks machen aus motivierten Mitarbeitern nicht selten Schreibtisch-Zombies.

Wie brisant das Thema des „unfähigen Chefs" auch in der Öffentlichkeit ist, zeigt schon ein kurzer Blick in die Medien. Seien es fiktionale Charaktere wie der völlig inkompetente und charakterschwache Abteilungsleiter Stromberg und der „Pointy Haired Boss" der Comicserie Dilbert, der sich durch absolute Inkompetenz und einen Mangel an jeglichen Führungsqualitäten auszeichnet. Oder aber reale Negativbeispiele, die die Gemüter bewegen, wie der überraschende Abgang des Spiegel-Chefredakteur Wolfgang Blüchner, der wegen eines „Führungsvakuums" stark in die Kritik geraten war.

Dabei darf man natürlich nicht übersehen, wie „gut" sich eine Führungsposition als Zielscheibe für Kritik von allen Seiten eignet. Wer sich als Führungskraft in einer Sandwich-Position zwischen Geschäftsleitung und Mitarbeitern befindet und den Erwartungen aller gerecht werden soll, schafft dies in den seltensten Fällen. Da gilt es unter anderem, die von oben vorgegebenen Umsatzziele zu erreichen, die Wettbewerbsfähigkeit zu erhalten, sowie gleichzeitig Veränderungsprozesse und Kostensenkungen zu realisieren. In vielen Unternehmen und somit bei vielen Führungskräften haben deshalb die Unternehmensziele eine deutlich höhere Priorität als die Mitarbeiter. Und doch sind genau sie es, die durch ihre Leistungskraft ein ganz wesentlicher Faktor für den Unternehmenserfolg sind. Schon allein angesichts der aktuellen Entwicklungen und der prophezeiten Zukunft des Arbeitsmarkts sollte das jeder Führungskraft spätestens jetzt mehr als bewusst werden.

Glaubt man der Führungskräftebefragung 2014 der *Wertekommission – Initiative Werte Bewusste Führung e. V.* und des *Reinhard-Mohn-Instituts für Unternehmensführung und Corporate Governance* der Universität Witten/Herdecke (Wertekommission 2014), legen Führungskräfte selbst größten Wert auf persönliche Wertschätzung und individuelle Entwicklungsmöglichkeiten bei ihrem Arbeitgeber. Was hindert sie also daran, genau dies auch ihren Mitarbeitern zukommen zu lassen?

Durch ihr eigenes Wertegerüst stehen gerade männliche Führungskräfte häufig in einem regelrechten Spannungsfeld, was die Sache nicht unbedingt leichter macht. Da geht es um Einfluss und Machtstreben, um Wettkampf und Risikofreudigkeit – all das sind klassische Erfolgsmotoren, die gut und wichtig sind. Doch wenn es um die Arbeit mit Menschen geht, zählen eben auch noch andere Werte. Es geht auch um deren Bedürfnis nach Sicherheit, Verbundenheit, Vertrauen, Bestätigung und somit also – nicht erschrecken – um Gefühle.

Es stellt sich daher die Frage: Was ist das Geheimnis einer wirklichen Führungs-Kraft? Wie lassen sich klassische Führungskompetenzen und Führungs-Soft-Skills unter einen

Hut bringen? Wie gelingt der zugegebenermaßen schwierige Spagat zwischen Autorität und Empathie? Kurz gesagt: Wie erreicht man genau jene Souveränität in puncto Leadership, die eine Führungskraft so „sexy" macht, dass Mitarbeiter zu Höchstleistungen motiviert werden?

Die folgenden Teilkapitel und Tipps zeigen auf, dass das gar nicht so schwer ist.

7.1 Spieglein, Spieglein an der Wand – Selbsterkenntnis ist der erste Weg …

Eine beliebte Metapher, wenn es um unternehmensinterne Probleme geht, ist die vom Fisch, der vom Kopf her anfängt zu stinken. Eine Redewendung, die sicher nicht immer gerechtfertigt ist, die aber auf jeden Fall eine nicht zu leugnende Tatsache birgt, nämlich dass in hierarchischen Systemen viele Entwicklungen ihren Ausgangspunkt an der Spitze haben und alle Ebenen unter ihnen prägen. Ganz ähnlich ist es mit der Frage des Führungsstils. Wie ein Vorgesetzter seine Mitarbeiter führt, ist keine Reaktion auf deren Verhalten, sondern ganz klar ein Aspekt seiner Persönlichkeit. Genauer gesagt geht es um seine persönliche Einstellung in den Bereichen Menschen, Führung und Erfolg. Vermutlich hinterfragen die wenigsten Männer in Führungspositionen, wie sie zu ihrem ganz eigenen Führungsstil gelangt sind. Und noch seltener erfragen sie ein ehrliches Feedback von außen. Vielleicht gibt es auch keinen Grund, an diesem persönlichen Stil zu zweifeln. Doch genau das gilt es zu eruieren. Denn wer sich selbst nicht wirklich gut kennt und nicht weiß, wie er nach außen wirkt, kann auch nicht gut als Vorbild und Leitfigur fungieren.

Das heißt: Gute Führung beginnt mit einer ehrlichen Selbstreflexion, die einem im Idealfall ein klares Selbstbild und ein gutes Bewusstsein für die eigene innere Haltung beschert. Um sich ein solches Selbstbild zu machen, genügen ein paar einfache Fragen, die man sich allerdings offen und ehrlich beantworten sollte.

- Was war mein Antrieb, eine Führungsaufgabe zu übernehmen?
- Bin ich heute wirklich gerne Führungskraft?
- Wer oder was hat meinen persönlichen Führungsstil geprägt?
- Was bedeutet Erfolg im Rahmen meiner Führungsaufgabe für mich?
- Welche Reaktionen meiner Mitarbeiter nehme ich wahr und was lässt sich daraus für meine Stellung als Führungskraft ableiten?
- Was war mein bisher größter Erfolg als Führungskraft und wie ist mir das gelungen?

▶ Kleiner Tipp: Eine vertraute Person in diese kleine Selbstreflexion mit einzubeziehen, kann oft sehr hilfreich sein, denn sich selbst auf den Grund zu gehen, ist manchmal alles andere als leicht und fällt durch eine Fremdsicht meist leichter.

Wer sich dennoch etwas schwer tut, die eigenen Verhaltensmuster und -impulse in Sachen Führung zu ergründen und zu erkennen, kann sich auch einer kleinen Hilfestellung

Abb. 7.1 Managerial Grid (Wikipedia)

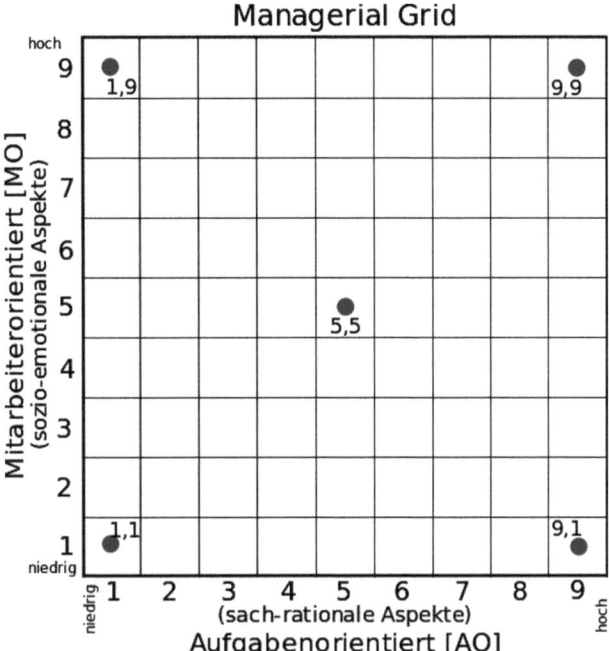

bedienen und versuchen sich in einem der vier klassischen „Management by ..."-Führungsmodelle wiederzufinden. Ein anderes gut verständliches wissenschaftliches Modell ist außerdem das Managerial Grid, das im Jahr 1964 von den US-amerikanischen Psychologen Robert Blake und Jane Mouton vorgestellt wurde.

Obwohl das Instrument bereits in den 1960er-Jahren entwickelt wurde, ist es als Bestandteil des modernen Positive-Leadership-Gedanken aktueller denn je. Positive Leadership ist ein Modell für Mitarbeiterführung und -motivation, das maßgeblich von Prof. Dr. Utho Creusen aus dem Forschungsansatz der Positiven Psychologie abgeleitet wurde. Die Positive Psychologie wiederum ist ein neuer Forschungsschwerpunkt der wissenschaftlichen Psychologie und befasst sich mit den Voraussetzungen des gelingenden Lebens und fokussiert hierbei die Themen Lebenszufriedenheit, Wohlbefinden, Erfolg und Leistungsfähigkeit auf Basis des Einsatzes der eigenen Stärken. Ein Ansatz, der in unserer Arbeitswelt mehr und mehr an Bedeutung gewinnen wird.

Die Idee: Beim Managerial Grid (vgl. Abb. 7.1) werden verschiedene Kombinationsmöglichkeiten von Mitarbeiter- und Sachaufgabenorientierung im Management in einem Verhaltensgitter dargestellt und auf diese Weise fünf prägnante Führungsstile definiert (Blake und Mouton 1964), die im Folgenden kurz vorgestellt werden.

Stil 1,1 Bei diesem Führungsstil wird weder auf Mitarbeiterbedürfnisse noch auf das Erreichen der Ergebnisse Wert gelegt. Diese eher gleichgültige „Laissez-faire-Strategie" ist von Ausweichen und Vermeiden geprägt und die Führungskraft entzieht sich eher ihrer aktiven Verantwortung und entstehenden Problemen.

Stil 1,9 Dieser Führungsstil fokussiert vor allem die zwischenmenschlichen Beziehungen und ist geprägt von Entgegenkommen, Nachgeben und Zugeständnissen. Durch den Fokus auf die positiven Aspekte der Arbeit gelingt es der Führungskraft Begeisterung und Harmonie zu fördern. Die eigentliche Aufgabe wird hier jedoch leicht mal übersehen.

Stil 9,1 Hier sind die Prioritäten genau anders verteilt. Die Arbeitsergebnisse, klare Vorgaben und Kontrolle stehen absolut im Fokus. Dieser eher „militärisch" geprägte Stil lässt keine Zusammenarbeit auf Augenhöhe zu und motivierte Mitarbeiter sucht man hier meist vergeblich.

Stil 5,5 Die klassische Mittellösung basiert auf dem Ansatz, Kompromisse zu finden und stellt ein ausgewogenes Verhältnis der Prioritäten her. Die Führungskraft wägt Chancen und Risiken der anstehenden Aufgaben ab und bezieht die Meinung der Mitarbeiter ein. Somit wird zum einen die Arbeitsleistung gesichert. Zum anderen werden aber auch Mitarbeiterbedürfnisse berücksichtigt.

Stil 9,9 Der Jackpot unter den Führungsstilen punktet damit, dass alle Ziele als gemeinsame Ziele angesehen werden. Oberste Priorität haben gleichermaßen optimale Ergebnisse und das hohe Engagement der Mitarbeiter. Die Folge: Durch das Angebot, sich aktiv einzubringen und zu engagieren sind Mitarbeiter hoch motiviert und bringen Bestleistungen. Weil alle an der Lösungsfindung beteiligt sind, steigt das Gefühl von Gemeinsamkeit und Verbundenheit, was sich wiederum positiv auf Klima und Leistung auswirkt.

Generell gilt: Alle Formen im Bereich 9,9; 5,9; 5,5; 9,5, also im oberen rechten Quadranten gelten als erstrebenswert. Ideale Orientierungsmarke ist aber ganz klar ein kooperativer Führungsstil à la 9,9. Wer sich dort noch nicht verorten kann, aber herausfindet, in welchem Planquadrat er sich aktuell befindet, hat schon eine wichtige Etappe erreicht. Und kann nun den Weg einschlagen, um sich von seiner Position aus der rechten oberen Zielecke zu nähern – sei es über eine stärkere Mitarbeiterorientierung, eine ausgeprägtere Aufgabenorientierung oder eine Steigerung von beidem. Entscheidend ist in jedem Fall ein ausgewogenes Verhältnis beider Aspekte.

Nach dem Motto „gemeinsam stark" sollte das Ziel einer echten Führungspersönlichkeit außerdem sein, sowohl in der Entwicklung von Ideen, als auch in der Umsetzung von Projekten eng mit seinen Mitarbeitern zusammenzuarbeiten, das Team also bei jeder Etappe mit ins Boot zu holen. Dabei kann jeder Einzelne so eingesetzt werden, dass er seine Stärken voll einbringen kann, so dass sich zum Schluss die verschiedenen Kompetenzen optimal ergänzen.

Die größte Aufgabe für Führungskräfte ist in diesem Fall ganz klar das Delegieren von Verantwortungen und die Motivation der Mitarbeiter durch das Recht auf Mitbestimmung, während sichergestellt ist, dass alle an einem Strang ziehen. Der Benefit für alle Beteiligten: Eigeninitiative wird gefördert und Kreativität freigesetzt. Außerdem kann der Ausfall eines Verantwortungsträgers nicht mehr zum Chaos führen, wenn die gesamte Verantwortung und das Wissen für ein Projekt auf mehrere Zuständige verteilt sind.

Sichere Anzeichen für diesen idealen Führungsstil sind ein Klima offener Kommunikation, in dem sowohl Platz für Ideen als auch für Kritik ist, sowie eine ungehinderte Mitsprachemöglichkeit und Entscheidungsteilhabe aller involvierten Mitarbeiter. Die Folge: eine Kultur des gegenseitigen Respekts, in der alle Beteiligten zur Höchstform auflaufen können, gemeinsam am Erfolg teilhaben und ihren Vorgesetzten dadurch auch automatisch entlasten.

Fazit: Wer es schließlich schafft, den eigenen Führungsstil zu identifizieren – sei es auf dem Weg der ehrlichen Selbstreflexion oder indem man sich in einem bestimmten Typus wiedererkennt – ist dem Geheimrezept wirklicher Führungs-Kraft schon einen entscheidenden Schritt näher gekommen. Warum? Weil dieses klare Selbstbild die nötige Basis ist, um nun an den Stellschrauben zu drehen, die aus einem Vorgesetzten eine souveräne und damit sexy Führungspersönlichkeit machen.

7.2 I am because you are – Warum Egotrips und Co. nicht zum Erfolg führen

Die Situation einer Führungskraft lässt sich tatsächlich mit einem einzigen Wort auf den Punkt bringen: Ubuntu.

Zwar hat Ubuntu an sich wenig mit europäischer Unternehmenskultur zu tun, bezeichnet es doch eine afrikanische Lebensphilosophie. Trotzdem trifft die Bedeutung dieses Wortes bzw. dieser Idee genau den Kern, wenn es darum geht, was guter Führungsstil ist. Übersetzt bedeutet „Ubuntu" so viel wie „I am because you are", also „Ich bin, weil ihr seid". Und wie könnte man das Wesen einer Führungsposition besser umschreiben? Es gäbe sie nicht, wenn es keine Mitarbeiter gäbe, ganz einfach. Oder doch nicht so einfach? Vielen Führungskräften ist diese logische Konsequenz, dass sie ohne ihre Angestellten keine führende Position hätten, bestimmt noch nicht durch den Kopf gegangen. Umso dringender sollten sie sich den Grundgedanken, der hinter Ubuntu steht, einprägen. Nämlich das Bewusstsein, selbst nur Teil eines Ganzen zu sein, auch wenn dieses Teil eine Ebene höher angesiedelt ist.

Nicht ohne Grund gibt es Bestrebungen, die Ubuntu-Philosophie bei der Auslegung der Grundrechte in der südafrikanischen Verfassung einzubeziehen. Denn der Grundgedanke, dass wechselseitiger Respekt und Anerkennung die Basis für jegliches Miteinander sein sollten, ist eigentlich mehr als selbstverständlich. Und sollte demnach auch zur Grundregel jeder Führungskraft werden.

Denn wer sich als Führungskraft im Sinne von Ubuntu bewusst wird, dass er und ein Team eine Einheit sind, die nur miteinander erfolgreich sein kann, hat die grundlegende Basis für den gemeinsamen Erfolg gelegt und ist auf dem besten Weg zum optimalen 9,9 Führungsstil.

7.3 Schon entdeckt? – Der Mensch hinter dem Mitarbeiter

Eine wichtige Erkenntnis des Ubuntu-Gedankens ist, sich selbst nicht zu wichtig zu nehmen, weil man auch als Führungskraft eben „nur" ein Teil des Ganzen ist. Was Menschen in leitenden Positionen jedoch manchmal zu wenig wichtig nehmen, ist der Mensch, der hinter bzw. in jedem Mitarbeiter steckt. Nur allzu oft werden menschliche und persönliche Aspekte auf Seiten der Angestellten ausgeblendet, um nicht den Blick auf wesentlichere Parameter wie Leistungsprofile, Ergebnisse etc. zu verdecken. Aber ist diese Strategie zielführend? Kann man Menschen wirklich gut führen und vor allem als gute Führungskraft anerkannt werden, wenn man sich grundsätzlich nicht für die Bedürfnisse, Sorgen, Probleme oder Wünsche seiner Mitarbeiter interessiert?

Praxisbeispiel

Cornelia B. arbeitete bereits seit Gründung der Firma als Assistentin der Geschäftsleitung und hatte ein gutes Verhältnis zu ihrem Chef. Zu ihrem Aufgabengebiet gehörten aufgrund ihrer Grundausbildung im Marketing neben den allgemeinen Assistenzaufgaben auch kleine Marketingaktionen wie das Erstellen von Flyern und Verkaufsunterlagen und auch die Zusammenarbeit mit der beauftragten Werbeagentur für Messe- und Internetauftritt. Gerade diese Tätigkeiten machten ihr ausgesprochen viel Spaß, Cornelia B. blühte förmlich auf dabei und freute sich auf jede neue Aktion. Auch ihr Chef war stets sehr zufrieden mit den Ergebnissen. Als das Unternehmen sich im IT-Sektor weiterhin gut entwickelte, entschied er sich eines Tages, eine eigene Marketingstelle zu schaffen. Cornelia B. signalisierte ihm ihr Interesse und war sich sicher, ihr Chef bietet ihr diesen Posten an, da sie die Aufgaben der letzten Jahre ja stets zu seiner vollsten Zufriedenheit erledigt hatte. Doch es kam anders. Ihr Chef stellte einen externen Marketingleiter ein. Er hatte nicht richtig hingeschaut, nicht zugehört, wie gerne sie diesen Job übernommen hätte und nicht erkannt, wie motiviert seine Mitarbeiterin war. Natürlich lässt sich spekulieren, ob er ihr bewusst den Job nicht angeboten hatte, um sie nicht als Assistentin zu verlieren. Was er jedoch übersah, war die Auswirkung, die seine Entscheidung nun nach sich zog. Cornelia B. war zutiefst enttäuscht und frustriert und kündigte und die Firma verlor eine wichtige Kraft und damit auch wertvolles Know-how.

Wer von seiner Führungsposition aus immer nur die rein fachliche, unternehmerische und meist stereotype Perspektive wählt, verliert die persönlichen und menschlichen Facetten seiner Mitarbeiter und damit seiner Führungsaufgabe allzu schnell aus dem Blick. Die Folge: Zum einen leidet unter diesem mangelnden Interesse nicht nur die Beziehung zwischen den Ebenen. Die daraus resultierende Demotivation kann sich im Handumdrehen auch direkt auf die Produktivität eines Mitarbeiters auswirken. Umgekehrt gibt es wohl kaum einen größeren Ansporn als Wahrnehmung, Wertschätzung und Interesse durch andere, noch dazu durch den eigenen Vorgesetzten. Und damit ist nicht nur das Interesse an den beruflichen Zielen oder Weiterentwicklungswünschen gemeint. Schließlich hat jeder Mitarbeiter auch ein Leben neben der Arbeit, das ihn jedoch in seiner Persönlichkeit, seinen Stimmungen ganz entscheidend prägt. Kurz gesagt: Die private Situation eines Menschen, wie und wo er lebt, was er in seiner Freizeit macht, was ihn aktuell beschäftigt usw., sagt vermutlich mehr über den Mitarbeiter aus als seine rein beruflichen Leistungen. Und kaum etwas dürfte bei Mitarbeitern mehr Loyalität wecken als das Verständnis des Chefs für zum Beispiel schwierige private Phasen.

Fazit: Begegnen sich Führungskräfte und Mitarbeiter auch als Menschen, ist der optimale Grundstein für ein respekt- und vertrauensvolles Miteinander und dadurch eine motivierende Arbeitsatmosphäre gelegt.

7.4 Warum Fische nicht auf Bäumen leben – So geht stärkenbasiertes Personalmanagement

Albert Einstein soll einmal gesagt haben: „Jeder ist ein Genie! Aber wenn Du einen Fisch danach beurteilst, ob er auf einen Baum klettern kann, wird er sein ganzes Leben glauben, dass er dumm ist."

Was diese Weisheit mit gutem Führungsstil zu tun hat? Ganz einfach: Wer seine Mitarbeiter falsch einsetzt, hat im schlimmsten Fall ein Team von unmotivierten Fischen, die sich fühlen, als würden sie auf einem Baum sitzen. Wer sich als Führungskraft seine Mitarbeiter ganz genau ansieht, soll nämlich neben den erwähnten persönlichen und menschlichen Aspekten sehr wohl auch wirtschaftliche Interessen im Auge haben. Diese sollten jedoch darauf abzielen, Mitarbeiter optimal einzusetzen, nämlich entsprechend ihrer individuellen Stärken.

Viel zu häufig werden Beschäftigte nach ihren Ergebnissen und nach Zielerreichung beurteilt. Was aber, wenn ein Mitarbeiter aufgrund seiner Stärken- und Talentstruktur diese Ergebnisse und Ziele gar nicht erreichen kann? Dafür würde er jedoch vielleicht in einem ganz anderen Bereich glänzen und die Zielvereinbarung sogar übertreffen?

Wenn Menschen in ihrem beruflichen Alltag zu wenig motiviert sind, gibt es dafür unterschiedlichste Gründe. Ein wesentlicher Faktor kann jedoch sein, dass sie sich einfach am falschen Platz fühlen bzw. am falschen Platz sind, weil die Aufgabe nicht ihren Stärken, Talenten und Interessen entspricht. Die Wurzel dieses Übels liegt häufig schon in der Phase der Berufswahl, in der meist noch die praktischen Aspekte wie Einkommen, Sicherheit oder Berufschancen den Ausschlag für eine bestimmte Ausbildung oder ein Studium geben. Die Folgen einer „Inkompatibilität" von Arbeitsplatz und Arbeitnehmer reichen schließlich von notorischer Arbeitsunlust bis hin zu starken gesundheitlichen Problemen. Eine gute Führungskraft kann ihre Mitarbeiter jedoch darin unterstützen, das Ruder sozusagen noch einmal neu zu justieren und den richtigen Platz zu finden.

Hilfestellung kann hierbei eine Vielzahl am Markt existierender Persönlichkeitsanalysen bieten. Auch im Rahmen der bereits erwähnten Positiven Psychologie, die sich mit Fragestellungen rund um „Was macht unser Leben lebenswert?" und „Was lässt Menschen aufblühen?" im Sinne von Wohlbefinden, Zufriedenheit und Leistungsmotivation befasst, gibt es ein Instrument, das speziell die individuellen Persönlichkeitsstärken fokussiert. Ausgehend von sechs Tugenden oder Stärkenfeldern werden im Rahmen einer genauen Analyse die am stärksten ausgeprägten Charakterstärken, die sogenannten Signaturstärken eines Menschen, ermittelt. Zu den Stärkenfeldern gehören:

Weisheit und Wissen
Hierbei handelt es sich um kognitive Stärken, die den Erwerb und Gebrauch von Wissen beinhalten. Dazu gehören beispielsweise Eigenschaften wie Kreativität, Neugier, Weisheit, Liebe zum Lernen und Urteilsvermögen.

Mut
Dieses Stärkenfeld mit dem übergeordneten Begriff „Mut" beschreibt emotionale Stärken, durch die unter Einsatz von Willensleistung innere und äußere Barrieren zur Zielerreichung überwunden werden. Hierzu gehören die Stärken Tapferkeit, Ausdauer, Authentizität und Enthusiasmus.

Menschlichkeit
Die Charakterstärken Bindungsfähigkeit, Freundlichkeit und Soziale Intelligenz beschreiben interpersonale Stärken, die liebevolle menschliche Interaktionen ermöglichen.

Gerechtigkeit
Unter dem Überbegriff „Gerechtigkeit" vereinen sich die Persönlichkeitsstärken, die das Gemeinwesen fördern, wie beispielsweise Fairness, Teamfähigkeit und auch Führungsvermögen.

Mäßigung
Das Stärkenfeld „Mäßigung" beschreibt Stärken, die möglichen Übertreibungen und Exzessen entgegenwirken. Dazu gehören Charakterstärken wie Vergebungsbereitschaft, Bescheidenheit, Selbstregulation und auch Vorsicht.

Transzendenz
In dieser Rubrik vereinen sich die Stärken, die uns Sinn stiften. Gemeint sind hierbei beispielsweise der Sinn für das Schöne, aber auch Eigenschaften wie Dankbarkeit, Hoffnung, Humor und Spiritualität.

Bestehende Mitarbeiter einer solchen Analyse zu unterziehen, mag vielleicht den meisten Menschen in Führungspositionen im ersten Moment abwegig erscheinen, schließlich hat jeder Angestellte sich selbst für einen bestimmten Arbeitsbereich bzw. Karriereweg entschieden. Wer aber seinen Mitarbeitern auf diesem Weg eine eventuelle Neuorientierung bzw. Wegkorrektur ermöglicht, kann auf ungeahnte Potenziale stoßen und im Idealfall ein hochmotiviertes Team schaffen.

Weitere Informationen zum Thema Analyse finden Interessierte unter Abschn. 7.8.

Auf die Frage, was das Wichtigste für sie im Beruf sei, sagte eine Klientin einmal zu mir, das wirklich Wichtigste für sie wäre, dass sie ihr Wissen stetig erweitern kann. Umso weniger verwunderlich war es, dass bei ihrer Analyse die Liebe zum Lernen ganz klar als Stärke hervorstach. Ihr Vorgesetzter nutzte dieses Potenzial nicht und bot ihr keine Perspektive. Sie kündigte und fand ihren Traumjob in einer anderen Branche. Heute arbeitet die Frau als Projektmanagerin an einer Universität und kann parallel promovieren. Der neue Job ist für sie die perfekte Synergie ihrer Stärken und Interessen und ein weiterer Beweis dafür, dass sich gerade unter dem Stärkenfokus der Blick über den Tellerrand lohnt – weil Branchenwissen eben nicht alles ist.

Um wieder auf den Fisch im Baum zurückzukommen, geht es also schlicht und ergreifend darum, dass Menschen, die „in ihrem Element sind", gerne arbeiten, sich wohlfühlen und mehr Energie, Ausdauer, Spaß und Erfolg haben. Das ist letztendlich das ganze Geheimnis des stärkenbasierten Personalmanagements. Jeder Einzelne fühlt sich in einer an seinen Stärken orientierten Aufgabe wohler, ist leistungsstärker und entfaltet gerade in diesem Kontext sein ganzes Potenzial.

Für gute Führungskräfte bedeutet das, jedem Mitarbeiter die Möglichkeit zu geben, sich wie ein Fisch im Wasser zu fühlen – am rechten (Arbeits-)Platz und mit Aufgaben, die ihn fordern und fördern.

Übrigens: Auch das viel diskutierte Thema des hohen Krankenstands von Angestellten bzw. Abteilungen ist in den meisten Fällen darauf zurückzuführen, dass Mitarbeiter sich nicht in ihrem Element fühlen und diese Unzufriedenheit sich schließlich in physischen oder noch häufiger psychischen Leiden ausdrückt. Kein Wunder. Ist doch die Tatsache, dass beispielsweise das Gefühl von Sinnlosigkeit, das sich einstellt, wenn sich einem Mitarbeiter der Sinn seiner Aufgabe nicht erschließt oder seine Vorstellungen und Interessen meilenweit vom realen Job abweichen, um ein Vielfaches zermürbender ist als positiver Stress, den man gerne bewältigt.

Praxisbeispiel

Ein Paradebeispiel dafür wurde mir einmal in einer Beratungssitzung erzählt. Lars F. hatte als neuer Produktionsleiter ein schweres Erbe seines Vorgängers angenommen. Der Krankenstand seiner Abteilung hatte sich seit Jahren bei konstant hohen 11 % eingependelt. Er wusste, dass eine solche Kennzahl immer auch ein Kriterium für die Führungsqualität in der Abteilung ist. Sein klares Ziel war daher, diesen Zustand zu ändern. Also führte er Gespräche mit Teamleitern und Mitarbeitern und eruierte mögliche Ursachen und Zusammenhänge. Im zweiten Step setzte er sich mit der verantwortlichen Betriebspsychologin zusammen und gemeinsam erarbeiteten sie einen Maßnahmenplan zur Schulung der Teamleiter. Der Fokus der Strategie lag darin, mögliche Missstände bei einzelnen Mitarbeitern, die zu einem Ausfall führen könnten, bereits in einem frühen Stadium zu erkennen. Die Basis hierfür sollte künftig eine klar definierte Vertrauensarbeit und Kommunikationsstrategie zwischen Teamleitung und Mitarbeitern sein. Der Erfolg ließ nicht lange auf sich warten. Bereits nach neun Monaten dieser Maßnahme war der Krankenstand von 11 auf anhaltend gerade mal knapp 5 % gesunken.

7.5 Mitarbeiter zu Mitstreitern machen – Plädoyer für einen positiven Führungsstil

Um die Frage des Führungsstils ging es ja bereits zu Beginn dieses Beitrags. Darum, den eigenen Stil zu erkennen und darum, welcher Stil der ideale und zielführendste ist. Auch warum die Strategie des Miteinanders zwischen Vorgesetztem und Mitarbeitern allen Beteiligten und dadurch auch dem Erfolg eines Unternehmens am meisten bringt, sollte nun klar sein. Mitarbeiter, die das tun dürfen, was sie gerne tun und worin sie gut sind, und die noch dazu mitbestimmen und mit verantworten können, bringen ein Höchstmaß an Motivation und damit an Leistung. Gleichzeitig entlastet sich eine Führungskraft, die ihre Mitarbeiter zu Partnern macht, quasi selbst und macht seine Angestellten zu echten Mitstreitern.

Stellt sich nun also die Aufgabe, die Brücke vom eigenen Führungsstil zum idealen Leadership-Modell zu schlagen.

Jede Führungskraft steht in einem Spannungsfeld zwischen den Interessen des Unternehmens und den Interessen der Angestellten. Auf der einen Seite gilt es, anstehende Projekte bestmöglich umzusetzen und die Erwartungen der Unternehmensspitze zu erfüllen. Auf der anderen Seite muss das Team auf Kurs gebracht und gehalten werden, denn hier findet die operative Umsetzung statt. Um das eine so gut wie möglich zu bewerkstelligen, muss also logischerweise auch das andere bestmöglich laufen. Kurz gesagt: Jeder Mitarbeiter muss optimal motiviert werden, um maximale Leistung zu bringen.

Dass ein patriarchal-autoritär geprägter Führungsstil bei dieser Doppelaufgabe weder mittel- noch langfristig zu Erfolg führt ist längst bekannt und liegt ohnehin auf der Hand. Außerdem können Führungskräfte es sich deutlich einfacher machen. Wer seine Mitarbeiter bei dem Ziel, die Unternehmensziele zu erreichen sozusagen zu Komplizen macht, schlägt mindestens zwei Fliegen mit einer Klappe. Eine Führungskraft, die zwar Kapitän der Mannschaft, aber auch Teamplayer ist, steht mit dieser Aufgabe nicht alleine da, sondern bekommt stattdessen Unterstützung und Rückendeckung von allen Mitarbeitern. Diese wiederum fühlen sich auf diese Weise tatsächlich als Mitstreiter und nicht nur als kleines Rädchen der Gesamtmaschinerie. Wer das Gefühl hat, entscheidend an einer großen gemeinsamen Sache mitzuwirken und nicht nur ein austauschbarer Posten zu sein, kann enorme Motivations- und Leistungsreserven freisetzen.

Wie also funktioniert diese gezielte Motivation jedes einzelnen Mitarbeiters? Der Fokus bei diesem positiven Führungsstil liegt darauf, dass die Mitarbeiter ganz gezielt dazu ermuntert werden, sich mit ihren Ideen und Impulsen einzubringen und aktiv zu beteiligen. Entscheidend ist außerdem, dass ihre individuellen Stärken erkannt, berücksichtigt, wertgeschätzt und vor allem gefördert werden und sich somit auch das Potenzial des Einzelnen entfalten kann.

Ein Führungsstil, der sich eine solche Flexibilität und Freiheit zur Prämisse macht, bringt außer hoch motivierten Mitarbeitern auch noch weitere Vorteile mit sich. Besteht ein Team aus sehr erfahrenen und möglicherweise noch unerfahrenen Mitarbeitern, profitieren alle von diesem kooperativen Ansatz, denn von den Ideen und Impulsen der „alten

Hasen" lernen die jüngeren Teammitglieder, welche wiederum ganz neue, unkonventionelle innovative Ansätze liefern können.

Ein weiterer Positivfaktor ist, dass durch diesen Führungsstil für jeden einzelnen Mitarbeiter und auch für die Führungskraft selbst neue Freiräume und damit Möglichkeiten zur eigenen Entwicklung entstehen können. Menschen wachsen an ihren Herausforderungen – und sie suchen diese auch gezielt. Deshalb ist es eine der wesentlichen Aufgaben eines Unternehmens und seiner Führungskräfte, den Beschäftigten entsprechende Chancen zu bieten.

Fazit: Über einen kooperativ-positiven Führungsstil kann das gesamte Potenzial der einzelnen Mitarbeiter optimal genutzt und noch dazu gefördert werden. Fordern und Fördern sollte also zum obersten Grundsatz werden.

7.6 Deutschland sucht den Super-Chef – Was macht echte Führungspersönlichkeiten aus?

Führungskräfte sind stetiger Kritik ausgesetzt, häufig lassen Arbeitswelt und Medien kein gutes Haar an dieser Zielgruppe. Um ihre vermeintlichen Defizite „abzufedern", gibt es jede Menge Seminarprogramme und Weiterbildungen, die unterschiedliche Skills und Führungsstile vermitteln sollen, um Führungskräfte erfolgreicher zu machen. Aber mal ehrlich: Den perfekten Vorgesetzten gibt es ebenso wenig wie den perfekten Mitarbeiter. Und keine Führungskraft kann sich plötzlich in einen ganz anderen Menschen und Chef verwandeln. Was allerdings zweifellos machbar ist, ist ein optimales Teamwork zwischen Mitarbeitern und dem Kapitän der Mannschaft. Und jede Führungskraft kann daran arbeiten, dieses Teamwork zu optimieren.

Praxisbeispiel

Wolfgang B. ist Führungskraft aus Überzeugung und heute Bereichsleiter in einem deutschen Konzern. Er brennt für seinen Job, sein Vorgesetzter am Standort ist von ihm überzeugt und auch bei seinen mehr als 500 Mitarbeitern ist er beliebt. So engagiert sich Wolfgang B. sehr, seinen Teamleitern und auch Mitarbeitern ein guter Mentor zu sein, indem er Einzelgespräche führt, ehrliches Feedback gibt, Wege zur Weiterentwicklung ebnet und sein Netzwerk im Unternehmen für Empfehlungen nutzt. Diese Verantwortung bedeutet ihm viel, sie trägt ihn und ist ein wichtiger Teil seiner Motivation.

Gerade in den letzten zwei Jahren haben sich jedoch die Prozesse im Konzern deutlich verändert. Durch das stetige Anheben der Umsatzziele löst ein Kostensparprogramm das nächste ab, der Druck erhöht sich für alle Beteiligten und das Einzige, was in diesem Unternehmen noch Bestand hat, sind stete Veränderungen. Trotz dieser Rahmenbedingungen versucht Wolfgang B. dennoch, sich dem zu widmen was ihm persönlich wichtig ist – den einzelnen Mitarbeitern seines Bereiches. Denn er hat erkannt, dass der Mensch der wahre Erfolgsfaktor einer Organisation ist.

Damit er immer um die Meinung seines Teams weiß, holt er sich regelmäßig Feedback. Was seine Mitarbeiter besonders an ihm schätzen sind das souveräne Auftreten und seine Gelassenheit – auch wenn es noch so hoch her geht. Natürlich kann Wolfgang B. seine Mannschaft nicht von dem erhöhten Druck, Kostensenkungen, Personaleinsparprogrammen und den allgemeinen Wirren der Organisation fernhalten. Indem er jedoch anstehende Veränderungen klar und verständlich kommuniziert und relevante Informationen weitergibt, erreicht er, dass alle im Team auf dem gleichen Informationsstand sind – was wiederum die Abläufe innerhalb des Bereiches vereinfacht und beschleunigt und auch das Verständnis für manche Krisen-Situation verbessert. Zudem wissen die Mitarbeiter, dass sie sich auf ihren Chef verlassen und ihm jederzeit vertrauen können.

Dieses eine Beispiel genügt eigentlich schon völlig, um auf den Punkt zu bringen, was eine Führungskraft „sexy" macht. Neben der Fähigkeit, seine Mitarbeiter optimal ihrem Potenzial entsprechend einzusetzen und so maximal zu motivieren, sind es vor allem ganz simple und altbewährte Soft Skills, die eine Führungskraft sowohl sympathisch als auch souverän machen.

Zuverlässig, berechenbar, verlässlich, sympathisch, vertrauenswürdig, kurz gesagt jene Eigenschaften und Tugenden, die einen Chef zu einem Menschen machen, sind es, die ihm tausendmal mehr Respekt von Seiten seiner Mitarbeiter einbringen als jeglicher Versuch, eine Autoritätsperson darzustellen. Nicht selten werden männliche Vorgesetzte von jüngeren Mitarbeitern als eine Art Vaterfigur wahrgenommen. Die Erklärung dafür fällt nicht schwer. Denn gerade diese Doppelrolle aus Vertrauens- und Respektsperson ist auch das Geheimrezept einer souveränen Führungskraft. Natürlich stellt diese Mischung auch mal mehr und mal weniger einen Balanceakt dar, damit das Mischungsverhältnis aus Nähe und Distanz immer ausgewogen dosiert ist. Aber wer diese Gratwanderung meistert und seinen Mitarbeitern auf Augenhöhe begegnen kann, ohne an natürlicher Autorität einzubüßen, wird mit einem höchst loyalen und motivierten Team belohnt.

Selbst ein „Unternehmen" wie die Bundeswehr, bei dem man traditionell geprägt einen eher autoritären internen Führungsstil erwarten würde, lehrt in einem eigenen „Zentrum für Innere Führung" einen idealen Führungsstil, der den Mensch in den Mittelpunkt stellt und Führungskräfte sogar per Dienstvorschrift anweist, die nötige Zeit aufzuwenden, ihre Mitarbeiter kennenzulernen. Ein klares Zugeständnis also zu einem kooperativen Führungsstil.

Aber wie sieht die Situation der Führung eigentlich aus Perspektive derjenigen aus, die geführt werden? Wann lassen sich Mitarbeiter überhaupt führen? Welche Voraussetzungen müssen gegeben sein, dass sich Menschen in die Führung eines anderen begeben?

Um diesen Fragen auf möglichst direkte Weise auf den Grund zu gehen, habe ich im Rahmen eines sehr umfangreichen Outplacement-Projektes fünfzig Klienten während der Beratungseinheiten befragt, worauf sie in Vorstellungsgesprächen mit zukünftigen Vorgesetzten achten würden. Die Antworten ließen sich erstaunlicherweise ganz klar in drei Kriterien unterteilen.

1. Vertrauen

Das wichtigste Kriterium war für alle Befragten ganz eindeutig das grundlegende Vertrauen in die Führungskraft. Vertrauen, das durch Ehrlichkeit, Aufrichtigkeit, Verlässlichkeit und Authentizität entsteht, jedoch auch durch Eigenschaften wie Aufmerksamkeit, Wertschätzung und Zuwendung und einen offenen Informationsaustausch.

Wer also als Führungskraft das Vertrauen seiner Mitarbeiter genießt, hat eigentlich schon so gut wie gewonnen und ein motiviertes und zuverlässiges Team an seiner Seite. Vertrauen ist jedoch eine ausgesprochen zarte Pflanze, die durch einen kleinen eisigen Windstoß – wie in dem Beispiel zu Beginn dieses Artikels – bereits zerstört werden kann. Und von genau diesen Windstößen gibt es in der aktuellen Arbeitswelt, die von stetigen Veränderungen, steigender Komplexität, Einsparprozessen und zunehmender Unsicherheit geprägt ist, leider jede Menge. Für eine Führungskraft liegt also eine besondere Herausforderung und Verantwortung darin, diesen Eiswind zu bändigen, um den Mitarbeitern das nötige Gefühl von Sicherheit und Verlässlichkeit zu geben.

2. Vorbild

Menschen, die einem anderen Menschen folgen, wollen in demjenigen ein Vorbild sehen. Eine starke und souveräne Persönlichkeit mit klarer Werteorientierung, eine Respektperson, die mit gutem Beispiel voran geht, Orientierung bietet und die Richtung weist. Menschen folgen Menschen, weil sie sich selbst davon einen Vorteil, eine Verbesserung, eine Entwicklung zum Positiven versprechen. Als Führungskraft mit Vorbildfunktion sind darum Authentizität und Glaubwürdigkeit von besonderer Bedeutung. Das bedeutet auch, dass Vorbilder keineswegs fehlerfrei sein müssen.

3. Vision

Das dritte Kriterium, das sich aus der Befragung meiner Klienten ergab, ist die Vision. Wir alle brauchen Visionen, um lebensfähig zu sein – ob beruflich oder privat. Unter den Oberbegriff Vision lassen sich jedoch auch Werte wie Zuversicht, Hoffnung und Weitblick zusammenfassen. Gerade im Berufsleben, das von teilweise unliebsamen täglichen Routinen geprägt ist, haben Menschen das Bedürfnis, einer Vision zu folgen. Sei es die Unternehmensvision, das klar definierte Ziel der Abteilung, ein Projektziel oder ein persönliches Vorhaben. Eine Vision entwickelt eine starke Zugkraft, wenn sie durch die Führungskraft ehrlich vertreten werden kann.

Zusammenfassend lässt sich eine echte Führungs-Kraft also als Persönlichkeit beschreiben, die den Menschen in seinem Umfeld achtet, wertschätzt, respektiert und ihn gleichermaßen fordert und fördert. Die sich mit entsprechendem Standing präsentiert, ihre Mitarbeiter schützt und ihnen in Konflikten den Rücken stärkt, aber sich auch in die Karten schauen lässt, ehrlich und berechenbar agiert, wichtige Informationen weitergibt statt vorenthält und sich vor allem eines nimmt: Zeit für den Menschen hinter dem Mitarbeiter.

Klingt nach einem regelrechten Führungs-Überflieger, oder? Aber keine Sorge, auch Führungskräfte dürfen bzw. sollen sogar genauso fehlbar sein wie ihre Mitarbeiter.

Schließlich ist kein Mensch perfekt, aber gerade bei männlichen Führungskräften besteht häufig noch ein großes Entwicklungsfeld darin, dass Fehler und Schwächen auch zugegeben werden. Dabei entpuppt sich gerade der Chef, der selbst Fehler eingestehen kann, als eine reife und souveräne Persönlichkeit mit Charisma. Das Eingeständnis der eigenen Fehlbarkeit erhöht den Respekt der gesamten Mannschaft – denn somit wird klar, dass auch die Führungskraft „nur" ein Mensch ist.

> Kleiner Tipp: Fehler als Chancen mit Verbesserungspotenzial zu sehen ist die dafür beste Einstellung. Und mit einer Portion Humor lassen sich eigene Fehler leichter eingestehen, denn was ist besser, als ab und zu einfach über sich selbst zu lachen?

Doch wie an die Mitarbeiter, stellt unsere Arbeitswelt der Zukunft auch Führungskräfte vor neue Aufgaben. Das erfordert, dass die bisherigen Führungsansätze insgesamt überdacht und neu ausgerichtet werden müssen. In einer Zeit, in der sich die Arbeitswelt im Rahmen von Globalisierung, Digitalisierung und Technisierung insgesamt weg von der Kollektivierung hin zur Individualisierung bewegt, werden Führungskräfte zukünftig andere oder gar keine Teams im herkömmlichen Sinne führen. Daraus ergeben sich zwar Herausforderungen, jedoch auch neue Chancen. Angefangen bei internationalen und dezentralen Arbeitsplätzen, modernen spezifischen Kommunikationsplattformen bis hin zur steigenden Selbstverantwortung und Selbststeuerung des Einzelnen, werden Führungskräfte ihre Rolle neu definieren müssen.

Gerade in einer Arbeitswelt, die durch diese Tendenzen und Technologien geformt wird, ist und bleibt ein wichtiger Aspekt die direkte, empathische und wertschätzende Kommunikation zwischen Führungskraft und Mitarbeitern. Sie wird sogar wichtiger denn je, weil der Mensch im Prozess trotz dezentraler Teams und erhöhter Selbstständigkeit nach wie vor eine feste Beziehungsebene braucht, um erfolgreich zu sein. Aufgabe der Führungskraft wird es sein, diese – unter veränderten Anforderungen – herzustellen, zu erhalten und zu pflegen.

7.7 Special: Diamonds are a girl's best friend – Frauen führt man(n) anders!

Der Balanceakt für eine souveräne Führungskraft zwischen natürlicher Autorität und einem authentischen kooperativen Führungsstil ist ohne Zweifel manchmal schwierig. Zu einem regelrechten Drahtseilakt kann außerdem gerade für männliche Vorgesetzte bisweilen der Umgang mit weiblichen Mitarbeitern werden. Warum? Weil Frauen ebenso wie Männer ihre eigenen Spielregeln haben, und das auch im Job.

Was also passiert, wenn Männer Frauen führen? Nicht selten führen die Unterschiede zwischen männlichen und weiblichen Spielregeln dazu, dass sich weibliche Teams von männlichen Führungskräften weniger verstanden fühlen, besonders in Konfliktsituationen.

Um auch mit solchen speziellen Situationen souverän umgehen zu können, hier ein paar Tipps aus weiblicher Sicht:

Transparenz und Klarheit bieten
Jedes Team – egal ob männlich oder weiblich – profitiert von einem klaren und verlässlichen Führungsstil. Gerade unter Frauen wird jedoch durch eine klare Aufgabenverteilung und transparente Strukturen das Teamwork ganz klar unterstützt bzw. Konflikten wie Konkurrenzdenken o. ä. von vornherein der Wind aus den Segeln genommen. Da allgemein bekannt ist, dass Frauen ein intensiveres und emotional ausgeprägteres Kommunikationsverhalten an den Tag legen, ist logischerweise auch dieser Aspekt in puncto Führungsstil umso wichtiger. Also lieber etwas mehr als üblich kommunizieren und vor allem alle Teammitglieder gleichberechtigt informieren.

Klare Kommunikation etablieren
Frauen sind allzu häufig wahre Meisterinnen im Tiefstapeln. Statt ihre Stärken, Ziele und Anliegen offen und klar zu kommunizieren, reden sie um den heißen Brei oder warten gar stumm darauf, dass ihre Wünsche quasi von den Augen abgelesen werden. Gerade für männliche Führungskräfte eine echte Gratwanderung, bei der der Absturz fast schon vorprogrammiert ist. Deshalb gilt es, Frauen gezielt zu ermuntern und zu bestärken, mögliche Anliegen nach dem Prinzip „kiss" (keep it short and simple) klar und direkt zu kommunizieren. Als Übungsfelder eignen sich hierzu bestens jede Art von Projekt- und Teambesprechungen, Jahres- und Beurteilungsgesprächen und auch Einstellungsgespräche.

Konfliktlösung „à la weiblich" zulassen
Manchmal lässt sich ein Konflikt einfach nicht vermeiden und dann ist es auch gut, ein Gewitter zuzulassen, wenn die Luft danach gereinigt ist. Die Besonderheit weiblicher Teams: Probleme werden hier gerne „intern" gelöst. Die beste Strategie für Führungskräfte ist daher, dieser speziellen Streitkultur vorurteilsfrei den nötigen Raum zu geben und dem Team die Möglichkeit zur Selbstregulierung zu gewähren – auch wenn dieser Prozess manchmal etwas dauern kann.

Kollegiale Begeisterung unterstützen
Frauenmannschaften punkten eindeutig in Sachen Loyalität, Einfallsreichtum und Begeisterungsfähigkeit. Hat ein weibliches Team ein gemeinsames Ziel und zieht ohne Wenn und Aber an einem Strang, wird ein enormer Pool an Kreativität, Engagement und Teamwork freigesetzt. Wer als Führungskraft ein weibliches Team richtig begeistern kann, hat also mit ziemlicher Wahrscheinlichkeit eine Siegermannschaft hinter sich. Wichtig ist, dass die Ziele klar umsetzbar und vor allem erreichbar sind.

Übrigens: Aufgrund ihrer höher ausgeprägten Emotionalität empfinden Frauen direkte Wertschätzung, ein ehrliches Dankeschön und eine Prise Humor als stärkeren Motivationsbooster als Männer. Wer als Führungskraft von weiblichen Mitarbeiterinnen akzeptiert und respektiert werden will, sollte außerdem nicht unterschätzen, welch hohen Stellenwert nach wie vor klassische „Tugenden" wie Freundlichkeit, Höflichkeit und nicht zuletzt ein gepflegtes Auftreten im weiblichen Kosmos haben. Denn „sexy" ist nach wie vor auch eine Frage des persönlichen Stils.

7.8 Resümee: Souverän = sexy – In 7 Schritten zum Führungserfolg

Gute Führung ist lernbar, das ist die gute Nachricht und das zentrale Fazit dieses Artikels. Allerdings bedarf es mehr als stereotyper Führungsseminare. Um mit den Worten des charismatischen und in 2012 leider verstorbenen Bestseller-Autors Stephen R. Covey zu sprechen:

„Sich mit der eigenen Persönlichkeit auseinanderzusetzen, zur Erreichung von Klarheit über die eigenen Werte, Verhaltensmuster und Ziele im privaten und beruflichen Leben ist eine der wichtigsten, aber auch anspruchsvollsten, wenn nicht auch eine der mutigsten Aufgaben, die wir uns stellen" (Covey 2005). Deshalb beginnt wirklich gute Führung mit:

1. *Spieglein, Spieglein an der Wand* … einer bewussten und ehrlichen Analyse und Auseinandersetzung mit sich selbst, der eigenen inneren Haltung und seinem Selbst-Verständnis als Führungskraft.

… und setzt sich mit der Weiterentwicklung dieser inneren Haltung fort:

2. *I am because you are* – Das Bewusstsein, dass man als Führungskraft auch „nur" ein Teil des ganzen Systems ist und sowohl Führungskraft als auch Mitarbeiter durch wertschätzendes Miteinander eine perfekte Symbiose erreichen können.
3. *Schon entdeckt?* – Die Neugier auf den Menschen hinter dem Mitarbeiter und die Erkenntnis, dass jeder Einzelne eine wertvolle Persönlichkeit mit einzigartigen Lebens-, Interessens- und Erfahrungsräumen ist, die höchsten Respekt verdient.
4. *Warum Fische nicht auf Bäumen leben* – Die Erkenntnis, dass Mitarbeiter, die gemäß ihren individuellen Stärken und Interessen eingesetzt werden, langfristig leistungsstärker, engagierter und auch gesünder sind.
5. *Keine Führung von der Stange* – Das Verständnis, dass das Potenzial jedes Einzelnen zukünftig wichtiger denn je wird, um mit Entwicklungen und Veränderungen Schritt zu halten und dafür entsprechende Unterstützung und Entwicklungsräume ermöglicht werden.
6. *Deutschland sucht den Super-Chef* – Die Gelassenheit, dass es keinen Super-Chef braucht, sondern nur einen Menschen, der anderen, ihm anvertrauten Menschen ein verlässliches und vertrauliches Vorbild ist und diese in ihrer Entwicklung fördert.
7. *Diamonds are a girl's best friends* – Die Klarheit, dass Frauen im Grunde ganz einfach zu „führen" sind und man auch als männliche Führungskraft ein schönes Leben hat, wenn man nur den weisen Spruch eines amerikanischen Unternehmensberaters beherzigt: „happy wife, happy life".

Wer diese sieben Schritte verinnerlicht und künftig versucht, seine Führungsrolle bewusst souverän und authentisch zu leben, hat sicherlich das Zeug zur „sexiest Führungskraft alive". In diesem Sinne viel Erfolg!

P.S.: Die Analyse der Charakterstärken (Abschn. 6.14) erfolgt über ein online-gestütztes Instrument mit entsprechender Auswertung und Erläuterung. Bei Interesse wenden Sie sich bitte direkt an die Autorin des Artikels: herrmann@inspirocon.de.

7.9 Über die Autorin

Brigitte Herrmann arbeitete nach mehreren Jahren in Marketing und Werbung 15 Jahre als selbstständiger Executive Search Consultant im Bereich Headhunting. Für renommierte Mittelstandsunternehmen und internationale Konzerne aus Industrie und Dienstleistung suchte sie im Auftrag von Personalberatungen Spezialisten und Führungskräfte – im Topmanagement vom Geschäftsführer bis zum Vorstand.

In mehr als 7000 Bewerber-Interviews sammelte sie Erfahrungen wie Führungskräfte ihre Rolle verstehen, was Mitarbeiter sich von Vorgesetzten wünschen und wie sie unter guten Bedingungen wachsen und ihr Bestes geben. Brigitte Herrmann arbeitet heute als Beraterin und Business Coach mit dem Schwerpunkt stärkenbasiertes Potenzialmanagement.

Als Inhaberin von Inspirocon. Potenzialmanagement im Business. begleitet Brigitte Herrmann Fach- und Führungskräfte und Unternehmer/innen in den Bereichen Führung, Mitarbeitermotivation, Konfliktlösung sowie in beruflichen Entwicklungsprozessen. Auch in Keynote- und Impulsvorträgen gibt Brigitte Herrmann dieses Wissen und ihre Erfahrungen weiter.

Weitere Infos unter www.inspirocon.de

Literatur

Blake, R., & Mouton, J. (1964). *The Managerial Grid: The Key to Leadership Excellence*. Houston: Gulf Publishing Co.

Covey, S. R. (2005). *Die 7 Wege zur Effektivität: Prinzipien für persönlichen und beruflichen Erfolg*. Offenbach: Gabal.

Development Dimensions International (DDI) (2012). *Lessons for Leaders from the People Who Matter*. http://www.ddiworld.com/DDIWorld/media/trend-research/lessonsforleadersfromthepeoplewhomatter_mis_ddi.pdf?ext=.pdf. Zugegriffen: 22.04.2015

Gallup (2014). *Engagement Index Deutschland 2013*. http://www.inur.de/cms/wp-content/uploads/Gallup%20ENGAGEMENT%20INDEX%20DEUTSCHLAND%202013.pdf. Zugegriffen: 22.04.2015

Wertekommission – Initiative Werte Bewusste Führung e. V. (2014). *Führungskräftebefragung 2014. Eine Studie der Wertekommission und des Reinhard-Mohn-Instituts der Universität Witten/Herdecke*. http://www.wertekommission.de/wp-content/uploads/2015/03/Studie-Fuehrungskraeftebefragung-2014.pdf. Zugegriffen: 22.04.2015

Charisma und die Macht der Worte

Yvonne Natascha Heum

8

Inhaltsverzeichnis

8.1 Einleitung 143
8.2 Wann ist man erfolgreich? 144
8.3 Charisma – der souveräne Auftritt 146
8.4 Der charismatische Macher 148
8.5 Status 149
8.6 Die Macht der Worte 152
8.7 Die Sicht auf die Welt – die Landkarte ist nicht das Gebiet 153
8.8 Was macht Sprache mit Menschen? 156
8.9 Zum Abschluss 160
8.10 Über die Autorin 161
Literatur 161

> Das Durchschnittliche gibt der Welt Bestand, das Außergewöhnliche ihren Wert.
> (Oscar Wilde)

8.1 Einleitung

Abseits der Sozialwissenschaften und der Wirtschaftspsychologie ist Charisma schon lange in der Mitte der Gesellschaft angekommen und ein alltagssprachlicher Begriff, der für Ausstrahlung und Wirkung steht. In geradezu inflationärer Verwendung lesen und hören wir an jeder Ecke von dem großen „Zauberbegriff". Aber was macht eigentlich diese besondere Eigenschaft, andere Menschen mit persönlicher Ausstrahlung in den Bann zu ziehen, ja, sie gar bestenfalls verzaubern zu können, aus? Und was haben Charisma und

Yvonne Natascha Heum ✉
Institut relset, Weiherstr. 7, 40219 Düsseldorf, Deutschland
e-mail: info@reset-kommunikation.de

Kommunikation gemeinsam? Auf den folgenden Seiten stelle ich Ihnen die Wichtigkeit gelungener Kommunikation vor und wie Sie diese mit einer gehörigen Portion Charisma zu Ihrem persönlichen Erfolg vereinen. Erfahren Sie, welche Macht verbale und nonverbale Kommunikation auf Ihr Gegenüber hat und inwiefern sich dies auf Ihren Erfolg als empathische Führungspersönlichkeit auswirkt. Ich habe mich ganz bewusst gegen eine wissenschaftliche Abhandlung entschieden, davon gibt es bereits genug. Genauso mag es sein, dass mein Text partiell polarisiert. Nehmen Sie es in diesem Fall mit einer Prise rheinischem Humor, das habe ich nämlich auch getan.

Sicherlich haben Sie schon einmal gehört, dass 80 % unserer Kommunikation *nonverbal* abläuft (Eisbergmodell nach Ruch/Zimbardo, 1974). Das bedeutet, dass sich unter anderem die Körperhaltung, Mimik und Gestik *primär* auf den Kommunikationsprozess auswirken. Somit bleiben 20 %, die über Erfolg oder Misserfolg der *verbalen* Kommunikation entscheiden. Das heißt: Es ist neben fachlicher Kompetenz auf Inhaltsebene genauso wichtig, auf die Beziehungsgestaltung im Gespräch zu achten. Außerdem geht es um die Themen Verständnis und Verbindlichkeit.

Jedem ist bekannt, dass ein einzelnes ausgesprochenes Wort große Wirkung, also sprichwörtlich Macht, haben kann. Und das nicht nur in Form von Antworten auf geschlossene Fragen: Ja, so machen wir's – oder: Nein, das wird es mit mir nicht geben! Die gleichen Worte können auf völlig unterschiedliche Art ausgesprochen werden und damit völlig unterschiedliche Wirkungen entfalten. Freundlich und interessiert, motivierend und herausfordernd oder ablehnend und aggressiv. Das kann im letzteren Fall nachhaltig Punkte auf der Beziehungsebene im Umgang miteinander kosten.

8.2 Wann ist man erfolgreich?

Während meiner Vorbereitung für diesen Beitrag stellte ich mehreren Führungskräften, Männern wie Frauen, folgende Frage: „Wann ist ein Mann für Sie erfolgreich und was macht diesen Erfolg aus?" Die Ergebnisse waren nicht wirklich überraschend. Der Großteil der Männer legt primär besonderen Wert auf die Ergebnisse. Das heißt, der Erfolg muss in Zahlen messbar sein. Erst danach kamen die Punkte Respekt und Anerkennung. Frauen hingegen fanden Männer, die wertschätzend und motivierend führen, besonders erfolgreich. Hier ist also empathische Führung der Parameter. Performance = Ergebnis, Performance = empathische Interaktion. Natürlich ist meine Umfrage nicht repräsentativ. Umfragen, die sich mit der Mitarbeiterzufriedenheit beschäftigen, geben hier einen besseren Einblick, denn Erfolg, Mitarbeiter- und Kundenzufriedenheit sind unweigerlich miteinander verknüpft. So wird zum Beispiel in der Studie zur Mitarbeitermotivation von Regus (2011) „Respekt und Anerkennung" an erster Stelle benannt.

Das Gallup Institut (Gallup 2012) veröffentlicht nahezu jährlich eine aktualisierte Studie zum Thema Motivation und Zufriedenheit von Mitarbeitern. Die Ergebnisse dieser

Studie sind beängstigend und geben nach wie vor einen Ausblick auf ungünstige Tendenzen, die einen langfristigen Erfolg im Hinblick auf die Personal- und Unternehmensentwicklungen in einem mehr als dämmrigen Licht erscheinen lassen. Nach wie vor fühlen viele Mitarbeiter *keine* konkrete Bindung an ihr Unternehmen – bis auf den Gehaltsscheck. 67 % erleben sich als unengagiert. 17 % hingegen sind „aktiv unengagierte" Mitarbeiter, das heißt, sie zeigen unerwünschtes Verhalten, das zu Lasten der Leistungs- und Wettbewerbsfähigkeit der Unternehmen geht. Als Hauptverursacher dieses Trends benennt das Institut das Management: Laut Gallup haben viele Beschäftigte das Gefühl, dass ihre zentralen Bedürfnisse und Erwartungen von ihren direkten Vorgesetzten teilweise oder gar völlig ignoriert werden. In meiner Arbeit mit solchen Klienten wird mir immer wieder von einem Gefühl der „inneren Kündigung" berichtet. Diese Mitarbeiter sind frustriert, demotiviert und aus unternehmerischer Sicht oftmals sogar regelrechte Saboteure. Die Bereitschaft zu aktiver Veränderung ist in den meisten Fällen erloschen. Als Coach kann man in solchen Fällen nicht mehr die Aufgabe der Notfall-Feuerwehr übernehmen, dafür ist es schon viel zu spät, der Schaden bereits irreparabel.

Das hat finanzielle Folgen. Gallup errechnet jährliche Kosten durch Fehltage, Fluktuation und schlechte Produktivität in Höhe von – Achtung! – über 110 Milliarden Euro. Hier lässt sich ganz klar nicht mehr von „Das ist erfolgreich!" sprechen.

Was lässt sich also tun? Es ist an der Zeit zu erkennen, dass die Art und Weise, wie Sie mit Menschen kommunizieren, aktiv Auswirkungen auf den beziehungsweise *Ihren* Erfolg hat. Sicherlich schreibt schon Prof. Dr. Fredmund Malik in seinem Klassiker *Führen, Leisten, Leben* (Malik 2000) im übertragenem Sinne davon, dass ein Unternehmen kein „Ponyhof" oder die „Caritas" sei, somit also keinerlei Verpflichtung bestünde, für ein angenehmes Arbeitsklima oder gar berufliche Erfüllung sorgen zu müssen! Das ist grundsätzlich auch so – allerdings: Können wir uns eine solche Haltung in der Zukunft überhaupt noch leisten, mit Blick auf den demografischen Wandel, die Globalisierung und den Kampf um Märkte und qualifizierte Fachkräfte?

Begriffe wie „Humankapital", laut Burkhard Jaeger (2004) die „personengebundenen Wissensbestandteile in den Köpfen der Mitarbeiter", geben bereits einen Einblick in die Entfremdung, die Reduktion des Menschen in seiner Vielfältigkeit auf eine wissenschaftliche Effizienz und Ergebnisorientierung von Denken und Leistung. Nicht umsonst ist es das Unwort des Jahres 2004 gewesen.

Es geht stattdessen also vermehrt um „Verbundenheit". Denn nur, wenn diese gegeben ist, lässt sich in der Zukunft Entwicklung und Innovation in einer Gesellschaft weiter verwirklichen, ansonsten ist das Ende der Fahnenstange schneller erreicht, als uns das lieb ist. Der Neurobiologe Gerald Hüther (Hüther und Spannbauer 2012) nennt dies „Connectedness": „Es bedeutet, die Welt nicht als eine Ansammlung voneinander isolierter Teile zu sehen, sondern als ein lebendiges Netz, in dem alles miteinander verbunden und wechselseitig voneinander abhängig ist."

8.3 Charisma – der souveräne Auftritt

Prominente Charismatiker wie Helmut Schmidt, Bill Clinton, David Garrett, Joschka Fischer oder Sean Connery sind uns allen längst aus den Medien bekannt. Und sicherlich kennen Sie selbst ebenfalls Menschen, die Sie als unglaublich charismatisch bezeichnen. Vielleicht gehören Sie sogar selbst dazu? Falls nicht, dann zeige ich Ihnen, wie Sie das zukünftig ändern können. Lassen Sie uns sehen, was haben denn all diese Persönlichkeiten gemeinsam, was ist dieses spezielle „Etwas", das diese Menschen mitbringen?

Sie haben vor allen Dingen eines: „Präsenz". Wenn sie einen Raum betreten, „wirken" sie, ohne dass sie etwas gesagt haben, geschweige denn laut wären. Es ist unter anderem diese Selbstverständlichkeit, mit der bereits die Körperhaltung signalisiert: „Ich bin ganz bei mir und bin mir meiner Selbst absolut sicher". Im Vergleich zu einer reinen „Macht-Präsenz" zeichnet sich die „Charisma-Präsenz" durch eine innere Freundlichkeit aus, die sich unmittelbar auf die äußere Erscheinung überträgt. Der Selbstwert ist gestärkt, ohne ins Narzisstische abzurutschen, was es auf jeden Fall zu vermeiden gilt.

Jede Pore strahlt Souveränität und zugewandte Offenheit aus. Schnell ergeben sich interessierte und angenehme Gespräche. Anschließend bleibt der Eindruck „Ach, das war ja ein echt toller Typ", ohne faden Beigeschmack der Langeweile, Inkompetenz oder gar Arroganz.

Charismatiker vermögen andere einfach zu begeistern. Sie können selbst große Emotionen spüren, genauso, wie sie diese auf ihr Umfeld übertragen können. Im Zuge dessen geht es auch um Visionen. Wirkliche Visionäre, die ernsthaft etwas verändern wollen, benötigen unabdingbar Glaubwürdigkeit und Authentizität, um die Massen mitreißen zu können. Das, gepaart mit persönlicher Verbindlichkeit und Verstehbarkeit des Themas, gibt eine begeisternde Mischung, die Basis eines jeden klugen Erfolgs ist.

Jeder von uns hat von Geburt an ein Bedürfnis nach persönlichem Wachstum und nach Anerkennung. Aber nicht jeder ist in der Lage, das Office morgens mit einer Attitüde a la „Hoppla, jetzt komm ich!" zu betreten. Was hält Menschen also davon ab, optimal und charmant aufzutreten? Gibt es so etwas wie das eingebaute Charisma-Gen und alle, die es nicht haben, verschwinden unweigerlich in der Versenkung? Nein. Es sind die persönlichen Einschränkungen, die Glaubenssätze und Überzeugungen, die wir von Haus aus mitbringen, die unseren Alltag nur zu gerne sabotieren. Diese Barrieren im Denken und Handeln halten uns einfach davon ab, unser Potenzial in Gänze zu entfalten.

▶ Merke: Weg von persönlicher Einschränkung im Selbstwert hin zu sicherem und souveränem Selbstbewusstsein.

8.3.1 Entstehung von einschränkenden Überzeugungen

Ich will ein Beispiel nennen: Wenn die eigene Familie in der Kindheit stets betont hat, dass man(n) sich nicht so in den Mittelpunkt stellen, dass man(n) nicht gewinnend die Auf-

8.5.2 Die Status-Wippe

Als charismatischer Macher ist man in der Lage, sich situativ und kontextabhängig zwischen Hoch- und Tiefstatus flexibel zu bewegen und dennoch klare Ansagen zu machen. Es geht also darum, anderen Menschen mit dem nötigen Respekt zu begegnen und eine andere Meinung als die eigene grundsätzlich wertzuschätzen. Durch Kopfnicken signalisiert man aktives Zuhören. Das Stellen kontextbezogener Fragen signalisiert Interesse am Gegenüber, und den i-Punkt setzt am Ende ein zugewandtes Statement: „Ja, das kann ich nachvollziehen (verstehen, begreifen etc.), dass Sie das so und so sehen". Dann legen Sie den eigenen Standpunkt in klarer Sprache nachvollziehbar dar. Kommen Sie konkret auf den Punkt, ohne sich in Fachchinesisch und leeren Worthülsen und Phrasen zu verlieren. Reden Sie nicht um den heißen Brei herum, bis dieser nur noch lauwarm ist. Es ist und bleibt Brei! Wie sagte schon Heinz Erhardt: „Das Schlimme an manchen Rednern ist, dass sie oft nicht sagen, wovon sie sprechen." Es ist hilfreich, sich das zu Herzen zu nehmen.

Einer der elementarsten Punkte, den ich meinen Klienten immer mit auf den Weg gebe, ist: Transparenz! Ein klares Wort, freundlich, höflich und zeitnah ausgesprochen, erstickt viele potenzielle Schwierigkeiten, die später auftauchen können, schon im Keim. Die Angst vor unpopulären Aussagen rechtfertigt niemals heimliche Vertuschungsaktionen oder eine Salamitaktik. So was geht immer nach hinten los – und sympathischer macht einen das anschließend auch nicht, ganz im Gegenteil.

Nehmen Sie sich „Raum". Während einer Präsentation stehen oder sitzen Sie aufrecht. Machen Sie mit Ihren Armen einladende Gesten. Fummeln Sie nicht an sich herum (Streicheln, Kratzen etc.). Schauen Sie die einzelnen Gesprächsteilnehmer nacheinander an. Suchen Sie den Blickkontakt mit den Personen und halten Sie diesen für einen Moment. Das Ganze natürlich ohne zu starren, Sie wollen Ihre Mitmenschen ja nicht hypnotisieren. Wenden Sie sich immer wieder mal jedem Einzelnen während Ihres Vortrags zu. Sollten Sie auf einem Podium stehen und vor sich eine Zuschauermenge haben, lassen Sie auch dort zwischendurch den Blick von der einen Seite des Raums zur anderen schweifen. Lassen Sie sich dabei Zeit. Geben Sie den Menschen das Gefühl, sie würden Sie sehen, auch wenn Sie nichts weiter als Scheinwerferlicht wahrnehmen. Reden Sie langsam und betont, ohne einschläfernd oder affektiert zu wirken.

Ihre persönliche innere Haltung sollte stets eine Mischung aus Freundlichkeit und Respekt für die Angelegenheit und die anwesenden Personen sein. Selbst dann, wenn jemand dabei ist, den Sie lieber erwürgen würden. Auch kritische Themen bedürfen einer solchen inneren Haltung. Sie dürfen mir glauben: Mit Souveränität und dem nötigen Quäntchen Diplomatie kommen Sie einfach entschieden weiter als ohne!

Die Sorge, dass man in einer Verhandlung zu weich oder nachgiebig erscheinen könnte, lässt sich zerstreuen. Ein kurzes Anziehen im Tonfall, um anschließend wieder zugewandter zu werden, ist völlig ausreichend. Genau das ist es, was die Status-Wippe ausmacht: Flexibilität auf allen Ebenen. Die primäre Bewegung im Hochstatus, um dann immer wieder an der richtigen Stelle kurz in den Tiefstatus zu gehen, nachzugeben, und anschließend

Tab. 8.1 Gängige Statusverhaltensweisen

Tiefstatus – das No-go	Hochstatus – der charismatische Macher
Unruhiges Stehen, hängende Schultern, eingesunkene Haltung	Aufrechtes Stehen, leichte Körperspannung, beide Beine gleichmäßig belasten
Wenig Raum einnehmen, sich klein machen	Viel Raum einnehmen, ausladende Gesten
Schräge Kopfhaltung, Blick nach unten gerichtet	Kopf ist grade, das Kinn etwas höher
Sich selbst berühren	Andere Berühren
Unruhige Bewegungen, zappeln	Ruhig sitzen oder stehen
Kein Lächeln, Blinzeln	Sicheres breites Lächeln und klarer Blick
Blick ausweichen, wegschauen	Blickkontakt halten, ohne zu starren
Schnelles, leises, undeutliches Sprechen	Langsam sprechen, deutlich, mit Pausen
Flaches, starkes Atmen	Ruhiges, tiefes Atmen
Hektisches Reagieren	Zeit lassen

wieder in den Hochstatus zurück zu wechseln – das ist die perfekte Balance, das richtige Verhältnis von Druck und Nachgeben.

Der Tab. 8.1 entnehmen Sie noch einmal die gängigsten Statusverhaltensweisen: Was Sie definitiv im Tiefstatus unterlassen sollten und was sich im Hochstatus unterstützend auswirkt. Zusammengefasst lässt sich sagen: Wer sich viel Raum und Zeit nimmt und im Hochstatus ist, übernimmt die Führung.

8.6 Die Macht der Worte

8.6.1 Perspektiven und daraus resultierende Unterschiede

Haben Sie verinnerlicht, welche Ausstrahlung und welche körpersprachlichen Merkmale wichtig sind für den buchstäblichen „starken Auftritt"? Dann richten Sie im nächsten Schritt noch einmal grundlegend Ihren Fokus darauf, wie es um Ihre kommunikativen Fähigkeiten bestellt ist. Denn Charisma ist ohne gelungene verbale Kommunikation nicht wirklich erfolgreich umzusetzen.

Abhängig von dem eigenen Standpunkt können Wörter völlig unterschiedliche Bedeutungen haben. Und damit meine ich nicht den Unterschied zwischen einer Gartenbank und einem Geldinstitut. Deswegen ist es – bei Bedarf – auch so wichtig, in einem Gespräch vorab die persönlichen Definitionen zu klären, damit es nicht zu Missverständnissen zwischen den Beteiligten kommt.

Stellen Sie sich beispielsweise eine private Gesprächsrunde zum Thema „Treue in der Partnerschaft" vor. Die Möglichkeit, dass die einzelnen individuellen Vorstellungen von Treue signifikant voneinander abweichen, ist groß. Für den einen beginnt der Betrug beim

Hinterher-Sehen, beim nächsten, wenn man mit einer Person anderen Geschlechts ausgeht, und wieder beim nächsten erst beim tatsächlich aktiven „Vollzug des Aktes".

Jede individuelle Wahrnehmung, sei sie auch noch so skurril, hat grundsätzlich erst einmal ihre Berechtigung, auch wenn sie nachhaltig von der eigenen abweicht, was man stets im Hinterkopf behalten sollte.

8.7 Die Sicht auf die Welt – die Landkarte ist nicht das Gebiet

8.7.1 Entwicklung

Jeder Mensch lebt innerhalb eines Systems. Dieses System besteht aus vielen Teilaspekten und Personen, zum Beispiel aus den Familienangehörigen, dem Beruf, den Hobbies und den persönlichen Lebensbedingungen usw. All diese Aspekte wirken sich also ständig mal mehr oder weniger stark auf uns aus – und wir uns wiederum auf sie.

Im Laufe des Lebens hat jeder Mensch viel gelernt und eine Vielzahl an individuellen Erfahrungen gesammelt. Viele waren gut und etliche weniger gut. Am prägendsten für die eigene Entwicklung ist die Zeit im Alter von circa drei bis 18 Jahren.

Wir haben Eigenes gelernt, wie beispielsweise das Laufen. Es ist übrigens absolut bemerkenswert, dass wir trotz stetigen und wiederholten Scheiterns wie Hinfallen und Stoßen eisern weiter gemacht haben, bis es uns irgendwann gelungen ist, auf zwei Beinen sicher durch die Welt zu gehen. Daran lohnt es sich zu denken, wenn man mal wieder ein emotionales Tief aufgrund eines massiven Motivationslecks hat, à la „Ich schaff' das nicht, ich kann das nicht". Quatsch! Übung macht den Meister. Bleiben Sie einfach hartnäckig am Ball, so wie Sie es als Kleinkind bereits mit Erfolg gemeistert haben!

Neben banalen Erkenntnissen, wie dass das Benutzen einer Toilette auf die Dauer einer Windel vorzuziehen ist und Zähneputzen vor Mundgeruch und Karies schützt, kommen im Laufe der kindlichen und jugendlichen Entwicklung mehr und mehr soziale Verhaltenskenntnisse hinzu: Wenn man seinen Mitmenschen mit harschem Ton und nicht nachvollziehbarem oder egoistischem Verhalten begegnet, darf man sich nicht wundern, dass man als unsympathisch gilt. Das beginnt schon im Sandkasten: Wenn man anderen Kindern stets die Schippe auf den Kopf haut und die Förmchen wegnimmt, will irgendwann keiner mehr mit einem spielen. Die Art und Weise, wie man agiert hat also entsprechende Auswirkungen, damals wie heute. Sie kennen sicherlich Situationen, in denen Sie noch heute das Gefühl haben, dass ein Thema auf „Sandkasten-Niveau" ausgetragen wird, mir geht es jedenfalls bisweilen so.

8.7.2 Was wir so alles gelernt haben und glauben

Da sind sie schon wieder, die Überzeugungen. Sie finden sich zum Beispiel auch in Sprichwörtern: „Wie man in den Wald hinein ruft, so schallt es heraus". Viele davon machen nach wie vor Sinn. „Der frühe Vogel fängt den Wurm" gilt nicht nur, wenn man sich für Karten für das Pokalfinale anstellt. Als Nachteule sehe ich das zwar manchmal anders, die Struktur unserer Gesellschaft lässt dafür jedoch relativ wenig persönlichen Handlungsspielraum. Andere, *alte* Überzeugungen wirken sich allerdings gerne auch mal einschränkend auf das eigene Verhalten aus. Sehr beliebt und oft von Klienten gehört, ist folgende Aussage: „Männer, die über Gefühle reden, sind schwach." Dieses „Das macht man nicht" ist tatsächlich auch heute noch ein echtes Problem. Sie merken, Sinn und Unsinn liegen also oft nah beieinander.

Genauso haben wir uns vieles abgeschaut, und wieder anderes ist uns von unserem Umfeld unterstützend und einprägsam vermittelt worden. Die Familie und die selbst ernannten oder tatsächlichen Pädagogen unserer Umgebung haben stetig Einfluss auf uns genommen. So haben wir uns letztlich zu demjenigen entwickelt, der wir jetzt sind.

Und das Spannende ist: Wir hören bis ins hohe Alter nicht auf weiter zu lernen – sofern wir das wollen. Das bedeutet: Die Möglichkeit zu Entwicklung und damit einhergehender Veränderung ist keine Frage des Alters, ganz im Gegenteil.

8.7.3 Realität – alles subjektiv?!

All diese Erfahrungen, die wir mit uns, anderen und der Welt machen, prägen also unsere „Sicht auf die Welt". Das heißt: So ist die Welt. Eigentlich muss es aber heißen: So ist *meine* Welt.

Und andere Menschen haben wahrscheinlich andere Erfahrungen gemacht als wir und haben dementsprechend auch eine andere Sicht auf die Welt, auf *ihre* Welt. Realität ist etwas zutiefst subjektiv Empfundenes. Es gibt nicht die eine, die wahre Wahrheit. Realität ist die Beschreibung eines Moments aus der ganz persönlichen Sicht – und die kann (und darf) von einer anderen Sicht auf den gleichen Moment signifikant abweichen. Kann, muss aber nicht.

Als Menschen können wir nie die Realität an sich, sondern nur unsere subjektive Wahrnehmung der Realität kennen, das heißt: Jeder Mensch konstruiert seine eigene Wirklichkeit. Diese Sicht bleibt der Alltagserfahrung häufig verborgen, da die Prozesse unbewusst ablaufen und wir die Welt auf *ähnliche Weise* interpretieren.

Die subjektive Form der Wahrnehmung ist übrigens ein zentrales Postulat der sogenannten konstruktivistischen Psychotherapie- und Kommunikationsformen, wie zum Beispiel dem NLP, der modernen Hypnosystemik nach Milton Ericksson oder der Kurzzeittherapie nach de Shazer.

8.7.4 Die Wahrnehmungs-Filter-Brille

Sie müssen sich das so vorstellen: Jeder Mensch läuft mit einer unsichtbaren, ganz speziellen Brille durch die Welt. Jede dieser Brillen ist anders und auf ihre Art einzigartig.

All das, was wir wahrnehmen im Sinne von Sehen, Hören, Fühlen und Schmecken, wird von ihr gefiltert und vorsortiert. Je nach Qualität des „Filterprogramms" ist das Ergebnis extrem selektiv, was dann bei uns im Frontal-Kortex noch ankommt. Das ist der vordere Hirnlappen, direkt hinter unserer Stirn, wo der Großteil unserer kognitiven Bemühungen stattfindet. Frei nach Eckhard von Hirschhausen auch „Jammer-Lappen" genannt, womit er nicht so ganz unrecht hat, wenn man sich mal anschaut, wie einige Menschen so unterwegs sind.

Das Filterprogramm ist ein Ergebnis von all dem, was wir selbst gelernt haben, was uns von anderen Menschen beigebracht wurde, was wir durch unseren Kulturkreis vermittelt bekommen, was wir gerne haben, was wir nicht mögen, wonach wir uns sehnen und wovor wir Angst haben. Sie sehen: Das sind wirklich eine ganze Menge Parameter, die hier wichtige, lebensentscheidende Rollen spielen, also direkten Einfluss auf unser Denken und daraus resultierend auf unser Verhalten haben. Eine der wesentlichen Erkenntnisse der modernen Hirnforschung der letzten Jahre ist laut Hüther die, dass unser Gehirn so wird, wie wir es besonders intensiv und besonders gern benutzen. Nicht umsonst ist das Areal für die Funktionalität des Daumens in Teenagergehirnen überproportional gut entwickelt. Das kommt vom vielen SMS-Schreiben.

Was wir noch so filtern
Immer, jeder, alle ... achten Sie mal auf Ihren eigenen Sprachgebrauch und den der Menschen in Ihrer Umgebung. Dabei wird Ihnen auffallen, dass viele Personen in bestimmten Situationen „gleichmachend" werten. „Den Führungskräften ist die eigene Jacke *immer* näher als die Hose, das kenne ich!", „*Kein* Mitarbeiter im Controlling hat *jemals* Ahnung gehabt, was hier in der Entwicklung eigentlich abläuft. Das war *schon immer* so!" etc.

Ist das so? Wirklich? Immer? Hat es nie eine Ausnahme gegeben? Doch? Ja, wieso formulieren Sie es dann nicht so! Verallgemeinerungen sind unangenehm und transportieren den Dunst der Engstirnig- und Kleingeistigkeit.

Dann gibt es da noch die Verzerrungs-Varianten, in ihrer Anwendung nicht weniger beliebt.

Ein ganz plakatives Beispiel dafür ist die Eifersucht. Wenn man dieses emotionale Erleben sein Eigen nennt, weil der Selbstwert leider nicht viel an Sicherheit und Beständigkeit hergibt, dann wird man in jeder erdenklichen Situation eine Veranlassung für die Aktivierung dieses anstrengenden Zustands sehen. Die Filterbrille mit dem Programm Eifersucht wird immer dann anspringen, wenn bestimmte Parameter zutreffen. Eine Person, die man in der Wirkung als besser, attraktiver, klüger erlebt als sich selbst, befindet sich in einem tatsächlichen oder auch nur vorgestellten Kontakt mit dem Partner. In diesen realen oder manchmal auch schlichtweg zusammenfantasierten Moment wird dann alles hineininterpretiert, was nur möglich ist. Eine besondere Rolle spielen dabei die eigenen Defizite, die verstärkt und dann umgewandelt dem „Enfant Terrible" zugeschrieben werden. Die Folge ist eine verletzende Szene, die auf Wiederholung beruht und irgendwann jegliche Form von zugewandter, vertrauensvoller Partnerschaft zerstört. Und dann wäre man beim

Aspekt der „sich selbst erfüllenden Prophezeiung" angelangt. In den meisten Fällen ist das nur eine Frage der Zeit.

▶ Fazit: Je weniger reflektiert wir mit uns und unserer Umgebung umgehen, desto mehr laufen wir Gefahr, unserem eigenen Dogmatismus zu erliegen. Mit dem entscheidenden Nachteil, dass das unsere Welt klein macht und den eigenen Horizont massiv einschränkt. Die Möglichkeit zu geistiger Flexibilität und Freiheit geht folglich verloren. Gerade die ist jedoch von entscheidender Wichtigkeit für charismatische Macher. Erlauben Sie sich, tolerant und diplomatisch mit der „Vielfältigkeit" Ihrer Umgebung umzugehen, und hinterfragen Sie ruhig die eine oder andere „Sicht auf die Welt" für ein besseres Verständnis – jedoch ohne denjenigen, der eine bestimmte Meinung vertritt, direkt in Frage zu stellen. Sehen Sie die Andersartigkeit als eine spannende Herausforderung, der Sie wertschätzend begegnen

8.8 Was macht Sprache mit Menschen?

Sprache wirkt sich aus, so viel ist mittlerweile klar. Die Qualität der emotionalen Beteiligung ist vielfältig. Sie kann befähigend und begeisternd, einschränkend und limitierend, im schlimmsten Fall gar krankmachend sein. In meiner täglichen Arbeit erlebe ich – leider – viel öfter Letzteres. Der Austausch mit Kollegen und Freunden sowie die Diskussionen auf Fachkongressen und Fortbildungen bestätigen dies. Natürlich ist das Credo in der Personalentwicklung bereits seit längerem die Förderung der Stärken sowie der aktive Einsatz der Mitarbeiter in den Bereichen, in denen sie wirklich ihre Kompetenzen voll ausspielen können. Ich habe das große Glück, sehr engagierte Personalentwickler zu kennen und selbst für Unternehmen zu arbeiten, die das Thema definitiv ernst nehmen und für die es tatsächlich um die Weiterentwicklung und Förderung ihrer Mitarbeiter geht. Auch wenn diese Förderung nicht immer ganz gradlinig verläuft, so steht am Ende dann doch in den meisten Fällen die Überschrift „Potenzialentfaltung" über dem Ganzen. Und das ist ein großes Geschenk – und nach wie vor *keine* Selbstverständlichkeit!

Es beginnt doch schon beim traditionellen Lob. Anselm Feuerbach sagte: „Tadeln ist leicht, deshalb versuchen sich so viele darin. Mit Verstand loben ist schwer, darum tun es so wenige". Da ist viel Wahres dran. Der Wunsch nach Anerkennung und die Wichtigkeit von Feedback ist unbestritten. Doch es kommt nach wie vor auf das *Wie* an. Und jeder weiß aus eigener Erfahrung, wie unangenehm, mitunter gar vernichtend, Kritik vermittelt werden kann.

8.8.1 Wenn Sprache schlechte Stimmung macht

Viele Menschen reagieren auf bestimmte Worte sehr empfindlich, häufig besonders dann, wenn Stimme und Körpersprache vermeintliche Warnsignale senden und als potenzieller

Angriff empfunden werden. Im beruflichen Kontext kommunizieren wir primär auf der Sachebene, das heißt, die Hardfacts dominieren den Inhalt. Es geht um den Austausch von Informationen, Daten und Fakten. Gleichzeitig gibt es jedoch noch weitere Ebenen, die in unserer Kommunikation mitschwingen und die oft unbewusst sind. Denken Sie mal an den zielgerichteten Zeigefinger, der einem fast „die Aura zerpickt". Besonders hervorzuheben ist dabei die Beziehungsebene. Diese sagt aus, wie man zueinander steht und was innerhalb dieser Beziehung grade eine Rolle spielt. Hier taucht das Status-Verhalten erneut auf. Oft werden diese Inhalte also nur *indirekt* transportiert, über Mimik, Gestik, Tonfall oder Abstände.

Diese impliziten Beziehungsbotschaften spielen keine weitere Rolle, solange sie von *beiden Seiten* als neutral beziehungsweise positiv erlebt werden. Der Konflikt beginnt jedoch, sobald sich eine Person abgewertet oder nicht berücksichtigt fühlt. In diesem Fall gibt es eine *Störung auf der Beziehungsebene*. Ein kleines Beispiel:

Er sagt: „Da haben Sie mich aber falsch verstanden."

Sie hört: „Sie haben das falsch gemacht, die Schuld liegt bei Ihnen."

Der weitere Verlauf ist klar ...

Machen Sie sich Gedanken über die Themenbereiche, die Sie unangenehm triggern oder verärgern. Setzen Sie sich aktiv mit diesen Punkten auseinander, um einen besseren Umgang damit zu etablieren. Wenn der Perspektivwechsel zum außen stehendern Beobachter auf die eigenen Unzulänglichkeiten schwer fällt, gilt auch hier: Lösen Sie das in einem separaten Coachinggespräch, um der Ursache auf den Grund zu gehen und diese zu beseitigen.

Die Jammerer

Ist Ihnen schon mal aufgefallen, wie viele Menschen, mit einem teils ausgeprägten Dogmatismus die Welt, das Leben, ihren Job, ach ja, einfach alles beklagen? Ich nenne diese Menschen „die Jammerer". Der Jammerer an sich macht seinen Job mittelmäßig. Er hat tendenziell wenig Spaß, klagt dafür viel, genauer gesagt fast ständig. Auffallend ist das ausgeprägte Wissen darüber, dass ausschließlich die anderen per se an allem Schuld sind. Was genau dann die Misere angeblich ausmacht, vermag er schon nicht mehr zu benennen. Diese Spezies glaubt tatsächlich, es lebe sich mit dieser Haltung auf die Dauer angenehm und einfach. Dem ist jedoch nicht so.

Fakt ist: Dauernde Unzufriedenheit, ergo Nörgelei macht krank. Warum? Weil die stets präsente Unzufriedenheit den Wahrnehmungsfokus ausschließlich auf alles Negative lenkt, was wiederum die Möglichkeit zur Wahrnehmung von Schönem und Angenehmem nahezu unmöglich macht. Wenn man sich primär mit negativem Erleben beschäftigt, kultiviert man letztlich schnell eine Form von Selbstmitleid und Abwertung. Abwertung der eigenen Identität und anderer Menschen. Man wird unzufrieden, traurig, wütend oder phlegmatisch. Das heißt: Negative Emotionen prägen den Alltag. Das macht einen auf die Dauer müde, kann Migräne und Rückenschmerzen verursachen und im Worst Case sogar noch Herz-Kreislauf-Erkrankungen.

Letzlich reduziert all das negative Erleben sogar die Ausschüttung von lebenswichtigen Neurotransmittern, den „Glückshormonen". Als Charismatiker hingegen ist man im Flow mit Dopamin und Serotonin.

Hormon-Doping
Guter Sex und Schokolade sind natürlich die bekanntesten Auslöser für einen gepflegten Dopamin- und Serotonin-Kick, sicherlich auch für Jammerer. Da der Großteil der Menschheit jedoch weder non-stop kopulierend noch Schokolade essend den Alltag verbringt, bedarf es offensichtlich noch weiterer Trigger zur Ausschüttung der beliebten Hormone. Wussten Sie übrigens, dass das mit der Schokolade und ihrem besonderen Serotoningehalt nur ein Volksmärchen ist? Serotonin kann nämlich gar nicht die Blut-Hirn-Schranke überwinden. Es sind in diesem Fall die Kohlenhydrate in der Schokolade, die eine vermehrte Aktivierung und Ausschüttung von Neurotransmittern im Gehirn veranlassen.

Das *Serotonin* ist der Chef unter den Hormonen, zuständig unter anderem für Schlaf, inneres Wohlbefinden und geregelte Nahrungsaufnahme. Ein pathologischer Mangel im Serotoninsystem kann zum Beispiel zu Depressionen, Übergewicht, Schlafstörungen und Herzerkrankungen führen.

Eines lässt sich ganz klar sagen: *Jeder* wunderbare Augenblick führt zu einer Neurotransmitter-Ausschüttung. Dazu gehören dann auch ein ehrliches Lob oder ein Moment, in dem uns etwas besonders gut gelungen ist. Entgegengebrachte Sympathie tut ihr Übriges. Daraus resultiert ein Erleben innerer und äußerer Balance, und das *Dopamin* schießt uns Glücksgefühle durch den Körper. Es heizt uns ein und spornt uns an, nicht nur zu sportlichen, sondern auch zu geistigen Höchstleistungen.

Wenn wir uns für etwas begeistern, wir aktiv gestalterisch und kreativ tätig werden, dann durchflutet uns auch das *Noradrenalin*. Wir fühlen uns wach und konzentriert, eine begeisternde Euphorie breitet sich aus, und wir können angenehm motiviert durchstarten.

Die Natur hat uns ein großes Geschenk mit auf den Weg gegeben. Wir müssen nur lernen es zu pflegen und aktiv zu nutzen, indem wir uns Gutes tun und gut mit uns – aber auch mit anderen – umgehen. Das bedeutet, dass wir unser Denken und Handeln mit Rücksicht darauf ausrichten.

▶ Gelebtes Charisma ist also gut für die Gesundheit!

Glücksforschung
In den vergangenen Jahren hat es auf wissenschaftlicher Ebene viele neue Erkenntnisse zum Thema Glück, Zufriedenheit, Erfolg und Gesundheit gegeben. Der Psychologe Martin E. P. Seligman war einer der ersten, der nicht nur ein eigenes Forschungsinstitut mit dem Schwerpunkt „Positive Psychologie" ins Leben gerufen hat. Er ist auch derjenige, der sich mit dem Psychologen Mihaly Csikszentmihalyi wieder darauf besonnen hat, dass eine psychologische Betreuung nicht nur in der Behandlung von mentalen Defiziten und psychischen Erkrankungen besteht, sondern vor allen Dingen in der Förderung und Unterstützung von Stärken, da sich diese förderlich auf die psychische und

physische Gesundheit des Menschen auswirken. In den vergangenen Jahren fand man auch in der Präventionsforschung heraus, dass unter anderem folgende Eigenschaften vor mentalen Erkrankungen schützen: Optimismus, Courage, Zukunftsorientierung, Glauben, Hoffnung, Arbeitsethik, Ehrlichkeit und Beharrlichkeit.

Die elementare Wichtigkeit der inneren Haltung und die damit einhergehende mentale Stärkung wurden bereits in den 1970er-Jahren durch den Medizinsoziologen Aaron Antonovski hervorgehoben. Er belegte mit seinem Salutogenese-Modell (lat. *salus* „Gesundheit", „Wohlbefinden", und -*genese*, „Gesundheitsentstehung"), welche Voraussetzungen gegeben sein müssen, damit Menschen gesund bleiben beziehungsweise gesund werden. Auf seine Frage „Wie entsteht Gesundheit?" antwortet Antonovsky mit seinem *Sense of Coherence (SOC)*, einem Sinn für Nachvollziehbarkeit, ein „Kohärenzgefühl".

Antonovsky schreibt in seinem Buch Antonovsky schreibt in seinem Buch *Salutogenese – Zur Entmystifizierung der Gesundheit* (Antonovsky 1997): „Das SOC (Kohärenzgefühl) ist ein Wegweiser, der ausdrückt, in welchem Umfang man ein durchdringendes, andauerndes und dennoch dynamisches Gefühl des Vertrauens hat, dass

- die Stimuli, die sich Verlauf des Lebens aus der inneren und äußeren Umgebung ergeben, strukturiert, vorhersehbar und erklärbar sind,
- einem die Ressourcen zur Verfügung stehen, um den Anforderungen, die diese Stimuli stellen, zu begegnen,
- diese Anforderungen Herausforderungen sind, die Anstrengung und Engagement lohnen."

Die Idee von Positiver Psychologie und Salutogenese ist also die, dass es nicht wie in der konventionellen Psychologie um das Beseitigen von Störungen geht, sondern es leitet regelrecht einen Paradigmenwechsel ein, nämlich dass es primär darum geht, zu stärken, was bereits gut funktioniert, so dass sich daraus Wohlbefinden und Zufriedenheit entwickeln und weitere Stärken Erfolgsfaktoren für Sinnhaftigkeit und Erfüllung werden.

▶ Fazit: Diese Aspekte lassen sich auch gezielt in der Art und Weise der eigenen Kommunikation umsetzen

8.8.2 Wertschätzende Kommunikation für Charismatiker

Noch einmal zusammengefasst: Vereinen Sie den charismatischen „Macher-Auftritt" mit gekonnt diplomatischer Führungskommunikation. Kalibrieren Sie sich zu Beginn auf Ihren Kommunikationspartner. Was braucht die Person, was ist ihr wohl wichtig? Geht es um Sicherheit und Anerkennung oder einfach nur um Akzeptanz? Was könnte gefährliches Terrain, ein „rotes Tuch" sein?

Beginnen Sie richtig zuzuhören und fragen Sie aktiv nach, bis alle Sachverhalte klar exploriert sind. Verwenden Sie selbst logische Argumente, liefern Sie Fakten und bieten

Sie am besten direkt Lösungen an. Diese sollten realistisch und annehmbar sein, losgelöst davon, ob sie am Ende angenommen werden. Es geht primär um die Lösungsorientierung, die Bereitschaft, generell eine Lösung finden zu wollen.

Erkundigen Sie sich bei Ihrem Gesprächspartner, ob Ihr Vorschlag seiner/Ihrer Meinung nach zielführend ist. Fragen Sie nach, was man ändern oder noch verbessern könnte. Erfragen Sie potenzielle Alternativen von Ihrem Kommunikationspartner. Haben Sie sich verständlich ausgedrückt? Grundsätzlich gilt es, Gesagtes und Gehörtes noch einmal zu paraphrasieren, um somit abzuklären, ob wirklich alles von jedem Beteiligten richtig verstanden wurde oder ob es eventuell noch offene Fragen gibt. Achten Sie auf Ihren Tonfall und darauf, dass Sie Ihren Kommunikationspartner anschauen. Nicken Sie zwischendurch, so dass klar ist, sie verfolgen den Gesprächsinhalt.

Besonders wichtig ist der emotionale Part: Drücken Sie Ihr Verständnis und Mitgefühl für die Situation aus. Gerade hier hapert es besonders oft im Businesskontext.

Als absolutes No Go gilt Herumkommandieren, Diagnostizieren und Herabwürdigen. Ebenso unbeliebt macht man sich, wenn man sich als „allwissender Narzisst" präsentiert oder andere gar bedroht. Sparen Sie sich bitte jegliche Form sarkastischer Bemerkungen, auch wenn Ihnen situativ innerlich das Messer in der Tasche aufgeht.

Wenn Sie das hier in der Kürze präsentierte beherzigen, sind Sie schon mal ziemlich gut aufgestellt!

8.9 Zum Abschluss

Es war gar nicht so einfach, ein solch komplexes Thema, mit dem man inhaltlich mindestens zwei Wochenendseminare füllen kann, kurz und knackig zu präsentieren. Ich hoffe, Sie haben einiges mitnehmen können, das Sie niedrigschwellig im Alltag umsetzen können. Letztlich braucht es vor allen Dingen eines: Mut! Trauen Sie sich, etwas zu verändern, eingetretene Pfade zu verlassen und etwas Neues auszuprobieren. Und wie bei allem, was neu ist, gilt: Üben, üben, üben. Üben Sie den Umgang mit Ihrem Körper und achten Sie ganz konsequent auf Ihre Haltung. Und zwar nicht nur auf die äußere, sondern auch auf die innere.

Seien Sie empathisch, holen Sie die Leute dort ab, wo Sie gerade stehen und lassen Sie bei Bedarf auch mal Fünfe gerade sein. Großherzigkeit zahlt sich immer aus, wenn Sie aus der Position der Stärke heraus kommt.

Und ansonsten wenden Sie sich „liebevoll" Ihren Schwächen zu. Denn jedes Defizit, auch wenn es noch so nervig erscheint, hat immer irgendwo im Ursprung einen wohlwollenden Kern. Den können Sie im Coaching wiederentdecken und seiner wahren Bestimmung zuführen.

Viel Erfolg!

8.10 Über die Autorin

Yvonne Natascha Heum *1973, Mutter, alleinerziehend, seit über 15 Jahren erfolgreiche Unternehmerin, Mitglied im Coachingpool bei Bayer MS Lev., arbeitet als Business- und Systemischer-Coach, Kommunikations- und NLP-Lehrtrainerin, Erwachsenenbildnerin mit eigenem Institut in Düsseldorf.

Empathische „Dahinter-Seherin" und „Schnell-Denkerin", humorvoll, beherzt und konsequent, klar – direkt in Auftritt und Kommunikation.

Menschen zu ermutigen und dafür zu begeistern, ihre inneren Fähigkeiten zu entdecken und an diese zu glauben, das ist es, was mich in der täglichen Arbeit motiviert. Gemeinsam dafür zu sorgen, dass jeder dazu beitragen kann, mit eigener innerer Zufriedenheit positiv auf sein Umfeld einzuwirken. Das ist die Basis für Gesundheit und Leistungsfähigkeit, gerade auch in Unternehmen.

Und ich bin diejenige mit dem Händchen für die „besonderen" Fälle: Da, wo andere aufgeben, fange ich an. Ich stelle Fragen, die vorher noch keiner gestellt hat. Ich bringe Bewegung in aussichtslose Situationen und bringe Menschen voran, die als veränderungsresistent gelten. „Ich lösche, wenn's brennt!"

Weitere Infos unter www.reset-kommunikation.de

Literatur

Antonovsky, A. (1997). *Salutogenese. Zur Entmystifizierung der Gesundheit* (S. 36). Tübingen: dgvt-Verlag.
Berkemeyer (2014). *Kommentar zur Gallup-Studie, Unternehmensbegeisterung*. Gelsenkirchen.
Gallup (2012). *Gallup-Studie, Quelle*. www.Gallup.de
Heum, Y. N. (2013). *Verstehen und Verstanden werden I–V*. Düsseldorf: Y. N. Heum.

Hüther, G. (2011). *Wer wir sind und wer wir sein könnten – Ein neurobiologischer Mutmacher*. Frankfurt a. M: S. Fischer.

Hüther, G., & Spannbauer, C. (2012). *Connectedness*. Bern: Hans Huber Verlag.

Jaeger, B. (2004). *Humankapital und Unternehmenskultur*. Wiesbaden: Deutscher Universitäts-Verlag.

Lederer, D. (2014). *Design Tabelle Vier-Status-Typen*. Ludwigsburg.

Lewis, C. (1963). *Alice hinter den Spiegeln. Zwei Romane*. Frankfurt a. M.: C. Enzenberger.

Malik, F. (2000). *Führen Leisten Leben*. München: Heyne.

O'Connor J. (2007) *NLP Das Work Buch*. Kirchzarten: VAK Verlag.

O'Connor, J., & Seymore, J. (2010). *NLP gelungene Kommunikation und persönliche Entfaltung*. Kirchzarten: VAK Verlag.

Schmidt, T. (2009). *Konfliktmanagement-Trainings erfolgreich leiten*. Bonn: managerSeminare Verlag.

Schmidt-Tanger, M. (2013). *Formate und Freiheit, Kommunikation und Seminar*. Paderborn: Junfermann Verlag.

Schmitt, T., & Esser, M. (2010). *Status Spiele*. München: Fischer.

Seligman, M. E. P., & Csikszentnihayi, M. (2000). Positive Psychologie – An Introduction. *American Psychologist, 55*, 5–14.

Situativ Führen statt alle über einen Kamm scheren

9

Wie sie es schaffen, jeden Mitarbeiter in Ihrem Team so zu führen, dass er motiviert und erfolgreich ist

Regina Kmenta

Inhaltsverzeichnis

9.1	Was sind die dahinter liegenden Muster?	167
9.2	Welche Theorien sind in diesem Fall hilfreich?	170
9.3	Eine Investition, die sich lohnt	181
9.4	Über die Autorin	182
Literatur		182

Die Idee darüber zu schreiben, was Männer im Business erfolgreich macht, finde ich sehr spannend. In beruflicher Hinsicht wird mit Erfolg oft auch Führung assoziiert. Und daher widme ich mich in diesem Kapitel speziell der männlichen Führungsrolle. Hier gibt es sicherlich sehr viele Faktoren, die den Erfolg ausmachen können.

Einer davon ist die Art und Weise als Führungskraft mit den unterschiedlichsten Mitarbeitern zurechtzukommen und diese in verschiedenen Situationen individuell zu führen.

In meiner Zeit als Angestellte hatte ich viele männliche Führungskräfte. Manche von ihnen waren in der Mitarbeiterführung exzellent, andere eher weniger. Was sie zu sehr guten oder weniger guten Managern gemacht hatte, ist nicht so leicht zu beantworten und sicherlich haben nicht alle meine Kollegen es immer so empfunden wie ich. Den Grund dafür werde ich später erläutern.

Irgendwann im Laufe meiner Karriere war ich dann auch selbst Führungskraft und habe Teams von bis zu 54 Mitarbeitern geführt. Ich habe sicherlich meinen eigenen Führungsstil entwickelt, der möglicherweise speziell weiblich war und sich von der männlichen Führung unterschied. Und die Frage, die ich mir beim Angebot, an diesem Buch mitzuschreiben gestellt habe, war, was denn die Unterschiede zwischen weiblicher und männlicher Führung ausmacht, welche vielleicht auch als Erfolgsfaktoren zu sehen sind.

Regina Kmenta ✉
Forstnergasse 1, 2540 Bad Vöslau, Österreich
e-mail: regina.kmenta@convince.at

© Springer Fachmedien Wiesbaden 2016
P. Buchenau (Hrsg.), *Chefsache Männer*, DOI 10.1007/978-3-658-07510-1_9

Was könnten wir Frauen von Männern über erfolgreiche Führung lernen und die Männer umgekehrt von uns?

Es gibt natürlich typisch männliche und weibliche Eigenschaften, die sich auch im Führungsstil niederschlagen, nur kann ich nicht sagen, ob der eine besser oder schlechter ist als der andere. Ich denke, dass es ganz stark auf den jeweiligen Mitarbeiter ankommt, den man führt. Was aus meiner Erfahrung als typisches weibliches und männliches Führungsmuster angesehen werden kann, ist, dass Frauen mehr an dem Menschen und dem sozialen Umgang interessiert sind und ihren Führungsstil auch danach ausrichten und Männer mehr die Zahlen im Fokus haben, als die persönlichen Befindlichkeiten der Mitarbeiter. Wobei das ja an sich nicht weiter verwunderlich ist, da Frauen ja generell sozialer ausgerichtet sind als Männer. Und natürlich gibt es wie bei jedem Stereotyp auch hier immer wieder Ausnahmen. Ich hatte durchaus auch schon männliche Führungskräfte, die sehr an den Befindlichkeiten der Mitarbeiter und ihrem Wohlergehen interessiert waren, mehr als an den Zahlen, die sie ablieferten. Und es gab da auch weibliche Führungskräfte, in deren Fokus mehr der Umsatz und die Zielvorgaben waren, als darauf, wie es den Mitarbeitern damit ging. Aber tendenziell ist es doch eher umgekehrt.

Aus meiner Sicht sollte das Ziel darin bestehen, beides ausgewogen in der Führungsarbeit zu berücksichtigen. Denn einerseits müssen Unternehmen wirtschaftlich arbeiten und Umsätze erwirtschaften, sonst können sie auch keinen sicheren Arbeitsplatz mehr für ihre Mitarbeiter bieten. Und andererseits muss es eben jenen Mitarbeitern auch gut gehen, damit sie ihre Arbeit gut verrichten können. Denn wie sich zeigt, geht es in der Berufswelt nur allzu selten logisch und professionell zu. Es geht vielmehr immer wieder um die emotionalen Befindlichkeiten der Mitarbeiter, was an den doch recht vielen Konflikten, die es in Firmen gibt, zu sehen ist.

Seit vielen Jahren helfe ich Führungskräften dabei, ihre Mitarbeiter so zu führen, dass sie motiviert und erfolgreich sind. Und immer wieder hat sich für mich bestätigt, dass man nicht alle Mitarbeiter über einen Kamm scheren kann bzw. sollte. Es ist meiner Erfahrung nach deutlich zielführender, sich auf die Art eines jeden Mitarbeiters einzustellen und ihn dementsprechend zu führen. Wir Menschen sind sehr unterschiedlich und wir nehmen auch die Welt rund um uns sehr differenziert wahr. Jeder auf seine ganz eigene Art und Weise. Dessen sind wir uns nicht immer bewusst. Wir wissen auch, dass es Menschen gibt, die uns ähnlich sind und die gleichen Dinge mögen wie wir, und dass es jene gibt, die ganz anders ticken und andere Vorlieben haben als wir. Und das ist auch gut so. Das macht unsere Welt so bunt und interessant.

Die Frage, die ich mir allerdings immer wieder stelle, ist: Warum nehmen wir dann an, dass alle Menschen gleich zu motivieren und zu führen sind? Warum passen wir unseren Führungsstil nicht an unsere Mitarbeiter an, sondern denken, es sei eine bessere Lösung, alle gleich zu führen?

Dahinter stecken wahrscheinlich mehrere Gründe. Einerseits ist es natürlich viel anstrengender, sich auf die Persönlichkeit jedes einzelnen Mitarbeiters einzustellen und ihn dementsprechend zu führen. Zum Anderen hat natürlich jede Führungskraft ihren eigenen bevorzugten Führungsstil und es fällt zum Teil schwer, sich auf eine Art der Führung einzulassen, die konträr zur eigenen ist. Ein zusätzlicher Grund ist sicherlich auch, dass wir zum Teil gar keine Kenntnis darüber haben, wie jeder einzelne geführt werden sollte oder möchte. In den seltensten Fällen fragt die Führungskraft den Mitarbeiter, was ihm denn angenehm wäre oder was er brauchen würde, um motiviert und erfolgreich zu sein.

Solange alles gut läuft und jeder Mitarbeiter motiviert seiner Arbeit nachgeht, gibt es ja keinen Handlungsbedarf. Kritisch wird es nur, wenn es Probleme gibt oder ein Mitarbeiter „schwierig" ist. Wobei sich das „schwierig" selten auf den Mitarbeiter, sondern mehr auf die Beziehung zwischen Mitarbeiter und Führungskraft bezieht. Das kommt natürlich vor. Nicht jeder liegt uns und nicht mit jeder Situation tun wir uns als Führungskraft leicht. Führungskräfte sind ja auch nur Menschen.

Dass diese Mitarbeiter nicht so „schwierig" sind, sondern nur einfach anders ticken, sieht man daran, dass es dann oft mit einem anderen Vorgesetzen wunderbar klappt. Das bedeutet nicht, dass man in diesem Fall als Führungskraft versagt hat, sondern, dass es einfach zwischen Mitarbeiter und Vorgesetzen nicht gepasst hat. Aber da man ja nicht jedes Mal einen Mitarbeiter austauschen kann, lohnt es sich, am eigenen Führungsstil zu arbeiten und noch mal genau hinzusehen, ob man vielleicht nicht doch etwas anders machen kann.

Ich möchte Ihnen in den nachfolgenden Seiten anhand von einem konkreten Führungs-Beispiel ein paar Werkzeuge an die Hand geben, die Ihnen helfen werden, alle ihre Mitarbeiter motivierend zu führen und ihnen dabei helfen erfolgreich zu sein.

Die Werkzeuge sind seit vielen, vielen Jahren praxiserprobt und haben bei jedem meiner Klienten hervorragend funktioniert. Deshalb bin ich auch ganz fest davon überzeugt, dass sie auch Ihnen helfen werden. Ich wünsche Ihnen viel Spaß mit den nachfolgenden Seiten und viel Erfolg.

Vom Kollegen zur Führungskraft

Herbert ist seit vielen Jahren in einem Softwareunternehmen im Bereich der internen IT in Österreich tätig. Vor ca. zwei Jahren ist er Teamleiter der IT-Abteilung geworden, wodurch seine bisherigen Kollegen zu Mitarbeitern wurden, die er zu führen hatte. Viele von ihnen kannte er schon sehr lange und zum Teil war er auch privat mit ihnen befreundet. Da er seine Arbeit gut machte, hat man ihm auch die Leitung der IT-Abteilung in Deutschland übertragen. Diese Mitarbeiter kannte er noch nicht. Die Zusammenarbeit mit diesem Team klappte von Anfang an sehr gut und reibungslos. Grundsätzlich war das auch im Team in Österreich der Fall, allerdings war es da viel schwerer. Durch den Wechsel vom Kollegen zur Führungskraft bedurfte es einiger Veränderungen, die jedoch nicht so leicht umzusetzen waren.

Einige seiner ehemaligen Kollegen konnten mit der Situation gut umgehen. Es gab aber einen Mitarbeiter, mit dem es nicht so gut klappte. Was war in diesem Fall anders? Mit Franz, dem besagten Mitarbeiter, bestand auch eine sehr gute private Beziehung. Franz hatte eine schwierige Zeit hinter sich und Herbert hatte ihm während dieser Zeit auch privat zur Seite gestanden. In dieser schweren Zeit wurde der Mitarbeiter auch beruflich etwas geschont. Er musste seine Leistung nicht zu 100 % erbringen. Franz schien sich auf diese Situation eingestellt zu haben, denn auch nach Beendigung der privaten Schwierigkeiten, war kaum noch Motivation für die Arbeit vorhanden. Er war sehr nervös und wenig belastbar, weshalb er seine Arbeiten zum Teil nicht erledigte. Er weigerte sich mehr oder weniger, die notwendigen Neuerungen in der IT zu lernen, weil er angeblich immer im Stress und es ihm zu anstrengend war. Dadurch verlor er zusehends den Anschluss und konnte nur noch für einfache Tätigkeiten eingesetzt werden, weil er sich mit den Neuheiten in der IT nicht mehr auskannte. Seine Stimmung war sehr schwankend und er war sehr sensibel, wodurch Gespräche mit ihm kaum zu führen waren. Man musste ihm alles ganz genau Schritt für Schritt erklären. Eine Tätigkeit, die ihm nur rasch übertragen wurde oder wo er Entscheidungen treffen musste, überforderte ihn deutlich und wurde einfach nicht erledigt.

Herbert tat sich sehr schwer mit der Situation, weil er ja auch privat mit ihm guten Kontakt hatte. Das hinderte ihn darin, mit Franz „Klartext" zu reden und die Leistung einzufordern. Das führte dazu, dass Herbert zum Teil die Arbeiten übernahm und sie selbst erledigte, weil sie erledigt werden mussten.

Die anderen Mitarbeiter wurden auch allmählich unzufrieden, weil auch sie die Arbeiten von Franz übernehmen mussten und Herbert die Situation mit Franz nicht klärte. Das lag auch daran, dass Herbert einen sehr kulanten Führungsstil hatte und seine Mitarbeiter noch immer als „Kollegen" bezeichnete. Dies machte deutlich, dass er seine Führungsposition noch nicht ganz eingenommen hatte, sondern sich noch immer als einer von ihnen sah und nicht als derjenige, der das Sagen hat. Mit den anderen Mitarbeitern funktionierte es dennoch sehr gut, nur dieser eine Mitarbeiter zeigte ihm seine Grenzen auf und machte ihm seinen nächsten Entwicklungsschritt klar.

Ein weiterer kritischer Punkt war, dass Franz im Betriebsrat und damit unkündbar war. Das hatte mehrere negative Aspekte. Zum einen stand Herbert die Möglichkeit sich von ihm, im äußersten Fall, zu trennen, nicht offen und zum anderen war sich Franz dieser Situation bewusst und spielte diese Karte auch aus. In einem Gespräch gab er Herbert die Antwort, dass er sowieso nichts machen könne, weil er ja unkündbar wäre und ob er das nicht wisse. Das war dann der Punkt, an dem Herbert wusste, dass er etwas verändern musste.

Jegliche Gespräche scheiterten an der Emotionalität von Franz. Er reagierte beleidigt und zog sich zurück. Er war nicht mehr zugänglich und fühlte sich dadurch noch mehr unter Druck gesetzt. Was dazu führte, dass er dann noch weniger machte. Die Situation war verfahren und Herbert war mit seinem Latein am Ende und er beschloss sich externe Hilfe in Form eines Coachings zu holen. Mit diesem Status quo haben wir zu arbeiten begonnen.

Was konnte Herbert in dieser Situation tun? Als Herbert seine Situation schilderte, fiel mir auf, dass er immer wieder von „Kollegen" sprach und nicht von „Mitarbeitern", vor allem wenn es um sein Team in Österreich ging. Wir haben sein unterschiedliches Führungsverhalten mit seinem Team in Deutschland im Gegensatz zum österreichischen Team herausgearbeitet. Er stellte fest, dass er bei seinem deutschen Team ganz anders auftrat und viel selbstverständlicher seine Führungsrolle einnahm als in Österreich. Wir sahen uns die Details genau an. Wie fühlte er sich, wie bewegte er sich, wie war seine Stimme, welche Sprache verwendete er? Zum Beispiel verwendete er dort viel weniger Weichmacher, wie zum Beispiel könnte, sollte, etc., als bei seinem österreichischen Team. Alle diese mehr oder weniger nonverbalen Verhaltensweisen bewirkten, dass er bei seinem deutschen Team mehr als Führungskraft anerkannt und respektiert wurde als in Österreich.

Wir arbeiteten die Unterschiede heraus, auf die er dann in seiner täglichen Führungsarbeit achtete. Er veränderte bewusst seine Körpersprache, seine Stimme und achtete auch sehr auf seine Wortwahl. Mit dieser Verhaltensweise signalisierte er auch seinem österreichischen Team, dass er der Chef war.

Die Verwendung des Wortes „Kollegen" statt „Mitarbeiter" für sein österreichisches Team machte das auch verbal sehr deutlich. Die Verwendung des Wortes „Mitarbeiter" war zwar nur eine kleine, aber doch sehr wirksame Veränderung. Anfangs fiel es ihm noch schwer, seine ehemaligen Kollegen als Mitarbeiter zu bezeichnen, aber mit zunehmender Übung wurde es besser und er stellte fest, dass er sich dann auch ganz anders verhielt.

Diese Maßnahmen haben recht rasch Erfolge gezeigt. Er fühlte sich dadurch sicherer und klarer in seiner Führungsarbeit, die nun auch reibungsloser ablief. Abgesehen von Franz. Aber auf dieses Thema kommen wir gleich zurück. Zuerst möchte ich Ihnen noch erklären, was das Prinzip hinter dieser Coachingintervention ist.

9.1 Was sind die dahinter liegenden Muster?

9.1.1 Kontextspezifisches Verhalten

Wir verhalten uns in unterschiedlichen Bereichen unseres Lebens unterschiedlich. Es gibt Situationen und Bereiche, in denen wir uns sicher und gut fühlen und andere, in denen das Gegenteil der Fall ist. Je nachdem, wie wir uns fühlen, verhalten, bewegen und sprechen wir anders. Unser Verhalten spiegelt immer unser inneres Gefühl wieder. Der Körper folgt der Emotion. Wenn wir uns gut fühlen, wenn wir das Gefühl haben und denken, dass wir etwas besonders gut können, dann wird unsere Körpersprache auch dementsprechend sein. Wir werden anderen mit erhobenem Haupt und aufrechter Haltung begegnen. Unsere Stimme wird fest und je nach Persönlichkeit oder jeweiliger Situation laut bzw. in mittlerer Lautstärke sein und wir werden unserem Visavis direkt in die Augen sehen. So machen wir auf unser Gegenüber einen selbstsicheren Eindruck.

Wie würde denn unsere Körpersprache aussehen, wenn wir uns unsicher fühlen, wenn wir das Gefühl haben unterlegen zu sein? Wir haben sehr wahrscheinlich hängende Schultern. Das zuvor noch erhobene Haupt senkt sich, der Blickkontakt wird gemieden oder ist sehr kurz und die Stimme verkümmert und wird leise. Wir strahlen alles andere als Selbstbewusstsein und Selbstsicherheit aus.

Das ist der natürliche Verlauf. Fühlen wir uns selbstsicher, dann strahlen wir das auch aus. Sind wir es nicht, strahlen wir auch das aus. Nun hat man herausgefunden, dass nicht nur der Körper der Emotion folgt, sondern auch umgekehrt, die Emotionen folgen auch dem Körper. Man kann durch Veränderung seiner Körpersprache und Stimme auch seine Emotion ändern. Wenn wir uns nicht so gut fühlen und wir trotzdem den Kopf hochheben und eine aufrechte Haltung haben, wird sich nach einiger Zeit auch unsere Emotion verändern. Wir werden uns nach kurzer Zeit wieder besser fühlen.

Versuchen Sie es einmal – stehen Sie auf, lassen Sie die Schultern hängen und stehen oder gehen Sie einige Minuten in dieser Haltung. Sie werden bald spüren, dass Sie sich nicht so gut fühlen, auch wenn es Ihnen gerade noch gut gegangen ist. Und weil das kein sehr angenehmer Zustand ist, werden wir das auch gleich wieder ändern. Verändern Sie nun Ihre Körperhaltung. Heben Sie Ihren Kopf und straffen Sie die Schultern. Bleiben Sie nun für ein paar Minuten in dieser Haltung. Nehmen Sie wahr, wie sich Ihre Emotion wieder verändert? Wie Sie wieder beginnen sich besser zu fühlen? Erstaunlich, nicht wahr? Und weil der Zustand so gut ist, bleiben Sie am besten auch gleich dabei.

Es gibt auch das bekannte Beispiel, indem man einfach einen Bleistift zwischen die Zähne nimmt (die Lippen dürfen dabei den Stift nicht berühren) und ihn für ein paar Minuten dort belässt. Wenn man sich eben noch schlecht gefühlt hat, bemerkt man, dass sich dieses Gefühl in ein besseres wandelt. Warum ist das so? Weil wir damit ein Lächeln simulieren und unser Gehirn glaubt, dass das tatsächlich so ist und nach einiger Zeit Endorphine ausschüttet, weil dieses Hormon einfach gut zu diesem Lächeln passt. Endorphine sind unsere Glückshormone und damit fühlen wir uns tatsächlich nach einigen Minuten besser. So einfach kann es manchmal sein, glücklich zu sein.

Im Fall von Herbert haben wir uns angesehen, welche Unterschiede sich im Verhalten zwischen seinen Teams in Deutschland und Österreich zeigen. Jetzt wurde deutlich, dass durch sein anderes Empfinden auch sein Auftreten ein ganz anderes ist. Diese Unterschiede waren ihm nun bewusst und er konnte das Auftreten in Österreich entsprechend anpassen. Dadurch fühlte er sich besser und konnte damit auch viel leichter und selbstverständlicher seine Führungsposition einnehmen.

Seine Mitarbeiter reagierten positiv auf das geänderte Verhalten, wodurch der Effekt auch noch verstärkt wurde.

9.1.2 Kommunikationskanäle

Ein Prinzip, das gut zum kontextspezifischen Verhalten passt, sind die Kommunikationskanäle. Es gibt drei Kanäle, über die wir mit unserer Umwelt kommunizieren. Diese sind Körpersprache, Stimme und der Inhalt. Nun kommunizieren wir nicht mit allen drei Kanälen gleich stark. Am stärksten kommunizieren wir mit unserer Körpersprache und unserer Stimme. Der Inhalt ist natürlich auch sehr wichtig, wenngleich er in der Kommunikation eher einen geringeren Stellwert einnimmt. Das klingt paradox, wo wir doch immer so viel Wert auf den Inhalt legen. Die Erfahrung zeigt allerdings, dass die Art wie wir etwas kommunizieren, manchmal viel wichtiger ist als das, was wir kommunizieren.

Jeder von uns kennt diese Situationen, in denen uns jemand vermeintlich etwas Nettes sagt, aber es sich trotzdem nicht gut anfühlt. Das kann daran liegen, dass der Inhalt nicht ganz zu der nonverbalen Kommunikation passt. Irgendwie beschleicht uns dann das Gefühl, dass der andere das nicht ganz so ernst gemeint hat oder er eigentlich etwas anders sagen wollte. Oder jemand antwortet uns auf die Frage, ob alles in Ordnung sei, mit „Es passt schon!" Wenn dieser Satz allerdings etwas schnippisch gesagt und von einem unfreundlichen Blick begleitet wird, können wir mit Sicherheit davon ausgehen, dass, hingegen der Aussage, etwas nicht passt. Deshalb ist es immer ganz besonders wichtig, dass man nicht nur auf den Inhalt, sondern auch darauf achtet, wie er kommuniziert wird.

Kommunikationsexperten sprechen dann von einem kongruenten Verhalten. Dann wenn alle drei Kommunikationskanäle übereinstimmen, ist die Nachricht kongruent übertragen und wir können uns auf das Gesagte verlassen und darauf vertrauen, dass es auch genauso gemeint war, wie es gesagt wurde.

Die 2. Coaching-Einheit

Die Kenntnis über die Kommunikationskanäle hat Herbert klar gemacht, dass er bei seinem österreichischen Team ein inkongruentes Verhalten an den Tag legte, wodurch er als Führungskraft nicht glaubwürdig wirkte. Er kommunizierte zwar inhaltlich, was zu tun war, aber weil er sich damit nicht wohl fühlte, gab er nonverbale Signale, dass er von seinen eigenen Worten nicht ganz so überzeugt war. Und da ja die Kommunikation nur zu einem geringen Anteil aus Inhalt besteht, reagierten sie mehr auf den nonverbalen Teil und nahmen ihn nicht ganz so ernst.

Da Herbert durch seine geänderte Kommunikation seinen Führungsstil verbessern konnte, kümmerten wir uns nun verstärkt um Franz. Wir hatten hier ja die Situation, dass die Motivation nahezu nicht mehr vorhanden, sein IT-Wissen nicht mehr up to date war und jeglicher Führungsversuch von Herbert daran scheiterte, dass Franz zu emotional wurde und sich leicht gestresst fühlte. Jedes Gespräch mit ihm endete in einer Sackgasse. Die Gespräche waren dann auch an einem toten Punkt angelangt, als Franz meinte, dass er ja sowieso nicht kündbar wäre.

Herbert musste rasch handeln, bevor die Motivation der anderen Mitarbeiter darunter litt. Denn sie stellten schon vermehrt die Frage, wie es denn nun mit Franz weitergehen würde und warum sie die Arbeit von ihm übernehmen müssten.

Wir sahen uns gemeinsam an, wie es derzeit generell mit der Motivation in seinem Team stand. Welche Mitarbeiter waren noch wie motiviert und was war bei den jeweiligen Mitarbeitern zu tun? Herbert stellte fest, dass die Motivation noch ganz gut war, bis auf die von Franz.

In der Analyse des Verhaltens von Franz zeigte sich weiter, dass er mit Druck nur sehr schwer umgehen konnte. Sobald er Druck spürte, fühlte er sich überfordert und wusste nicht mehr, was er tun sollte. Ein weiteres Problem war, dass er genaue Vorgaben brauchte, was er zu tun hatte. Mit Entscheidungen tat er sich schwer, vor allem wenn es viele Optionen zu berücksichtigen gab. In diesem Fall verfing er sich scheinbar in einer Endlosschleife, die nirgendwo hinführte.

Herbert konnte einfach nicht verstehen, warum er diese Aufgaben nicht bewältigen konnte. Er erklärte ihm kurz die Aufgabe und überließ es ihm dann, diese in seiner eigenen Art und Weise auszuführen.

Hier prallten allerdings zwei unterschiedliche Arbeitsweisen aufeinander. Herbert war jemand, der sich lieber nicht so sehr mit Details beschäftigte. Er war sehr flexibel, was die Ausführung der Arbeiten anbelangte und hielt sich da nicht so sehr an ein bestimmtes Vorgehen. Das Ziel war wichtiger als der Weg. Er konnte durch dieses Vorgehen sehr rasch zu Lösungen finden. Er brauchte auch eher den Druck, wenn es um die Erledigung seiner Aufgaben ging. Wenn eine Deadline näher rückte, war er motivierter, als wenn er noch ausreichend Zeit hatte.

Dieses Verhalten stand im Gegensatz zu Franz. Er brauchte Zeit, sprach auf Druck gar nicht an und konnte mit vielen Wahlmöglichkeiten nicht umgehen. Herbert führte so wie es seiner eigenen Sichtweise entsprach, nur, dass sie eben konträr zu dem war, wie Franz gerne arbeitete. Herbert verstand, dass er seinen Führungsstil verändern musste, wenn er Franz motivieren wollte.

Da Franz auf Druck nicht ansprach, musste er ihm eher Ziele vorgeben und die Arbeiten rechtzeitig an ihn delegieren und nicht erst in letzter Minute. Er musste ihm im Detail erklären, was zu tun war oder dafür Sorge tragen, dass er alle nötigen Informationen bekam.

Ein weiterer wichtiger Aspekt in der Kommunikation mit Franz war, dass er die Aufgaben so vorgelegt bekam, dass er diese Schritt für Schritt abarbeiten konnte. Zu viele Möglichkeiten führten ja dazu, dass er nicht weiterkam.

9.2 Welche Theorien sind in diesem Fall hilfreich?

9.2.1 Das Führungsquadrat

Herbert und ich sahen uns an, wie es mit der Motivation seines Teams aussah und überlegten uns anhand des Ergebnisses, was bei welchem Mitarbeiter zu tun war. Dafür haben wir das Führungsquadrat als Instrument herangezogen. Es dient dazu herauszufinden, wie es um ein Team bestellt ist, was Know-how und Motivation angeht. Beides sind sehr wichtige Aspekte für ein gut funktionierendes und erfolgreiches Team.

Das Führungsquadrat besteht aus zwei Achsen (vgl. Abb. 9.1). Auf der einen Seite befindet sich das Know-how, auf der anderen die Motivation. Daraus ergeben sich vier Quadranten, in die die Mitarbeiter eingeordnet werden können. Für jeden dieser Quadranten gibt es ein passendes Führungsverhalten bzw. dazugehörige Maßnahmen, die gesetzt werden sollten.

In den jeweiligen Quadranten finden sie die dazugehörigen Aktivitäten, die ich nachstehend noch ausführlicher erkläre.

9 Situativ Führen statt alle über einen Kamm scheren

Abb. 9.1 Führungsquadrat

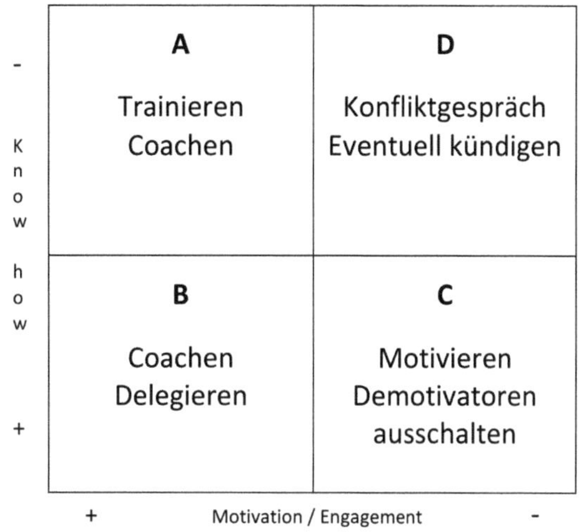

	A Trainieren Coachen	D Konfliktgespräch Eventuell kündigen
Know-how	B Coachen Delegieren	C Motivieren Demotivatoren ausschalten

+ ⟶ Motivation / Engagement ⟵ −

Der Quadrant A

Hier ist das Know-how des Mitarbeiters gering, aber seine Motivation sehr hoch. Im Normalfall befinden sich neue Mitarbeiter in diesem Quadranten. Sie sind (noch) sehr motiviert und freuen sich idealerweise auf ihren neuen Job, allerdings fehlt ihnen noch einiges an Know-how. Dabei handelt es sich nicht nur um fachliches Wissen. Selbst wenn das vorhanden ist, fehlt noch das Wissen über die Abläufe in einem Unternehmen und über die vorhandenen Strukturen. Es muss viel gelernt werden, bevor ein Mitarbeiter ganz einsatzfähig ist und 100 % seiner Leistung erbringen kann.

Deshalb sind in diesem Quadranten Trainieren und Coachen die geeigneten Mittel. In vielen Unternehmen werden neue Mitarbeiter einem erfahrenen Kollegen zur Seite gestellt, der sie in die neue Arbeit perfekt einarbeiten kann. Wenn in dieser Phase alles gut läuft und der Mitarbeiter optimal eingearbeitet wird, bewegt er sich in den nächsten Quadranten.

Der Quadrant B

Hier befinden sich jene Mitarbeiter, deren Wissen und auch die Motivation hoch sind. Sie sind die Stützen jedes Teams. Sie erledigen die Arbeiten zuverlässig und erfolgreich. Für eine Führungskraft sind sie die idealen Mitarbeiter. Sie benötigen wenig Führung und Motivation von außen. Sie haben Freude an der Arbeit und sind ein wichtiger Erfolgsfaktor. Diesen Mitarbeitern kann man Aufgaben gut delegieren. Bei Bedarf kann man sie auch coachen, um sie vielleicht in dem einen oder anderen Bereich noch erfolgreicher zu machen. Das steigert ihre Motivation.

Wichtig ist hier, dass diese Mitarbeiter nicht zu den Arbeitspferden eines Teams werden. Es passiert leider nur allzu oft, dass man ihnen alle Arbeiten überträgt, die man den anderen nicht zutraut bzw. aus dem einen oder anderen Grund nicht geben möchte. Das kann eine Zeit lang für diese Mitarbeiter motivierend sein, aber auch recht rasch in die

Demotivation führen. Wenn sie die einzigen sind, die arbeiten, während die anderen eher weniger zu tun habe, kann es kritisch werden.

Der Mitarbeiter stellt sich dann vielleicht nach einiger Zeit die Frage, warum er so viel arbeitet und immer länger da sitzt, während die anderen pünktlich Schluss machen. Noch dazu zum selben Gehalt. Dieser Missstand kann zu einer schwindenden Motivation führen.

Die andere Seite, die es zu beachten gilt, ist, dass man diese Mitarbeiter nicht unterfordert. Wenn jemand sehr engagiert ist und sich immer kontinuierlich weiterentwickelt, sollte er dafür auch mit der dazu passenden Tätigkeit belohnt werden. Auch Unterforderung kann leicht in eine abnehmende Motivation führen. Um das richtige Maß zu finden, ist es das Beste mit dem Mitarbeiter, vielleicht im Rahmen eines Mitarbeitergespräches, die Ziele, die er erreichen möchte, zu besprechen und mit einem Zeitplan zu versehen. So gewährleisten Sie, dass dieser Mitarbeiter auch in diesem Quadranten bleibt.

Der Quadrant C
Wenn aus welchen Gründen auch immer die Motivation eines Mitarbeiters abnimmt bzw. die Demotivatoren zunehmen, rutscht der Mitarbeiter in den Quadranten C. Dort ist zwar das Wissen noch immer hoch, aber die Motivation hat deutlich abgenommen. Je länger Mitarbeiter in einem Unternehmen sind, desto größer wird die Gefahr, dass er sich in diesem Quadranten befindet. Zum einem ist vielleicht die Arbeit langweilig geworden, weil es keine Möglichkeit gab, sich weiterzuentwickeln. Oder die üblichen Demotivatoren, die es leider in vielen Unternehmen gibt, haben gegen die Motivation des Mitarbeiters gearbeitet.

Welche Demotivatoren können das sein? Das kann zum einen natürlich der Chef sein, der mit seiner Art zu kommunizieren, das Team zu führen oder auch mit einer subjektiv empfundenen Ungerechtigkeit, an der Motivation des Mitarbeiters nagt. Es können die Zahlen bzw. Vorgaben sein, die kaum oder nur sehr schwer zu erreichen sind. Die Kollegen können auch manchmal schon sehr demotivierend sein. Und es gibt noch viele, viele anderer Möglichkeiten die Mitarbeiter zu demotivieren. Das lässt sich leider meistens nicht vermeiden, weil es sich ja auch zum großen Teil um subjektiv empfundene Missstände handelt. Den einen stören die hohen Verkaufsziele nicht, den anderen schon. Also muss man hier die persönlichen Demotivatoren im Auge behalten und schauen, was man im Einzelfall dagegen tun kann.

In diesem Quadranten geht es darum, entweder wieder die Motivation des Mitarbeiters anzukurbeln oder die Dinge, die ihm im Weg stehen so gut wie möglich auszuschalten. Im Fall von Herbert und Franz war einer der Demotivatoren, dass Herbert viel Druck gemacht und die Arbeiten zu unspezifisch delegiert hatte. Darunter litt die Motivation von Franz sehr. Durch die Umstellung der Kommunikation konnte Herbert diesen Demotivator ausschalten und es Franz damit ermöglichen, seine Arbeiten gut auszuführen.

Der wichtigste Aspekt ist, dass man über die Motivatoren seiner Mitarbeiter gut Bescheid weiß. Je besser man sie kennt, umso leichter kann man sie führen. Viele Führungskräfte antworten mir auf diese Frage, dass alle natürlich über das Geld zu motivieren seien.

Aber so einfach ist das leider nicht. Wie Maslow schon erkannte, ist Geld ein sogenannter Hygienefaktor. Wir brauchen es und es motiviert uns einige Zeit, aber leider nicht lange. Die Motivation steigt nach einer Gehaltserhöhung an, um dann nach kurzer Zeit wieder abzufallen. Der Mitarbeiter gewöhnt sich rasch daran, mehr Geld zur Verfügung zu haben. Es wird sehr schnell selbstverständlich. Damit geht die Motivation wieder auf das ursprüngliche Niveau zurück. Wenn Sie Ihre Mitarbeiter nur über Geld motivieren, erschweren Sie sich die Führungsarbeit. Finden Sie heraus, was die Mitarbeiter sonst noch motiviert in Ihrem Team oder in Ihrer Firma zu arbeiten. Hinter dem Geld steckt immer noch was anderes, auch wenn die Mitarbeiter das Geld vielleicht als erstes nennen. Bleiben Sie dran, fragen Sie nach, was sie noch motiviert. Was steht hinter dem Geld? Was wollen sie sich damit leisten? Wenn Sie diese Motivatoren kennen, können Sie diese in Ihrer täglichen Führungsarbeit berücksichtigen.

Das gleiche gilt für die Demotivatoren. Was demotiviert Ihre Mitarbeiter? Welche Beschwerden hören Sie immer wieder? Wenn Sie diese kennen, dann können Sie versuchen, diese auszuschalten oder durch etwas anderes aufzuwiegen. Aber wenn es geht, dann bitte nicht durch Geld. Wie bereits gesagt, hält diese Form der Motivation nicht sehr lange oder kann sogar zum Bumerang werden. Denn haben Sie schon mal versucht, den Mitarbeitern ihre jährlichen Prämien wegzunehmen? Auch wenn immer gesagt wurde, dass es diese nur gibt, wenn das Geschäftsjahr gut gelaufen war, kann das ganz schnell die Motivation der Mitarbeiter negativ beeinflussen. Und das Paradoxe ist, dass die Prämie nach einiger Zeit nicht zu mehr Motivation führt, sondern als selbstverständlich angesehen wird. Ich will damit nicht sagen, dass man keine Prämien mehr auszahlen sollte, aber man sollte sich sehr gut überlegen, welche Wirkung diese haben und sich keine dauerhafte Motivation davon erwarten.

Ziel es es, die Mitarbeiter aus diesem Quadranten in den B-Quadranten zu bringen. Sollte das nicht gelingen, werden sie über kurz oder lang in den Quadranten D wechseln.

Der Quadrant D
„Aber wie soll das denn funktionieren", werden Sie sich jetzt vielleicht fragen. Er hatte doch schon das nötige Wissen, wieso sollte er jetzt auch noch das Wissen verlieren? Das ist leicht erklärt. Unsere Zeit wird immer schnelllebiger und es gibt ständig Neuerungen. Wenn wir uns dieses neue Wissen nicht aneignen, gehören wir bald zum „alten Eisen". Früher hat man einen Beruf erlernt und das war es dann mit dem Lernen. Heute gibt es kaum mehr Berufe, in denen es so ist. Wenn wir erfolgreich sein wollen, müssen wir immer wieder Neues lernen, ein Leben lang.

Das beginnt schon bei unseren Kommunikationsmitteln. Früher hatten wir ein Telefon zum Telefonieren. Das stand zu Hause. Hörer abheben, wählen und das war es auch schon. Heute ist das ganz anders. Ständig ändern sich die Smartphones. Sie können immer mehr und kaum hat man sie, sind sie auch schon wieder veraltet.

Und das ist im Berufsleben nicht anders. Wenn wir uns Franz von unserem Beispiel ansehen, so hatte er recht rasch den Anschluss verloren, weil er sich nicht mit dem, was sich verändert hatte, auseinandersetzte und er sich nicht kontinuierlich weiterentwickelt hatte.

Das abnehmende Wissen mit der mangelnden Motivation führt dann unweigerlich in den Quadrant D. Dort gibt es noch die Möglichkeit, mit dem Mitarbeiter ein ernstes Gespräch über die Situation zu führen oder ihn im äußersten Fall zu kündigen. Denn ein Mitarbeiter, der unmotiviert ist und sich auch nicht weiterentwickeln möchte, kann auf kurz oder lang das ganze Team negativ beeinflussen.

Wenn gar nichts hilft und sich der Mitarbeiter nicht bewegen mag, muss man manchmal auch den Schritt der Kündigung gehen. Aber bevor man diesen Schritt setzt, sollte man das Gespräch mit dem Mitarbeiter suchen und ihm klar machen, dass es so nicht weitergehen kann. Er sollte mit seinem Verhalten konfrontiert und ihm bewusst gemacht werden, dass sich ganz dringend etwas ändern muss.

Solche Gespräche empfinden viele Führungskräfte als sehr unangenehm und sie sind es auch im Regelfall. Deshalb ist es ganz wichtig, dafür eine klare Struktur zu haben, die einem dabei hilft, nicht in ein Streitgespräch abzugleiten. Ziel ist es, damit einen guten Ausgang des Gespräches zu ermöglichen. Denn letztendlich wollen wir ja dem Mitarbeiter nicht kündigen, sondern ihn wieder ins Boot holen.

Wie man so ein Gespräch am besten führt, verrate ich Ihnen etwas später (Abschn. 9.2.3). Aber zuvor möchte ich das Thema Führungsquadrat noch abschließen und Ihnen noch ein weiteres Werkzeug näher bringen.

Nehmen Sie sich etwas Zeit und überlegen Sie sich, welcher Ihrer Mitarbeiter in welchem Quadranten ist. Anhand dieses Ergebnisses können Sie dann festlegen, was bei welchem Mitarbeiter getan werden sollte. Dieses Werkzeug ist sehr praktisch und hat vielen meiner Klienten einen raschen Überblick über die Situation in ihrem Team gegeben. Ziel ist es natürlich, dass alle Mitarbeiter im Quadrant B sind. Das würde Ihnen die Führung Ihres Teams wesentlich erleichtern.

9.2.2 Die geheimen Kommunikationsmuster: Metaprogramme

Wenn Sie sich noch daran erinnern, dann haben wir im Coaching mit Herbert festgestellt, dass er einen anderen Arbeitsstil hatte bzw. er anders zu motivieren war als Franz. Durch diesen Umstand überforderte Herbert seinen Mitarbeiter leicht, so dass er nicht in der Lage war, seine Tätigkeiten ordentlich auszuführen.

Welche Unterschiede waren das? Zum einen brauchte Herbert den Druck, um seine Aufgaben zu erledigen, Franz sprach darauf nicht so gut an. Herbert gab die Informationen nur im Überblick an ihn weiter, Franz brauchte aber mehr Details. Und Herbert konnte gut mit vielen Möglichkeiten jonglieren, Franz brauchte hingegen einen Prozess, dem er folgen konnte. Hinter diesem Verhalten stehen die sogenannten Metaprogramme.

Was sind Metaprogramme?

Metaprogramme sind Filter, wie wir Informationen aufnehmen bzw. weitergeben. Jeder von uns hat seit seiner Kindheit sein persönliches Set an Metaprogrammen. Sie werden in den ersten Lebensjahren gebildet und begleiten uns ein ganzes Leben lang.

Jedes der hier beschriebenen Metaprogramme hat zwei Enden einer Skala. Wir können uns entweder an einem Ende der Skala befinden (dann ist das Metaprogramm sehr stark ausgeprägt) oder wir befinden uns irgendwo zwischen den beiden Endpunkten, dann sind wir in diesem Metaprogramm eher flexibel. Das klingt jetzt wahrscheinlich noch etwas abstrakt, aber haben Sie noch ein wenig Geduld. Es wird gleich klarer werden.

Es gibt ca. 50 Metaprogramme. Ich möchte Ihnen hier allerdings nur drei davon vorstellen, weil sie sich in diesem Coaching so schön gezeigt haben.

Metaprogramm Orientierung

Das erste Metaprogramm heißt „Orientierung" (vgl. Abb. 9.2). Das eine Ende der Skala ist die „Weg von"- und das andere die „Hin zu"-Motivation.

In den Pfeilen sehen Sie die Begriffe, die bei diesem Metaprogramm in der jeweiligen Ausprägung gerne verwendet werden.

Ein Mitarbeiter der „weg von" motiviert ist, verwendet gerne Begriffe wie, „vermeiden", „verhindern" und er verwendet auch gerne Steigerungen, wie zum Beispiel, dass etwas besser werden soll. Diese Mitarbeiter sind gut über Druck zu motivieren. Das kann der zeitliche Druck oder auch der Druck eines hoch gesteckten Zieles sein. Sie lassen manchmal Arbeiten liegen und machen diese dann erst auf den letzten Drücker. In unserem Beispiel war Herbert so gestrickt. Er brauchte den Druck, um etwas fertig zu stellen. Hatte er zu viel Zeit, ließ er es meistens liegen.

„Hin zu" motivierte Mitarbeiter funktionieren gerade umgekehrt. Sie brauchen ein Ziel, auf das sie hinarbeiten können. Die sprichwörtliche Karotte vor der Nase. Sie sind z. B. über Zahlen, die sie erreichen sollen, gut motivierbar. Auch die Aussicht auf ein Incentive oder auf eine Beförderung motivieren sie sehr. „Weg von" Druck mögen sie allerdings gar nicht.

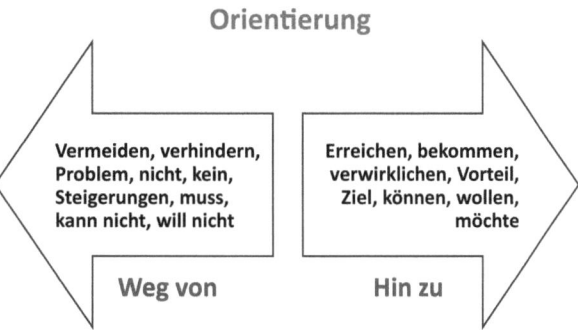

Abb. 9.2 Metaprogramm Orientierung

In unserem Beispiel war Franz mehr „Hin zu" motiviert und die „Weg von"-Motivation von Herbert hatte ihm zu schaffen gemacht.

Wichtig zu wissen ist, dass man deshalb die Ziele nicht für jeden anders gestalten muss. Es gibt nun mal Vorgaben im Unternehmen. Es geht vielmehr darum, dass man die Kommunikation entsprechend anpasst. Bei einem Mitarbeiter mit „Weg von"-Ausprägung spricht man eher davon, dass die Ziele erreicht werden müssen. Bei einem Mitarbeiter mit „Hin zu"-Ausprägung verwendet man besser die Wörter, die sie in dem entsprechenden Pfeil finden. Man redet davon, was er erreichen kann, welche Ziele er hat und welche Vorteile er dadurch haben wird. Wörter wie müssen und sollen werden besser ausgelassen.

Wie schon erwähnt, muss ein Metaprogramm nicht zu 100 % ausgeprägt sein. Man kann sich auch irgendwo zwischen den beiden Endpunkten befinden. Dann spricht man auf beides gut an. Wenn allerdings eines von beiden sehr stark ausgeprägt ist, sollte man in jedem Fall darauf achten, dass man dies in der Kommunikation berücksichtigt.

Herbert stellte seine Kommunikation um und konnte es damit Franz erleichtern, mit den Vorgaben besser umzugehen.

Metaprogramm Chunkgröße

Das nächste Metaprogramm heißt „Chunkgröße" (vgl. Abb. 9.3). Chunk bedeutet unter anderem „Datenblock" und genau darum geht es auch in diesem Metaprogramm. Wie viele Daten bzw. Informationen benötigt jemand, um diese als ausreichend zu empfinden? Die beiden Enden der Skala sind „Detail" und „Überblick".

Menschen, die viele Details benötigen, erzählen selbst auch sehr viele Details. Sie kommen vom Hundertsten ins Tausendste. Jede Kleinigkeit hat Bedeutung und wird erzählt. Auf der anderen Seite der Skala befinden sich diejenigen, die alles nur im Überblick erzählen und auch nur wenige Details benötigen. Ihnen reicht der Überblick vollkommen und sie sind rasch durch zu viele Details gelangweilt und überfordert.

In unserem Beispiel war Herbert mehr Überblick orientiert im Gegensatz zu Franz, der viel mehr Informationen benötigte, um seine Arbeit richtig machen zu können. Mit den wenigen Informationen, die er von seinem Chef bekam, konnte er nur wenig anfangen. Herbert konnte das vorerst nicht nachvollziehen, aber sobald er das Konzept der Metapro-

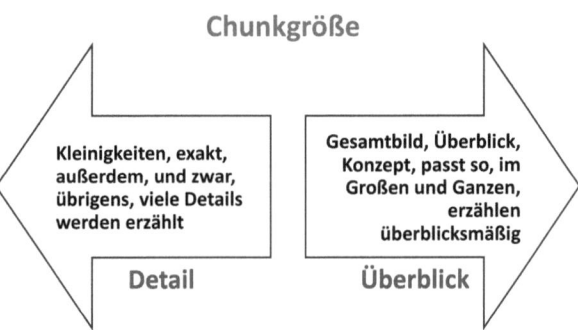

Abb. 9.3 Metaprogramm Chunkgröße

gramme verstanden hatte, konnte er sich darauf einstellen und Franz alle Informationen geben, die er brauchte.

Metaprogramm Aktionsstil

Das letzte Metaprogramm, welches ich Ihnen näher bringen möchte, ist der „Aktionsstil" (vgl. Abb. 9.4). Die beiden Enden der Skala sind „Prozess" und „Option".

Prozess-orientierte Menschen arbeiten sehr strukturiert Schritt für Schritt ihre Aufgaben ab. Sie brauchen einen Prozess, dem sie folgen können. Man erkennt sie daran, dass sie auch sehr prozesshaft erzählen. Sie erzählen Geschichten und folgen darin auch einer Struktur. Ihre Erklärungen sind sehr strukturiert.

Die Optionsorientierten hingegen tun sich mit Prozessen eher schwer. Wenn sie einem Prozess folgen sollen, dann tendieren sie eher dazu, ihn zu verändern oder nach anderen Möglichkeiten zu suchen, wie man die Arbeit auch anders erledigen könnte. Sie sind mehr die Kreativen und brauchen das auch, um gut arbeiten zu können. Diese Mitarbeiter kann man demotivieren, indem man ihnen einen Prozess vorgibt, den sie keinesfalls verändern dürfen. In so einem Job ist ein prozessorientierter Mitarbeiter besser aufgehoben. Andererseits sollte man jemand mit einer starken Prozess-Orientierung keinesfalls zu viele Optionen ermöglichen.

Was uns wieder zu unserem Beispiel bringt. Herbert mit seiner starken Options-Orientierung wollte auch Franz' Optionen ermöglichen, wie er seine Arbeit erledigen konnte. Jedoch war Franz stark prozessorientiert, weshalb ihn die Anweisungen von Herbert mehr verunsicherten als halfen. Durch die Vorgabe eines Prozesses konnte Franz leichter verstehen, was seine Aufgabe war und diese besser ausführen.

Metaprogramme können Ihnen helfen, Ihre Mitarbeiter besser zu verstehen und zu führen. Wenn zwischen Ihnen und Ihren Mitarbeitern alles gut läuft, dann brauchen Sie diesem Werkzeug nicht so viel Bedeutung beimessen. Wenn Sie allerdings das Gefühl haben, dass Ihre Mitarbeiter Sie nicht verstehen bzw. dass es immer wieder zu Missverständnissen kommt, dann kann es sich lohnen, sich die eigenen Metaprogramme und die der Mitarbeiter genauer anzusehen.

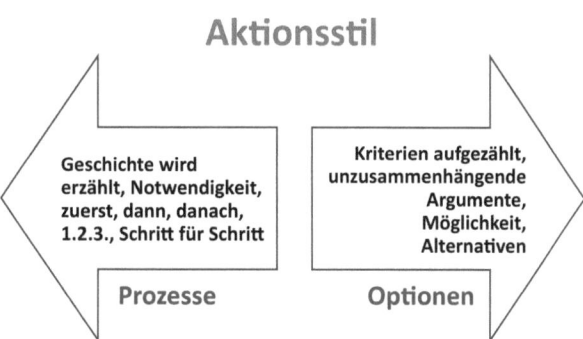

Abb. 9.4 Metaprogramm Aktionsstil

Es geht nicht darum, dass die Mitarbeiter Sie nicht verstehen wollen, sondern sie Sie vielleicht nicht verstehen können, wenn Ihr Metaprogramm am anderen Ende der Skala ist als das Ihrer Mitarbeiter. Das kann dann zu den gleichen Missverständnissen führen, wie wenn sie nicht die gleiche Sprache sprechen würden. Sprechen Sie die gleiche „Metaprogramm-Sprache" wie Ihre Mitarbeiter und Sie werden sie sicher besser verstehen und leichter führen können.

Die 3. Coaching-Einheit

Nach den ersten beiden Coaching-Einheiten konnte Herbert schon sehr viel umsetzen und auch einiges verändern und bewegen. Allerdings gab es noch etwas zu tun. Die Aussage von Franz, dass er unkündbar wäre, saß Herbert noch immer in den Knochen. Irgendwie war sein Vertrauen zu seinem Mitarbeiter gebrochen und er merkte, dass sich das auch auf den Umgang mit ihm niederschlug.

Er mied den Kontakt mit ihm bzw. hegte einen gewissen Groll gegen ihn. Er empfand diese Aussage als sehr verletzend, nach all der Unterstützung, die er ihm in der schwierigen Zeit gegeben hatte.

Da eine gute Beziehungsebene für eine erfolgreiche Mitarbeiterführung unerlässlich ist, war es wichtig, dass er dieses Thema ansprach und klärte. Dafür eignet sich die Struktur eines Konfliktgespräches sehr gut, welche ich Ihnen nachstehend, wie bereits angekündigt, erklären möchte.

9.2.3 Das Konfliktgespräch – Lösen statt Streiten

Diese Gesprächsform dient dazu, Probleme strukturiert und klar anzusprechen und sie einer Lösung zuzuführen.

Das wichtigste für ein gutes Konfliktgespräch ist die Vorbereitung. Diese muss sehr gut und genau sein, damit das Gespräch erfolgreich verlaufen kann. Die Führungskraft muss sich darüber im Klaren sein, welche Punkte sie ansprechen möchte, welche Ziele sie mit dem Gespräch verfolgt und welche möglichen Ausgangsszenarien es geben kann.

Die Punkte, um die es im Gespräch gehen soll, sollten mit Zahlen, Daten und Fakten unterlegt sind. Wenn nur vage Aussagen getroffen werden, kann der Mitarbeiter leicht argumentativ entwischen und Gegenbehauptungen aufstellen, die die Führungskraft möglicherweise nicht entkräften kann.

Lassen Sie mich Ihnen ein Beispiel geben.

Beispiel

Ein Mitarbeiter kommt immer wieder zu spät. Obwohl Sie ihn schon mehrmals darauf hingewiesen hatten, ändert sich die Situation nicht. Wenn Sie nun ein Konfliktgespräch mit diesem Mitarbeiter führen möchten, sollten Sie sich ganz genau aufschreiben, wie oft, wann und um wie viel er zu spät kam. So kann er Ihrem Argument nicht entkommen. Wenn Sie ihm jedoch sagen, dass er immer wieder zu spät kommt und er das lassen solle, wird er Ihnen möglicherweise ausweichen und sagen, dass das ja nicht so oft vorkommt.

Weiter sollte die Führungskraft sich auch über Ihre Gefühle zu diesem Thema im Klaren sein. Man kann durchaus ansprechen, dass man sich mit der Situation nicht wohl fühlt, wenn es so ist. Im Fall von Herbert riet ich ihm, sein schwindendes Vertrauen zu Franz wegen seiner Aussage auch anzusprechen, denn das war ja auch der Punkt. Keine Sorge, man kann seine Gefühle gefahrlos ansprechen. Wenn diese ehrlich kommuniziert werden, bringt das viel für die Beziehungsebene und Sie ermöglichen es gleichzeitig auch Ihrem Mitarbeiter darüber zu sprechen, wie er die Situation empfindet.

Wichtig ist, dass die Ziele und möglichen Ausgangsszenarien für Sie klar sind. Man kann noch so ein gutes Gespräch führen, wenn dann allerdings letztendlich kein Ergebnis dabei herauskommt, war es vergebene Liebesmühe. Ein mögliches Szenario kann durchaus auch die Trennung vom Mitarbeiter sein. Auch dieser Schritt gehört gut überlegt.

Wenn alle Vorbereitungen getroffen sind, kann es nun ins Gespräch gehen, das idealerweise nach folgender Struktur ablaufen sollte.

1) Einstieg ins Gespräch

Zu Beginn kann man durchaus kurz Smalltalk führen, allerdings nicht zu lange und nicht zu persönlich, weil man sich dann schwer tut, ins eigentliche Thema einzusteigen. Wenn es zu amikal wird, fällt der Umstieg in ein klares Gespräch schwer. Danach sollte die Wichtigkeit des Gespräches betont werden. Es soll klar gemacht werden, dass man dieses Gespräch führt, um für ein bestehendes Problem gemeinsam eine Lösung zu finden.

2) Offenlegen der eigenen Sichtweise

Nun wird das Thema offengelegt, um das es im Gespräch gehen soll. Die Führungskraft nennt die Zahlen, Daten und Fakten und erklärt seine eigene Sichtweise dazu. Außerdem erklärt sie, was ihr wichtig ist und wie es in Zukunft anders laufen soll. Von Bedeutung ist in dieser Phase, dass die Aussagen klar, aber nicht als Vorwurf formuliert werden. Die Devise lautet: „Weich zum Menschen, klar in der Sache". Es ist nicht förderlich, dass man den Mitarbeiter persönlich angreift. Das bringt nur Abwehr hervor, die letztendlich für den Erfolg des Gespräches kontraproduktiv ist.

3) Sichtweise des Mitarbeiters erfragen

Nachdem die Führungskraft die Fakten auf den Tisch gelegt und ihre Sichtweise erklärt hat, lässt sie nun den Mitarbeiter zu Wort kommen. Er kann nun seine Sichtweise der Dinge erklären und der Führungskraft verständlich machen, wie er die Situation wahrnimmt. Es gibt immer mehrere Sichtweisen zu einer Sache. Aus diesem Grund ist es sehr wichtig, dass sich die Führungskraft den Blickwinkel des Mitarbeiters anhört und versucht, diesen zu verstehen.

Um bei dem Beispiel des Mitarbeiters zu bleiben, der ständig zu spät kommt. Es könnte ja auch sein, dass seine Frau sehr schwer krank ist und er in der Früh immer die Kinder versorgen muss und deshalb oft zu spät kommt. Vielleicht wollte er nicht darüber reden, weil es ihn zu sehr belastet. Wenn nun die Führungskraft aber annimmt, dass dahinter mangelnde Motivation steckt, könnte sie darauf mit wenig Verständnis reagieren und den Mitarbeiter unter Druck setzen. In so einem Gespräch allerdings könnte der Mitarbeiter verstehen, dass es besser ist darüber zu sprechen und damit der Führungskraft die Möglichkeit geben, die Umstände zu verstehen und gemeinsam nach einer Lösung zu suchen.

Deshalb ist es wichtig, dass sich die Führungskraft unvoreingenommen und ohne Vorwürfe auf das Gespräch einlässt. Dann hat der Mitarbeiter auch die Chance, eventuelle Probleme offen anzusprechen. Das ist eine wichtige Basis, um eine wirkliche Lösung zu finden.

4) Lösungsfindung

Wenn nun der Mitarbeiter seine Sichtweise dargelegt hat, geht es jetzt darum, die beiden Sichtweisen auf einen gemeinsamen Nenner zu bringen und eine Lösung zu finden. Generell sollte der Mitarbeiter einen Lösungsvorschlag bringen und dieser nicht von der Führungskraft kommen. Der Vorteil der darin liegt, ist, dass der Mitarbeiter eher motiviert ist, seinen Lösungsvorschlag umzusetzen, als den, der von der Führungskraft vorgegeben wird. Es kann sonst eher vorkommen, dass er einfach „Ja" sagt und die Lösung dann doch nicht umsetzt.

Wenn der Mitarbeiter nicht gleich eine Lösung parat hat, kann die Führungskraft ihn bitten darüber nachzudenken und einen neuen Termin mit ihm vereinbaren, in dem man dann die Lösung diskutiert.

Sollte der Mitarbeiter eine Lösung bringen, mit der die Führungskraft nicht einverstanden ist, muss die Führungskraft noch mal darauf hinweisen, was ihr wichtig ist. Es kann durchaus eine Zeit dauern, bis man eine gemeinsame Lösung gefunden hat und man sollte diesem Prozess auch Zeit geben. Denn wenn die Lösung für beide Seiten passt, hat man das Problem aus der Welt geschafft. Wenn eine Partei nicht zu 100 % dazu steht, wird sich das Thema immer wieder zeigen.

5) Kontrolle vereinbaren

Wenn die Lösung gefunden ist, sollte eine Kontrolle vereinbart werden. Dies bedeutet, dass sich die Führungskraft und der Mitarbeiter nach einer bestimmten Zeit wieder treffen und überprüfen, ob die Lösung nach wie vor für beide passt und das Problem aus der Welt geschafft ist. Dieser Kontrolltermin ist essentiell, damit der Mitarbeiter auch die Motivation hat, die Lösung umzusetzen. Das muss nicht einmal in böser Absicht geschehen, manchmal gehen Vorhaben einfach im Alltag unter oder man entdeckt, dass die Lösung doch nicht so leicht umsetzbar ist. Da bietet das Kontrollgespräch die Möglichkeit eventuelle Schwierigkeiten bei der Umsetzung aus der Welt zu schaffen.

> **Die 4. Coaching-Einheit**
>
> Herbert hatte das Konfliktgespräch mit Franz geführt. Er war sehr gut vorbereitet gewesen und hatte seine Gefühle ihm gegenüber offen und ohne Vorwurf kommuniziert. Franz ließ sich auf das Gespräch ein und reagierte in diesem Fall nicht beleidigt. Er hat seine Aussage nicht so gemeint und war betroffen darüber, dass Herbert durch diese Aussage verärgert und gekränkt war.
>
> Herbert sprach bei dieser Gelegenheit auch an, dass er es nicht tolerieren könnte, dass Franz weniger leistete als die anderen Kollegen, weil diese über kurz oder lang ein Problem damit bekommen würden. Er betonte, dass es ihm wichtig wäre, dass alle Mitarbeiter die gleiche Leistung erbrächten und sich kollegial unterstützten. Das sah Franz ein und er versprach, dass er in Zukunft darauf achten würde, dass auch er seine Arbeiten ordentlich und zeitgerecht erledigen würde. Franz merkte auch an, dass er sich jetzt mit der Zusammenarbeit mit Herbert leichter tat, weil er ihm die Arbeiten nun in einer für ihn klareren Art und Weise übergab. Abschließend vereinbarten sie einen Kontrolltermin, um nach ein paar Wochen zu überprüfen, ob die Zusammenarbeit für beide passte.
>
> In einem Telefonat, einige Wochen nach unserer vierten Coaching-Einheit, erzählte mir Herbert, dass es mit Franz nun gut lief und er mit seiner Arbeit jetzt sehr zufrieden wäre.

9.3 Eine Investition, die sich lohnt

Wie das Beispiel gezeigt hat, kann man mit situativer Führung auch eine doch sehr verfahrene Situation klären und einen sehr demotivierten Mitarbeiter wieder ins Team zurückbringen. Wenn man sich bewusst macht, dass die meisten Mitarbeiter gerne arbeiten und auch ihre Leistung erbringen wollen, macht es Sinn genau hinzusehen, was jemanden dazu veranlasst nicht so motiviert seiner Arbeit nachzugehen.

Natürlich ist es viel Arbeit, sich jeden Mitarbeiter genau anzusehen und herauszufinden, wie er arbeitet. Gerade dann, wenn man mehr als einen Mitarbeiter hat. Allerdings sollte man auch in Betracht ziehen, dass ein gut funktionierendes Team mittelfristig wesentlich leichter zu führen ist. Wenn Sie es schaffen, Ihre Mitarbeiter so zu motivieren wie diese motiviert werden wollen, haben Sie ein Team, das für Sie durch dick und dünn geht und das erfolgreich an der Umsetzung der Ziele arbeitet.

Ich wünsche Ihnen viel Erfolg und Freude dabei!

9.4 Über die Autorin

Regina Kmenta war 13 Jahre in der IT-Branche bei vielen namhaften Unternehmen wie Nixdorf, Apple Computer und SAP Österreich tätig. Sie war viele Jahre Führungskraft und führte Teams von bis zu 54 Mitarbeitern. 2002 machte sie sich, nach einer umfangreichen Ausbildung zum Trainer und Coach, selbstständig und spezialisierte sich auf den Bereich Führung. Sie berät viele namhafte Unternehmen und deren Führungskräfte.

2007 schrieb sie das Buch „Der Stretchfaktor", in dem sie sich mit dem Thema Veränderung intensiv auseinandersetzte.

2010 gründete sie gemeinsam mit ihrem Mann die Trainings- und Beratungsfirma **convince**, in der sie sich ganz auf Führungskräftetrainings und -coachings fokussiert.

2014 startete sie ein weiteres Business, in dem sie sich dem Thema Frauen über 40 widmet.

Mehr Infos unter www.convince.at und www.reginakmenta.at

Literatur

Wikipedia (2015). *Albert Mehrabian*. http://de.wikipedia.org/wiki/Albert_Mehrabian. Zugegriffen: 21.05.2015

Geheimtipps für erfolgreiche Männer

Was Männer von Frauen lernen können – wenn sie wollten …

Christina Linke

Inhaltsverzeichnis

10.1	Hochglanz versus Wirklichkeit	184
10.2	Vermännlichte Unternehmen	185
10.3	Stärken der Frauen	186
10.4	Zeit für Veränderung	187
10.5	Das Beste aus beiden Welten	188
10.6	Männerherausforderungen	189
10.7	Fazit	200
10.8	Über die Autorin	201
	Literatur	201

Montagmorgen, zehn Uhr. Wochenbesprechung in einem Autohaus im Osnabrücker Land. Alle sitzen an einem großen Tisch. Und warten. Wie immer kommt Herr Beck zu spät. Herr Beck ist der Chef. Es ist genau zehn Minuten nach zehn, als die Tür auffliegt und er den Raum betritt. Er inszeniert seinen Auftritt. Er fängt an, mit lauter Stimme zu rufen: „Frau Müller, ich brauche jetzt dringend einen Espresso. Einen doppelten. Keine Kekse hier? Und warum ist mein Sessel noch nicht hier. Muss ich hier denn alles selber machen?"

So beginnt die Woche immer – erzählt mir meine Mandantin, die von eben jenem besagten Chef zum Ende der Elternzeit ihre Kündigung bekommen hatte, unmittelbar nach der Bitte um Teilzeit. Die Mitarbeiter fürchten seine Launen und die unberechenbaren Wutausbrüche. Die Besprechung am Montagmorgen soll die Belegschaft mit Zuckerbrot und Peitsche richtig einordnen für die Woche. Mit der Besonderheit, dass Zuckerbrot hier unbekannt ist. Denn für die Mitarbeiter gibt es hier kein Zuckerbrot und auch keinen Espresso. Nicht mal ein Wasser, geschweige denn Kekse. Der Chef ist der einzige, der etwas

---

Christina Linke ✉
Große Straße 45, 49074 Osnabrück, Deutschland
e-mail: info@christinalinke.com

© Springer Fachmedien Wiesbaden 2016
P. Buchenau (Hrsg.), *Chefsache Männer*, DOI 10.1007/978-3-658-07510-1_10

zu sich nimmt. Damit die Hierarchie auch deutlich sichtbar wird, lässt sich Herr Beck auch immer seinen Chefsessel in den Besprechungsraum bringen. Der ist deutlich höher als die anderen Stühle, so dass er auf die anderen buchstäblich herabgucken kann. Natürlich sitzt er am Kopfende des langen Tisches. Seine Sekretärin muss bereitstehen und auf Zuruf alles heranholen, was sein Herz begehrt. Das können Unterlagen sein, aber auch gerne eine bestimmte Kekssorte oder ein Käsebrötchen. Nur für ihn selbstverständlich. Dass alle sich darüber lustig machen und ihn in der Pause nachäffen, ist der Preis, den er für seine Art der Führung zahlt. Seine frühere Sekretärin hat er nun entlassen, weil er keine Teilzeitarbeit in seinem Betrieb duldet. Erst recht nicht, wenn es um seine persönlichen Belange geht.

10.1 Hochglanz versus Wirklichkeit

Je länger ich in meinem Beruf als Rechtsanwältin im Arbeitsrecht arbeite, desto klarer wird mir, dass es eigentlich immer dieselben Probleme sind, die in den Unternehmen herrschen. Konflikte zwischen den Mitarbeitern, Rivalität zwischen den Abteilungen, politische Seilschaften, Statusdenken und verborgene Unternehmensziele verbrauchen Energie. Energie, die logischerweise fehlt, wenn es um die eigentliche Arbeit und Erfolg geht. Die genannten Probleme stehen natürlich absolut konträr zu sämtlichen Hochglanzbroschüren und Leitbildern. Hochglanzbroschüren werden gerne als Imagebroschüre oder als Marketinginstrument bezeichnet. Man könnte sie aber auch als pure Geldverschwendung bezeichnen. Meine Erfahrung aus nunmehr über 20 Jahren intensiver Arbeit mit zahlreichen Unternehmen ist, dass Hochglanzbroschüren meist nur kompensieren sollen, dass alle Bekundungen zu strategischer Werteausrichtung und positive Führungskultur überwiegend Lippenbekundungen sind. Je mehr Hochglanz, desto ausgeprägter die Diskrepanz. Zwar haben die Unternehmen die Bedeutung der positiven Führungskultur erkannt, aber die Kluft zwischen Anspruch und Wirklichkeit ist weiterhin extrem. Jedes Jahr aufs Neue lassen Gallup-Studien die Alarmglocken schrillen: Was wird wirklich gelebt in den Unternehmen? Hochglanz oder Wirklichkeit? Hochglanz behauptet: „Die Mitarbeiter sind unser wertvollstes Gut." Die Wirklichkeit sieht anders aus: Ein Großteil der Mitarbeiter hat bereits innerlich gekündigt oder macht Dienst nach Vorschrift. Was oft nicht realisiert wird: Ein Teil der Mitarbeiter schädigt aktiv den Arbeitgeber, indem sie sich auf ihre eigene Art „revanchieren". Da werden Büromaterialien, Kopierpapier und sogar Toilettenpapier geklaut, die Spesenabrechnung leicht nach oben korrigiert, während der Arbeitszeit privat telefoniert, gesurft und kopiert. Dem folgt natürlich oft eine tatsächliche Kündigung seitens des Arbeitgebers. Und der folgt – den Rechtsanwälten sehr recht – dann die obligatorische Kündigungsschutzklage. Allein 2013 gab es nach Angaben des Statistischen Bundesamtes 403.457 Urteilsverfahren vor den deutschen Arbeitsgerichten (Statistisches Bundesamt 2013).

10.2 Vermännlichte Unternehmen

Liegt das etwa alles an den Männern? Nein, natürlich nicht. Es fällt jedoch auf, dass die Mehrheit der Chefetage männlich ist: Top-Jobs sind immer noch äußerst selten mit Frauen besetzt. In den vergangenen zehn Jahren sind ist der Anteil weiblicher Führungskräfte von 22 % auf ein weiterhin niedriges Niveau von 30 % gestiegen. Mehr noch: In den 200 größten Unternehmen sind lediglich 3 % der Vorstände weiblich. Insgesamt beträgt der Frauenanteil in den Vorständen 7,3 %. Im internationalen Vergleich liegt Deutschland damit weit zurück, denn die größte Repräsentanz in der EU von Frauen im Vorstand liefert mit 15,8 % Spanien, gefolgt von britischen Unternehmen mit 15,7 % und Belgien und Frankreich mit 10,9 % beziehungsweise 10,0 %. Und auch beim Thema Geld schneiden Frauen deutlich schlechter ab als Männer: Nach Angaben des Statistischen Bundesamtes verdienen Frauen in Deutschland durchschnittlich 22 % weniger als Männer. Damit liegt die Bundesrepublik übrigens weit hinter anderen europäischen Ländern zurück, in denen Frauen im Durchschnitt „nur" 15 % weniger verdienen als Männer (Statistisches Bundesamt 2013). Ein typisches Bild zeigt folgende Situation: Fast alle Germanistikstudenten sind weiblich, die Professoren aber nahezu alle männlich.

Angesichts dieser Zahlen verwundert es daher nicht, dass es ein ebenso männlich geprägtes Bild von Erfolg und den Wegen, wie man ihn erreicht, gibt. Rationale Strategien, Machtstreben und Konkurrenzdenken sind an der Tagesordnung. Erfolg und Macht sind an den dazugehörigen Statussymbolen erkennbar: ein Einzelbüro, die Größe des Büros, die Höhe der Zimmerpflanze, der 5er BMW als Dienstwagen, die eigene Sekretärin, die Bezeichnung auf der Visitenkarte und letztendlich auch die Höhe des Gehaltes. Um dieses zu erreichen, ist fast jedes Mittel recht. Da werden Seilschaften geschmiedet und Feindschaften gepflegt. In Besprechungen geht es nicht darum, lösungsorientiert an die wahren Probleme heranzugehen und ein gemeinsames Ergebnis zu finden, sondern in der Hauptsache darum, sich selbst in einem guten Licht zu präsentieren. Simple Gesprächsregeln werden außer Kraft gesetzt und imposante Drohposen eingenommen. Doch eine laute Behauptung ist jedoch nicht gleichzeitig auch eine richtige Behauptung!

Wenn beruflicher Erfolg männlich ist – was machen Frauen bisher, die in einer Männerdomäne Erfolg haben wollen? Sie passen sich diesem männlichen Stil an. Bisher zumindest. Daher gibt es unzählige Ratgeber und Seminare von Männern, in denen Frauen nahegebracht werden soll, sich „männlicher" zu verhalten, umso mehr Erfolg im Beruf zu haben. Frauen dürfen im Beruf einfach nicht so nett sein, nicht so viel lächeln, mehr Arroganz zeigen usw. Interessantes Detail: Wenn man bei Google genau die Worte „Karrieretipps für" eingibt, hagelt es hunderte von Karriere-Tipps für Frauen, wie sie im Job richtig durchstarten. Angefangen von „Schätzchen, so wird das nichts" bis hin zu „Das Arroganzprinzip". Aber kein einziger Eintrag dazu, was Männer von Frauen lernen können.

Aber bringt es Unternehmen weiter, wenn sich die Frauen dem männlichen Verhaltenskodex anpassen? Hilft es wirklich, wenn sie die Verhaltensweisen von Männern kopieren oder auch umgekehrt? Ich bin davon überzeugt, dass es keiner Frau verziehen wird, wenn sie sich einfach wie ein Mann verhält. Ganz abgesehen davon, dass sie es sich auf Dauer auch selbst nicht verzeihen wird, weil es einfach nicht authentisch ist. Sie wird damit auch nicht mehr Erfolg haben. Und umgekehrt wird auch kein Mann mehr Erfolg im Job haben, wenn er anfängt, sich wie eine Frau zu verhalten. Denn: Frauen und Männer sind unterschiedlich – das können wir nicht leugnen. Wir benötigen nicht erst die neuesten Ergebnisse aus Hirnforschung und Neurowissenschaft, die uns zeigen, dass Frauen und Männer von der Natur mit unterschiedlichen Kompetenzen und Verhaltensweisen ausgestattet sind.

Praxisbeispiel

Da reicht ein Blick in den Alltag: Ein Paar verfährt sich im Urlaub in einer fremden Stadt in Frankreich. Der Mietwagen hat kein Navigationsgerät, das Smartphone keinen Empfang. Er fährt, sie liest die Karte – in den meisten Fällen zumindest. Zumindest versucht sie es. Karten zu lesen, ist nicht ihre Stärke – in den ebenso meisten Fällen. Als sie das dritte Mal an derselben Ampelkreuzung vorbeikommen, sinkt seine Laune in den Keller. Er versucht es auf seine eigene Art und verlässt sich auf seinen Orientierungssinn. Die Richtung mag richtig sein, aber leider handelt es sich um eine Einbahnstraße. Sie möchte anhalten und nach dem Weg fragen. Das kommt für ihn nicht in Frage. Männer fragen nicht nach dem Weg. Punkt. Aus. Ganz ehrlich: Wer hat das von uns noch nicht so erlebt?

Oder denken Sie an den letzten Schnupfen in ihrer Familie. Es brauchte ein paar Tage, bis man hoffen durfte, dass der Familienvater, schwer leidend, daran nicht stirbt. Mutti wirft sich Aspirin ein, wickelt einen Schal um, gibt nachts dem Baby die Flasche und düst morgens zur Arbeit.

10.3 Stärken der Frauen

Der Hintergrund der geschlechterspezifischen Unterschiede hat einen entwicklungsbiologischen Hintergrund. Früher war es traditionell die Aufgabe der Frauen, sich um den Nachwuchs und das Heim zu kümmern. Frauen haben daher eine stärkere soziale Kompetenz. Sie besitzen eine deutlich ausgeprägtere Empathie, d. h. die Fähigkeit, andere zu verstehen. Ein weiser Mann sagte einmal: „Will die Menschheit in Frieden leben, braucht sie die Liebe und das Mitgefühl, das Mütter ganz natürlich zum Ausdruck bringen. Diese Qualitäten sind bei Frauen stärker ausgeprägt als bei Männern, daher ist es an der Zeit, dass weibliche Werte jene männlichen Werte ablösen, von denen die Gesellschaft seit Jahrtausenden beherrscht wird." Diese Worte stammen von dem Dalai Lama. Ferner sagt man Frauen eine bessere Organisationsfähigkeit nach: Frauen müssen Beruf, Familie und Haushalt unter einen Hut bringen. Multitaskingfähigkeit führt dazu, dass Frauen telefonieren, sich gleichzeitig die Zehennägel lackieren und währenddessen den Hund füttern. Gleichzeitig bedeutet dies aber auch: Frauen finden es unerträglich, wenn Führungskräfte zu aggressiv, ungeduldig, anmaßend, zu viel Druck, ein zu großes Ego haben, nicht zuhören können, keine Manieren haben.

Doch warum sind Frauen dann angesichts ihrer vielfältigen Qualitäten bislang nicht besser in den Vorstandseben der Unternehmen angekommen? Warum bedarf es einer künstlichen Frauenquote?

Ein Grund ist sicher, dass viele Frauen irgendwann ein Kind bekommen und dann nicht mehr arbeiten oder aber „nur" in Teilzeit. Statistisch gesehen arbeitet fast die Hälfte aller Frauen in Teilzeit während von den Männern dagegen nur 11 % in Teilzeit arbeiten (Statistisches Bundesamt 2013): Familie hin oder her – Männer bleiben im Beruf. Kehren Frauen nach der Familienphase in das Berufsleben zurück, dann ist die Karriere in Richtung Führungsetage meist schon verschlossen. Schließlich wird Teilzeitarbeit in den Chefetagen immer noch als Modell für Alte, Kranke oder „Hauptberufs-Mütter" betrachtet. Dabei leisten Frauen, die in Teilzeit arbeiten, in ihrer persönlichen Arbeitszeit weitaus mehr als man denkt. Man schafft nicht unbedingt mehr, wenn man länger im Büro bleibt. Mütter wissen, dass sie um 13.00 Uhr gehen müssen und arbeiten daher in der zur Verfügung stehenden Zeit meist außerordentlich stringent und erfolgreich.

Neben der Teilzeitfalle besteht ein weiterer Grund für das Nachsehen der Frauen darin, dass Männer sich in der Regel besser verkaufen als Frauen. Nach einer – allerdings nie veröffentlichten – Studie bei IBM hängt es nur zu 10 % von der Leistung eines Mitarbeiters ab, ob er befördert wird. Zu verblüffenden 90 % hängt die Beförderung von der Selbst-PR und dem guten Kontakt zum Vorgesetzten ab. Und das können Männer einfach besser. Welche Frau hat als Mädchen nicht Sätze gehört wie: „Eigenlob stinkt" oder „Sei still, sei brav, sei bescheiden" während Männer eher Sätze gehört haben wie: „Setz Dich durch" oder „Ein richtiger Junge weint nicht". Kein Wunder, dass Männer von Kindesbeinen an her die Ellbogen-Mentalität verinnerlicht haben. Sie lernen schon als Kinder zu kämpfen – daher fällt es ihnen später auch im Beruf leichter, für eine gute Position alles zu geben, während Frauen eher nicht für sich einstehen. Frauen suchen ohnehin für ein Missgeschick meist die Schuld bei sich – Männer präsentieren sich dagegen viel selbstbewusster. Und um eine gute Stellung zu erlangen, sind leider nicht nur entsprechende Qualifikationen notwendig, sondern auch das Vermögen, sich selbst möglichst gut zu verkaufen und bei Entscheidungsträgern einen guten Eindruck zu machen. Doch genau hier haben Frauen oft Defizite.

10.4 Zeit für Veränderung

Aber es gibt gute Gründe für Veränderungen: Im Zeitalter des demographischen Wandels sinkt die absolute Zahl der verfügbaren Arbeitskräfte und damit auch die der Führungskräfte. Die Unternehmen sind schon daher darauf angewiesen, zukünftig auch auf Frauen zurückzugreifen. Zudem drängt mit der Generation Y, d. h. den Jahrgängen zwischen 1980–1995, eine völlig andere Art des Denkens in die Unternehmen. Diese Generation verkörpert wie keine andere Generation zuvor einen Sinnes- und Wertewandel in der

Arbeitswelt. Sie hinterfragt den Sinn ihrer Arbeit und stellt alle, aber wirklich alle bisherigen Regeln in Frage. Von früh bis spät arbeiten wie die Eltern, Pflichterfüllung ohne Glücksgefühle? Für sie schlicht nicht denkbar. Für sie beginnt der Spaß nicht nach der Arbeit, sondern sie möchte schon während der Arbeit glücklich sein – durch einen Job, der ihnen einen Sinn bietet. Für diese Generation macht es daher keinen entscheidenden Unterschied, ob es sich um eine Frau oder einen Mann als Vorgesetzten handelt. Vielmehr steht die Work-Life-Balance im Vordergrund. Die typische männliche Führungskraft mit 24-Stunden-Verträgen dürfte daher ein Auslaufmodell sein.

Tatsache ist somit, dass immer mehr Unternehmen die Qualitäten von Frauen erkennen und die Führungsetagen sich langsam durchmischen. Dies ist allerdings ein lang andauernder Prozess. Im Zuge dieses Prozesses werden aber immer mehr Frauen Führungspositionen erobern. Denn Frauen sind – wenn auch langsam, aber bestimmt – dabei, eine stärkere Rolle in der Wirtschaft zu spielen. Die Chancen von Frauen, Einfluss und Verantwortung in Führungspositionen der Wirtschaft und der Politik zu übernehmen, sind so groß wie nie zuvor.

10.5 Das Beste aus beiden Welten

Wie wäre es also, wenn man das jeweils Beste aus der Welt des anderen Geschlechts leben würde, sozusagen das Beste von beidem verbindet? Denn sowohl die typisch männlichen als auch die typisch weiblichen Kompetenzen sind unerlässlich – im Unternehmen, in der Gesellschaft und im täglichen Leben! Zwar gilt dies grundsätzlich für beide Richtungen. Wenn aber die Chefetage und deren Probleme überwiegend männlich sind, könnte insbesondere eine männliche Führungskraft gerade von der anderen Perspektive einer Frau und deren Andersartigkeit profitieren. Immer mehr kluge Unternehmen entdecken, welche vorteilhaften Eigenschaften weibliche Führungskräfte mit sich bringen. Wobei natürlich klar sein muss, dass pauschale Behauptungen und Werturteile über Menschen immer durch zahlreiche Einzelfälle widerlegt werden können. Es gibt natürlich nicht „die Frau" und „den Mann". Ich habe schon viele Männer im Geschäftsleben kennengelernt, die alle vermeintlich typisch weiblichen Charaktereigenschaften zeigten und umgekehrt sicher noch mehr Frauen, die ausgeprägte männliche „Hardliner" waren. Das Leben ist eben bunt. Aber grundsätzlich bin ich felsenfest davon überzeugt, dass es dem Geschäftsleben gut täte, wenn auch mehr typisch weibliche Fähigkeiten genutzt werden würden. Insofern viel Spaß an den Geschichten der sieben Erfolgsschlüssel, die für einen klugen Mann den Unterschied machen könnten.

Nicht nur Frauen können von Männern lernen, sondern auch umgekehrt:

10.6 Männerherausforderungen

10.6.1 Erfolgsschlüssel Nr. 1: Kommunikation

Praxisbeispiel

Abteilungsleiterin Karin Gulden legt den Telefonhörer auf und verzieht das Gesicht. Ihr Kunde war wirklich richtig anstrengend. Aber gleichzeitig auch mit Gold nicht aufzuwiegen. Ein Abschluss nach dem anderen. Dieses Mal hatte sie aber keinen festen Besuchstermin mit ihm vereinbaren können. Allerdings lag es daran, dass erst der Kunde und dann sie im Urlaub waren. In vier Wochen würden sie einen zeitnahen Termin vereinbaren. Ihr neuer Vorgesetzter kommt in ihr Büro und lacht. Er kennt den Kunden von früher. Er selbst hatte sich mehrfach die Zähne bei ihm ausgebissen. „Na, hat es mit dem Kunden wieder nicht geklappt?" Er kommt zu ihr an den Schreibtisch und sagt gönnerhaft: „Komm, ich erkläre Ihnen mal, wie das geht." Karin versucht vergeblich, ihm zu erklären, dass der beidseitige Urlaub der Grund war, während er schon in einer langatmigen Erklärung von Vertriebsoffensive steckt. Offenbar wusste ihr Chef noch nicht, dass dieser Kunde in der Vergangenheit schon mehrfach große Verkaufsabschlüsse bei ihr getätigt hatte. Ihr Chef jedoch hört nicht auf, auf sie einzureden. Mehrere Einwände von Karin ignoriert er, bis diese schließlich einfach aufsteht und sich auf die Toilette entschuldigt. Als sie wiederkommt telefoniert ihr Chef im Büro so laut, dass es alle mitanhören müssen. „Ja, ich habe meiner Mitarbeiterin erst mal die Spielregeln hier erklären müssen", lacht er laut ins Telefon. Karin ist ebenso enttäuscht wie demotiviert.

Mit den Menschen reden und ihnen zuhören – in vielen Managementbüchern und Vorträgen wohl schon tausendfach beschrieben, aber in der Praxis selten praktiziert. Denn schon das Reden ist schwierig, aber Zuhören ist noch viel schwieriger. Denn Zuhören bedeutet, dass man sich zurücknehmen muss. Das bedeutet auch, dass man seine eigenen Ideen und innovativen Ansätze in dem Moment für sich behält.

Es ist eine wesentliche Führungsaufgabe, mit Mitarbeitern nicht nur zu reden, sondern ihnen auch zuzuhören. Weiblichen Führungskräften scheint dies intuitiv leichter zu fallen. Männlichen Führungskräften dagegen fällt es oft sehr schwer, denn Zuhören bedeutet, dass man den anderen ausreden lässt und nicht sofort mit Ratschlägen überhäuft. Eine typisch männliche Eigenschaft ist es aber, unaufgefordert Ratschläge zu erteilen. Kaum hat man auch nur die Hälfte des Problems geschildert, prasseln schon Lösungsmodelle auf einen nieder. Doch Ratschläge sind auch Schläge. Oftmals wollen Menschen sich nur etwas von der Seele reden und sich damit entlasten. Schon das reine Erzählen des Problems hat einen enorm reinigenden Charakter. Zudem ist es oft auch so, dass einem bei dem Aussprechen des Gedankens selbst die Lösung einfällt. Das funktioniert aber nur, wenn der andere zuhört und nicht sofort mit seinen eigenen Lösungsmodellen überschüttet.

Reden hilft!

Kommunikation ist eine klare Stärke von Frauen. Frauen sprechen im Durchschnitt 20.000 Wörter pro Tag, während es bei Männern nur 7000 Wörter sind (Brizendine 2008). Es ist jedoch erwiesen, dass mehr und bessere Kommunikation zu einem deutlich besseren Betriebsklima führt. Eine gute Kommunikationskultur hat somit einen direkten Einfluss auf die Atmosphäre am Arbeitsplatz. Mangelnde Kommunikation kann zu unnötigen Missverständnissen führen und Reibung und Konflikte zwischen Kollegen verursachen. Gleichzeitig macht es zusätzliche Nachfragen notwendig und verlangsamt und erschwert Abstimmungsprozesse unnötig.

> **Erfolgreiche Männer sind daher kommunikativ und**
>
> - sind aufmerksame Zuhörer,
> - zeigen ihre Bereitschaft zu reden und schaffen entsprechende Gelegenheiten,
> - wissen, dass es oft nicht um die Sache, sondern um den Menschen geht.

10.6.2 Erfolgsschlüssel Nr. 2: Empathie

Praxisbeispiel

Für Karin Gulden ist es der Gang nach Canossa. Seit zwei Tagen bereitete sie sich auf das Gespräch mit ihrem Chef vor. Am Wochenende hatte ihr Ex-Mann und Vater des gemeinsamen vierjährigen Sohnes Max ihr mitgeteilt, dass er kurzfristig ein Jobangebot aus dem Ausland annehmen würde. Das hieß für sie, dass sie ab jetzt alleinverantwortlich für die Organisation der Kinderbetreuung zuständig sein würde. Da Max auch schon in einer Woche weg sein würde, musste sie jetzt sofort handeln. Doch die Kita konnte ihr erst zum nächsten Jahr einen längeren Platz zusichern. Bis dahin waren es aber noch zwei Monate. Alle anderen Anläufe bei Tagesmüttern und anderen Betreuungseinrichtungen hatten nichts gebracht. Sie musste wohl oder übel ihren Chef jetzt bitten, ob sie für zwei Monate in Teilzeit arbeiten könne. Ausgerechnet jetzt, wo ihre Abteilung das große Projekt übernommen hatte. Dabei hatte ihr Chef schon da solche Andeutungen gemacht, dass es das erste Mal sei, dass er einer Mutter ein großes Projekt übertrage. Als dann ihre beste Mitarbeiterin schwanger wurde und wegen eines sofortigen Beschäftigungsverbotes ausfiel, hatte er schon um Fassung ringen müssen. Und jetzt das. Ihr Herz schlägt ihr bis zum Hals, als sie sein Büro betritt und ihr Anliegen vorbringt. „Was für eine blödsinnige Idee!" schlägt es ihr entgegen. Fast kann sie die Worte ihres Chefs nicht verstehen, so überschlägt sich seine Stimme. „Ich habe mich so für sie eingesetzt. Und das ist jetzt der Dank? Ich habe es ja kommen sehen ..." schreit er und ehe sie sich versieht, steht sie ergebnislos schon wieder draußen vor der Büro. Sie kam gar nicht mehr dazu, ihm zu sagen, dass es sich nur um eine vorübergehende Situation handeln würde.

Einer der wesentlichsten Erfolgsfaktoren von Führung ist es, den Mitarbeiter auch als Menschen mit seinen eigenen Bedürfnissen wahrzunehmen. Ein in Umfragen immer wieder maßgebliches Kriterium ist: Interessiert sich mein Chef für mich und für meine Anliegen? Wichtige Überlegung für Führungskräfte ist daher: Was wissen Sie über ihre einzelnen Mitarbeiter? Wie ist deren Lebenssituation? Was sind ihre Hobbys? Was sind ihre Vorlieben und was sind ihre Abneigungen? Die wahre Frage, die dahinter steht ist nämlich: Wie wichtig sind Ihnen Ihre Mitarbeiter wirklich? In der Unternehmensrealität kommt Empathie offensichtlich zu kurz, denn zwei von drei Mitarbeitern berichteten von Situationen, in denen Vorgesetze ihr Selbstwertgefühl angegriffen hätten.

Empathie bedeutet übrigens nicht, dass Ihnen Ihre auch Mitarbeiter zwingend sympathisch sein müssen. Sympathie ist eine positiv wertende Zustimmung zu den Gefühlen, Ideen und Haltungen des anderen. Wenn Ihnen Ihre Mitarbeiter wirklich wichtig sind, dann bauen Sie zu ihnen eine Beziehung auf. Eine echte Beziehung, die auf Vertrauen beruht. Nähren Sie dieses Vertrauen durch Höflichkeit, Verbindlichkeit, Ehrlichkeit und Zuverlässigkeit und Sie werden feststellen, dass ihre Mitarbeiter für Sie durchs Feuer gehen werden. Mein Blick fällt an dieser Stelle nach Japan – wobei ich die Arbeitsbedingungen damit nicht gutheißen will. In Japan ist es aber üblich, nach der Arbeit zusammen noch etwas trinken oder essen zu gehen. Die Bindung zur Firma ist extrem: 15-Stunden-Tage sind keine Seltenheit. Und beklagen sich die Mitarbeiter? Nein, denn die Frage ist hier nicht: Sind sie bereit Überstunden zu machen? Sondern: *Lieben dich deine Mitarbeiter?*

Was wir davon lernen können? Auf jeden Fall, dass wir Mitarbeiter als Menschen und deren Lebenssituationen stärker im Blick haben müssen. Sicher wäre in dem Fall von Karin Gulden zu organisieren gewesen, dass sie für zwei Monate früher gehen kann und einen Teil der Arbeit von zu Hause erledigen kann. In den meisten Fällen lassen sich gute Regelungen für beide Seiten finden. Das setzt jedoch voraus, dass man Empathie besitzt und damit die Fähigkeit, sich in die Lage des anderen hineinzuversetzen.

Erfolgreiche Männer sind daher empathisch und

- fragen sich immer, wie es dem Mitarbeiter wohl geht, indem sie sich innerlich in die Situation des anderen hineinversetzen,
- hören zuerst aufmerksam zu, was ihre Mitarbeiter zu sagen haben und unterbrechen nicht,
- schaffen eine hohe Vertrauenskultur durch ständiges, ehrliches Feedback.

10.6.3 Erfolgsschlüssel Nr. 3: Intuition

> **Praxisbeispiel**
>
> Es war bereits das fünfte Bewerbungsgespräch an diesem Tag. Personalleiter Peter Barth atmet tief durch, als der Kandidat die Tür beim Rausgehen hinter sich schließt. Erstklassige Abschlüsse und ebensolche Zeugnisse hatte der Kandidat. Alles perfekt. Fast ein bisschen zu perfekt. Geradezu langweilig glatt waren die Antworten des Kandidaten gewesen. Genauso glatt wie der perfekt sitzende Anzug und die auf Hochglanz geputzten teuren Lederschuhe.
>
> „Und?" Er richtet sich an Karin Gulden, die als Abteilungsleiterin an den Einstellungsgesprächen teilnimmt. „Was meinen Sie? Das war es dann doch wohl, oder? Das ist unser Neuzugang, oder? Geradezu perfekt geeignet."
>
> Karin Gulden fühlt sich unwohl bei dem Gedanken. „Warten wir die nächste Bewerberin erst einmal ab", antwortet sie und hofft, dass sie noch überrascht wird. Für Peter Barth dagegen ist das nächste Vorstellungsgespräch nur noch reine Formsache. Ohnehin konnte er sich in diesem Moment nicht mehr daran erinnern, warum er die nächste Kandidatin überhaupt zu einem Gespräch eingeladen hatte, obwohl weder die Zeugnisse noch die Abschlüsse herausragend waren.
>
> Die Tür öffnet sich und eine dynamische, strahlende Frau betritt den Raum und erfüllt ihn sofort mit Leben. Selbst Peter Barth bleibt nicht verborgen, welche Ausstrahlung diese Frau hat. Dabei ist sie nicht einmal besonders hübsch. Aber ihre Augen strahlen, als sie von ihrer Leidenschaft für Autos erzählt. Schon als Kind hatte sie sich im Gegensatz zu ihren Freunden für Technik und Autos interessiert. Ihre Freundinnen spielten mit Puppen, sie lag mit ihrem Vater unter der Hebebühne. Hier zu arbeiten wäre ein Traum für sie – wie ein Sechser im Lotto. Als sie den Raum wieder verlässt, treffen sich die Blicke von Peter Barth und Karin Gulden. Obschon sie nichts sagt, rechtfertigt er sich sofort: „Das müssen Sie doch einsehen. Bei den Noten stelle ich die doch nicht ein."

Männliche Entscheider richten sich oft nach dem ZDF-Prinzip: Zahlen, Daten und Fakten. Doch warum liegt der Fokus immer auf Abschlüssen, Noten und Zertifikaten? Abschlüsse sind wichtig – keine Frage. Natürlich sind auch Pflichtbewusstsein, Verantwortung und Zuverlässigkeit wichtige Pfeiler des Erfolges. Und dennoch: Wenn man nur mit dem Verstand an solche Entscheidungen herangeht, wird man scheitern. Denn ohne Leidenschaft und Begeisterung geht gar nichts. All das, was Menschen zu begeisterten und engagierten Mitarbeitern macht, ist nicht in Noten messbar. Man kann und darf doch nicht übersehen, dass im Einstellungsprozess und beim Bilden von Teams auch eine große Menge Intuition erforderlich ist. Intuition ist gefühltes Wissen, das man nicht rational begründen kann. Es gibt einen alten Personaler-Spruch, der sich in meinem Berufsalltag immer wieder bestätigt:

▶ Man stellt ein wegen Fachkenntnissen und entlässt wegen des Charakters.

Ich habe in meiner langjährigen Laufbahn keinen einzigen Fall erlebt, in dem wegen mangelnder Fachkenntnisse entlassen wurde. Vielmehr mangelte es dann immer an den sogenannten Soft Skills: Pünktlichkeit, Ehrlichkeit, Fleiß und Aufrichtigkeit. Wenn man das aber weiß, warum nutzt man diese Erkenntnis nicht auch für den Einstellungsprozess? Die einzig wahre, entscheidende Frage muss doch lauten: Will derjenige diesen Job unbedingt? Leuchten seine Augen? Ist dieser Job genau das, was er nicht nur gut kann, sondern auch aufrichtig von seinem Herzen her wirklich machen will? Ohne diesen Herzschlag geht nichts. In den meisten Fällen erkennt man das in Lichtgeschwindigkeit – wenn man darauf achtet und den Mut hat, auf seine Intuition zu hören. Schließlich gehören Gefühle zur Intuition und im Geschäftsleben haben Gefühle in unserer Gesellschaft nichts zu suchen. Deshalb lassen sich die meisten Entscheider von Zahlen, Daten, Fakten lenken und geben beispielsweise im Auswahlprozess von Personalentscheidungen langwierigen Abläufen und Regularien den Vorzug. Selbstverständlich behaupten nur böse Zungen, dass sämtliche Assessment Center nur nachträgliche Begründungen von bereits vorher getroffenen Bauchentscheidungen sind ...

Erfolgreiche Männer sind daher intuitiv und

- hören auf ihr Bauchgefühl,
- verlassen sich nicht nur auf Zahlen, Daten und Fakten,
- haben den Mut, mit ihrer Intuition auch mal gegen den Strom zu schwimmen.

10.6.4 Erfolgsschlüssel Nr. 4: Wertschätzung

Praxisbeispiel

Karin Gulden ist fest entschlossen, als sie das Büro ihres Chefs betritt. Dieses Mal würde sie sich nicht einfach so abwimmeln lassen. Dieses Mal würde sie mit ihrem Chef darüber sprechen, dass ihr Kollege ihr neuerdings regelmäßig ihre besten Kunden abjagt. Deshalb hatte sie sich einen festen Gesprächstermin bei ihrem Chef geben lassen. Sie betritt sein Büro und erkennt sofort, dass sie trotz Termins ungelegen kommt. „Ach ja, Frau Gulden. Ist es denn schon 15.00 Uhr? Was wollten Sie denn eigentlich? Ich habe gerade noch einen wichtigen Kundentermin reinbekommen." Karin Gulden fasst allen Mut zusammen: „Herr Beck, ich muss unbedingt mit Ihnen reden. Ich habe ein Problem mit dem Kollegen Meier. Es ist jetzt schon zum dritten Mal in dieser Woche vorgekommen, dass er mir einen Stammkunden weggeschnappt hat. Diesen Kunden hatte ich ein paar Tage vorher schon stundenlang beraten. Wenn ich die Beratung mache, dann will ich auch den Abschluss. Meine Kunden – meine Provision." Doch zum Entsetzen von Frau Gulden steht ihr Chef bei diesen Worten bereits auf, richtet sich die Krawatte und schaut auf seine Uhr: „Liebe Frau Gulden, was ist eigentlich Ihr Problem? Wenn Ihr Kunde kommt, seien Sie demnächst doch einfach pünktlich vor Ort." „Ich war pünktlich, Herr Beck. Der Kollege hat den Kunden einfach an seinem Auto draußen abgefangen." „Na, das ist doch eine gute Idee von Meier. Clever, das Bürschchen. Frau Gulden, dann machen Sie das doch zukünftig auch einfach so. Klären Sie Ihre Befindlichkeiten doch am besten selbst mit dem Kollegen. Ich muss jetzt wirklich los. Es geht hier schließlich um Umsatz, das ist hier kein Wunschkonzert." Mit diesen Worten rauschte er an Frau Gulden vorbei.

Eine der häufigsten Sätze, die ich von meinen Mandanten höre, ist: „Mein Chef schätzt meine Arbeit nicht." Gemeint ist damit wohl auch: „Mein Chef schätzt *mich* nicht."

Doch was gehört dazu, einen Mitarbeiter zu wertschätzen? Zuallererst gehört dazu, dass man die Namen seiner Mitarbeiter kennt und sie grüßt. Sie schmunzeln jetzt? Sie glauben gar nicht, wie häufig meine Mandanten berichten, dass es schon daran mangelt. Kaum vorstellbar, aber immer wieder unterschätzt: ein freundlicher, aber verlässlicher Gruß mit Namen.

Ferner ist die Fähigkeit, einem Menschen die volle, d. h. ungeteilte Aufmerksamkeit zu schenken, eine äußerst seltene Fähigkeit. Dabei ist sie ebenso simpel wie hoch effektiv. Nicht selten reichen kleine Unaufmerksamkeiten, um eine Vertrauensbasis in Lichtgeschwindigkeit zu zerstören: Wie häufig kommt während eines Gespräches ein Signal vom Handy, dass eine SMS oder eine Mail eingegangen ist. Und man guckt dann eben doch nach, was es ist. Es könnte ja etwas wichtiges sein. Was bitte ist wichtiger, als der Mensch, der soeben vor Ihnen steht? Was bitte kann nicht die zehn Minuten bis zum Ende des Gespräches warten? Genauso verbreitet ist die Unsitte während eines Gespräches die Augen abschweifen und im Raum umherzuwandern zu lassen. Der andere merkt doch sofort, dass die Aufmerksamkeit woanders ist und wertet das genau richtig: als fehlenden Respekt.

▶ Menschen vergessen Zahlen und Fakten, aber nie, wie sie sich gefühlt haben.

Wie wird sich Karin Gulden fühlen, wenn sie wieder in ihr Büro zurückkehrt? Ihr Vorgesetzter hat mit zahlreichen Gesten gegen das Gebot der Wertschätzung verstoßen: Zunächst hat er die für sie reservierte Zeit nicht für sie freigehalten. Dann hört er ihr nicht richtig zu, sondern beendet das Gespräch, bevor es richtig begonnen hat. Ferner nimmt er ihr Anliegen nicht ernst und unterstützt das intrigante Vorgehen des Kollegen. Dabei ist in unserem menschlichen Betriebssystem ein großes Bedürfnis danach tief und fest installiert, als Individuum wahrgenommen zu werden und Anerkennung zu erhalten. Menschen wollen die volle, ungeteilte Aufmerksamkeit. Schon Kinder merken es, wenn Mama oder Papa nur mit halbem Ohr zuhören und quengeln solange, bis sie die volle Aufmerksamkeit haben. Zur Not erzeugen sie auf eine Art Aufmerksamkeit, die den Eltern so weh tut, dass sie sich der vollen Aufmerksamkeit sicher sein können. Viele Eltern können ein Lied davon singen, wenn der Nachwuchs ausgerechnet während eines schönen Gespräches im Restaurant oder wichtigen Telefonates Bauch- oder Kopfschmerzen bekommen.

Eine typisch weibliche Fähigkeit ist es, häufiger als Männer Signale der Wertschätzung an Mitarbeiter auszusenden. Dies müssen nicht große Gesten sein. Vielmehr reicht es meist schon aus, dass man sich als Vorgesetzter für die tägliche Arbeit seiner Mitarbeiter interessiert. Wie aber ist es in der Realität: Keiner meldet sich und meckert – also läuft es ja. Wirklich? Kleine Gesten – wie ein Blick in das Büro und ein kurzes „Alles ok?", das signalisiert, dass die Tür immer offen steht und die Führungskraft bei Problemen ansprechbar ist – machen hier den entscheidenden Unterschied.

Wertschätzung erkennt man übrigens auch daran, dass ein Vorgesetzter keine abfälligen Bemerkungen macht, wenn sich jemand krank meldet. Er spricht nicht schlecht über abwesende Mitarbeiter. Gute männliche Führungskräfte gönnen ihren Mitarbeitern auch in stressigen Zeiten ihre Pausen oder sorgen sogar dafür, dass diese auch eingehalten werden, weil sie einfach wissen, dass eine kurze Zeit der Regeneration eine signifikante Leistungssteigerung beweisen kann. Eine der wichtigsten Empfehlungen: Bitte üben Sie keine Kritik an einem Mitarbeiter, wenn andere Kollegen dabei sind und erst recht nicht, wenn ein Kunde dabei ist.

Erfolgreiche Männer sind daher wertschätzend und

- nehmen sich Zeit für ihre Mitarbeiter,
- senden Gesten der Wertschätzung aus, indem sie grüßen und die Namen ihrer Mitarbeiter kennen,
- gönnen ihren Mitarbeitern Zeiten der Erholung und Genesung.

10.6.5 Erfolgsschlüssel Nr. 5: Fairness

Praxisbeispiel

Karin Gulden ist müde, als sie frühmorgens um sieben Uhr mit dem Fahrstuhl in die zehnte Etage fährt. Die zehnte Etage ist die Chefetage. Heute ist Meeting aller Abteilungsleiter. Das alles entscheidende. Heute soll die Entscheidung gefällt werden, welche Marketingkampagne im nächsten Jahr umgesetzt werden soll. Bis nachts um drei Uhr hatte sie an ihrer Präsentation gearbeitet. Ihre Idee war brillant. Jetzt galt es, die Idee und sich auch gut zu verkaufen. Sie war davon überzeugt, dass sie in diesem Jahr das Rennen machen würde. Schließlich hatte sie über das ganze Jahr härter als alle anderen gearbeitet und auf ihr Privatleben nahezu ganz verzichtet. Und richtig: Ihre Idee würde auch das Rennen machen – nur wie es dazu kommt, davon machte sie sich in diesem Moment noch kein Bild.

Als sie den Raum betritt, bittet ihr Chef sie darum, noch eine bestimmt Unterlage zu besorgen. Kaum öffnet sie bei ihrer Rückkehr die Tür zum Meeting, hört sie schon den Kollegen Müller sprechen. Das Meeting hatte also schon angefangen. Ohne sie.

Obwohl es nicht einmal ihre Unterlagen waren, die sie holen sollte. Doch was sie hört, verschlägt ihr noch viel mehr die Sprache. Müller präsentiert soeben ihre Idee als seine eigene. Genau darüber hatten sie gestern Abend in der Teeküche gesprochen, als sie sich dort noch kurz trafen. Sie war froh gewesen, sich mit jemandem darüber austauschen zu können und hatte sich über sein Interesse gefreut. Müller war dann nach Hause gefahren, sie selbst hatte noch bis spät in die Nacht weiter gearbeitet. Als sich die Blicke von ihr und Müller kreuzen, lächelt dieser sein eigenes Unbehagen kurz weg. Karin überlegt, was sie jetzt tun kann. Am liebsten würde sie jetzt aufstehen und laut Stopp rufen und: „Das ist meine Idee. Müller klaut mir gerade meine Idee!" Eigentlich müsste ihr Chef das auch wissen, weil sie ihm immer kurze Zwischenberichte von ihren Ideen gegeben hatte. Aber der ist völlig begeistert von Müllers Ideen. Sie bleibt sitzen und klatscht höflichen Applaus, als der Chef Müller mit überschwänglichen Worten zu der Idee des kommenden Jahres und der damit verbundenen Beförderung beglückwünscht. Sie verlässt das Meeting mit einer leise gemurmelten Entschuldigung, dass ihr nicht gut sei.

▶ Fairness ist für manche nicht nur ein Fremdwort, sondern eine Zumutung.

„Das Leben ist nicht fair" singt Herbert Grönemeyer in seinem Lied „Der Weg". Tatsächlich ist Fairness in Unternehmen meist ein knappes Gut. Über mehrere Jahre hat man auf seine Beförderung hingearbeitet, Überstunden gemacht und dafür Ärger mit der Familie bekommen, dem Chef immer alle Sonderwünsche erfüllt – und dann wird der Kollege befördert, der erst seit einem Jahr in der Firma ist, morgens als letzter kommt und abends aber als erster geht. All das sind bittere Erfahrungen, auf die so mancher Arbeitnehmer mit Wechselgedanken reagiert. Deshalb tut ein Arbeitgeber gut daran, diese Aspekte im Blick zu haben, wenn Personalentscheidungen anstehen. Unternehmen, die Werte wie Fairness aktiv leben wollen, sollten Transparenz großschreiben und genau erklären, nach welchen Kriterien Positionen besetzt werden. Sabotage wie hier in dem Fall von Karin Gulden wäre nicht möglich gewesen, wenn ihr Vorgesetzter den Wert „Fairness" im Fokus hätte. Dann hätte die Sitzung nicht ohne sie angefangen und es wäre ihm aufgefallen, dass die von Müller präsentierte Idee zu große Ähnlichkeit mit den Zwischenberichten von Karin Gulden gehabt hat. Vor der Entscheidung hätte Karin Gulden auch noch die Möglichkeit der Präsentation bzw. des Feedbacks bekommen müssen.

Erfolgreiche Männer sind daher fair und

- legen objektive Kriterien für Entscheidungen fest,
- geben allen Mitarbeitern Chancen,
- akzeptiert auch andere Meinungen.

10.6.6 Erfolgsschlüssel Nr. 6: Integrität

> **Praxisbeispiel**
>
> Montagnachmittag. Abteilungsleitertreffen. Seit zwei Wochen herrscht Stress pur im Unternehmen. Ein Großauftrag, der zum Ende des Jahres noch unerwartet reingekommen ist, muss noch schnell abgearbeitet werden. Seit Tagen gehen alle frühestens nach 10-Stunden-Tagen nach Hause. In dem Stress ist eine Bestellung falsch rausgegangen. Statt zehn neuer Kopierer wurden versehentlich 100 neue Kopierer bestellt. Erst als die Kopierer im Haus standen, fiel der Fehler auf. Der Hersteller verweigert die Rücknahme und besteht auf Erfüllung des Vertrages. Dass Peter Fischer dafür verantwortlich ist, wissen alle. „Wie konnte das passieren?" fragt der Chef in Richtung Peter Fischer. „Meine Sekretärin" antwortet Peter Fischer. Alle schweigen. Denn alle wissen, dass Peter Fischer das Bestellformular selbst ausgefüllt hat. Das hatte er noch lachend in die Runde verkündet, als er davon ausging, dass die Rücknahme der überflüssigen 90 Kopierer keine Probleme machen würde. Es wird so leise, dass man eine Stecknadel fallen hören würde. Alle wissen, dass es jetzt der Sekretärin an den Kragen geht. Für einen Fehler, den Peter Fischer gemacht hatte.

Integrität sucht man hier vergebens. Dabei ist in den letzten Jahren ein emotionaler Wertewandel in Deutschland erfolgt. Die Menschen wünschen sich wieder in stärkerem Ausmaß integre Vorbilder. Es ging ein emotionales Raunen durch Deutschland, als in einer vorher nie da gewesenen Aneinanderreihung hohe, angesehene Persönlichkeiten durch ihr eigenes Verhalten tief und tiefer fielen. Allen voran unser Bundespräsident Christian Wulff, der sich durch sein eigenes Verhalten auf eine sonst vermutlich als Lappalie angesehene Verstrickung um sein Amt brachte. Wie sehr hätte es geholfen, wenn er sofort einen Fehler zugegeben und sich entschuldigt hätte. Er wäre vermutlich noch im Amt. Die Karriere von Karl-Theodor zu Guttenberg, einst Hoffnungsträger der deutschen Politik, ein Mann mit großen politischen Ambitionen und Charisma – auch er ein Opfer seines eigenen Verhaltens: Nachdem die Universität Bayreuth Guttenberg im Zuge der Plagiatsaffäre um seine Dissertation den Doktorgrad im Februar 2011 aberkannt hatte, legte er Anfang März 2011 sämtliche politischen Ämter nieder. Noch tragischere Auswirkungen hatte das Verhalten des Kapitäns des Kreuzfahrtschiffes Costa Concordia. Francesco Schettino gab vor der Haftrichterin an, dass er den Passagieren eigentlich bei der Evakuierung helfen wollte, dann aber „zufällig" von Bord gefallen sei – in ein Rettungsboot. Uli Hoeneß: Am 12.01.2013 erstattet er Selbstanzeige dafür, drei Millionen Steuern hinterzogen zu haben. Nach vielen langwierigen Zugeständnissen stellt das Landgericht München am 31.03.2014 eine Steuerhinterziehung von mehr als 42 Millionen Euro fest. Ende 2014 gibt er seinen Bayrischen Verdienstorden zurück, weil er sich von der Politik „ungerecht behandelt" fühlt. Ohne Worte.

▶ Einen Fehler zu machen, ist eine Sache, ihn aber nicht zuzugeben und für ihn geradezustehen eine andere.

Menschen verzeihen im Allgemeinen relativ leicht einen Sachfehler, nicht aber einen Fehler im Charakter. Dies zeigt sich auch daran, wie die Öffentlichkeit mit dem Fehlverhalten der früheren Bischöfin der Landeskirche Hannovers, Margot Käßmann, umgegangen ist. Diese war trotz vielen Zuspruchs am Folgetag vom Bischofsamt zurückgetreten mit der Begründung, dass ihr Fehler ihre Führungsämter beschädigt habe und sie diese daher zukünftig nicht mehr mit der notwendigen Autorität ausüben könne. Durch dieses Verhalten wurde aus der Ächtung des Fehltritts die Achtung für den Rücktritt, so dass sie sogar als „Rücktrittsikone" stilisiert wurde. Sicher ist, dass ihr durch dieses Verhalten eine Welle der Sympathie entgegen kam und sie bereits nach verhältnismäßig kurzer Zeit wieder absolut gesellschaftsfähig war.

Was können wir für das Berufsleben daraus lernen? Menschen orientieren sich an Vorbildern. Es ist erwiesen, dass insbesondere in Unternehmen die Menschen, die in der Hierarchie ganz oben stehen, besonders beobachtet werden. Die Mitarbeiter schauen sehr genau darauf, wie die Führungsebene sich bewegt und sprechen miteinander darüber. Wenn also auf dieser Ebene keine Werte vorgelebt werden, wird sich in dem Unternehmen trotz aller modernen Führungsinstrumente keine positive Unternehmenskultur etablieren. Umgekehrt: Integre Führungskräfte und Chefs werden sehr schnell die Früchte ihres eigenen Verhaltens ernten. Peter Fischer jedenfalls ist durch sein Verhalten als Führungskraft in dem Unternehmen gescheitert. Ein Jahr nach dem Vorfall hat er selbst gekündigt, weil er sich „im Unternehmen nicht mehr geschätzt gefühlt hat", wie er sagte.

Erfolgreiche Männer sind daher integer und

- stehen für eigene Fehler gerade,
- gehen mit Mitarbeiterfehlern souverän um,
- sind gute Vorbilder.

10.6.7 Erfolgsschlüssel Nr. 7: Mut

Praxisbeispiel

Schon seit Monaten beschäftigt Beck eine wesentliche Frage. Für die Abteilung Marketing braucht er eine neue Abteilungsleitung. Dafür kommen zwei interne Bewerber in Betracht: Frank Schröder oder Ulrich Nientker. Er ist sich nicht so sicher, wer davon am besten für den Posten geeignet ist. Einerseits arbeitet Frank Schröder schon seit fünf Jahren auf diesen Posten hin. Ulrich Nientker ist erst seit neun Monaten im Unternehmen, macht aber in der kurzen Zeit schon große Erfolgsschritte. Oder sollte er die Stelle lieber extern ausschreiben? Ach, was soll ich lange grübeln, denkt Beck: Jetzt gehe ich erstmal zu Nientker und frage, ob er die Stelle überhaupt haben will. Als er mit Nientker im Büro sitzt, kommt Frank Schröder an dem Büro vorbei. Er sieht beide zusammen sitzen und denkt: Jetzt sitzt der Beck schon wieder mit dem Nientker zusammen. Was reden die da schon wieder miteinander? Vermutlich reden die über seine Beförderung. Seit fünf Jahren arbeite ich hier jedes Wochenende und jetzt kann und will sich Beck nicht entscheiden. Bald habe ich wirklich keine Lust mehr hier zu arbeiten.

Damit Ihre Mitarbeiter Sie und damit auch Ihre Entscheidungen respektieren, müssen Sie Entscheidungen fällen. Und vor allen Dingen müssen Sie zeitnahe Entscheidungen fällen. Zeiträume mit ungeklärten Hierarchien sind Gift für die Motivation der Mitarbeiter. Schlimmer noch: Mit Fragen wie „Soll ich das so oder so machen?" setzen Sie ein Kennzeichen dafür, dass Sie selbst unsicher sind. Schließlich ist es Ihr Job, diese Entscheidung zu fällen und auch für die Konsequenzen einzustehen.

Glück ist eine Überwindungsprämie
Das heißt, dass es auch mal schmerzen kann, wichtige Entscheidungen zu treffen und diese dann umzusetzen. Das ändert aber nichts daran, dass es diese Entscheidungen zu treffen gilt. Jeder von uns sieht sich tagtäglich vielen Entscheidungen ausgesetzt, angefangen von „was ziehe ich heute an" zu „Pasta oder Pizza" bis hin zu langfristigen Entscheidungen im Beruf. Einer der größten Fehler ist es, einfach keine Entscheidungen zu treffen. Doch was macht es so schwer, sich zu entscheiden?

Dies liegt zum einen vermutlich daran, dass es von allen Dingen ein „Zuviel" gibt. Welche paradoxen Auswirkungen ein „Zuviel" haben kann, zeigt uns ein ebenso einfaches wie aufschlussreiches Experiment der Psychologie. In einem Versuch in einem Lebensmittelgeschäft in New York (Iyengar 2012) stellte man einen Probetisch hin, wo die vorbeikommenden Kunden verschiedene Marmeladen kosten konnten. In einer Variante des Versuchs standen sechs Marmeladensorten zur Auswahl, in einer anderen 24. Wie sich herausstellte, lockte das üppige Marmeladensortiment zwar viele Kunden an den Probiertisch. Diese aber schienen eher verunsichert zu sein. Sie hielten inne, zögerten, diskutierten das Für und Wider der diversen Sorten, nur um anschließend meist ratlos weiterzuziehen. Nur drei Prozent kauften eine Marmelade. Ganz anders die Kunden der kleinen Auswahl: Von ihnen entschieden sich ganze 30 % zum Kauf einer Konfitüre. Hier ist das „Zuviel" des Angebotes ein Problem.

Zum anderen beinhalten Entscheidungen das Risiko, sich falsch zu entscheiden. Daher mögen viele Menschen sich nicht festlegen. Entscheidungen erfordern Mut. Gute Chefs entscheiden dennoch und zwar schnell und klar. Sie wissen um das Risiko der möglichen Fehlentscheidungen, aber entscheiden trotzdem. Denn gute Chefs haben nicht das Ziel gemocht zu werden. Sie streben nicht nach Harmonie und suchen nicht um jeden Preis den Konsens. Vielmehr fordern und fördern sie ihre Mitarbeiter – und übrigens auch sich selbst – mit einem gradlinigen und teilweise unbequemen Führungsstil zu Höchstleistungen.

Deshalb: Seien Sie eine mutige und – wenn nötig – auch unbequeme Führungskraft. Treffen Sie Entscheidungen. Die Entscheidung kann richtig oder falsch sein. Aber sie ist zumindest getroffen worden.

> **Erfolgreiche Männer sind daher mutig und**
>
> - haben eine klare Position und setzen sich durch,
> - treffen zügige Entscheidungen,
> - geben glasklares Feedback.

10.7 Fazit

Ein Sprichwort besagt: hinter jedem erfolgreichen Mann steht eine erfolgreiche Frau. Doch auch bei Sprichwörtern ändern sich die Zeiten! Für mich steht fest: Der erfolgreiche Mann der Zukunft bewahrt sich seine Männlichkeit und nutzt weibliche Schlüsselkompetenzen. Denn ein erfolgreicher Mann mit weiblichen Kompetenzen ist nicht schwach, sondern sexy.

Nachtrag: Zwei Wochen nach der Kündigung der Sekretärin bei dem eingangs beschriebenen Unternehmen, kam ein Kollege der Sekretärin zu mir. Ob ich ihm helfen könne – er habe vermutlich seine Kündigung erhalten. Genau wisse er das aber nicht. Jedenfalls sei er aber per Rundmail, die an alle Mitarbeiter ging, über seine sofortige Freistellung informiert worden.

10.8 Über die Autorin

Christina Linke Die einzigartige Rechtsanwältin nutzt ihre Expertise aus über 20 Jahren Berufs- und Lebenserfahrung und hält ein flammendes Plädoyer für mehr MUT. In ihrem Beruf hat sie viele Jahre lang die Frustration der Menschen an ihren Arbeitsplätzen erlebt. Die Entscheidungen, wie und wo wir arbeiten und wie wir leben werden meist unbewusst getroffen – dabei sind es doch die wichtigsten Entscheidungen in unserem Leben. Menschen trennen ihr Glück von ihrer Arbeit ab und lieben nicht, was sie täglich tun. Auch sie selbst hatte sich damit arrangiert. Als dann der Vater ihrer Kinder von einer Sekunde zur anderen im Alter von 50 Jahren stirbt, ändert sie ihr Leben. Sie beschließt, ihre Ängste abzulegen und ihre Träume aktiv zu verwirklichen. Daraus ergeben sich großartige Veränderungen.

Mit einer Mischung aus Tiefgang und Humor setzt sie jetzt den ersten Anstoß bei anderen Menschen, begeistert sie und setzt maximale Energie für Veränderungen frei. Sie inspiriert zu mehr mutiger Klarheit, echter Authentizität und damit zu Top-Erfolgen.

Literatur

Brizendine, L. (2008). *Das weibliche Gehirn*. München: Goldmann.

Iyengar, S. (2012). Columbia University, New York

Statistisches Bundesamt (2013). *Fachserie 10*. Reihe 2.8. Wiesbaden: Rechtspflege.

Männer mit Charisma – erfolgreich anders

Silke Linsenmaier

Inhaltsverzeichnis

11.1 Strategie der Veränderung 204
11.2 Die Erfolgstreiber eines neuen Arbeitsmodells 210
11.3 Gemeinsamer Erfolg macht sexy 215
11.4 Über die Autorin 216
Literatur 217

Was macht Männer im Business erfolgreich und sexy? Diese Frage habe ich mir bisher noch nie gestellt. Ein Chef ist ein Chef und hat als mein Vorgesetzter nicht sexy zu sein. Oder? Vielleicht hilft mir ein Perspektivenwechsel, um eine neue Sicht auf die männliche Erfolgsseite zu bekommen. Die Aufforderung, ein Kapitel für dieses Buch zu schreiben hat mir die Augen geöffnet:

▶ Gute Vorgesetzte sind sexy. Gute Vorgesetzte haben Charisma.

Manche Menschen haben es einfach: das gewisse Etwas. Sie betreten einen Raum und ziehen alle Blicke auf sich. Charismatische Menschen beherrschen die Kunst, uns zu verzaubern, zu begeistern und mitzureißen. Sie sind voller Energie und verkörpern Souveränität, Attraktivität und Know-how. Diese Gabe macht einen Mann im Beruf erfolgreich und sexy.

Charisma ist allerdings nichts, was wir lernen können. Es ist das Bild, das sich die anderen von uns machen. Was wir allerdings durchaus lernen können, ist, an uns zu arbeiten und die Kunst einer positiven Lebensführung.

Silke Linsenmaier ✉
Dorotheenstraße 91a, 22301 Hamburg, Deutschland
e-mail: silke.linsenmaier@tmk-hh.de

11.1 Strategie der Veränderung

Achtung! Diese Kunst lernen Sie weder auf Ihrem Smartphone, iPad, Blackberry oder vor dem Fernseher. Eine positive Lebensführung lernen Sie nur, wenn Sie leben: Genussvoll, anderen Menschen zugewandt und mit Leidenschaft. Leidenschaft für das was Sie tun. Also: Öffnen Sie Ihren Zauberkasten und arbeiten Sie an Ihrer Ausstrahlung. Das geht nicht, Sie haben zu viel Arbeit auf dem Tisch? Klar geht das! Ein hervorragender Anfang, der Sie keine Zeit kostet: Lächeln Sie, schmunzeln Sie, lachen Sie. Und wissen Sie was? Kleine Fehler und Macken machen Sie als Chef besonders sympathisch. Also lachen Sie ruhig auch mal über sich selbst. Gut. Das mit der positiven Ausstrahlung klappt also schon mal. Aber Sie arbeiten zu viel, haben viel zu wenig Zeit für sich und keine Zeit zum Leben? Obwohl Sie erfolgreich sind, haben Sie trotzdem nie das Gefühl, dass es ausreicht? Dann gönnen Sie sich endlich eine Pause!

Es sind die persönlichen Auszeiten, die Ihnen Energie schenken und die Sie beflügeln. Wenn Sie beflügelt sind, strahlen Sie von innen. Eine persönliche Auszeit kann eine kurze Meditation sein, eine Stunde, ein Tag, ein ganzes Wochenende oder sogar ein ganzes Jahr.

Wer sagt denn, dass Männer keine Zeit für sich selbst in Anspruch nehmen dürfen?

11.1.1 Männerauszeit

Gerade Männer haben aufgrund ihres Leistungs- und Arbeitsdruckes oft Schwierigkeiten abzuschalten. Dabei brauchen sie diese bewussten Pausen, abseits vom Arbeits- und Familienalltag. Horchen Sie in sich hinein, auf Ihre ganz eigenen Wünsche und Bedürfnisse. Nehmen Sie Ihren Kalender zur Hand und planen Sie eine Männerauszeit, in der Sie nur für sich sind. Ohne Anstrengungen, Hektik und Stress. Ohne Familie. Ohne Leistungsdruck. Erleben, Genießen, einfach Sie selbst sein. Wenn Sport nicht Ihr Ding ist – dann setzen Sie sich nicht unter Druck. Wenn Gesellschaft Sie nicht reizt, dann bleiben Sie eben allein für sich. Und wenn Sie mal den Kopf unter die Decke stecken und keinen sehen wollen, weil Sie in diesem Moment nichts anderes brauchen, als sich zu verkriechen – warum denn eigentlich nicht?

Glücksmomente
Nehmen Sie sich Zeit, Ihr Leben zu genießen. Das bedeutet auch, dass Sie die kleinen Glücksmomente im Alltag (wieder) wahrnehmen. In der Hektik des Alltagsstresses gehen sie oft unter und wir nehmen sie nicht wahr: die vielen kleinen Momente, die uns glücklich machen können und die positive Emotionen in uns wecken. Wenn Sie sich diese Momente bewusst machen, haben Sie eine weitere Lektion in der positiven Lebensführung gelernt.

Ein Lächeln – geschenkt, weil die Sonne so herrlich vom Himmel strahlt. Der Nebel, der frühmorgens über den Feldern schwebt. Ein Taxifahrer, der so ruhig fährt, dass Sie sich völlig entspannen. Der erste Schnee. Ihr Lieblingsessen, das vor Ihnen auf dem Tisch steht. Wolkentürme bestaunen. Ein „Ich liebe Dich". Einem Schwarm Vögel beim kunstvollen

Fliegen zuschauen. In ein heißes Schaumbad eintauchen. Ein liebevoller Gruß. Barfuß durch das taunasse Gras laufen. Ein wunderbarer Sonnenaufgang – als Entschädigung für den 6:15-Flieger. Eine warme Umarmung. Ein fröhliches Winken. Ein Lied, das Sie an Ihre erste große Liebe erinnert. Raureif auf den Wiesen. Die dampfende Kaffeetasse, die ein netter Mensch vor Sie stellt.

Finden Sie Ihre Glücklich-Macher.
Oder etwas, was Sie schon als Kind beseelt hat, aber völlig in Vergessenheit geraten ist. Überlegen Sie mal, was das war: Schnelle Autos. Schwimmen gehen. Fußball spielen. Puzzeln. Sandburgen bauen. Fantasy-Romane lesen. Modellbau. Rodeln. In der Hängematte liegen. Segeln. Fahrrad fahren. Wettrennen. Schlittschuh laufen. Boxen. Ski fahren. Krimis lesen. Rätsel raten. Spiele spielen? Warum probieren Sie es nicht einfach mal wieder aus? Einfach so, nur zum Spaß. Pflegen Sie Ihre Rituale. Das kann der frisch aufgebrühte Kaffee am Morgen sein oder das wöchentliche Treffen mit dem besten Freund. Der Treffen zum Kartenspielen oder der Spaziergang nach der Arbeit. Diese Regelmäßigkeit gibt Ihnen Beständigkeit, es ist Ihr Anker im hektischen Alltag.

Energie tanken
Eine kleine oder große Auszeit kann wahre Wunder wirken, Sie tanken wieder auf und entwickeln neue Energie.

Die Sonne schickt ihre ersten Frühlingsstrahlen. Statt in die Kantine gehen Sie heute mal nach draußen und machen einen ausgedehnten Spaziergang. Der Italiener mit dem köstlichen hausgemachten Eis hat auch schon wieder geöffnet. Gönnen Sie sich ein Eis, setzen Sie sich auf eine Parkbank und schauen den Enten beim Schwimmen zu. Einfach so.

Der erste Schnee fällt. Verabreden Sie sich mit Freunden, von denen Sie seit Ewigkeiten nichts mehr gehört haben. Ziehen Sie die Mütze über die Ohren, die dicken Handschuhe an und rufen Sie zur Schneeballschlacht aus. Danach werfen Sie den Grill an und legen Wildschweinbratwürste auf. Dazu gibt es einen heißen Punsch.

Ein Sommertag. Machen Sie einen langen Spaziergang barfuß am Strand. Fühlen Sie den Sand zwischen den Zehen, halten Sie die Nase in den Wind. Ein plötzlicher Sommerregen, Sie sind nass bis auf die Knochen und trotzdem glücklich.

Es ist neblig und kalt draußen. Der gemütliche Kachelofen bollert vor sich hin und strahlt eine gemütliche Wärme aus. Setzen Sie sich gemütlich in den Sessel, schmökern in Ihrer Lieblingszeitschrift und trinken Sie dazu einen schönen Becher heißen Tee.

Klingt das nicht verlockend? Wie lange ist es her, dass Sie sich eine ganz persönliche Auszeit gegönnt haben? Zu lange? Nicht gut. Erst gestern? Umso besser.

Entdeckertouren
Leben heißt auch, immer wieder etwas zu machen, was Sie noch nie vorher probiert haben – und Sie vielleicht auch Mut und Überwindung kostet. Sie haben seit Jahren das gleiche Urlaubsziel? Diese Routine gibt Ihnen Sicherheit und Geborgenheit. Trotzdem

sollten Sie diese lieb gewonnene Gewohnheit wenigstens ab und zu durchbrechen – und wenn es nur eine Städtereise oder ein Wochenend-Trip ist. Suchen Sie sich Ziele, die Sie bisher noch nicht kannten. Reisen Sie in fremde Länder und lassen Sie sich auf die Kulturen dort ein.

In Gambia hat mein Mann gemeinsam mit sechsundzwanzig Einheimischen eines der buntbemalten Fischerboote zu Wasser getragen. Als Dankeschön durften wir einen grandiosen Kulturabend mit ihnen erleben.

In Norwegen rettete uns ein alter Seebär mit seinem Kahn aus Seenot, schleppte uns 35 Minuten zum nächsten Hafen und versorgte uns mit Treibstoff. Statt eines Dankes bat er uns, dem nächsten in Not ebenso zu helfen. Das sind Erlebnisse, die noch heute positiv in uns nachwirken. Luxushotels und Edelrestaurants hingegen sind in Vergessenheit geraten – nur das wirkliche Leben lässt Sie leben.

Probieren Sie also mal was Neues aus: Einen Segelschein machen. Eine Motorrad-Tour. Einen Tandem-Sprung aus dem Flugzeug wagen. Eine Hilfsaktion organisieren. Das Auto stehen lassen. Einen Kochkurs besuchen. Reiten lernen. Im Hochseilgarten klettern. Gesangsunterricht nehmen. Zum Yoga-Kurs anmelden. Surfen. Trecker fahren. Das Handy auslassen. Die Essensausgabe im Obdachlosenheim übernehmen. Ein Tauchkurs. Häkeln lernen. Vom 3-Meter-Brett springen. Eine Rafting-Tour.

Woher nehmen Sie Ihre Tatkraft? Was beflügelt Sie? Wenn Sie positiv aufgeladen sind, stecken Sie andere mit Ihrer Motivation an.

11.1.2 Auf Augenhöhe

Von Ihren Mitarbeitern erwarten Sie Kreativität und die Entwicklung neuer Ideen und Konzepte. Um alles mitzubekommen, möchten Sie über jeden Schritt informiert werden und lassen sich alles detailliert zeigen. Schließlich sind Sie der Chef und müssen wissen, wo's lang geht. Die neue Strategieausrichtung teilen Sie ausschließlich mit den Mitarbeitern der Chefetage. Klar, ein Sachbearbeiter versteht das doch sowieso nicht. Außerdem: Was gestern noch Priorität eins hatte, ist doch morgen sowieso schon unwichtig. Wer kann da noch folgen? Jede Entscheidung geht über Ihren Schreibtisch, sie wird ausschließlich von Ihnen getroffen. Von der Freigabe der Marketingkampagne über die Verkaufspreise, von der Zusammenstellung des Sortiments bis zur Farbe des neuen Teppichbodens. Die Vorschläge Ihrer Mitarbeiter sind ja ganz nett, aber Sie bringen schließlich die jahrelange Erfahrung mit. Sie sind der Profi.

Mit dieser Art von Bevormundung strafen Sie ihre Mitarbeiter und töten jegliche Eigeninitiative. Eine hundertprozentige Sicherheit und Perfektion kann es nicht geben. Wenn Sie das akzeptieren und Ihren Mitarbeitern stattdessen freien Gestaltungsspielraum ermöglichen, werden Sie mit überdurchschnittlichen Ergebnissen belohnt.

Als charismatischer Chef begegnen sie Ihren Mitarbeitern nicht von oben herab, sondern auf Augenhöhe. Sie bringen ihnen Wertschätzung entgegen, Anerkennung und Respekt. Fragen Sie nach ihren Bedürfnissen. Bohren Sie, welche Probleme Ihr Team wälzt.

Haben Sie ein offenes Ohr und nehmen Sie sich Zeit. Stellen Sie sich auf die unterschiedlichen Menschen und Situationen ein, hören Sie zu, was Ihre Mitarbeiter Ihnen zu sagen haben. Motivieren Sie zu neuen Ideen und Vorschlägen. Wenn Sie wissen, womit sich Ihr Team beschäftigt, welche Hoffnungen, Wünsche und Sorgen Kunden und Mitarbeiter haben, können Sie daraus Lösungen ableiten, die begeistern.

11.1.3 Geschichtenerzähler

Sie haben eine angenehme, sonore Stimme? Hören Sie sich auch so gern reden? Mitarbeiter finden es großartig, wenn sie den minutenlangen selbstverliebten Monologen ihres Chefs zuhören dürfen. Damit können die Angestellten sich auch gleich im Zuhören von Phrasen üben. Sie als Vorgesetzter haben schließlich das Sagen im Haus und zeigen Ihren Mitarbeitern, wer den Ton angibt. Nur Ihre Meinung zählt, denn Sie sind der Größte.

He. Damit machen Sie sich selber klein. Insgeheim macht Ihr Team sich über Sie lustig, denn statt Größe zeigen Sie Kleinmut. Versuchen Sie mal, einen anderen Weg zu gehen, auch wenn er holprig scheint.

Menschen mit Charisma sind brillante Rhetoriker. Statt Monologe zu führen, gehen sie in den Dialog. Das Geheimnis ihres Erfolgs ist ihre Begeisterung für das Unternehmen oder eine Idee, von der sie ansteckend und motivierend erzählen. Besonders faszinierend ist ihre lebendige Körpersprache, die oft genauso ausdrucksstark ist wie ihre Worte.

11.1.4 Geschliffene Edelsteine

Also dann mal ran ans Schleifen. Wie sieht's denn aus mit Ihrer Haltung? Lümmeln Sie sich gerade bequem auf dem Stuhl? Haltung bewahren. Mama sagte doch auch schon immer: Sitz gerade, Junge. Recht hat sie gehabt.

Werfen Sie nun einen Blick auf Ihre Hände. Stimmt, sie könnten mal ein bisschen Creme vertragen. Und die Fingernägel dürften auch geschnitten werden, oder?

Und nun stehen Sie mal auf. Gehen Sie zum Spiegel. Was sehen Sie da? Bauch einziehen. Was? Das geht nicht mehr? Dann steh wenigstens gerade, Junge.

Mit Ihrer roten Brille wollen Sie ein modisches Statement setzen. Damit sehen Sie doch gleich zehn Jahre jünger aus, finden Sie.

Der Anzug ist ein bisschen zerknittert. Kein Wunder, schließlich sitzen Sie den ganzen Tag. Oder haben Sie etwa damit geschlafen? Die Knie sind ein wenig ausgebeult und wenn Sie sich jetzt von hinten betrachten könnten, würden Sie auch bemerken, dass die Hose am Hintern schlaff runterhängt.

Werfen wir einen Blick zu den Ärmelmanschetten. Oh. Es ist Sommer und Sie haben wegen der Hitze ein kurzärmeliges Hemd an? Dann kann man da ja gar nichts sehen mit Ausnahme der haarigen Unterarme. Der Kragen Ihres Hemdes ist etwas abgestoßen. Aber das sehen Sie im Spiegel ja auch nicht.

Ihre Krawatte, sofern Sie denn eine tragen, hat lustige Comic-Motive. Gut so, damit beweisen Sie Humor. Die Krawattennadel ist das i-Tüpfelchen, Sie bringen damit Ihre Individualität und Ihren ganz persönlichen Stil zum Ausdruck.

Ihre Schuhe müssten wohl mal zum Schuster. Aber dafür sind sie besonders bequem und richtig eingetreten. Das bisschen Staub zeigt, dass Ihnen kein Weg zu weit ist. Und wer guckt Ihnen schon auf die Füße?

Wenn Sie sich gleich wieder hinsetzen, schauen Sie doch noch mal runter. Wie hübsch, man kann sogar Ihre behaarten Beine sehen. Heute Morgen um 6 Uhr war es noch dunkel und Sie waren wieder der erste im Büro. Dass eine Socke blau und eine schwarz ist, bemerkt doch eh keiner.

Männern ist hoch anzuerkennen, dass für sie die fachliche Kompetenz eine ungleich höhere Rolle spielt als die äußere Erscheinung. Dafür brauchen wir uns nur mal in den Chefetagen umzuschauen.

11.1.5 Guter Stil

Aber wissen Sie was? Wie alle arbeiten lieber mit Vorgesetzten, die Attraktivität mit Kompetenz vereinen. Mit ihnen verbinden wir unbewusst Eigenschaften wie Intelligenz, Sozialkompetenz und Fleiß. Ein Grund mehr für Sie, auf sich zu achten. Männer werden im Business von Frauen genau taxiert und jedes Detail wird von uns wahrgenommen. Wo wir schon dabei sind: Ja, ein erfolgreicher Chef muss das gewisse Etwas haben. Zu gutem Stil gehört auf jeden Fall eine gepflegte Erscheinung. Ein hervorragend geschnittener Anzug ebenso wie das tadellose Hemd, gepflegtes Schuhwerk genau wie hochwertige Accessoires, der Haarschnitt und die modische Brille ebenso wie der dezente angenehme Duft und gepflegte Hände. Guter Stil ist aber wesentlich mehr als ein maßgeschneiderter Anzug oder das rahmengenähte Paar Schuhe. Es ist die Art, wie Sie anderen gegenüber treten, wie Sie sie begrüßen, wie Sie sich in Meetings oder am Telefon verhalten. Guter Stil ist Wertschätzung Ihren Mitmenschen gegenüber, mit Ihrem Verhalten, Ihrem Ton und Ihrem Umgang mit ihnen.

Männer mit Charisma haben eine ganz besondere Ausstrahlung und sind deshalb für andere besonders anziehend. Sie haben neben Stil und Etikette auch eine gute Körperhaltung. Wir schätzen ihr respektvolles Miteinander, dass für sie genauso selbstverständlich ist wie gute Umgangsformen.

11.1.6 Humor mit Fehlern

Was ist schlimmer? Einen Fehler zu machen und ihn zu vertuschen, vielleicht sogar anderen in die Schuhe zu schieben oder einen Fehler zu machen, dazu zu stehen und die Verantwortung für die Folgen zu übernehmen? Wenn Sie einen Fehler gemacht haben, seien Sie ehrlich. Das bringt Ihnen viel mehr Hochachtung, Respekt und Unterstützung, als Sie vielleicht glauben. Und Sie finden gemeinsam mit Ihrem Team eine Lösung.

Stehen Sie zu Ihrem Wort und zu der einmal eingeschlagenen Strategie. Nichts ist demotivierender für Ihr Team als eine ständig wechselnde Geschäftsausrichtung. Wer Erfolg haben möchte, braucht auch den Mut, zu seiner Entscheidung zu stehen.

Charismatische Männer sind authentisch und wälzen Fehler nicht auf andere ab, sondern stehen dazu. Sie ziehen sich nicht aus der Verantwortung. Besonders charmant ist, dass sie über sich selbst lachen können. Diese Männer sind mit sich selbst im Einklang und ruhen in sich selbst. Das spüren wir an ihrem souveränen Auftritt, an ihrer Empathie. Es macht Spaß, mit solchen Führungskräften zusammen zu arbeiten und motiviert uns zu Höchstleistungen.

11.1.7 Perspektivenreise

Sie wollen wissen, was eine männliche Führungskraft wirklich sexy und erfolgreich macht? Dann graben Sie einmal ganz tief in Ihrer DVD-Sammlung. Dort finden Sie mit etwas Glück einen Film, der 2001 an den Kinokassen weltweit rund 450 Millionen Dollar einspielte.

Lassen Sie uns gemeinsam auf eine Perspektivenreise in die Chefetage gehen und bisher Verborgenes entdecken. Die Handlung des Films ist schnell erzählt: Ein charismatischer Mann hat eine gewagte Geschäftsidee. Er begeistert die besten Experten der Welt, um seinen Plan umzusetzen. Wenn das Unternehmen erfolgreich ist, sind alle um etliche Millionen reicher. Scheitert es, bezahlen sie mit ihrem Leben.

Was hat das mit gewinnbringender Führung im Business zu tun? Im Mittelpunkt des Films steht eine charismatische und attraktive Persönlichkeit. Der Mann ist ein brillanter Rhetoriker, der ein heterogenes Team von Mitarbeitern für seine Sache begeistert. Seine Haltung zu diesem visionären Konzept steht für erfolgreiche Arbeitsstrukturen der Zukunft. In der Arbeitswelt von morgen arbeiten Menschen in kurzfristig zusammengestellten Teams zusammen, oft ohne sich vorher zu kennen. Die Mitarbeiter sind flexibel und daran gewöhnt, eigenständig und erfolgsorientiert zu arbeiten.

11.1.8 Leader im Zeitgeist

Der Zeitgeist bestimmt unser Denken und Fühlen. Er bestimmt, wer erfolgreich ist und was Erfolg hat. Heute haben Mitarbeiter ganz andere Wünsche und Bedürfnisse an ihre Führungskräfte als noch vor zehn Jahren. Leader im Zeitgeist haben dies erkannt und denken und führen anders. Sie bringen die Bedürfnisse, Fähigkeiten und Ideen ihrer Mitarbeiter bestmöglich in Einklang. Sie leiten ein Unternehmen mit Wertschätzung und Empathie, Initiative, Eigenverantwortung und Entscheidungsfreiräumen für ihre Mitarbeiter. Wenn eine gemeinsame Idee die Mitarbeiter vereint, können sie als Führungskraft darauf vertrauen, dass Ihr Team selbstständig und erfolgreich handelt.

Die Arbeitswelt befindet sich im Umbruch. Starre Organisationen und traditionelle Hierarchiestrukturen und Führungsstile haben ausgedient, das belegt auch eine aktuelle

Studie des Bundesarbeitsministeriums zur Führungskultur im Wandel (Bundesanstalt für Arbeitsschutz und Arbeitsmedizin 2014).

Ihr Ziel ist es, Zeitgeist-Unternehmer zu sein? Dann treffen Sie die Entscheidung dafür: indem Sie ihre Traditionen hinterfragen und eine neue Strategie entwickeln. Bestimmen Sie den Zukunftskurs als Zeitgeist-Unternehmer, entwickeln Sie Innovationen, begeistern Sie Ihre Mitarbeiter. Machen Sie Ihre Mitarbeiter zu Fans des eigenen Unternehmens, hören Sie auf ihre Wünsche und Bedürfnisse. Seien Sie flexibel und einfallsreich bei der Umsetzung Ihrer Vision, dann erobern Sie Märkte, die andere verschlafen.

11.2 Die Erfolgstreiber eines neuen Arbeitsmodells

Erleben Sie durch die Handlung des Films die Erfolgstreiber eines neuen Arbeitsmodells: Der Film basiert auf einem kurzfristig, nur für das Projekt zusammenkommenden Netzwerk von Spezialisten. Ich erzähle Ihnen die Geschichte:

Ein charismatischer, gut aussehender Mann, nennen wir ihn Chef, trifft eine dramatische, persönliche Fehlentscheidung. Nachdem er von seiner Frau verlassen wurde, lässt er sich zu einer kriminellen Handlung hinreißen. Es kommt, wie es kommen muss: Er wird dabei erwischt, und die Sache geht vor Gericht. Der Mann wird zu einer mehrjährigen Haftstrafe verurteilt. Aber er hat Glück im Unglück und muss die Strafe in einer Vollzugsanstalt mit niederer Sicherheitsstufe absitzen.

Scheitern zum Erfolg
Es gibt Menschen, die zerbrechen an einer Niederlage, andere werden verbittert oder rachsüchtig. Sie sind in einer Sackgasse angekommen und finden keinen Ausweg. Ich habe Vorstände erlebt, die sich nach ihrem mehr oder weniger unfreiwilligen Ausscheiden verstört die Wunden leckten und die Schuld ausschließlich bei anderen suchten. Und Führungskräfte, die nach einer langjährigen Firmenzugehörigkeit einen Auflösungsvertrag in die Hand gedrückt bekommen haben. Ich gehöre selbst in die Riege. Ein Tiefflug im freien Fall ist vorprogrammiert.

Dabei gehört das Scheitern ebenso zum Leben wie zum Business. Wir können die Chance wahrnehmen und hinterfragen, was wir wirklich wollen, was unser Motor und Antrieb ist, etwas zu machen was wir wirklich wollen. Wir können uns selbst neu erfinden, Ideen entwickeln und erfolgreich neue Wege gehen. Es kommt darauf an, etwas daraus zu machen, aus Fehlern zu lernen und an sich selbst zu wachsen. Nicht jeder schafft das aus eigenem Antrieb, aber es ist keine Schande, sich Hilfe und Unterstützung bei anderen zu suchen: einem guten Freund, einem Coach, einem Mentor.

Der Chef im Film erkennt sein Scheitern als Chance für eine Richtungsänderung. Er nutzt die Zeit der Krise, um die Vision für ein innovatives Geschäftsmodell zu entwickeln. Aus der Vielzahl der Entscheidungsmöglichkeiten wählt er eine ganz besondere Herausforderung. Niemand hat sich bisher an diesen Markt herangewagt, aber er ist der festen Überzeugung: Wer nicht wagt, gewinnt auch nicht. Allgemein ist man der Ansicht, dass ein Angriff auf diesen Markt von vornherein zum Scheitern verurteilt ist. Die alteingesessenen Firmen sind milliardenschwer, mit festen Strukturen, Hierarchien und klaren Abläufen.

Anders denken
Aber der Chef denkt anders. Er hinterfragt das eingefahrene Geschäftskonzept der Traditionsunternehmen, denkt in anderen, in neuen Potenzialen. Er findet seine ganz persönliche Antwort auf den Wandel in der Gesellschaft, die Technologie und die Kommunikation.

Auszeit zum Erfolg
Der Chef nimmt sich ausreichend Zeit für die Konzepterstellung, recherchiert penibel und sondiert den Markt bis ins kleinste Detail. Auf Basis dieser Kenntnisse entwickelt er eine fundierte Strategie. Der visionäre Unternehmer hält sich permanent über die neuesten Entwicklungen und Ereignisse im Wettbewerb auf dem Laufenden und passt seinen Plan gegebenenfalls an.

Neugierde
Unverzüglich nach seiner Haftentlassung startet er das Projekt. Der Chef sucht einen ehemaligen Kollegen und Freund auf und weiht ihn in das Vorhaben ein. Beide sind aus dem gleichen Holz geschnitzt, sie denken in ähnlichen Strukturen und sind gleichermaßen fasziniert von dem Plan. Um das Projekt zu finanzieren, benötigen Sie etwas von dem sie beide nicht genug haben: Geld.

Wer einem Investor oder einem Kunden seine Idee präsentiert, hat für den guten Eindruck und zur Überzeugung meist keine zweite Chance. Deshalb erarbeiten sie gemeinsam eine Taktik, um den Investor für das millionenschwere Projekt zu gewinnen. Dafür versetzen Sie sich in die Situation des Investors: Welchen Grund sollte er haben, um das Vorhaben zu finanzieren? Sie gehen die Präsentation vorab immer wieder durch, diskutieren mögliche Einwände und Zweifel. Die beiden Partner erweisen sich als gute Zuhörer und lassen den potentiellen Geldgeber zunächst von seinen ganz persönlichen Erfahrungen berichten. Er weiß, dass in einem Zeitraum von dreißig Jahren lediglich drei Versuche gestartet wurden, um ein Projekt dieser Art zu realisieren. Alle endeten katastrophal. Wie erwartet, schmettert der er das Projekt deshalb als unrealistisch und nicht durchführbar ab.

Taktisch geschickt bleiben die beiden Partner freundlich, verabschieden sich höflich und erwecken den Anschein, nun endgültig zu gehen. Ein winziges, aber überaus wichtiges Detail ihres Plans haben sie dem Investor in dem Gespräch allerdings noch nicht mitgeteilt ... Neugierde zu wecken ist eine absolut unterschätzte Fähigkeit im Business. Es regt die Phantasie an und motiviert, sich auf Neues einzulassen. Mit dieser Taktik haben sie den Investor an der Angel, er wird neugierig, will mehr wissen und sagt schließlich zu.

Verrückte Teams – Mitschöpfer statt Mitarbeiter
Das Erfolgsgeheimnis der beiden ist Sorgfalt, gute Vorbereitung, eine gewisse Vorsicht, aber auch der Mut, verrückt erklärt zu werden. Dazu ein paar Leute, die ebenso verrückt sind. Das hat nicht nur den Geldgeber überzeugt. Auf dieser Basis stellen sie ein Expertenteam zusammen. Jeder Kandidat ist handverlesen: sorgfältig ausgewählte Mitglieder, die wichtig für den Projekterfolg sind. Sie vereinen für das Projekt Menschen aus der ganzen Welt. Mit unterschiedlichen Lebensentwürfen und Spezialgebieten. Das Team besteht aus echten Talenten, ihr Know-how und ihre Methodenkompetenz gehören zu den wichtigen Treibern. Es wirkt wie ein bunt zusammengewürfelter Haufen: ein britischer Techniker, ein freiberuflich tätiger Elektronikexperte, zwei passionierte Bastler, ein Amerikaner aus der Branche, ein sportbegeisterter Chinese. Außerdem ein ehrgeiziger Berufseinsteiger, der schon jetzt sein Business kunstvoll beherrscht.

Solche heterogenen Teams wird es im Business in Zukunft häufiger geben, nicht nur hinsichtlich des Alters, sondern auch den kulturellen oder ethnischen Hintergrund betreffend.

(Mehr) Generationen
Eine große Herausforderung für die Führungscrew ist es, einen Spezialisten aus dem Vorruhestand für das Unternehmen zu gewinnen. Die Partner nehmen in Kauf, dass er brummig und unwirsch reagiert, misstrauisch ist und unangenehme Fragen stellt. Sie brauchen seine Präsenz, Berufserfahrung und Bodenständigkeit.

Die verschiedenen Generationen sind unterschiedliche Arbeitsweisen gewohnt, sie agieren vollkommen unterschiedlich. Digital Natives wischen schon als Kleinkind auf Touchscreens herum, digitale Technik gehört zu ihrem täglichen Leben. Aber den jungen Arbeitnehmern fehlt der Erfahrungsschatz der älteren Kollegen. Das kann zu schier unüberwindlichen Spannungen zwischen erfahrenen und jüngeren Mitarbeitern führen. Der sichergestellte Wissenstransfer zwischen den Generationen und Gruppen ist einer der Erfolgsfaktoren für Unternehmer im Zeitgeist und das wissen die beiden sehr genau. Der Senior wägt die Möglichkeiten ab: Auf der einen Seite ein geregelter Tagesablauf und ein Leben in gewohnten Bahnen. Auf der anderen ein spannendes Projekt, die Chance, es noch mal allen zu zeigen. Ein Risiko eingehen, aber auch alles gewinnen können.

Wie hat er sich wohl entschieden?

Ideen-Verkäufer
Der Chef stellt dem frisch zusammengestellten Team das Businessmodell mit hoher Sachkompetenz vor. Er hat sich seine Ansprache bis ins Kleinste überlegt und weiß genau, wovon er spricht. Er stellt die scheinbar unlösbaren Herausforderungen dar, sie kommen offen und schonungslos auf den Tisch. Ein entmutigendes Szenario.

Aber auch hier macht sich der Chef die Neugierde der Menschen zunutze. Er stellt Fragen, die anregen, herausfordern, bewegen. Er weckt Aufmerksamkeit bei den Teammitgliedern, indem er sie nach Meinungen zu Situationen und Sachverhalten fragt.

Damit macht er es sich zunutze, dass sich alle Menschen gern äußern, wenn sie nach ihrer Meinung gefragt werden. Das Team fühlt sich damit von vornherein in den Prozess eingebunden. Der Chef ist interessiert und lässt jeden über sein Lieblingsthema, sein Spezialgebiet, sprechen. Anhand eines Modellnachbaus erklärt er das Konzept detailliert. Durch diese Art der Präsentation macht er es für die Teammitglieder leicht, seine Vision zu verstehen und nachzuvollziehen.

Feuer entfachen
Der charismatische Chef zieht das Team in seinen Bann und malt die Erfolgschancen für jeden einzelnen aus. Noch während er sie in den Plan einweiht, verblassen ihre anfänglichen Bedenken. Der Chef und sein Partner wecken bei jedem einzelnen Kandidaten Interesse, Neugier und schließlich Begeisterung. Interesse wecken ist eine weitere unterschätzte Fähigkeit im Business.

Denken Sie nur mal an Ihre Schulzeit zurück. Wie groß war Ihr Engagement in einem Fach, das Sie nicht interessiert hat? Alles, was uns Menschen nicht interessiert, weckt bei uns auch keine Motivation und Begeisterung. Beides zusammen ist aber die Grundvoraussetzung für erfolgreiches Handeln.

Kein Wissensvorsprung
Der Projektvorschlag wird allen gemeinsam gemacht, es hat also keiner einen Wissensvorsprung vor dem anderen. Damit fühlen sich alle gleich eingebunden und auf eine Ebene gestellt. Das Projekt ist ein Angriff auf eine genauestens überwachte, streng disziplinierte und autoritäre Organisation. Es ist höchst lukrativ für den einzelnen, aber auch sehr gefährlich. Wie erwartet gewinnt die Faszination für das Projekt Oberhand. Respektbekundungen werden laut, denn die demonstrierte Sachkenntnis lässt Zweifler verstummen.

Funken sprühen
Die Flamme ist entzündet und die Teilnehmer brennen für die Umsetzung. Die Entscheidung, dabei zu sein, trifft jeder aus der ureigenen intrinsischen Motivation. Weil die Aufgabe herausfordernd ist, die Kernkompetenzen gefragt sind, weil die Kandidaten an der Lösung interessiert sind. Die Teammitglieder werden zum gleichberechtigten Partner gemacht. Alle bekommen den gleichen Gewinnanteil in Aussicht gestellt. Für den Einzelnen ist aber die Herausforderung an dem Projekt zu wachsen fast noch wichtiger als das Ergebnis. Gemeinsam entwickeln sie einen genialen Plan.

Der Zeitgeist-Plan
Das Besondere an dem Plan ist die klare Struktur der Vorgehensweise und die flache Hierarchie. Jeder hat eine genau definierte Aufgabe und erhält lediglich Grundanweisungen zur Umsetzung. Weil sie hochmotiviert sind, finden die Teammitglieder herausragende Lösungen, die ihren Begabungen entsprechen. Der Chef hält sich zurück, er vertraut seinen Mitarbeitern und sorgt für ein Wohlfühlklima.

Der Zeitgeist-Plan für das kurzfristig umzusetzende Projekt besteht aus nur fünf Punkten:

Analyse Mit der Profilanalyse lernt das Team den Wettbewerb genau kennen. Ziel ist es, die Stärken und Schwächen zu analysieren und so viel wie möglich über den Wettbewerb herauszufinden.

Informationssammlung Bei der Informationssammlung rufen sich die Teammitglieder immer wieder die Anweisungen des Chefs ins Gedächtnis. Sie saugen technische Informationen und eine Vielzahl an menschlichen und persönlichen Details quasi in sich auf.

Schärfung Sie haben ein klar definiertes, gemeinsames Ziel. Das Ziel ist hoch gesteckt, aber nicht zu hoch, wenn man groß denkt. Jedes Teammitglied hat ein genaues Bild von dem Projektablauf vor Augen. Damit ist die Gruppe bestens organisiert und strukturiert. Immer wieder wird der Plan anhand des Konzepts und der Skizzen diskutiert und auf Schwachstellen überprüft. Entscheidungen werden getroffen und gemeinsam umgesetzt. Als Team wird an Lösungswegen gearbeitet und alle werden stets auf den neuesten Stand gebracht.

Testlauf Das Projekt wird vor dem Live-Gang getestet und genau durchgespielt. Als Back-up bleibt der ursprüngliche Prozess bestehen. Um das Team nicht nervös zu machen, werden mögliche Krisenherde erst diskutiert, wenn die Zeit dazu gekommen ist.

Offenheit Jeder Tag bringt eine neue Herausforderung. Ausgefallene Lösungen und die Bereitschaft, auch mal Umwege zu gehen zeichnen das Team aus. Wichtig ist, die Motivation eines jeden einzelnen zu kennen. Grenzen werden überschritten, nicht gekannte Stärken und Fähigkeiten herausgekitzelt. Fehler und Missgeschicke passieren, werden aber nicht dramatisiert. Sie gehören dazu, werden besprochen, kritisiert und abgehakt. Teilerfolge werden gefeiert.

Bälle fallen nun mal
Das Projekt läuft positiv an, wobei das Timing von besonderer Bedeutung ist. Wie ein Jongleur muss der Chef alle Bälle in der Luft halten und im richtigen Moment einen weiteren ins Spiel bringen.

Plötzlich fällt ein Ball zu Boden: Es gibt schlechte, äußerst unangenehme Neuigkeiten. Ein schwerer Rückschlag, der das Ende des gesamten Projekts bedeuten kann. Das Team ist niedergeschlagen, Zweifel machen sich breit, das Konzept droht zu scheitern. Wenn da andererseits nicht der Ehrgeiz wäre: Sie haben schon so viel investiert, als dass sie den Plan jetzt einfach aufgeben können. Eins wissen sie auf jeden Fall: Aufgeben kommt nicht in Frage.

Mit Seifenblasen Pingpong spielen
Gemeinsam forschen sie nach Lösungsansätzen, sind offen für die Vorschläge der anderen Teammitglieder, diskutieren und lassen erst mal alle Meinungen zu. Nur so können aus alten Strukturen neue Ideen entstehen. Oft finden sich Lösungen in ganz anderen Branchen als der eigenen. Das ist der Weg zum Erfolg.

Ausgerechnet der zurückhaltende, eher introvertierte britische Techniker hat die zündende Idee für den Plan B. Lösungsorientiertes Denken und die Bereitschaft, neue Wege zu gehen führen zu einer ungewöhnlichen, aber erfolgsversprechenden Taktik.

Unten ist oben
Beim Go-live des Projekts ist die Anspannung zum Zerreißen gespannt. In diesem Moment darf sich keiner einen Fehler oder Pannen irgendwelcher Art erlauben, als plötzlich etwas Unvorhergesehenes passiert. Durch eine eigenmächtige Aktion des Chefs droht der Traum zu platzen. Eine Katastrophe bahnt sich an. Der ganze Plan scheint wie ein Kartenhaus zusammen zu fallen. Der Chef ist zum Risikofaktor geworden.

Es gibt nur eine Alternative: Der Chef zieht sich aus der aktiven Beteiligung zurück oder das ganze Unternehmen scheitert. Das Team entscheidet sich gegen den Chef und überträgt demjenigen den Job, dem sie zutrauen der kritischen Aufgabe gewachsen zu sein. Die Wahl fällt auf den Berufseinsteiger. Der erkennt seine Chance und übernimmt mutig die Führung. Der Chef bleibt als Mentor an seiner Seite und unterstützt ihn mit seinem fachlichen Wissen.

Steh auf
Plötzlich sind alle wieder fest vom Gelingen des großartigen Unternehmens überzeugt. Das Team alter Hasen unterstützt den Junior, indem sich jeder an die Planvorgaben hält. Der Projekterfolg wird auch durch die klaren Ansagen getragen, durch das gegenseitige Coaching der Teammitglieder.

Es wird kritisch. Das Unternehmen hinkt dem Zeitplan gefährlich hinterher. Es könnte im blinden Aktionismus enden. Aber bei diesem Projekt kennt jeder seine Aufgabe und alle ziehen an einem Strang. Es ist eine Herausforderung, sich aufeinander zu verlassen, mutig zu sein und das Zutrauen in die Leistung jedes einzelnen zu haben.

11.3 Gemeinsamer Erfolg macht sexy

Mittlerweile sind sie ein eingespieltes Team, das mit höchster Konzentration an der Durchführung des Projekts arbeitet. Das Unternehmen wird ein voller Erfolg, für jeden einzelnen im Team. Ein Team von Spezialisten, das kurzfristig für ein temporäres Projekt zusammengekommen ist, feiert den gemeinsamen Erfolg. Dann wird die Gruppe immer kleiner. Einer nach dem anderen verabschiedet sich. Sie sehen einander an, schütteln sich die Hand und gehen auseinander.

Das von mir beschriebene Projekt ist fiktiv. (Auch wenn Sie den Film bestimmt gesehen haben, erinnern Sie sich: Es war Ocean's Eleven!).

Unsere Arbeitswelt ändert sich. Wenn Sie die Kunst der positiven Lebensführung beherrschen, sich für neue Wege öffnen und den Zeitgeist erkennen; wenn Sie Vorreiter sind und eine neue Führungskultur aufbauen, dann sind Sie für Ihre Mitarbeiter mehr als ein Vorbild. Sie sind erfolgreich. Und sexy.

11.4 Über die Autorin

Silke Linsenmaier ist Geschäftsführerin von ZEITGEIST HANDELN und seit 2009 Inhaberin der Hamburger Unternehmensberatung TEXTIL MANAGEMENT KONTOR.

Sie ist gefragte Keynote Speakerin des Manager-Duos ZEITGEIST HANDELN. Mit diesem Konzept haben erstmalig zwei Managerinnen die beiden Fachgebiete Handelsstrategien und Zeitgeist-Forschung miteinander vereint. Ihr Ziel ist es, Unternehmern Auswege aus der Krise zu zeigen und Mut zum Wandel zu machen. Sie zeigen Wirtschaft und Handel die Veränderbarkeit der Strukturen und die Chancen für die Entwicklung erfolgreicher Strategien.

Silke Linsenmaier ist Deutschlands erste zertifizierte GS1 Germany Category Managerin D-A-CH in der Textilbranche. Die Business Expertin ist als Strategie-Beraterin und Trend-Analystin bei Konzernen ebenso gefragt wie im Mittelstand.

Als Autorin von Fachartikeln publiziert sie regelmäßig Marketing-Fachartikel über aktuelle Themen am Point of Sale im Leitmagazin für Lingerie „LINIE International".

Ihre Wissen vermittelt sie als Dozentin am EBC-Euro Business College, Hamburg in der Fachrichtung Fashion, Luxury und Lifestyle und als Lehrbeauftragte am Lehrstuhl für Marketing, FH Düsseldorf, sowie am Lehrstuhl für Marketing und Handel, Universität Essen-Duisburg.

Und privat? Silke Linsenmaier ist seit 1995 verliebt und verheiratet und hat zwei bezaubernde kleine Töchter. Die Familie lebt in der schönen Hansestadt Hamburg im Szeneviertel Winterhude. Sie engagiert sich bei den Working Moms e. V. für die Vereinbarkeit von berufstätigen Müttern für Kindern und Karriere.

Weitere Infos unter www.tmk-hh.de und www.zeitgeist-handeln.de

Literatur

Bundesanstalt für Arbeitsschutz und Arbeitsmedizin (2014). *Führungskultur im Wandel.* http://www.inqa.de/SharedDocs/PDFs/DE/Publikationen/fuehrungskultur-im-wandel-monitor.pdf?__blob=publicationFile. Zugegriffen: 29.04.2015

Erfolg macht sexy

12

Petra Polk

Inhaltsverzeichnis

12.1 Was macht Sie einzigartig? 220
12.2 Erfolg braucht Ziele, die zu Ihnen passen 223
12.3 Visionen als Ihr Motor zum Erfolg 226
12.4 Schaffen Sie Ihre Balance zwischen Beruf, Karriere, Gesundheit, Partnerschaft
und Entspannung 226
12.5 Welche Eigenschaften fördern Deinen Erfolg? 227
12.6 Bauen Sie Brücken für Ihre Kontakte und für Ihren persönlichen Erfolg 228
12.7 Über die Autorin 232

Es freut mich besonders, dass ich vom Herausgeber dieses Buches eingeladen wurde, Ihnen meine Sichtweise zu Erfolg näher zu bringen. Auch wenn ich in meinem Business sehr viel mit dem Erfolg von Frauen zu tun habe und ja selbst auch eine Frau bin, ist es für mich spannend, Ihnen hier meine Erfolgsregeln mitzuteilen.

Oft wurde ich in den letzten Jahren gefragt, warum meine Aktivitäten nur für Frauen sind. Es gibt dafür zwei Hauptgründe: Der erste Grund ist, dass ich der Meinung bin, Frauen kommunizieren anders als Männer. Der zweite Grund ist, dass ich denke, wir Frauen sollten uns gegenseitig viel mehr unterstützen und fördern, denn Männer machen das sowieso für sich untereinander.

Doch meine persönliche Antwort dazu ist: „Ich bin für Frauen, aber nicht gegen Männer" und genau aus diesem Grund möchte ich gern Ihnen meine sieben Erfolgstipps mit auf den Weg geben, denn die Erfolgsregeln sind für beide Geschlechter gleich zutreffend.

Petra Polk ✉
Zeppelinstraße 73, 81669 München, Deutschland
e-mail: info@petrapolk.com

12.1 Was macht Sie einzigartig?

Schaffen Sie sich Klarheit dazu, welche besonderen Stärken Sie auszeichnen. Wer genau Sie sind, welche besonderen Talente in Ihnen stecken. Viele von Ihnen werden diese Frage gar nicht so einfach beantworten können, denn oft weichen ja Selbstbild und Fremdbild extrem ab. Unsere Stärken und Talente sehen wir meist als selbstverständlich, da es alles so normal ist. Wir können uns nicht in die Lage versetzen, wenn es nicht so wäre. Um genau diese Talente und Stärken für sich zu erarbeiten, denken Sie nicht nur an heute, sondern gehen Sie ruhig zurück bis in Ihre Kindheit. Oft sagt man heute, bis wir Schulkind sind, machen wir immer nur das, was uns Spaß macht. Danach bestimmen andere, was wir machen sollen. Denken Sie nach! Was haben Sie als Kind gern gemacht, was hat Ihnen damals besonderen Spaß gemacht. Wir alle werden in unserem Leben sehr von unserer Umwelt geprägt und leben viel zu wenig unsere wahren Talente aus. Sie fragen sich, warum das so ist? Sie kennen all die Sätze, wie: „Kind, das macht man nicht!", „damit kannst du doch kein Geld verdienen!", „den Ausbildungsplatz kannst du gerade nicht bekommen" oder „lern' erstmal was Ordentliches".

Damit auch Sie Ihr Bewusstsein schärfen können, was wirklich in Ihnen steckt, stellen Sie sich folgende Fragen:

- Was würde ich machen, wenn ich kein Geld verdienen müsste?
- Welche Tätigkeiten gehen mir spielerisch von der Hand?
- Was wollte ich schon immer mal machen?
- Was mache ich in meiner Freizeit gerne?
- Kann ich mein Hobby zum Beruf machen?
- Was habe ich als Kind am liebsten gespielt?
- Womit kann ich andere begeistern?
- Wobei verliere ich oft das Zeitgefühl?
- Bei welchen Tätigkeiten bin ich besonders kreativ?
- Was kann ich besser als andere, zum Beispiel als mein Partner oder mein Nachbar?
- In welchem Umfeld fühle ich mich besonders wohl?
- Wann geht es mir gesundheitlich am besten?
- Wann spüre ich besondere Vorfreude oder danach ein Glücksgefühl?

Machen Sie eine Liste mit all diesen Antworten, eine Sammlung Ihrer Stärken und Ihrer Talente. Schreiben Sie einfach alles auf, was Ihnen einfällt. Wenn Sie das haben, können Sie noch filtern nach den wichtigsten zehn und dann nach den wichtigsten drei. Umso genauer kommen Sie zu dem, was Sie wirklich wollen und haben Ihre Leidenschaft und Ihre Berufung.

> **Ein Beispiel von mir persönlich zum Thema: Was habe ich als Kind gern gemacht?**
> Ich habe immer gern mit meinen Freunden Schule gespielt und ich wollte immer die Lehrerin sein, niemals die Schülerin. Was ist dann aus dieser Leidenschaft geworden?

Vor ein paar Jahren hätte ich noch zu Ihnen gesagt: nichts, doch heute sehe ich das anders, denn man kommt immer zurück zu den Wurzeln.

Nach meinem Schulabschluss wollte ich dann Lehrerin werden, warum es nicht geklappt hat, dafür gibt es zwei Gründe. Der erste war, weil ein Arzt meinte, meine Stimme sei dafür nicht geeignet. Da sehen Sie wieder, wie sehr die Umwelt beeinflusst, was wir machen. Als sich dann doch bestätigt hat, dass meine Stimme dafür geeignet ist, kamen meine zwei Kinder zur Welt und Familienplanung und Studium hat damals für mich nicht zusammen gepasst. Auch hier war es wieder die Umwelt und die Natur, die mein Leben gesteuert hat. Und so wird es bei vielen sein. Doch wenn Sie mich heute fragen, lebe ich genau diese Leidenschaft, die schon damals in mir gesteckt hat, denn Vorträge auf Bühnen sind meine Welt. Und ich bin in der glücklichen Lage meine Leidenschaft, meine Talente zu leben.

Doch wir alle wissen, Selbstbild und Fremdbild sind oft sehr abweichend. Und wenn Sie wissen wollen, wie andere Menschen Ihre Stärken und Talente sehen, fragen Sie sie. Fragen Sie Freunde, Kollegen, Ihren Partner oder Kunden, wie sie das sehen oder nehmen Sie sich einen Coach Ihres Vertrauens zum Thema Persönlichkeitsfindung und Persönlichkeitsentwicklung und finden Sie so gemeinsam heraus, wie Außenstehende Sie sehen. Denn wenn es so einfach wäre, das selbst herauszufinden, würden keine Berater gebraucht werden. Ich sag dazu immer, keiner von uns kann sich selbst beraten, aber nicht weil es nicht geht, sondern weil wir den Wald vor lauter Bäumen nicht sehen und weil wir selbst viel zu emotional mit uns verbunden sind. Und weil wir viel zu tief stapeln, weil viel mehr in uns steckt als wir selbst sehen und in uns entdecken können. Oft liegen verborgene Talente in uns brach.

Zwei Beispiele dazu

Vor kurzem traf ich eine Rednerin, die Vorträge zu ähnlichen Themen machen möchte wie ich. Das traute sie sich kaum zu sagen, da sie dachte, ich würde sie dann nicht beraten, weil ich sie als Konkurrentin sehe. Ganz im Gegenteil. Ich finde es gut, mich mit Kollegen austauschen und von ihnen zu lernen. Denn sie hat Stärken, die ich nicht habe und ich habe eine andere Ausgangsbasis als sie. Sie kann ihre Vorträge in sechs Sprachen halten. Davon wage ich gar nicht zu träumen. Ich weiß, man soll nie nie sagen, doch ich war noch nie ein Sprachtalent und es würde mir einfach nicht spielerisch von der Hand gehen, ihr schon. Sie war sich nicht bewusst, dass genau diese Gabe sie einzigartig macht.

Ein weiteres Beispiel: Mein Mann ist IT-Experte durch und durch und hat für jedes technische Problem eine Lösung. Aber nicht nur das. Was ihn einzigartig macht, sind seine technischen und handwerklichen Fähigkeiten kombiniert mit dem IT-Wissen. Denn oft gibt es nur entweder oder. Und vor allem kann er sich oft nicht in die Lage versetzen, dass anderen nicht genau das gleiche Wissen und die gleichen Fähigkeiten gegeben sind, da für ihn alles so normal ist.

Am besten Sie fangen nun gleich an und bestimmen Ihr Selbstbild und suchen sich einen Außenstehenden, der Sie unterstützt Ihr Fremdbild zu entwickeln. Und wenn Sie das dann zusammenbringen, dann haben Sie Ihre Einzigartigkeit.

Dann werden Sie auch eine ganz andere Einstellung zu Branchenkollegen haben. Sicher haben Sie schon gehört, neben Ihnen darf es keine anderen Götter geben! Lassen Sie doch die Götter neben sich leben, denn Sie sind ja eh einzigartig. Nehmen Sie es bewusst wahr. Leben Sie Ihre Stärken, dann müssen Sie nie wieder in irgendeine Rolle schlüpfen, auf die Sie keine Lust mehr haben. Sie können einfach ein Leben lang nur das machen, worauf Sie richtig „Bock" haben.

Wenn es Stärken gibt, gibt es natürlich auch Schwächen. Jetzt werden Sie sagen, mit denen kann ich ja eh nichts anfangen. Da gebe ich Ihnen Recht, doch finde ich super wichtig, dass Sie diese kennen. Denn sonst kommen Sie immer wieder in Versuchung, mit diesen wertvolle Lebenszeit zu verbringen.

Machen Sie es so wie mit den Stärken. Schreiben Sie alle Schwächen auf, die Ihnen einfallen. Schreiben Sie alle Tätigkeiten auf, auf die Sie keine Lust mehr haben. Schauen Sie dabei auf Ihre beruflichen und privaten Tätigkeiten. Sie wissen ja, wir müssen nicht alles selbst machen und können, wir müssen nur wissen, wer es machen kann.

Und wenn alle ihre Talente und Stärken leben, da sie so unterschiedlich sind, braucht niemand mehr was machen, worauf er keine Lust hat.

> **Zwei persönliche Beispiele von mir**
>
> Ich mag Technik, aber nur wenn Sie funktioniert. Ich will auch gar nicht wissen, warum sie nicht funktioniert, sondern ich brauche jemanden, der bei technischen Problemen da ist und es richtet. In dem Fall ist das mein Mann. Jetzt werden Sie sagen, nur deshalb haben Sie ihn ausgesucht? Würde nicht funktionieren, doch finde ich, dass es sinnvoll ist, wenn Partner, egal ob Ehepartner oder Geschäftspartner, unterschiedliche Talente haben und sich ergänzen.
>
> Genauso ein Beispiel für Geschäftspartner: Als Rednerin und Managerin braucht man heute Präsentationen und ich hab keine Ahnung von PowerPoint und schon gar keine Lust mich stundenlang damit zu beschäftigen oder Kurse zu besuchen. Ich schätze sehr die Talente und Fähigkeiten meiner Geschäftspartnerin, sie erstellt mir meine Präsentationen und ich unterstütze sie mit meinen Fähigkeiten in Sachen, bei denen nicht Ihre Talente stecken.

Und ich denke, so gibt es noch tausende Beispiele. Finden Sie Ihre Einzigartigkeit und machen Sie sowohl privat als auch beruflich nur noch das, was Ihnen Spaß macht. Somit werden Sie viel Leichtigkeit, Freude und Spaß in Ihren Alltag bringen.

12.2 Erfolg braucht Ziele, die zu Ihnen passen

Erfolgreiche Menschen wissen genau, was Sie erreichen wollen und wo der Weg hingehen soll. Wenn Sie Menschen fragen, die erfolgreich *sein möchten*, wird die Vorstellung der Erfolgskurve steil nach oben gehen. Wenn Sie Menschen fragen, die erfolgreich *sind*, werden Sie eine Erfolgskurve sehen, die aus Höhen und Tiefen besteht. Denn egal, wen Sie sich heute anschauen, bei niemandem ging es ohne Tiefen. Und genau um diese Tiefen zu überstehen, gleich ob privat, beruflich oder als Unternehmer, brauchen Sie Visionen.

Widmen wir uns zuerst Ihren persönlichen Zielen. Kennen Sie diese? Haben Sie diese schriftlich festgehalten? Warum ist es so wichtig? Alles andere sind nur positive Absichtserklärungen, ist nichts Verbindliches. Machen Sie für Ihre Ziele ein Abkommen mit sich selbst. Mein Vorschlag, nehmen Sie sich jeden Monat Zeit für Ihre Ziele, nicht nur um daran zu arbeiten sie zu erreichen, sondern auch daran, sie zu überprüfen. Und übrigens: Ziele dürfen auch korrigiert werden und sind nicht in Stein gemeißelt.

12.2.1 Warum braucht es überhaupt Ziele?

Wenn Sie nicht wissen, wo Sie hinwollen, können Sie nicht ankommen. Stellen Sie sich vor, Sie fahren mit dem Auto und wissen nicht, ob Sie nach Hamburg oder Zürich wollen, wie soll das denn gehen? Mit Sicherheit werden Sie nicht ankommen, denn Sie kennen nicht die Richtung, nicht die Entfernung. Was für Sie nicht entscheidend ist, ob Sie mit der Bahn fahren oder mit dem Auto, beides würde Sie zum Ziel bringen, wenn auch auf andere Art und Weise.

Persönlichkeitstrainer Brian Tracy beziffert: „Zielklarheit ist 80 % des Erfolgs". Also legen Sie diesen Erfolgsgrundstein für sich und das Ganze nicht nur einmal, sondern immer wieder aufs Neue. Denn wenn Sie Ihre Ziele erreicht haben, brauchen Sie neue.

12.2.2 Was sind die wichtigsten Voraussetzungen für Ziele?

- Ziele müssen zu Ihnen und Ihrem Leben passen
- Ziele dürfen groß sein, doch sollten sie realistisch sein
- Ziele müssen konkret und klar formuliert sein
- Ziele müssen unbedingt schriftlich fixiert sein
- Ziele brauchen einen Zeitrahmen
- Ziele müssen zu Ihren Werten passen
- Ziele dürfen korrigiert und aktualisiert werden
- Ziele müssen positiv formuliert sein
- Ziele müssen Sie motivieren
- Ziele müssen von Ihnen vorgegeben sein

Wenn Sie das alles beachten, legen Sie nun Ihre persönlichen Ziele fest. So können Sie vorgehen:

1. Überlegen Sie, in welchen Bereichen in Ihrem Leben Sie Zielen gerecht werden möchten. Was ist damit gemeint? Ich erkläre es Ihnen an meinem Beispiel. Ich bin Ehefrau, Mutter, Tochter, Großmutter, Unternehmerin, Geschäftspartnerin, Kooperationspartnerin, Freundin, Hundemama, Nachbarin. Sie wissen ja aus eigenen Erfahrungen, allen recht getan ist nicht so einfach. Bevor Sie die Strategie zum Erreichen Ihrer Ziele festlegen, sollten Sie sich daher überlegen, was Ihnen wichtig ist und was nicht auf der Strecke bleiben soll. Sie können ja auch für die unterschiedlichen Bereiche unterschiedliche Ziele festlegen. Beispielsweise: Wie viele Tage in der Woche arbeiten Sie? Welche Tage gehören nur Ihrer Partnerin?
2. Beachten Sie beim Festlegen Ihrer Ziele die verschiedenen Zeitrahmen und für welchen Zeitraum Ihr festgelegtes Ziel gilt. Ich empfehle Ihnen, zwischen kurzfristigen und langfristigen Zielen zu unterscheiden.

Wenn Sie dann Ihre Ziele kennen, braucht es noch eine Strategie, einen Plan, einen Handlungsplan. Denn die Erfolgreichen unterscheiden sich von den weniger Erfolgreichen dadurch, dass Sie ins *Tun* kommen. Sie kennen sicher auch die Schwätzer, die immer viel reden, doch nichts umsetzen.

Ohne Plan verzetteln wir uns oft, ohne Plan kein Ankommen. Ich empfehle Ihnen, bei Ihrem Plan alle privaten, beruflichen und gesundheitlichen Ziele in eine Einheit zu bringen. Ich selbst sage immer: Petra Polk gibt es nur einmal. Ich trenne privat und beruflich nicht, bei mir geht es fließend ineinander über. Ich werde oft gefragt, wann machst du Urlaub, dann sage ich, was ist das? Brauche ich nicht so dringend, denn bei mir fühlt sich fast jeder Tag wie Urlaub an. Natürlich kenne ich auch Tage voller Herausforderungen oder Tage, an denen mal nichts klappt, doch dann empfehle ich Ihnen einfach, Pause zu machen. Oft erledigen sich viele Dinge von selbst.

Wichtig bei dem Plan ist: Machen Sie ihn schriftlich, denn nur im Kopf hilft nichts. Und noch besser wäre handschriftlich, denn dann stehen Sie mit ihrem Plan mehr in Kontakt, als wenn er digital ist. Ok, die Techniker unter Ihnen, wie mein Mann, werden jetzt sagen, so ein Quatsch. Doch versprochen, es hilft!

Beim Erstellen des Plans ist wichtig zu beachten, dass sie ihn gliedern in einen Jahresplan, einen Monatsplan und einen Wochenplan. Und ich persönlich mache dann noch jeden Tag abends, bevor ich aus dem Büro gehe, einen Plan für den nächsten Tag. Das hat den charmanten Vorteil, dass ich die Gedanken aus dem Kopf habe und die Entspannungsphase viel intensiver ist.

Wo wir auch schon mitten im Zeitmanagement sind. Lassen Sie mich auch dazu ein paar Worte verlieren. Jeder hat seine Arbeitsweise, ich möchte Ihnen gerne meine vorstellen. Nehmen Sie sich einfach mit, was für Sie passt.

> **Wichtig zu wissen**
>
> - es gibt Dinge, die sind wichtig und eilig (A-Priorität)
> - es gibt Dinge, die sind eilig, aber nicht wichtig (B-Priorität)
> - es gibt Dinge, die sind wichtig, aber nicht eilig (C-Priorität)
> - es gibt Dinge, die sind nicht eilig und nicht wichtig (Papierkorb)

Bemühen Sie sich, zu unterscheiden, was in welche Priorität gehört und lernen Sie zu trennen und zu lernen, dass manche Dinge sich von selbst erledigen. Die A-Prioritäten sind die, die Sie am Tag oder im Monat zuerst erledigen sollten. Die B-Prioritäten haben einen bestimmten Termin, verändern aber nicht Ihr Leben, Ihr Business. Die C-Prioritäten sind meist die Dinge, die wir das ganze Jahr aufschieben und dann werden sie eilig. Ein Beispiel ist sicher für alle passend: die Steuererklärung.

Dann gibt es noch die unangenehmen Dinge, die wir auch oft aufschieben. Ich empfehle, dass Sie diese demnächst zuerst erledigen, dann haben Sie es hinter sich.

Ein weiterer Tipp von mir zum Zeitmanagement, damit Sie sich nicht verzetteln und konzentriert bestimmte Aufgaben oder Tätigkeiten erledigt bekommen: Arbeiten Sie immer blockweise. Bei mir hat es sich bewährt, es macht Sinn. Was nicht heißt, dass ich manchmal vom Weg abkomme. Was ich gerade beim Schreiben von Büchern bei mir beobachte, ich lasse mich zu oft ablenken und es gibt tausend Dinge, die wichtiger sind. Sie kennen das sicher, doch dann wird es eilig, weil es mir wichtig ist.

Was genau heißt blockweises Arbeiten? Schaffen Sie sich Zeitfenster, in denen Sie sich nur einer Tätigkeit widmen. Beispiel: ein Tag, an dem Sie alle Telefonate abarbeiten, oder wenn Sie ein Buch schreiben wollen, an dem Sie nur schreiben oder an dem Sie sich nur Ihrer Buchhaltung widmen. Es können Zeitfenster oder ganze Tage sein, je nachdem, wie es Ihnen behagt. Der Vorteil ist, dass Sie sich nicht immer neu reindenken müssen und vor allem sehr viel erledigt bekommen.

Wichtig ist auch: Passen Sie Ihr Zeitmanagement Ihrem Biorhythmus an, denn sonst gelingt es Ihnen auch nicht, da es für Sie unrealistisch ist. Wenn Sie Frühaufsteher sind und zeitig ins Büro gehen, wissen Sie, dass Sie am Anfang des Tages, vor Beginn der offiziellen Geschäftszeit, sehr viel abgearbeitet bekommen. Dieser Tipp würde nun überhaupt nicht zu meinem Zeitmanagement passen, denn „der frühe Vogel fängt den Wurm" passt nicht zu Petra Polk, denn ich bin ein absoluter Abendmensch. Macht auch nichts, denn das, was früh geht, geht auch abends, also nach der Geschäftszeit und dann ist der Abendmensch eh am kreativsten. Wichtig ist, dass Sie sich Gedanken darüber machen, wie Ihr Biorhythmus ist, wie Sie ticken, denn wenn Sie das wissen, ist es die halbe Miete.

Jetzt haben wir für den Erfolg die Ziele mit dem passenden Plan und das zu Ihnen passende Zeitmanagement. Doch da nicht immer alles nach Plan läuft und es beim Erreichen unserer Ziele zahlreiche Herausforderungen gibt, brauchen wir noch einen kräftigen Motor.

12.3 Visionen als Ihr Motor zum Erfolg

Sehen Sie Ihre Wünsche und Träume als Energiespender auf Ihrer Erfolgsleiter. Bauen Sie Luftschlösser, die sich für Sie im ersten Moment als unerreichbar anhören. Ihre Zukunftsvisionen sind wichtig, um Hürden, Herausforderungen und Tiefschläge zu überstehen. Um an diesen zu wachsen und in jeder Herausforderung eine Chance zu sehen. Wenn Sie Ihre Leidenschaft gefunden haben, Sie Ihren Weg gehen, wird es – wie schon beschrieben – nicht immer bergauf gehen.

Visualisieren Sie Ihre Visionen auf Papier, auf einem Bild, das Sie selbst malen, auf einem Visionschart, so dass Sie es immer vor Augen haben. Eine Geschäftspartnerin von mir hat mal gesagt, ihr Bild hängt an ihrem Bett und wenn Sie früh aufwacht, sieht sie es und wenn sie abends ins Bett geht, sieht sie es auch, so dass sie es nie aus den Augen verlieren kann. Sehen Sie es als leuchtenden Stern am Himmel, der Ihnen immer die Kraft gibt und den Weg zeigt, zu Ihrem Ziel zu kommen. Ich selbst durfte gerade in den letzten sieben Jahren meiner Selbstständigkeit einige dieser Punkte erleben, wo ich ohne Leidenschaft, Ziele und Vision nie wieder raus gekommen wäre.

Wichtig ist noch: Visionen müssen zu Ihrem Leben passen und sollten in allen Bereichen Ihres Lebens harmonisieren. Und sowie Ziele als auch Visionen dürfen angepasst werden.

Neulich hatte ich eine Coaching-Kundin, die zu mir sagte, ihr fehle gerade die Antriebskraft. Wir haben die Ursache schnell herausgefunden. Ihre gesteckten Ziele und Visionen waren erreicht, sie war angekommen. Was wunderbar ist, doch es entstand bei Ihr eine gewisse Leere, ohne dass sie herausfinden konnte, woran es lag. Heute hat sie sich neue Ziel und Visionen gesteckt und schon ist der Motor wieder da und sie ist voller Elan.

Nehmen Sie sich mindestens einen Tag im Monat Zeit, um Ihre Ziele anzuschauen und mindestens einen Tag im Jahr, um Ihre persönlichen Visionen neu zu stecken, damit der Stern am Horizont wieder für Sie leuchtet.

12.4 Schaffen Sie Ihre Balance zwischen Beruf, Karriere, Gesundheit, Partnerschaft und Entspannung

Erfolg haben heißt nicht „über Leichen gehen". Erfolg haben heißt nicht Aggressivität und Ellbogengesellschaft. Im Gegenteil, ich finde, nette Typen kommen schneller an ihr Ziel und es macht auch viel mehr Spaß, doch nur nett sein reicht nicht aus.

Erfolgreich zu sein, bedeutet eine Einheit aus vielen Bereichen, denn nur im Beruf oder nur in der Liebe reicht uns langfristig nicht aus, da wir viele unterschiedliche Bedürfnisse haben. Und ich sage immer, wenn es privat nicht passt, passt es auch nicht beruflich und genauso umgedreht. Denn wir sind nur eine Persönlichkeit, die Zufriedenheit in allen Bereichen braucht, um glücklich und erfolgreich zu sein.

Deshalb empfehle ich Ihnen, planen Sie in Ihren Handlungsplan zum Erreichen Ihrer Ziele alle privaten Termine und auch Termine, die für Ihre Regeneration und Entspannung wichtig sind, mit ein. Nehmen Sie sich Zeit für Liebe und Partnerschaft und für Ihre Familie und schaffen Sie so Ihre persönliche Lebensqualität.

Sie alle kennen diese Karrieretypen, die sich zu hundert Prozent für Ihren Job aufopfern, und auch wenn es im ersten Moment nach Erfolg aussieht, reicht es doch nicht aus, um rundum glücklich und zufrieden zu sein, was für mich zu Erfolg unbedingt dazu gehört.

12.5 Welche Eigenschaften fördern Deinen Erfolg?

Sicher tragen tausende Faktoren zu unserem Erfolg bei. Hier eine kleine Auswahl aus meinen persönlichen Erfahrungen. Sie haben mir gezeigt, dass folgende Eigenschaften Sie auf Ihrer Erfolgsleiter unterstützen können. Hören Sie doch einfach mal in sich hinein, wo Sie eh schon super sind und welche Qualitäten Sie noch ausbauen können.

Zielstrebigkeit
Setzen Sie sich Ziele und bleiben Sie dran und geben nicht so schnell auf. Nicht bei der ersten Herausforderung die Flinte ins Korn werfen. Seien Sie hartnäckig. Genau das ist etwas, was mich in den letzten Jahren sehr geprägt hat. Als Tipp für Sie: „Höfliche Hartnäckigkeit hilft". Diesen Satz habe ich vor vielen Jahren bei Vertriebstrainer und Speaker Klaus Fink gehört und er hat mich immer begleitet und mich bei meinem Dranbleiben in allen Bereichen unterstützt. Was sicher auch ganz viel mit dem nächsten zu tun hat.

Ausdauer
Ausdauer wird belohnt und führt Sie zu Ihrem Erfolg. Denken Sie auch immer daran: „Rom wurde auch nicht an einem Tag erbaut." Wo auch immer Ihr Erfolgsweg hinführen soll, geben Sie sich Zeit und akzeptieren Sie, dass alles seine Zeit braucht.

Kreativität
Es gibt die Kopf- und Zahlenmenschen und die Kreativen. Kreative und Querdenker haben oft sehr viele Ideen und nehmen das Leben viel leichter. Wenn Sie noch nicht dazu gehören oder so wie ich sich da oft schwer tun, erlauben Sie sich einfach mal rum zu spinnen und eingetretene Pfade zu verlassen. Das wird Sie auf völlig neue Ideen bringen.

Disziplin
Erst neulich habe ich einen schönen Satz gehört: „Für den Beginn steht die Leidenschaft und zum Erfolg gehört Disziplin." Ja, so ist es. Oft haben wir viele tolle Idee, sind voller Begeisterung. Doch im Zuge der Realisierung und Umsetzung bedarf es vor allem unserer Selbstdisziplin, um Hürden, die uns in den Weg kommen, überwinden zu können.

Willenskraft
Ihr Wille entscheidet über Erfolg oder Misserfolg. Wenn Sie ganz fest von sich, Ihren Ideen und Projekten überzeugt sind, wird es Ihnen auf jeden Fall gelingen. Lassen Sie nicht ständig Zweifel aufkommen. So wird Ihre positive Ausstrahlung andere von Ihrer Begeisterung anstecken und Sie werden auch viele Unterstützer finden.

Freundlichkeit
Wir umgeben uns lieber mit Menschen, die gut drauf sind, die positiv denken und die nett sind. Ein Lächeln kann viele Türen öffnen.

Ehrlichkeit
„Ehrlich währt am längsten" und ist eine wichtige Voraussetzung dafür, dass andere Ihnen ihr Vertrauen schenken.

12.6 Bauen Sie Brücken für Ihre Kontakte und für Ihren persönlichen Erfolg

Männer pflegen schon immer Seilschaften, Stammtische, Netzwerke, Vereine und Clubs. Doch bin ich der Meinung, dass Netzwerke heute wichtiger denn je geworden sind. Warum ist das so? Heute gibt es von allem im Überfluss, es ist schwierig auszuwählen und unsere Zeit ist viel knapper geworden. Genau aus dem Grund wird auf Empfehlungen vertraut und Empfehlungen kommen aus Netzwerken. Das können Kollegen, Nachbarn, Geschäftspartner, Freunde und Kunden sein. Und dabei geht es nicht nur darum, Netzwerke aufzubauen, sondern diese auch zu pflegen. Die Zeit der Einzelgänger und Egoisten ist längst vorbei und deshalb lade ich Sie ein: Erweitern Sie täglich Ihr Netzwerk und pflegen Sie wichtige Netzwerkkontakte! Wenn ich von Netzwerken spreche, meine ich immer sowohl die virtuellen als auch die persönlichen Netzwerke, denn ich bin der Meinung, das geht heute so ineinander über, dass es nicht mehr trennbar ist.

Fangen wir gleich mit den virtuellen Netzwerken an. Ich geh davon aus, jeder von Ihnen ist in virtuellen Netzwerken, sprich Social-Media-Plattformen vertreten. Sollte es nicht so sein, schauen Sie sich für Ihren Businesserfolg Xing, LinkedIn und Facebook an. Es gibt insgesamt über 240 Social-Media-Plattformen. Finden Sie heraus, welche die für Sie erfolgreichste ist. Alle von Ihnen, die schon auf diesen oder anderen Plattformen vertreten sind, sollten regelmäßig überprüfen, mindestens einmal im Jahr, ob Ihre Profile inklusive Fotos noch zu Ihnen passen, denn Ihre Profile im Web sind Ihre Visitenkarte und oftmals die erste Chance, vor dem überhaupt ersten persönlichen Kontakt mit Ihren Geschäftspartnern, Arbeitgebern und Auftraggebern. Prüfen Sie, ob Ihre Profile professionell gestaltet sind und zu Ihrer Position passen, wenn nötig, nehmen Sie sich Profis an die Hand.

Lassen Sie mich nun die aus meiner Sicht sechs wichtigsten Tipps für Ihren Erfolg bei Ihren Netzwerkaktivitäten erläutern. Alle Tipps treffen für virtuelles und persönliches Netzwerken zu.

12.6.1 Geben kommt vor Nehmen (bekommen)

Schon in der Bibel steht genau das, doch ich setze noch eins drauf. Ich bin mir sicher: Wer etwas für seine Kontakte tut, muss nicht nehmen, sondern wird bekommen. Was heißt das für Sie? Netzwerken? Interessieren Sie sich für andere Menschen, deren Bedürfnisse und Interessen und wo Sie Ihre Kontakte unterstützen können? Gehen Sie in Vorleistung und sprechen Ihren Kontakten bei Bedarf Empfehlungen aus und wenn Sie eine bestimmte Unterstützung brauchen, kommunizieren Sie es auch in Ihrem Netzwerk, denn Empfehlungen können nur ausgesprochen werden, wenn die anderen es überhaupt wissen.

> **Zwei Beispiele**
>
> Sie möchten sich beruflich verändern, doch wenn es keiner weiß, kann keiner was für Sie tun und wenn Sie nicht wissen, dass Ihr Nachbar sich verändern möchte, können Sie auch nichts für ihn tun. Was auch nicht heißt, dass Sie immer die Empfehlung sofort abrufbreit haben, doch wenn Sie es wissen, können Sie zu passender Gelegenheit handeln.
>
> Ein weiteres Beispiel: Sie sind gerade umgezogen und suchen eine bestimmte Dienstleistung. Erzählen Sie vielen, was Sie genau für Bedürfnisse haben. Dasselbe gilt auch, wenn Sie gerade einen neuen Kollegen oder einen neuen Nachbarn bekommen haben. Interessieren Sie sich dafür, wie Sie ihn unterstützen können. Bringen Sie die passenden Personen miteinander in Kontakt ohne davon in diesem Moment selbst zu profitieren und ich verspreche Ihnen, es wird funktionieren, dass auch Sie Empfehlungen bekommen, nicht unmittelbar von den gleichen Kontakten, sondern aus andere Stelle. Gehen Sie ohne Erwartungshaltung an die Empfehlung, die Sie für andere aussprechen, heran.

12.6.2 Ihre Präsenz ist gefragt

Netzwerken ist Kommunikation und kommunizieren können Sie immer dort, wo Menschen sind. Was heißt das jetzt genau? Wenn Sie keiner kennt, wenn Sie keiner sieht, sowohl persönlich als auch virtuell, kann Ihnen auch keiner Empfehlungen aussprechen, denn die anderen wissen nichts von Ihnen, noch kennen Sie Ihre Bedürfnisse oder wissen, welche Empfehlungen Sie benötigen.

Durch Netzwerken virtuell und persönlich können Sie Ihren Bekanntheitsgrad erheblich erhöhen. Und es ist das beste Eigenmarketinginstrument um Ihre Einzigartigkeit – wie im Punkt 1 beschrieben – in die Welt zu tragen. Was heißt das jetzt für Sie?

Prüfen Sie, welche Events, Netzwerkveranstaltungen, Messen, Clubs, Vereine und Plattformen zu Ihnen passen und Sie Ihren Zielen näher bringen. Bringen Sie sich in einige Netzwerke aktiv ein. Das kann ein Golfclub sein, ein Verein in Ihrer Stadt, ein Businessstammtisch. Denn beim aktiven Mitgestalten können Sie Ihre Präsenz gegenüber einem passiven Mitglied noch einmal erheblich erhöhen. In der virtuellen Welt sind Sie regelmäßig auf den Plattformen, denn wenn Sie da nur selten sind oder Sie eine Woche nicht Ihre persönlichen Nachrichten beantworten, dann möchten die anderen auch nicht mit Ihnen kommunizieren.

12.6.3 Machen Sie Ihre virtuellen Kontakte zu persönlichen

Nur virtuelle Kontakte nützen uns wenig, vor allem wenn wir dann mit den virtuellen Kontakten nicht kommunizieren. Mit der richtigen Strategie kann man aus virtuellen Kontakten Kunden machen, sicher wird es diese Ausnahmen geben. Doch da Geschäfte und Business von Mensch zu Mensch gemacht werden, ist es immer förderlich sich persönlich kennen zu lernen. Schaffen Sie die Gelegenheit.

▶ Die Kontakte von heute sind unser Business von morgen.

12.6.4 Pflegen Sie Ihr Netzwerk

Neue Kontakte aufbauen ist das eine, doch viel wichtiger ist es, Ihre bestehenden Kontakte zu pflegen. Was heißt das? Rufen Sie sich immer wieder in Erinnerung, lassen Sie von sich hören und lassen Sie sich in Ihren Netzwerken sehen, wie schon vorab geschrieben. Präsenz ist wichtig. Doch rufen Sie auch mal ohne Grund an, überlegen Sie sich kleine Aufmerksamkeiten, um in Kontakt zu bleiben.

Was kann das sein? Ich sage immer „Geschenke erhalten die Freundschaft". Dabei spielt nicht die Wertigkeit eine Rolle, sondern die nette Geste. Sie wissen ja, die netten sind eh willkommener.

12.6.5 Legen Sie die Ziele für Ihre Netzwerkaktivitäten fest

Wie alles, brauchen auch Ihre Netzwerkaktivitäten Ziele. Stellen Sie sich folgende Fragen und legen Sie mindestens einmal jährlich Ihre Ziele fürs Netzwerken schriftlich fest.

Ziele virtuelle Netzwerkaktivitäten können sein:

- Welche Plattformen möchte ich regelmäßig bedienen?
- Was ist für mich regelmäßig?
- Welche Profile möchte ich aktualisieren?
- Welche neuen Kontakte möchte ich dort aufbauen?
- Wie viele neue Kontakte sollen es je Monat sein?
- Welches Ziel verfolge ich mit meinen virtuellen Aktivitäten?
- Wie viele von meinen virtuellen Kontakten möchte ich zu persönlichen Kontakten machen?

Ziele persönliche Netzwerkaktivitäten können sein:

- Wie integriere ich das Netzwerken optimal in meinen Businessalltag?
- In welche Netzwerkorganisationen möchte ich mich einbringen?
- Wie oft möchte ich zu Netzwerkveranstaltungen gehen?
- Welche Ziele verfolge ich mit meinen Netzwerkaktivitäten?
- Welche Netzwerkpartner möchte ich dieses Jahr besonders unterstützen?
- Wie viel Geld bin ich bereit für Netzwerkaktivitäten auszugeben?
- Welche Empfehlungen brauche ich von Ihren Netzwerkpartnern?

Das war nur eine persönliche Auswahl von mir. Überlegen Sie, was Ihnen persönlich noch wichtig ist.

12.6.6 Vertrauen und Zuverlässigkeit werden Ihren Erfolg unterstützen

Für erfolgreiches Netzwerken brauchen Sie Vertrauen in sich und in Ihre Kontakte. Je mehr sich Ihre Kontakte auf Sie verlassen können, desto mehr Vertrauen werden Sie Ihnen persönlich entgegen bringen.

12.6.7 Haben Sie Spaß dabei

Bei allem, was wir gern machen, haben wir Spaß. Und alles, was uns Spaß macht, machen wir gern. Netzwerken muss unbedingt zu Ihnen passen, authentisch sein und Sie weiterbringen, dann wird es Ihnen auch Spaß machen. Sehen Sie es locker und integrieren Sie es in Ihren Alltag und in Ihren Biorhythmus. Dann werden Sie auch die nötige Freude, Leidenschaft und Leichtigkeit reinbringen können.

▶ Ohne Netzwerk keine Karriere und kein Business!

Jetzt werden Sie sagen, das sind ja super Tipps für Erfolg, doch was ist mit sexy? Ganz ehrlich, wenn Sie das alles nur teilweise umsetzen, sind Sie automatisch sexy.

Wenn Sie einzigartig sind, dann erzeugen Sie Begehrlichkeit und vor allem: Sie werden es ausstrahlen, Erfolg können Sie vom Gesicht ablesen. Da spielt weder Kleidung noch Auto eine Rolle, sondern Ihre persönliche Ausstrahlung. Damit werden Sie magisch genau die Personen anziehen, die zu Ihnen passen.

Ihre Ziele werden das Gerüst werden und Ihre Visionen der Motor für Ihre täglichen Herausforderungen. Wenn Sie dann noch für genügend Lebensqualität sorgen und Balance schaffen, sowie Freiräume für Ihre Hobbies, Freunde und Menschen, die Ihnen besonders am Herzen liegen, und sich in Ihrem Netzwerk für die Wünsche anderer interessieren, können Sie es nicht mehr verhindern, sexy zu sein. Denn Erfolg macht sexy!

Ich wünsche Ihnen persönlich eine erfolgreiche Zeit, viele spannende Kontakte und sexy kommt von ganz alleine, Sie können es nicht aufhalten.

12.7 Über die Autorin

Petra Polk ist Expertin für den Aufbau von erfolgreichen Businessnetzwerken. Kontakte sind ihre Leidenschaft. Kaum eine andere versteht es besser, Netzwerk-Strukturen zu gestalten und zu nutzen.

In ihren maßgeschneiderten Coachings gibt sie ihren großen Erfahrungsschatz aus der Praxis weiter. Die Unternehmerin ist Mitbegründerin des Unternehmerinnen-Netzwerks „W. I. N. Women in Network" und beweist mit zigtausenden Kontakten auf den verschiedensten Plattformen ihre Kompetenz als ambitionierte und erfolgreiche Netzwerk-Architektin. Die gefragte Interviewpartnerin und Top-Speakerin begeistert ihre Zuhörer mit ihren Vorträgen zu ihren Schwerpunktthemen und weiht sie in ihre bewährten Erfolgsgeheimnisse ein.

Ihr erstes Buch „Like – so netzwerken Sie sich an die Spitze" erschien im Frühjahr 2015 und ein zweites Buchprojekt ist bereits in der Entstehung.

Mehr Infos unter www.petrapolk.com

Sie können tun, was Sie wollen, wenn Sie wissen, was Sie tun! 13

Sabine Schwind von Egelstein

Inhaltsverzeichnis

13.1 Alles ist möglich 233
13.2 Ausstrahlung als Anziehungskraft 234
13.3 Das Erscheinungsbild als Zeichensystem 243
13.4 Umgangsformen als nonverbale Kommunikation 246
13.5 Der Weg ist das Ziel 251
13.6 Über die Autorin 252
Literatur 253

13.1 Alles ist möglich

„Alles ist möglich" heißt es heute. Was für eine tolle Aussicht – auf den ersten Blick! Denn wer alle Möglichkeiten hat, muss selbst entscheiden. Wie einfach war es, als die Dinge viel reglementierter waren, als schon die Erziehung ein strenger Drill war. Sicher, unreflektiert eingetrichterte Verhaltensweisen an den Tag zu legen, zeugt nicht von Innovation, Individualität oder Intelligenz. Aber es ist relativ einfach, gibt Halt und Orientierung.

Alle Möglichkeiten zu haben, bedeutet auch möglichst viel wissen zu müssen, um selbst die individuell beste Entscheidung treffen zu können. Das gilt im privaten und geschäftlichen Bereich gleichermaßen, ebenso bei der Interaktion mit anderen, oder der persönlichen Wirkung.

Sie wirken permanent: Im Alltag, auf Reisen, im Gespräch mit Kunden und Partnern – verbal und nonverbal. Nicht immer ist die Resonanz so, wie Sie es möchten. Zwischen Selbstbild und Fremdbild klafft meist eine erhebliche Lücke. Uns sind viele Codes der

---

Sabine Schwind von Egelstein ✉
Halbreiterstraße 12, 81479 München, Deutschland
e-mail: kontakt@schwindvonegelstein.de

© Springer Fachmedien Wiesbaden 2016
P. Buchenau (Hrsg.), *Chefsache Männer*, DOI 10.1007/978-3-658-07510-1_13

nonverbalen Kommunikation nicht bekannt, deshalb senden wir „Nachrichten", die wir so gar nicht meinen.

Jeder, der erfolgreich sein will, muss durch seine Persönlichkeit überzeugen. Authentisch sein, vertrauensvoll, glaubwürdig – das sind Imageattribute, die Menschen sich heute wünschen. Ihr Charakter und Ihre Persönlichkeit sind eine wichtige Basis – wie Sie das kommunizieren ist jedoch entscheidend für Ihren Erfolg.

So überzeugend wirken wie Martin Winterkorn oder so attraktiv wie George Clooney? Haben Sie sich das auch schon mal gewünscht? Das kommt auch bei den Prominenten nicht von alleine. Man sollte zwar die Dinge so nehmen, wie sie kommen. Aber man kann häufig dafür sorgen, dass sie so kommen, wie man sie nehmen möchte. Genau die Wirkung zu erzielen, die Sie sich wünschen ist möglich. Das entsprechende Know-how ist der Schlüssel dahin. Das gibt Selbstbewusstsein, macht glücklich und erfolgreich. Die meisten Menschen entfalten nicht ihr Potential und erhalten nicht die Resonanz, die sie sich wünschen. Nur ein durchgängig stimmiges Konzept in der verbalen und nonverbalen Kommunikation führt zur gewünschten Resonanz. Und nur ein authentisches Konzept ist auf Dauer lebbar.

Der erfolgreiche Mann verfügt über ein gesundes Selbstwertgefühl. Dadurch, dass er sich nicht täglich in Selbstzweifeln ergeht und eine klare Vorstellung von seinem Leben und dem Umgang mit anderen hat, strahlt er eine Sicherheit aus, die ihn in den Augen vieler zu einer Führungspersönlichkeit macht – was nicht heißt, er hinterfrage sein Handeln nie.

Ein souveräner Mann definiert sich nicht über „Mein Haus, mein Auto, mein Boot" und ist kein angepasster „Softie" ohne eigene Meinung. Er überzeugt ohne Statussymbole und pfauenhaftes Gehabe auf männliche Art. Aber was bedeutet das heute?

▶ Sie können tun, was Sie wollen, wenn Sie wissen, was Sie tun!

13.2 Ausstrahlung als Anziehungskraft

Ganz gleich, ob er Karriere machen, Frauen beeindrucken oder sich einfach wohl fühlen möchte, der moderne Mann hat es nicht leicht. Hahnenkämpfe um Macht und Positionen gehören heute zum Alltag, subtil im Verborgenen oder offen ausgetragen. Viele Männer vergeuden ihre Energie darauf sich so darzustellen, wie man heute vermeintlich zu sein hat, um dabei anderen Glück und Erfolg wenigstens vorzugaukeln. In der Wirtschaft wird der „Shareholder Value" über die Unternehmensethik gestellt. Psychische und psychosomatische Störungen nehmen zu und immer jüngere Menschen müssen sich in Behandlung begeben, weil sie dem Druck nicht mehr standhalten können. Die Vermutung liegt nahe, dass Wohlstand und Fortschritt alleine nicht für ein glückliches und erfülltes Leben sorgen. Was ist es also, das uns fehlt?

Mit Begriffen wie Tugend, Werte und Rückgrat können viele kaum noch etwas verbinden. In einer Welt voller Äußerlichkeiten ist es höchste Zeit, wieder über Inhalte nachzudenken und zeitgemäß zu interpretieren. Nur dann können sinnvoll Darstellungsprozesse beginnen, die die innere Haltung nach außen kommunizieren. Denn ein Mann mag zwar teure Kleidung, einen SUV mit breiten Reifen und ein eloquentes Mundwerk besitzen, aber das macht ihn noch lange nicht zur Führungspersönlichkeit.

Ein echter Mann ist überwiegend er selbst und behauptet sich in allen noch so brenzligen Situationen souverän. Er kennt die klassischen Regeln und ist offen für Neues. Er hat Sinn für Qualität, hat gelernt zu kommunizieren, ist als Chef ein Vorbild, erzieht seine Kinder gerecht und trägt stolz seine Frau auf Händen. Zwischen zurückhaltend-diskret und enthusiastisch-visionär bewegt sich das Charisma eines modernen Mannes, zivilisiert – aber nicht gemaßregelt. Auf das, was er sagt ist Verlass und er würde nie die Würde eines anderen verletzen.

Der perfekte Mann ist nicht nur ein Beispiel für Charakter und Rückgrat, sondern im Idealfall auch ein visuelles Vergnügen und ein souveräner Meister der Manieren. Er hat dann ein Niveau, das erreichbar ist, nicht übermenschlich, sondern gerade so menschlich wie nur irgend möglich.

Es reicht ihm nicht, den Golfball fast 300 m vom Tee zu driven und gelegentlich kluge Leute zu zitieren. Er fällt durch seine Ausstrahlung auf, selbst in der Kantine oder der Kassenschlange. Diese Ausstrahlung zu entwickeln ist die moderne Herausforderung der Männer.

▶ Nicht das Amt ehrt den Menschen, sondern der Mensch ehrt das Amt.

13.2.1 Charakter statt Status

Der Titel „Direktor" oder „Geschäftsführer" macht aus einem Mann noch keinen besseren Mann, auch nicht mit einer Rolex am Handgelenk. Auch Adelstitel und akademische Grade sind für ihn normale Bestandteile des Namens, die aus niemandem einen wichtigeren Menschen machen. Achtung und Respekt wird in seinen Augen durch charakterliche Attribute erworben.

Für einen modernen Mann spielt seine Rolle keine Rolle – er nutzt seine Position nicht aus. Er braucht für sein Selbstwertgefühl nicht den Zugang zur First-Class-Flughafenlounge, auch wenn er ihn schätzt und vor allem souverän damit umgehen kann, ohne damit hausieren zu gehen. Er ist ein emanzipierter Konsument mit eigenem Stil, der nicht blind irgendwelchen Statussymbolen hinterher jagt. Er schätzt Qualität mehr als Quantität, egal ob bei Käse, Kugelschreiber oder Krawatte, das kann seinen Preis haben, muss es aber nicht. Er ist nicht bestrebt, durch zielgerichtetes Verhalten eine Aura der Macht aufzubauen und wählt seine Freunde nicht nach sozialem Status oder hierarchischen Positionen.

Er muss nicht durch den geöffneten Knopf am Sakkoärmel den Maßanzug demonstrieren, wichtiger ist ihm stilvoll kombinierte Kleidung zu tragen, die zum Anlass passt. Denn schlechte Kleidung zeigt eines Mannes mangelndes Selbstwertgefühl, unpassende

Kleidung zeugt von Desinteresse am sozialen Umfeld. Eine funktionierende Garderobe für alle Gelegenheiten zusammenzustellen, braucht ebenso viel Aufmerksamkeit wie ein gutes Aktiendepot zu bestücken. Dafür ist sie anschließend umso beständiger.

Vielmehr als der passende Anzug oder das richtige Eau de Toilette macht den modernen stilvollen Mann sein geradliniges Wesen und sein werteorientierter Charakter aus.

Der moderne Mann kennt seine Stärken und Schwächen. Aufgrund seiner Stärken hat er kein Problem damit, zu seinen Schwächen zu stehen. Sein Selbstwertgefühl leidet nicht im Mindesten, wenn er Unkenntnis oder fehlende Erfahrung zeigt. Er weiß, er kann nicht „Everybody's Darling" sein und er versucht das auch nicht. Er ist mit sich und der Welt im Reinen, was nicht bedeutet, dass er nicht bestrebt ist, seine Persönlichkeit kontinuierlich weiter zu entwickeln; und das strahlt er aus. Auf diese Weise entsteht diese individuelle, unvergleichliche Mischung aus Persönlichkeit, Selbstsicherheit, Stil und Respekt vor seinem Umfeld und der Umwelt.

Durch seine optimistische und positive Grundhaltung ist es ihm möglich, anderen Vertrauen zu schenken. Er geht nicht sofort davon aus, dass ihn jemand übervorteilen oder verletzen möchte. Der moderne Mann ist offen für andere Charaktere und Kulturen und akzeptiert Menschen, wie sie sind. Im Beruf ist er teamfähig, weil er sicher ist, dass andere ihren Teil zum Projekterfolg beitragen. Als Führungskraft kann er delegieren. Mit Geschäftspartnern ist eine enge vertrauensvolle Zusammenarbeit möglich.

Er hat eine eigene Meinung, steht zu seinem Wort, bleibt in schwierigen Situationen gelassen und ist ein verlässlicher Freund, Kollege und Vorgesetzter. Er übernimmt, unabhängig von seiner hierarchischen Stellung, ganz selbstverständlich die „Männeraufgaben", die den Beschützer oder reine Muskelkraft verlangen und ist gegenüber jedermann gerecht.

▶ Ein Gentleman bedauert eine unfaire Handlung auch dann, wenn sie Erfolg hatte.

13.2.2 Ein Mann, ein Wort

Was bedeutet für den modernen Mann der Ausdruck Aufrichtigkeit? Wie definiert er diesen Ausdruck für sich? Geht es dabei um sprachliche Finessen und verbalen Hürdenlauf oder um allgemeingültige Regeln des Anstands und der grundsätzlichen Achtung vor dem Gegenüber? Es heißt, dass man sich bei allem, was man tut, anschließend bedenkenlos „im Spiegel ansehen" kann, was nichts anderes bedeutet als: Jederzeit vor sich selbst bestehen zu können.

Er braucht auch keine Kontrolle durch eine übergeordnete Instanz, denn sein eigenes Gewissen weist ihm den richtigen Weg. Wenn er einmal einen Fehler macht, verschwendet er keine Energie an Erklärungen, sondern arbeitet an der Wiedergutmachung.

Ein überzeugendes Beispiel dafür gibt die Lektüre der *Gewissensfrage* des Dr. Dr. Rainer Erlinger im Magazin der Süddeutschen Zeitung oder ihrer Sammlung in Buchform

(2007). Jede Woche hält Erlinger den Spiegel vor, jede Woche erinnert er an die eine oder andere Form von Moral, Ethik und Würde, die uns unsere höchste Instanz, eben unser Gewissen, vorgibt.

Eine beispielhafte Szene für Aufrichtigkeit ist eine Sequenz aus Robert Redfords Golfer-Film *Bagger Vance*: Dem einstigen Golfkönig Rannulph Junuh unterläuft während eines Golfturniers, das sein Come-back sein könnte, ein verhängnisvoller Fehler, den nur er und sein Caddy bemerken. Dieser rät ihm, den Fehler auf sich beruhen zu lassen, keiner habe ihn gesehen, der Sieg wäre ihm sicher. Und Junuh antwortet: „*Ich habe ihn aber gesehen*" und zeigt seinen Fehler an. In diesem Beispiel handelt es sich um einen amerikanischen Spielfilm: Er gewinnt das Turnier trotzdem. In der Realität muss das nicht so laufen. Deshalb erfordert dieses Verhalten menschliche Größe – und ist heutzutage eher selten zu finden. Verbreiteter ist der unbedachte Gebrauch der sogenannten Notlüge.

Wo ist die Grenze zu ziehen zu einer „white lie", einer Notlüge, die jeder von uns schon begangen hat, wenn es galt, sein Gesicht zu wahren oder die Gefühle anderer zu schonen? Groß ist die Versuchung sie leichtfertig zu nutzen, um ein Problem schnell und einfach loszuwerden nach dem Motto „Sagen sie einfach, ich bin nicht da". Dem Ehrenmann ist seine Glaubwürdigkeit wichtig. Deshalb überlegt er es sich gut, ob er sich am Telefon verleugnen lässt. Oder ob ein saloppes „Blaumachen" seinem eigenen Anspruch genügt – in der Regel tut es das nicht. Er ist wahrhaftig in dem, was er sagt und tut, auf sein Wort ist Verlass.

Deshalb passt es auch nicht zu seinem Selbstverständnis, sich im Fachhandel ausführlich beraten zu lassen, um anschließend das Internet nach den günstigsten Einkaufsmöglichkeiten zu durchforsten und online zu bestellen.

Der moderne Mann geht nicht leichtfertig mit seinen Aussagen um. Ihm ist es wichtig, dass sein Wort immer ein Ehrenwort ist und jeder sich darauf verlassen kann. Deshalb bezieht er klar Stellung und benutzt keine weichen Formulierungen, die sich nachträglich in alle Richtungen biegen lassen. Er ändert auch seine Überzeugungen nicht wie ein Fähnchen im Wind nach dem Motto „was kümmert mich mein Geschwätz von gestern?" Das bedeutet aber nicht, dass er niemals seine Meinung ändern würde. Er mogelt sich nicht mit achtlos daher gesagten Lügen durch den Alltag, sondern schafft es, auch unangenehmen Situationen mit sensibler Ehrlichkeit zu begegnen. Damit erwirbt er sich den Ruf, glaubwürdig und vertrauenswürdig zu sein, wichtige Charaktereigenschaften, die maßgeblich zu seinem hohen Ansehen beitragen.

Egal ob Generationenvertrag, Umweltschutz oder Projekte im Business, der moderne Mann scheut sich nicht vor Verantwortung. Ihm ist bewusst, dass er als erwachsener Mann eine wichtige Säule der Gesellschaft ist und wird dieser Aufgabe gerecht.

Er weiß, dass sein Handeln immer Konsequenzen hat und ist bereit, diese auch zu tragen, ganz gleich ob er dazu gezwungen wird oder nicht. Er besitzt ein ausgeprägtes soziales Bewusstsein.

Deshalb sorgt er für seine Mitarbeiter, seinen Nachwuchs auch nach einer Trennung, sowohl finanziell als auch persönlich. Er bleibt an Ort und Stelle und kümmert sich, wenn er versehentlich ein anderes Fahrzeug angefahren hat. Wenn es ihm finanziell gut geht, spendet er regelmäßig oder unterstützt soziale Projekte. Auch wenn unvorhergesehene

Probleme ihn geschäftlich in eine finanzielle Schieflage bringen, trägt er Sorge dafür, dass die Gläubiger nach Möglichkeit ihr Geld bekommen. Besucht er eine gesellige Veranstaltung mit absehbar erhöhtem Alkoholkonsum, lässt er sein Auto stehen und nimmt ein Taxi.

▶ Sich entschuldigen heißt nicht immer, dass Du falsch lagst, es bedeutet, dass Du die Beziehung höher bewertest als Dein Ego.

13.2.3 Nobody is Perfect

Im Leben geht es nicht um Perfektionismus, sondern um die Bereitschaft zu lernen. Deshalb sind persönliche Unvollkommenheit oder Situationen, die einen an seine Grenzen bringen, eine Chance zur persönlichen Entwicklung.

Niemand ist unfehlbar. Auch Führungskräfte treffen mal berufliche Fehlentscheidungen oder begehen einen menschlichen Fauxpas. Man kann sich irren, mal etwas vergessen oder einen Fehler machen, wie jeder andere auch. Charakter und Rückgrat zeigt sich darin zu seinem Fehler zu stehen und keine Argumente vorzuschieben, warum man gar nichts dafür kann.

Sich bei unangenehmen Konsequenzen zu ärgern ist menschlich, ausrasten zeugt allerdings nicht von menschlicher Größe. Besser fasst man sich an die eigene Nase – denn nur man selbst hätte die Situation vermeiden können.

Tritt man durch sein Verhalten einer anderen Person zu nahe, gewollt oder ungewollt, entschuldigt man sich angemessen, je nach der „Schwere" seines Vergehens. In leichten Fällen verbal, in mittelschweren Fällen schriftlich, mit Blumen oder einer Flasche Wein und in sehr schweren Fällen beispielsweise mit einer Essenseinladung oder Konzerttickets. Auf jeden Fall macht man jede Art von materiellem Schaden, den man angerichtet hat, wieder gut, ob man versichert ist oder nicht.

Die Instanz des eigenen Handelns sollte stets der „Blick in den Spiegel" sein. Dieser Maßstab lässt sich auf alle Situationen anlegen: Sei es das unbedachte „Müll auf der Straße fallen lassen" oder die ausgiebige Selbstbedienung bei Büromaterial zu privaten Zwecken. Deshalb stellt der moderne Mann sein Auto auch nie auf einen Behindertenparkplatz oder mitten in den Weg, nur um einen kurzen Weg zu haben.

▶ Ein kluger Mensch wird manches übersehen, aber alles überschauen.

13.2.4 Konsens und Dissens

Der moderne Mann ist mit sich und seinem Umfeld im Reinen. Er geht sowohl mit sich selbst, als auch mit seinen Mitmenschen gut und respektvoll um. Er ist interessiert an dem, was um ihn herum passiert und kann ebenso zuhören wie gute Tipps aus seinem Erfahrungsschatz geben.

Der souveräne Mann hinterlässt keine verbrannte Erde – niemals und nirgendwo. Deshalb kontrolliert er seine Emotionen und achtet auf die Gefühle anderer Menschen. Er schreit nicht und putzt andere nicht herunter. Kritik übt er unter vier Augen und immer so, dass sein Gegenüber das Gesicht nicht verliert. Selbst in Auseinandersetzungen ist ihm eine gewonnene Schlacht einerlei, die eine zerstörte Beziehung hinterlassen würde.

Gibt es Grund zur Beanstandung, wird sie ruhig und sachlich vorgetragen. Der Verursacher erhält die Gelegenheit zur Nachbesserung. Bei Uneinigkeit werden konstruktive Lösungsansätze gesucht, bei denen sich beide Parteien aufeinander zu bewegen. Auf diese Weise kreiert er aus einer schwierigen Situation eine „Win-win"-Situation für alle Beteiligten.

Scheitern Versuche der Einigung, muss man sich trennen. Meist liegt die Ursache am Scheitern nicht nur an einer Person. Auch Streitgespräche führt man am besten sachlich, ohne persönliche Vorwürfe. In solchen Gesprächen geht es oft auch um verletzte Gefühle und enttäuschte Erwartungen, deshalb erfordern sie ein Höchstmaß an Sensibilität.

Auf diese Weise gibt es immer eine Gesprächsbasis für die Zukunft, das tut allen Parteien gut und sorgt für innere Entspannung.

▸ Wer sein Leben nicht genießt, wird ungenießbar!

13.2.5 Entspannt statt Echauffiert

Gestresste Menschen haben keine souveräne Ausstrahlung. „In der Ruhe liegt die Kraft", heißt es so schön. Das kommt im hektischen Alltag heute aber nicht von allein. Stress im ursprünglichen Sinn ist eine wichtige und richtige Einrichtung des Körpers. Alle Körperfunktionen, die gerade nicht so dringend benötigt werden, sind lahm gelegt, um den Körper für die eine ganz besonders wichtige Aufgabe bereit zu machen und in diesem Moment Höchstleistungen vollbringen zu können – genial! Ist die Angelegenheit erledigt, fahren die Systeme wieder runter und die Körperfunktionen normalisieren sich. Das ist der Plan!

Der moderne Mensch mit seinem rasanten Lebenstempo und oft enormen wirtschaftlichen und damit auch psychischen Druck löst in der Regel bei sich andauernde Stresssignale aus. Eine Zeitlang macht der Körper das mit und kompensiert die Attacken auf das Hormonsystem. Dem Dauerstress ist unser Organismus aber nicht gewachsen.

Die dauernde Anspannung endet mit psychischen und physischen Problemen, die der Volksmund „Burnout" nennt. Eine Veränderung der Persönlichkeit, mit der nicht zu spaßen ist. Die gute Nachricht: Die Lösung des Problems liegt in einem selbst. Schafft man es seine Sichtweise und seinen Lebensstil zu verändern, ändert sich auch die Stressbelastung.

Damit der Stresshormonspiegel gar nicht erst ansteigt, hilft regelmäßige Entspannung, wenn er bereits angestiegen ist, baut körperliche Bewegung die Stresshormone am besten wieder ab.

▸ Man sollte dem Körper Gutes bieten, damit die Seele Lust hat darin zu wohnen.

13.2.6 Body and Soul

Ein gesunder Geist kann nur in einem gesunden Körper wohnen. Außer Büro und Smartphone gibt es noch andere wichtige Bereiche im Leben: Soziale Kontakte wie Familie und Freunde, Ernährung, kulturelle Bildung und Ruhephasen. Ob diese durch Sport, Meditation oder Rückzug in die Natur geschehen, ist von Mann zu Mann unterschiedlich.

Unvermeidbare Wartezeiten lassen sich oft mit sinnvollen Tätigkeiten überbrücken: Sei es mit Meditation, einer SMS an die Liebste oder die Tagesplanung für morgen. Mit der richtigen Einstellung können Warteschlangen auch eine Beruhigung des Alltagstempos sein. Denn wenn man sich darüber aufregt, wird die „Schlange" auch nicht kürzer! Ein stilvoller Mann verabscheut auch Drängelei. In Menschenansammlungen jeder Art bemüht er sich um so viel Abstand wie möglich. Er hält räumliche, nicht aber menschliche Distanz zu den anderen.

Entspannung ist eines der zentralen Themen für die souveräne Ausstrahlung. Und auch hierbei gilt: Mit Musik geht vieles besser. Musik kann anregen, motivieren, sie kann auch beruhigen, entspannen. Aus der Forschung werden immer wieder Ergebnisse publiziert, welche die Wirkung von Musik auf Menschen in unterschiedlichem Kontext belegen: Musik hilft bei Schlafstörungen, Singen stärkt das Immunsystem, das Hören von Musik steigert die Gehirnleistung, das aktive Musizieren verändert gar das Gehirn des Musizierenden – indem es sich gewissermaßen neu verschaltet, neue Nervenbahnen anlegt. Ob die entspannende Wirkung eher durch die klassische Musik, *Viva La Vida* von *Coldplay* oder meditative Naturklänge erreicht wird, ist dabei reine Geschmackssache.

Zum Thema Entspannung darf natürlich eins nicht fehlen: Yoga. Männer und Yoga? Ein angestaubtes Vorurteil, Yoga ist definitiv kein reiner Frauensport. Bond-Darsteller Daniel Craig und andere „echte Kerle" wie Matthew McConaughey sind überzeugende Beweise. Verschiedene Untersuchungen haben außerdem ergeben, dass Yoga den Blutdruck senkt und die Ausschüttung von Stresshormonen wie Adrenalin bremst. Yoga verbessert nicht nur das Körpergefühl und die Bewegungsfähigkeit, die indische Lehre eignet sich als Ausgleich und Ergänzung zu den verschiedensten Ausdauer- und Kraftsportarten und kann bei regelmäßigem Training die Leistungsfähigkeit deutlich verbessern.

Kaum etwas eignet sich so gut zum Abschalten und Auftanken wie ein Spaziergang im Wald, sattes Grün, frische Luft, Ruhe; es macht den Kopf frei, den Puls ruhig, erfrischt und belebt und wirkt sich positiv auf Herz, Immunsystem und Psyche aus. Waldspaziergänge senken Blutdruck und Herzfrequenz, die Adrenalin-Ausschüttung und damit wird der Stresspegel niedriger. Sauerstoff, Ruhe und ätherische Duftstoffe tun Körper und Geist gut. Und nur 3000 Schritte täglich mehr genügen, um das Risiko für Herzinfarkt und Schlaganfall erheblich zu reduzieren. Und wenn es die Lebensumstände zulassen, fördert ein vierbeiniger Freund diesen Effekt noch zusätzlich.

Viele Männer haben die entspannende Wirkung des Golfspielens für sich entdeckt. Eine einzigartige Mischung aus Konzentration und körperlicher Bewegung in ansprechender Umgebung und in frischer Luft. Eine Sportart für jedermann, die in unvergleichlicher

Weise den eigenen Charakter bildet und ohne weitere psychologische Vorkenntnisse das Wesen des Mitspielers offenbart. Der moderne Mann nimmt dabei gerne die Herausforderung an, die dieses Spiel bietet und hält sich an die Regeln, auch wenn gerade keiner hinschaut. Das ist ein außergewöhnlich gutes Training zur Charakterbildung, ebenso wie zum Umgang mit schlechten Schlägen.

Teamsportarten sind neben der nützlichen Bewegung auch förderlich für das Teamtraining im Berufsleben. Es fördert die Fähigkeit sich auf andere einzustellen, ist gut für das kollegiale Miteinander und Training als Führungskraft. Ist die gewählte Sportart Fußball, verzichtet der niveauvolle Mann von heute jedoch darauf, beim Fußballspielen auf den Boden zu spucken, bei jeder Gelegenheit ein „Schiri, bist Du blind?" zu grölen und bei harten Fouls scheinheilig die Arme hochzureißen und mit Unschuldsmiene das umgerannte Opfer zu ignorieren.

Immer beliebter wird das Boxen in den Chefetagen, natürlich im Studio, nicht im Büro! Unter Sportlern ist bekannt, dass Boxtraining zu den anspruchsvollsten konditionellen Trainings gehört. Das „Pratzentraining" oder Schlagen gegen den Sandsack ist eine hervorragende Möglichkeit sich abzureagieren, der gezielte Schlag fördert die Fokussierung.

▶ Die glücklichsten Menschen haben nicht das Beste von allem, sie machen das Beste aus allem.

13.2.7 Denken ist Glückssache

Ob es einem gut geht oder nicht, hängt nicht von den Umständen ab, sondern von der persönlichen Einstellung. Es ist also eine eigene Entscheidung, so auf die Dinge zu blicken, dass man das Positive und Gute daran erkennt. Wenn die Aktienkurse fallen, ist dafür der Einstieg günstiger.

Die eigenen Gedanken erschaffen die Realität. Glück oder Pech, Stress oder Entspannung – die Sichtweise entscheidet. Deshalb ist die Flasche besser halb voll und nicht halb leer und das Wetter nicht schlecht, sondern nur die Kleidung.

Optimistische Menschen besitzen die grundsätzliche Lebenseinstellung: „Ich habe Kontrolle über mich und mein Leben", die Einstellung pessimistischer Menschen ist „Ich bin hilflos anderen Menschen und Umständen ausgeliefert." Ein Pessimist macht aus einer Chance ein Problem, ein Optimist aus einem Problem eine Chance.

Optimismus ist nicht angeboren. In Wirklichkeit verbirgt sich hinter dem Optimismus eine erlernbare innere Einstellung. Jeder hat im Laufe seines Lebens aufgrund bestimmter Erlebnisse und des Einflusses von Eltern und wichtigen Bezugspersonen gelernt, die Welt eher mit positiven oder negativen Gedanken zu betrachten. Diese negativen oder positiven Einstellungen sind tief verwurzelt und laufen automatisch und blitzschnell ab.

Eine positive Grundhaltung spiegelt sich auch in der Wortwahl wieder: Aus „nicht schlecht" wird „gut", aus „das ist ein Problem" wird „das ist eine Herausforderung" und statt „lass das nicht fallen" heißt es „halt das fest".

Oft helfen drei, vier kleine Erinnerungszettel, diskret im Alltag versteckt, um immer wieder an die geeigneten Formulierungen erinnert zu werden. Oder die Partnerin oder Kollegen werden als Personal Coachs gebeten, auf den Rückfall in alte Muster aufmerksam zu machen.

▶ Kein Chef wird netter, wenn man sich über ihn ärgert.

13.2.8 Humor ist, wenn man trotzdem lacht

Bekanntlich ist der Mensch das einzige Lebewesen, das nachweisbar lachen kann. Dabei bringen es Kinder auf rund 400 Lacher am Tag (Die Zeit 2011), Erwachsene lachen durchschnittlich nur noch 15-mal am Tag – wenn überhaupt. Es droht also im Laufe des Lebens ein Humor-, Heiterkeits- bzw. Lachdefizit – zu Lasten von Seele, Geist und Körper und damit nicht nur von Lebensqualität, sondern auch Leistungsfähigkeit. Frauen sollen doppelt so häufig lachen wie Männer (Dreher, zitiert nach Thoma et al. 2003). Wenn das stimmt, wäre dies ein Indiz für die gesundheitsfördernde Wirkung des Lachens, denn Frauen leben im Schnitt sieben Jahre länger als Männer ...

Eine Minute Lachen ist so erfrischend wie 45 Minuten Entspannungstraining, sagen die Mediziner. Was der Volksmund schon lange weiß, haben jetzt die Wissenschaftlicher untermauert (Faust 2015): Wer sich beim Lachen so richtig ausschüttelt, bewegt nicht nur die Mehrzahl der 21 Gesichts-Muskeln, nein, er kommt insgesamt auf bis zu 80 aktivierte Muskeln. Wo gibt es so etwas sonst noch? Für diese kurze Zeit gerät der Körper also in einen positiven Stress-Zustand, der unser Leben erfrischt und verlängert. Darüber hinaus verbessert breites Lächeln nachweislich die Stimmung – selbst wenn es künstlich oder erzwungen ist. Die daran beteiligten Muskeln signalisieren dem Gehirn, dass gelacht wird, woraufhin es Glückshormone freisetzt. Diese wirken dann motivierend, entzündungshemmend, schmerzstillend sowie Angst lösend und verbessern dadurch zusätzlich die Ausstrahlung.

Man(n) hat ihn, oder hat ihn nicht – Humor. Dabei reden wir nicht von Schotten- und Blondinen-Witzen. Humor ist die Begabung eines Menschen, der Unzulänglichkeit der Welt und der Menschen, den alltäglichen Schwierigkeiten und Missgeschicken mit heiterer Gelassenheit zu begegnen. Wenn man ihn hat, beherrscht man die Kunst, sich selbst und seine Probleme nicht so wichtig zu nehmen. Das trägt zur entspannten, souveränen Grundhaltung bei und bedeutet, dass man auch über sich selbst lachen kann. Außerdem entspannt Humor die destruktive Kraft der Angst, deeskaliert, schwächt Kritik ab und löst sogar Denkblockaden.

Mit Humor bringt man(n) andere immer wieder zum Lachen. Eine Eigenschaft, die besonders Frauen an Männern schätzen, mehr sogar als Reichtum oder einen gut gebauten Körper.

Eine positive Lebenseinstellung ist für Humor hilfreich: „Wenigstens haben wir ..." oder: „Immerhin besser als ..."

Humor wendet sich jedoch nie gegen Dritte. Spöttische Bemerkungen und Zynismen wirken immer destruktiv und haben nichts mit Humor zutun.

▸ Es ist unmöglich zu glänzen, wenn man keinen Schimmer hat!

13.3 Das Erscheinungsbild als Zeichensystem

Das Erscheinungsbild ist ebenso wie das Verhalten Teil der nonverbalen Kommunikation. Es hat darüber hinaus einen überaus angenehmen Nebeneffekt in der Wahrnehmung der Mitmenschen: Wenn das, was diese sehen können, überzeugt, schließen sie automatisch darauf, dass auch das, was sie nicht sehen oder beurteilen können, überzeugend ist: Inhalte, Wert, Know-how etc.

Der moderne Mann vernachlässigt sich nicht, er gönnt sich Zeit und Aufmerksamkeit. Das spiegelt sich in der Kleidung, der Frisur, der Figur und nicht zuletzt im gepflegten Gesamtzustand wieder. Zum einen aus ästhetischen Erwägungen, aber auch seiner Gesundheit zuliebe. Er achtet auf seinen Lebensstil, seine Ernährung und seine Gedanken. Seine gepflegte Erscheinung bereichert jedes Ambiente und mit seiner immer passenden Kleidung zollt er jedem Gastgeber Respekt und macht jeder Firma Ehre.

▸ Eine Haltung zu haben hat nichts mit Orthopädie zu tun.

13.3.1 Mit Haut und Haaren

Körperpflege heißt täglich duschen und eincremen, rasieren oder Bartpflege, Deo und Duft, zweimal täglich Zähneputzen sowie regelmäßige Maniküre und Pediküre.

Seit Jahren verzeichnet die Kosmetikindustrie auf dem Markt für männliche Pflegeprodukte sehr gute Wachstumszahlen. Auch die männliche Haut freut sich über gezielte Reinigung, Peelings und Gesichtsmasken. Feuchtigkeitsstifte helfen gegen spröde Lippen, raue Hände und brüchige Fingernägel sollten nach jedem Waschen mit einer fetthaltigen Handcreme versorgt werden.

Der Trend, auf weiße, gesunde, gerade Zähne zu achten, ist für den modernen Mann ganz normal. Ein Lächeln ist die kürzeste Verbindung zwischen zwei Menschen und das sieht mit gepflegten Zähnen einfach besser aus. Denn, wer beim Lächeln die Zähne zeigt, wirkt selbstbewusst, zupackend und leistungsfähig. Zahnseide, Mundwasser oder auch das ein oder andere Pfefferminz sind für den frischen Atem hilfreich, ebenso wie die professionelle Zahnreinigung zweimal im Jahr beim Zahnarzt.

Die Haare des gepflegten Mannes sind nicht unbedingt kurz und gescheitelt, aber immer gut geschnitten, frisch gewaschen und frei von Schuppen. Verändert sich die Haarfarbe mit den Jahren in Richtung grau, besteht die Möglichkeit den Originalton zu renaturieren. Vollkommen indiskutabel sind eine offensichtlich unnatürliche Färbung, auffällige

Strähnchen sowie herausgewachsene Ansätze bei Colorationen jeder Art. Und wenn die Haupthaare lichter werden, nicht „Querkämmen", um einen vermeintlichen Makel zu kaschieren, sondern selbstbewusst den attraktiven Superkurzhaar- bis Glatzenlook eines Bruce Willis oder Pep Guardiola wählen.

Wenn wir schon bei Haaren sind: Die Augenbrauen sind gepflegt und in der Nase und den Ohren sieht man besser kein einziges Haar.

13.3.2 Sitzen oder Stehen

Für einen echten Kerl kein Problem: Von einem Meter Entfernung ins Urinal zielen! Aber auch wenn es Männern großen Spaß bereiten mag, ihr kleines Geschäft im Stehen zu erledigen, zeitgemäßer ist die Sitzposition. Denn so landet der Urin in der Schüssel und nicht auf der Brille. Wer das Bad putzt, der passt auf, dass nichts spritzt. Wer nicht putzt, passt auch nicht auf. Die Bereitschaft, sich hinzusetzen, nimmt in den jüngeren Generationen zu. Grund ist die verändernde Rollenverteilung, denn heute ist Hausarbeit keine reine Frauensache mehr, auch die Herren müssen mal beim Badputz ran. Anatomisch und medizinisch gesehen, bietet Urinieren im Stehen keinen Vorteil.

Wahres Niveau zeigt sich besonders ohne Publikum. Deshalb ist es auch irrelevant, ob man(n) die Toilette im Sitzen oder im Stehen benutzt, vielmehr zeigt es sich darin, wie die nähere Umgebung hinterher aussieht und wie man(n) diesen Ort hinterlässt.

13.3.3 Man(n) ist, was man isst

In vielen Bereichen in der Topliga mitzuspielen, erfordert eine gute Kondition in jeder Hinsicht. Auch nur perfekt gewartete Maschinen können dauerhaft die volle Leistung erbringen. Der moderne Mann achtet auf sich und weiß, dass nur hochwertiger Brennstoff seinen Körper langfristig gut genug nährt. Denn man(n) ist, was man isst!

Auch wenn „forever young" nicht das Credo ist, langfristig ruinieren fetttriefende Pommes und Burger mit reichlich Ketchup, heruntergespült mit reichlich Bier, Limonade oder Cola, das gesamte Erscheinungsbild, die Ausstrahlung und die Gesundheit. Ab vierzig verändern sich der Stoffwechsel, der Hormonhaushalt und die Muskelmasse so massiv, dass meistens eine Änderung der Lebensgewohnheiten notwendig wird, um die gewohnte Performance weiter bringen zu können.

Als Hungerkünstler den ganzen Tag ohne zu essen oder nur mit Kaffee zu bestreiten, ist jedoch keine Lösung – schlechter Atem und ein einschlafender Stoffwechsel sind die Folge. Deshalb regelmäßig essen, am besten mageres Fleisch, Fisch und Gemüse, gerne scharf gewürzt und zwischendurch frisches Obst und Nüsse. Genuss spielt dabei eine wichtige Rolle. Aber besser Qualität statt Quantität, auch beim „Sündigen", der Gesundheit zuliebe. Besser hochwertige Schokolade und guten Rotwein als üppige Sahnetorten und zuckerhaltige Getränke.

▶ Sag mir, was du isst, und ich sag Dir, wie alt Du bald aussiehst!

13.3.4 Älter werden ohne alt auszusehen

Ab 40 geht's bergab! Körperlich jedenfalls, denn biologisch werden wir nicht mehr gebraucht. Die Muskelmasse, der Hormonspiegel und der Stoffwechsel nehmen ab, das macht sich bemerkbar, ob man es will oder nicht. Da die wenigsten ihren Lebensstil der neuen Situation anpassen, werden sie runder, müder und grauer als früher. Das sind die verbreiteten Begleiterscheinungen des Älterwerdens. Schön ist es nicht und Spaß macht es auch keinen! Zivilisationskrankheiten nehmen zu und treffen immer jüngere Menschen. Das höchste Gut ist die Gesundheit, das bemerken wir meist erst, wenn wir sie nicht mehr haben, wenn wir krank oder gar alt und gebrechlich geworden sind. Nichts ist schöner als jung, gesund und fit zu sein, am besten ein Leben lang. Wer sich kraftlos, müde und alt fühlt, kann nicht überzeugen. Eine positive Ausstrahlung ist heutzutage Statussymbol Nr. 1 und die Basis für ein selbstbestimmtes, glückliches Leben bis ins hohe Alter! Der gesamte Lebensstil entscheidet über Look und Leistungsfähigkeit und der sollte spätestens ab 40 neu überdacht werden.

Galt der 50. Geburtstag früher als Startschuss für das Alter ist es heute eine Zeit, in der die Menschen Bilanz ziehen und noch einmal richtig durchstarten. Viele nutzen die neue Unabhängigkeit von familiären Verpflichtungen und bessere finanzielle Mittel für eine neue Orientierung. 50er sind heute oft fitter als die 20-Jährigen, gehen in modischer Kleidung auf Popkonzerte, sind im Schnitt gesünder und besser gebildet als die 50-Jährige vor 30 oder 60 Jahren. Doch diese Situation trifft nicht auf die ganze Generation zu: Viele sind gesundheitlich angeschlagen oder arbeits- oder perspektivlos und werden von der Midlife Crisis eingeholt. Die Gene, schwere Knochen, Stress oder keine Zeit oder kein Geld – wir sind Weltmeister darin Gründe zu finden, warum die Situation so ist wie sie ist. Tatsächlich fehlt vielen das relevante Know-how, um von alleine den perfekten Weg zu Gesundheit, Attraktivität und Vitalität bis ins hohe Alter zu finden. Das bedeutet aber nicht, dass es nicht geht. Für jeden gibt es Wege, den Slogan wahr zu machen: 50 ist die neue 30! Auch hier gilt: Sie können tun was Sie wollen, wenn Sie wissen, was Sie tun.

Die meisten Menschen wollen lange leben ohne unter den Begleiterscheinungen des Alterns zu leiden. Dafür sind sie bereit eine Menge zu geben – die Medizin, die Diät- und Kosmetik- und Pharmaindustrie leben hervorragend davon! Für die Pille der ewigen Jugend würden wir eine Menge bezahlen ... Weil mit wirkungsvollem Anti Aging aber kein Geld zu verdienen ist, wird es auch nicht vermarktet. Es ist nicht einfach zu unterscheiden, welchen Ratschlägen man vertrauen kann und welchen nicht. Die wirksamste Medizin der Welt ist nicht das Vertrauen, sondern ein gesundes Maß an Misstrauen in die angebotenen Mittel der Gesundheits-, Pharma-, Diät- und Nahrungsmittelindustrie. Der Körper ist so ein komplexes Gebilde, dass verschiedene Faktoren zusammenspielen müssen, damit ein wirksamer Anti-Aging-Effekt eintritt und Zivilisationskrankheiten fern bleiben. Liebevolle soziale Kontakte, eine neue Einstellung zum stressigen Alltag und der ständigen Reizüberflutung, entspannender Schlaf, körpergerechte Lebensmittel und körperliche Bewegung sind wesentliche Aspekte, die ganzheitlich die gewünschte vitalisierende Wirkung erzielen. Um zu überprüfen, ob der eingeschlagene Weg richtig ist, gibt es eine einfache und sehr pragmatische Lösung: „Wer heilt, hat recht" heißt es in der Naturheilkunde. Dieses Prinzip ist auch beim Thema Anti Aging hilfreich.

Von nichts kommt nichts, das gilt mit zunehmendem Alter umso mehr. Im schnelllebigen Alltag von heute ist gute Planung die Basis für souveräne Gelassenheit und ein entspanntes Erscheinungsbild. Man(n) braucht Zeit für Job und Familie, Körperpflege in jeder Hinsicht und für sich selbst. Es braucht nicht viel, um immer und überall einen gepflegten Eindruck zu machen – ohne zu übertreiben.

▶ Älter werden ist die einzige Möglichkeit zu überleben!

13.4 Umgangsformen als nonverbale Kommunikation

Der moderne Mann bleibt immer höflich und ruhig. Umgangsformen sind heute keine Zwangsjacke, vielmehr fördern und erleichtern sie das Miteinander und geben Ihnen die nötige Sicherheit auf schwierigem Parkett. Knigge war gestern! Das Wissen um korrektes Verhalten begünstigt das sichere Auftreten im Umgang mit anderen Menschen.

Der moderne Mann hat ein eigenes Wertesystem, das ihn leitet. Dabei interpretiert er alt hergebrachte Umgangsformen mit der modernen Art, den Respekt vor der Würde des Anderen auszudrücken. Das zeigt sich beispielsweise auch im klassischen „Platz anbieten" und zwar demjenigen, der ihn nötiger braucht, sei es einer schwangeren Frau, einem Schulkind mit bleischwerer Tasche oder einem gebrechlichen älteren Menschen. Dabei wartet er nicht ab, ob jemand anderes es tut, sondern handelt einfach.

Der Erfolg im interkulturellen Business basiert auf der persönlichen Fähigkeit mit Menschen unterschiedlicher Herkunft passend umzugehen. Unterschiedliche Begrüßungsrituale und die Bedeutung der hierarchischen Stellung spielen dabei eine entscheidende Rolle. Geschäftsessen brechen international das Eis, aber Tabu-Themen und Grundzüge der jeweiligen Tischkultur sollten bekannt sein, um im globalen Business zu bestehen.

▶ Freundlichkeit ist heute schon so selten geworden, dass manche sie für Flirten halten.

13.4.1 Privat oder Öffentlich

Ein Mann mit Niveau unterscheidet zwischen Privatangelegenheiten und Dingen von öffentlichem Interesse. Er differenziert auch sein Verhalten je nachdem, ob er in Gesellschaft oder allein ist.

Allein lümmelt er sich bequem auf dem Sofa, gähnt aus vollem Hals und kratzt sich im Ohr, wenn es juckt. Es gibt Dinge, die sind privat und sollen privat bleiben.

Manches tut er noch nicht mal alleine: Er muss sich nie in den Schritt fassen, um zu prüfen, ob seine Männlichkeit noch vorhanden ist, spuckt nicht wie ein Lama in der Gegend herum, er lässt seinen Abfall nicht einfach fallen und den Toilettendeckel nicht offen stehen.

In der Öffentlichkeit ist sein Verhalten öffentlich, das heißt für ihn repräsentativ. Seine Körperhaltung ist gespannt und aufrecht. Die Schulterblätter sind leicht zusammengezogen und die Brust stolz geschwellt – wie man so schön sagt! Dabei zeigen die Daumen bei herunterhängenden Armen nicht zur Hosennaht, sondern nach vorne.

Auch im Sitzen hält er sich aufrecht und kontrolliert Arme und Beine, die nicht schlaksig und kraftlos irgendwo von ihm gestreckt sind.

▶ Man ist verantwortlich für das, was man tut, aber auch für das, was man unterlässt.

13.4.2 Begrüßung als zwischenmenschliche Selbstverständlichkeit

Ein moderner Mann ist kein autistischer Brummelkopf. Er ist an Menschen interessiert, hat keine Scheu Kontakt aufzunehmen und Menschen mit ihrem Namen anzusprechen, ist für ihn ein Zeichen von respektvollem Umgang.

Der moderne Mann empfindet die alten Knigge-Regeln beim Grüßen nicht als bindend. Für ihn ist es irrelevant, ob er sich nach den Regeln zuerst grüßen lassen müsste. Sein aufrichtiges Interesse an anderen Menschen ist für ihn der Antrieb zu grüßen, nicht das Lehrbuch. Deshalb grüßt er auch lieber einmal zu viel als einmal zu wenig, je nach Distanz mit einem Kopfnicken, einer Geste oder mit Worten. Als personliche Begrüßung wählt er gerne den Handschlag. Sein Händedruck ist dabei kurz und kräftig mit intensivem Blickkontakt und einem Lächeln. Niemals würde er jemandem sitzend die Hand reichen oder einer ranghöheren Person seinen Händedruck aufzwingen.

Als Gastgeber, auch im Beruf, ist es für ihn selbstverständlich, Gäste mit dieser persönlichen Begrüßung zu empfangen.

▶ Sich den Namen des anderen zu merken, ist ein respektvolles Kompliment.

13.4.3 Begleiten als Wertschätzung

Das Begleiten ist eine Geste der Ehrerbietung. Wenn ich jemanden begleite, ist er mir die Zeit und den extra Weg wert. Je weiter ich jemanden begleite, oder auch ihm entgegen gehe, desto mehr Wertschätzung drücke ich damit aus.

Der moderne Mann verhält sich beim Begleiten und Vorangehen ritterlich gegenüber Damen und Gästen. Das bedeutet, er gibt ihnen entweder den Ehrenplatz an seiner rechten Seite, oder er selbst begibt sich gegebenenfalls auf die „unsichere" Seite, beispielsweise geht er auf dem Bürgersteig an der Fahrbahnseite. Das gleiche Schutzprinzip gilt auf der Treppe. Dort geht er immer unterhalb der Dame oder des Gastes, um im Fall der Fälle beim Stolpern Hilfestellung geben zu können.

Selbstverständlich ist auch das „Vortritt gewähren". Das gilt uneingeschränkt bei übersichtlichen Räumen. Bei unübersichtlichen Räumen geht der stilvolle Mann voran, kommentiert das aber mit einem „ich gehe mal vor" oder „folgen Sie mir bitte".

13.4.4 Pünktlichkeit ist Zuverlässigkeit

Ein Mann ein Wort – das gilt auch bei Zeitangaben. Einen Termin zu vereinbaren kommt einer übereinstimmenden Willenserklärung gleich. Und genau das ist die Definition dafür, einen Vertrag zu schließen. Unpünktlichkeit ist damit Vertragsbruch. Gute Planung zeugt von Überblick und Realismus, Terminetreue beweist, man hat alles im Griff. Deshalb entweder pünktlich sein oder Betroffene rechtzeitig über eine mögliche Verspätung informieren. Zuspätkommen als Zeichen von Wichtigkeit ist ein Relikt aus vergangener Zeit.

Bei privaten Einladungen aber bitte nie zu früh erscheinen und den Gastgeber damit in Verlegenheit bringen. 15 – im Einzelfall 30 – Minuten später bei einer Abendeinladung sind adäquat. Lädt man selbst ein, zum Beispiel in ein Restaurant, ist man selbstverständlich als erster dort, um sich zu vergewissern, dass alles bestens für die Gäste vorbereitet ist.

Zum guten Ton gehört es auch, sich am nächsten Tag für Einladungen und Events zu bedanken, je nach Anlass und Person mit einem Anruf, einer handschriftlichen Notiz mit Füller geschrieben – oder mit einem Blumenstrauß.

Wenn man eine Einladung nicht annehmen kann oder will, ist es selbstverständlich mit Dank abzusagen. Und das genauso, wie die Einladung ausgesprochen wurde, per Telefon, per Mail, per handschriftlicher Notiz oder persönlich.

▶ Ein voller Terminkalender ist noch lange kein erfülltes Leben!

13.4.5 Stilvoller Gast im Restaurant

Auch im Restaurant gilt „Sie können tun, was Sie wollen, wenn Sie wissen, was Sie tun". Immerhin sind Sie ja als Kunde König. Aber auch ein König sollte die Grundlagen guter Manieren kennen.

Ein stilvoller Mann wird immer eine gewisse Tischkultur an den Tag legen, ganz egal, wo er sich gerade befindet. Für das Maß an Formalität prüft er das Ambiente, die Gesellschaft und das Preisniveau der Speisekarte. Kristallgläser, Silberbesteck, Stoffservietten, Kerzen und Blumen sind ein Indiz für formelleres Verhalten. Blanke Tische und robustes Geschirr erlauben mehr Entspannung. Ein Mann mit Klasse wird nie übertreiben oder überheblich agieren. Sich jedoch gemütlich wie zu Hause im Lieblingssessel fläzen oder den müden Körper auf dem Tisch abstützen, das macht er grundsätzlich nicht.

Er würde auch nie laut nach dem Servicemitarbeiter im Restaurant rufen, mit den Fingern schnippen oder wie ein Ertrinkender fuchteln, denn ein Kellner kommt, wenn die Speisekarte zugeklappt ist, auf Blickkontakt oder dezenten Fingerzeig; wenn nicht, ist er im falschen Restaurant.

Die Stoffserviette bleibt kunstvoll gefaltet in der Mitte des Gedecks bis der erster Gang serviert wird, oder sie wird halb gefaltet auf den Schoss gelegt. Das Kunstwerk einfach platt auf den Tisch zu legen zeugt nicht von ästhetischen Empfinden.

Das Abtupfen des Mundes vor dem Trinken ist ihm ein Bedürfnis, um den Glanz des Kristallglases nicht zu ruinieren. Er legt aus eben diesem Grund auch niemals das Besteck am Tellerrand an und kennt die Bestellsprache für „Pause" (Besteck gekreuzt) und „fertig" (Besteck parallel).

Interessant ist auch zu beobachten: Wie geht jemand mit „Brot und Butter" im Restaurant um: Stellt er den Brotteller bequem in die Mitte des Gedecks, schmiert genüsslich ein Butterbrot und beißt davon ab? Der stilvolle Mann lässt den Teller links vom Gedeck stehen, bricht etwas vom Brot ab, buttert es gegebenenfalls mit dem entsprechenden Messer und steckt es in den Mund.

Ob er Trinkgeld gibt oder nicht, ist weniger davon abhängig, was „man" tut als davon, was ihm ein Bedürfnis ist zu honorieren. Trinkgeld bekommen von ihm diejenigen Personen, die ihm das Leben angenehmer gestalten und dabei selbst wenig verdienen: Der Page und das Zimmermädchen im Hotel, der Auszubildende beim Friseur, der die Haare wäscht, die Garderobiere und das Toilettenpersonal für gute Arbeit, auch wenn dieser Service „inklusive" ist, und der Taxifahrer, je nachdem wie zuvorkommend er ist.

▶ Hat man Manieren, bemerkt es keiner, hat man sie nicht, bemerkt es jeder.

13.4.6 Rücksichtsvoll auf Reisen

Ein Mann mit Niveau ist im Flugzeug immer entsprechend gekleidet. In Shorts und Flip-Flops fliegt er noch nicht einmal in den Urlaub. Deshalb werden stilvolle Männer bei Überbuchungen bevorzugt in die bessere Klasse „upgegradet".

Hat er einen Sitzplatz in Reihe fünf, springt er nicht auf, wenn die hinteren Reihen zuerst aufgerufen werden und versperrt den schmalen Flugzeuggang mit dem Verstauen seines Handgepäcks.

Gerne nimmt er sich beim Einsteigen eine Zeitung oder Zeitschrift, nicht jedoch eine komplette Literaturauswahl. Hätten mehr Menschen Stil, hätten auch alle Passagiere des Flugzeugs eine.

Wenn er seinen Sitzplatz erreicht hat, grüßt er seinen Sitznachbarn. Wie ausführlich das geschieht, ist abhängig von Sympathie und Lesestoff. Smalltalk in dieser Situation kann, muss aber nicht sein.

Steigen kleinere Personen oder Damen ein, ist er beim Verstauen des Gepäcks behilflich und beobachtet nicht tatenlos die fruchtlosen Versuche anderer.

Sollte der Flieger sehr voll sein, liefert sich der stilvolle Mann keine Schlacht um die Armlehne, sondern entspannt die Situation mit ein paar Worten und einem Lächeln: „Bis Frankfurt nehmen Sie die Armlehne, dann bin ich dran – einverstanden?"

Ist der Mittelplatz frei, okkupiert er ihn nicht kommentarlos mit seinem Aktenkoffer und Zeitungen, sondern begleitet sein Tun mit einem rhetorischen „Darf ich?" an die Person auf der anderen Seite. Selbstverständlich breitet er sich nicht allein aus, wenn der Sitznachbar ebenfalls ein Jackett oder Arbeitsmaterial auf dem Mittelplatz loswerden möchte. Und er behält auf kurzen Strecken die Schuhe an – immer.

Das bevorzugte Getränk im Flugzeug ist Tomatensaft und stilles Wasser. Beides gleicht die körperliche Belastung an Bord am besten aus. Die Qualität von Tee und Kaffee entsprechen meist nicht den gewünschten Vorstellungen, Limonaden schaden der Figur und Alkohol im Flugzeug belastet den Organismus zusätzlich. Nur wer vollkommen ausgehungert ist, greift in seiner Not nach dem weichen Sandwich, dem Müsliriegel oder der Tüte Chips.

Abschließend bewahrt er beim Aussteigen Ruhe, hilft beim Hervorräumen von Jacken und Taschen, schenkt dem Sitznachbarn einen Abschiedsgruß und dem Bordpersonal ein Lächeln. Und er hinterlässt seinen Sitzplatz nicht wie eine Mülldeponie.

▶ Jeder Mensch in unserem Leben ist entweder ein Test, eine Strafe oder ein Geschenk.

13.4.7 Mann und Frau im Business

Viele Männer haben heute ein Problem damit, wie sie Frauen richtig behandeln sollen. Die zuvorkommende Art eines Gentlemans ist von einigen Damen heute nicht mehr gewollt, weil sie Emanzipation mit „Gleichheit" statt mit „Freiheit" definieren. Die unaufmerksame Gleichgültigkeit ist ihnen aber auch nicht recht. Die moderne Lösung für „Ladies first" ist unaufdringliche Aufmerksamkeit ohne viel Aufhebens: Vortritt gewähren, kleine Hilfestellungen anbieten und bei Bedarf das Angebot von Schutz sind auch heute zeitgemäß. Begegnet man einer Dame, die jegliche Höflichkeitsgesten ablehnt, nimmt man es zur Kenntnis, ohne sein Handeln grundsätzlich in Frage zu stellen. Das verleiht eine souveräne Note, die die meisten Frauen auch heute äußerst attraktiv finden.

Im Berufsleben ist die Frau für ihn Kollegin, Chefin oder Mitarbeiterin, grundsätzlich vor allem nach beruflichen, sachlichen Kriterien zu beurteilen und nach individuellen Stärken einzusetzen.

Obwohl die Frau im Berufsleben keine Vorrechte als Dame für sich beanspruchen kann, ist es für den modernen Mann selbstverständlich, keine Frau etwas Schweres tragen oder gefährliche Arbeiten ausführen zu lassen. Ritterlichkeit ist eine Grundsatzeinstellung für ihn und nicht abhängig vom Äußeren der Dame oder vom Ort der Begegnung; und auch kein Mittel, um zu dominieren, weder im Berufs- noch im Privatleben.

Für einen guten Vorgesetzten ist eine Sekretärin oder Mitarbeiterin weder ein Ventil für cholerischen Stressabbau, noch ein Objekt zur Befriedigung sexueller Wünsche oder ein Sündenbock für Fehler im Arbeitsprozess. Seine Souveränität lässt ihn die Stärken der Frauen erkennen und unterstützt sie bei ihren Schwächen. Sollte beispielsweise die Kollegin im Meeting einen genialen Vorschlag äußern, der mangels Stimmvolumen nicht gehört wurde, verkauft er nicht zwei Minuten später dieselbe Idee stimmgewaltig als seine eigene, sondern ist der Kollegin behilflich, Gehör zu finden.

Eine geeignete Frau als Chefin zu akzeptieren ist für den modernen Mann kein Problem. Er beurteilt auch Vorgesetzte nach Charakter und Qualifikation, nicht nach Geschlecht.

Der moderne Mann nimmt die Herausforderung an, die in der Unterschiedlichkeit des männlichen und weiblichen Wesens liegt und versucht nicht, durch eine Wertung dieses Unterschieds zu dominieren. Er verkörpert die ideale Kombination zwischen respektvoller Zurückhaltung und aktiver Führung. Er schätzt die verschiedenen Stärken jedes Einzelnen und genießt die daraus entstehenden Vorteile für die Gemeinschaft.

▶ Eine Frau will von einem Mann das Gleiche wie ein Mann von einer Frau: Respekt.

13.5 Der Weg ist das Ziel

Vielleicht denken Sie jetzt: „So einen Mann gibt es doch gar nicht!" Und sicher haben Sie recht damit, diese Art von Männern macht nicht die Mehrheit aus. Oft sind diese Menschen sehr leise und werden in unserer lauten und schnelllebigen Realität vordergründig nicht wahrgenommen. Die wenigsten von ihnen entsprechen dem zu 100 %, aber wer ist schon perfekt? Auch wenn vielen zuerst Männer wie Pierce Brosnan oder George Clooney in den Sinn kommen – sicher Männer mit hohem Klasse-Mann-Faktor – finden wir Männer mit Klasse auch im Alltag. Sie kommen in den verschiedensten Varianten vor. Gemeinsam haben sie ihre charakterlichen Qualitäten. So einen Mann als Mitarbeiter, Chef, Freund oder Lebenspartner zu bekommen, ist ein langfristiger Gewinn.

Vielleicht denken Sie: „Nein, das ist mir viel zu mühsam. In allen Lebensbereichen nach dem Besten zu streben, kostet mich zu viel Kraft. Der Weg dahin ist viel zu weit!"

Stimmt, das fällt nicht vom Himmel. Aber wie in so vielen Dingen erreicht jeder das Ziel auch hier Schritt für Schritt. Der erste ist, sich dafür zu entscheiden. Der zweite, Defizite zu erkennen und sich auf den Weg zu machen.

Wenn Sie zu 51 % dieses Niveau verkörpern, sind Sie Ihrem Ziel bereits näher als der Durchschnittsmann, der keinen bleibenden Eindruck durch seine Persönlichkeit hinterlässt oder sich prahlend durchs Leben mogelt.

Viele Menschen möchten sich heutzutage nicht mit dem Zweitbesten zufrieden geben. Sie finden, das Beste ist gerade gut genug für sie. Nur wäre es schön, wenn das Beste einfach so geliefert würde, wie die Pizza vom Lieferservice oder der Gewinn in einem Preisausschreiben oder bei einer Quizshow.

Wesentliche Seiten der Persönlichkeit sind immateriell und haben nichts mit Geld zu tun. Sie sind damit für Jeder-Mann zu erreichen. Wie wäre es, haben Sie Lust Ihr Potential zu entwickeln?

▶ Man scheitert zu 100 %, wenn man es nicht einmal versucht.

13.6 Über die Autorin

Sabine Schwind von Egelstein Als „Geheimwaffe" für persönliche Wirkung inspiriert Sabine Schwind von Egelstein seit 20 Jahren international ihre Kunden, die eigene Persönlichkeit auf ein neues Niveau zu heben und zielgerichtet zu kommunizieren. Mit Charme und Kompetenz verschafft sie erfolgreich Führungskräften aus Politik und Wirtschaft das passende Erscheinungsbild, das optimale Auftreten und die überzeugende vitale Ausstrahlung. Mit Sabine Schwind von Egelstein erhalten Sie immer „Wirkung hoch 7!" Die Image-Designerin ist Gründungsmitglied im Deutschen Knigge-Rat und Dozentin der Bayerischen EliteAkademie. Seit 1999 ist sie immer wieder gefragte Gesprächspartnerin der Medien, z. B. Focus, Cosmopolitan, Welt, RTL, SAT1 etc. Sie fasziniert die Teilnehmer mit ihren kultivierten und gleichzeitig unterhaltsamen, lebendigen Vorträgen. Zu ihren Kunden zählen namhafte internationale Konzerne sowie mittelständische Unternehmen. Ihr erstes Buch „Das Geheimnis der KLASSE Männer", mit einem Vorwort von Sky du Mont, war bereits im ersten Monat Branchenbestseller bei Amazon. Erwin Pelzig sagt: „Sie ist eine Streetworkerin des gehobenen Niveaus" und das Focus Magazin bescheinigt: „Diese Frau ist ein Profi!"

Weitere Infos unter www.schwindvonegelstein.de

Literatur

Die Zeit (2011). *Unglaublich komisch.* http://www.zeit.de/2011/17/Lachforschung. Zugegriffen: 20.05.2015

Faust, V. (2015). *Psychosoziale Gesundheit – von Angst bis Zwang.* http://www.psychosoziale-gesundheit.net/psychohygiene/lachen.html. Zugegriffen: 20.05.2015

Thoma, D., Howland, C., & Jamin, P. (2003). *Kennen Sie den...? Die Lieblingswitze der Deutschen.* München: Deutscher Taschenbuch Verlag.

Erfolg entsteht nicht nur in Tabellen und Reports 14

Dagmar Verloop

Inhaltsverzeichnis

14.1 Erfolg macht sexy – Redewendung, Klischee oder Realität? 255
14.2 Engagement und Karriere verwirklichen materielle Träume
und beeinflussen körperliche Fitness 257
14.3 Kennzahlen steuern das Handeln, bestimmen aber nicht allein den Erfolg 259
14.4 Ein Meer an Möglichkeiten – Das berufliche Netzwerke 278
14.5 Über die Autorin 280

Erfolg zeigt sich nicht nur in quantitativ messbaren Ergebnissen, Unternehmenskennzahlen, der Anzahl an Beförderungen oder der Höhe des Bonus, sondern bereits auf dem Weg dorthin durch qualitative Kriterien wie gute Kommunikation, Loyalität, Motivation, Anerkennung und Kollegialität. Sie sind die Akzeleratoren und Verstärker für quantitativen Erfolg. Zahlen sind Resultierende und fallen umso besser aus, je besser die Potenziale eingesetzt, gefördert und entwickelt werden.

14.1 Erfolg macht sexy – Redewendung, Klischee oder Realität?

Erfolg macht sexy, ist dies nur eine Redewendung oder Klischee? Es ist Realität! Ja, Erfolg macht Spaß und macht sexy. Denn Menschen, die erfolgreich sind, strahlen die drei „Selbst" aus, nämlich Selbstbewusstsein, Selbstsicherheit und Selbstwertgefühl. Sie treten dementsprechend positiv, überzeugend und motivierend auf und sind es. Ihr Glas ist stets halb voll, es gibt in der Regel keine Probleme, sondern nur Herausforderungen und damit meistens auch Lösungen und Wege weiter voranzukommen. Dies strahlt Sicherheit,

Dagmar Verloop ✉
Winzerstrasse 65, 8049 Zürich, Schweiz
e-mail: dagmar.verloop@dagmar-verloop.com

Verlässlichkeit und Vertrauen aus. Sowohl im beruflichen wie auch im privaten Umfeld bleibt der erfolgreiche Mann nicht stehen, sondern steuert sein Ziel an. Bewusstes und zielgerichtetes Handeln, sowie Aktivität, Bewegung und Dynamik prägen den beruflichen Weg des erfolgreichen Business-Manns. Mit dieser überzeugend voranschreitenden, dynamischen und positiven Art gewinnt ein Mann an positiver Ausstrahlung und Attraktivität und das macht ihn auch sexy. Nicht immer und in jedem Fall in körperlicher Hinsicht, aber häufig was Karriere und sonstige äußere Aspekte anbelangt.

Zu Beginn meiner Consultant-Karriere waren männliche gut ausgebildete Kollegen überwiegend ansehnliche, anständig gebaute, V-förmige (breite Schultern und schlanker Bauchumfang), junge, aufstrebende und überaus engagierte Consultants mit Anzügen, meistens noch von der Stange, der Swatch oder ähnliches am Handgelenk und dem gebrauchten Kleinwagen auf dem Parkplatz vor dem Kundengebäude. Mit einer soliden Ausbildung und der Überzeugung Gelerntes oder erste Erfahrungen in das Beratungsprojekt einzubringen, aber vor allem Neues zu lernen sowie sich wechselnden Herausforderungen – was ein Consultant-Leben in der Regel mit sich bringt – zu stellen, so starteten die Männer motiviert und engagiert ihre Karriere. Als Ziel vor Augen: aufsteigen, Manager werden, dann Partner oder sonst eine höhere Position erreichen. Junge Consultants wurden gefördert und motiviert. Sie galten als etwas Besonderes und wurden entsprechend behandelt. Im Rahmen einer Promotion-Veranstaltung in den USA bezeichnete man sie unter anderem als ungeschliffene Diamanten, die sich im Laufe ihrer Karriere zu Brillanten entwickeln werden. Dazu spielte man von Tina Turner – „The Best" und hob besonders den Refrain „you are the best, better than the rest" hervor. Das klingt vielleicht in manchen europäischen Ohren unter Umständen etwas amerikanisch übertrieben, aber sicherlich haben vergleichbare Events und ähnliche Formulierungen dazu beigetragen, dem durchstartenden „Jung-Manager" ein noch positiveres und optimistischeres Gefühl von „ich schaffe es" zu vermitteln oder „Yes, we can". Die Weichen waren gestellt und die Unterstützung für den Erfolg war sicher. Was sollte einen Mann da noch stoppen. Visionen und Ideen, Überzeugung und Euphorie, Vorbilder und Teams engagierter Kollegen, sowie auch eine Vielzahl interessanter, aber auch fordernder und mehr oder weniger spannender Auftraggeber begleiteten und prägten diesen Weg der Karriere. Projekte waren spannend und fanden irgendwo auf der Erdkugel statt. Die aufstrebenden Berater flogen zu Einsätzen in die Metropole anderer Kontinente oder in irgendwelche Städte in Europa. Das war das Größte für den Consultant, denn das ließ ihn interessanter und wichtiger erscheinen. Große Projekte ermöglichten dem jungen Berater den Einblick in verschiedenste Industrien, den Zugang zu diversesten Kunden und den Aufbau von Erfahrung in unterschiedlichsten Fachthemen oder technischen bzw. organisatorischen Bereichen. Es bot sich ein Meer an Möglichkeiten, um sich zu spezialisieren und zu entwickeln.

> ▶ Neugierde, Engagement, Flexibilität und Mobilität sind Grundeigenschaften, um in eine erfolgreichen Karriere durchzustarten, aber auch eine ganze Portion Teamfähigkeit, Kommunikationsbereitschaft und Spaß an neuen Kontakten gehören dazu.

Eine solide Schulausbildung und ein exzellenter Studienabschluss, ergänzt um einen oder mehrere Auslandsaufenthalte, sowie unter Umständen erste praktische berufliche Erfahrung, das waren und sind heute noch die Grundlagen, um die Berater-Karriere zu initialisieren und zu entwickeln. Einerseits selbstbewusst und dennoch in Teilen unsicher starteten Männer in ihre ersten Projekte.

„Sicheres Auftreten bei kompletter Ahnungslosigkeit" war da zunächst die Devise. Denn wer konnte schon von sich sagen, jahrelange Erfahrung mitgebracht und zig Firmen in vergleichbaren Aufträgen, zu ähnlichen Anforderungen oder gleichen Problemstellungen bereits beraten zu haben. Bloß nichts anmerken lassen und einigermaßen kompetent auftreten, denn diese Männer galten als Experten in ihren Bereichen.

Kompetenz, Erfahrung, Wissen, Expertise und Qualifikationen, all das sind die Werte, die ein Mann im Beratungsbusiness erst durch mehrere spannende Projekte sowie kontinuierliche Weiterbildungsmaßnahmen ausbaut.

Somit war das Team, in dem man arbeitete, häufig eine hilfreiche und wertvolle Unterstützung, sich das anfangs noch fehlende Know-how zu verschaffen und damit mehr Sicherheit zu erlangen aber auch zu signalisieren. Man lernte voneinander und miteinander. Gemeinsam als Team Lösungen zu entwickeln, die ein einzelner nicht in der Lage war zu erschaffen und außerdem dazu beizutragen, dass ein Auftraggeber hierdurch noch erfolgreicher wurde, gehörte zu den Facetten des persönlichen Erfolgs. Der junge Berater erfuhr Anerkennung und Kollegialität. Team-Arbeit motivierte bzw. steigerte und intensivierte das persönliche Engagement. Er arbeitete immer härter und feierte im Team seine Erfolge. Projekt-Arbeit bestimmte damit immer stärker das Leben und gewann zunehmend an Bedeutung. Der Mann wuchs über sich hinaus.

▶ Persönliche Fähigkeiten, spannende Projekteinsätze, unterstützende Teams und intrinsische Motivation, sich im Beratungsbusiness zu engagieren, bilden die Basis für zunehmende Erfahrung und Kompetenz, wachsende Expertise und Wissen und ermöglichen somit den Aufstieg sowie den Erfolg, die einen Mann interessant, selbstbewusst und selbstsicher machen.

14.2 Engagement und Karriere verwirklichen materielle Träume und beeinflussen körperliche Fitness

Dieser Erfolg hatte aber auch seinen Preis. Nicht selten verbrachte der Berater 50, 60 oder gar 70 bis 80 Wochenstunden mit seiner Arbeit teils in Büros, Meetings, Autos oder Flugzeugen. Neben einem immer geringer werdenden Zeitrahmen für Partner, Familie, Freunde und Hobbys einerseits, nahm auch die Zeit und Energie für den Sport und ausgewogene Ernährung ab. Schnell zu Mittag mal ein Sandwich, eine Pizza oder einen Burger mit Cola oder Kaffee am Arbeitsplatz oder sogar während eines Meetings waren da nicht die Seltenheit. Ebenso abends, wenn es mal wieder länger dauerte. Zwischendurch lockten Chips, Schokoriegel oder Gummibärchen. Nicht selten leerten sich in manchen Büros die

Schalen mit dem gratis zur Verfügung gestellten Obst deutlich langsamer als die Aufsteller mit den zu zahlenden Süßigkeiten und Knabbereien. Dies sind sicherlich zeitsparende und effektive „Methoden" seinen Hunger zu stillen, sowie drohender Unterzuckerung entgegenzuwirken und dabei gleichzeitig zu 100 % und mehr im Einsatz zu bleiben. Über einen längeren Zeitraum betrachtet sind dies gewiss nicht die gesündesten und in körperlicher Hinsicht auch nicht gerade die effizientesten Möglichkeiten der Nahrungsaufnahme, wenn Männer nicht nur erfolgreich, sondern gleichzeitig auch sexy bleiben möchten.

Das mit den eingeschränkten Mittagspausen oder auch sonstigen Pausen war früher so und ist heute nicht sehr viel anders. Mit aufsteigender Karriere nimmt der Arbeitseinsatz grundsätzlich zu und die Bewegung meistens sehr viel schneller ab, was über kurz oder lang seine sichtbaren Folgen hat. Eine nicht ganz so angestrebte eher suboptimale körperliche Transformation begleitet nicht selten den Weg nach oben an die Spitze. Bewegung auf der Karriereleiter erweist sich somit also oft nicht als ausreichend, denn über die Jahre mutiert der erfolgreiche V-Mann (breite Schultern und schlanker Bauchumfang) zu einem reifen, graumelierten oder gar unbehaarten, eher A- oder O-förmigen (Hüft- und Bauchumfang dominieren zunehmend die Schulterbreite) Director, Präsidenten, Geschäftsführer oder vergleichbares. Dies kaschiert ein Mann mit deutlich teureren Anzügen oder sogar Maßanzügen. Das ganze veredelt er noch mit einer exklusiven Armbanduhr und motorisiert sich mit einem teuren Sportwagen oder SUV, die in der Regel die langen Stunden in den jeweiligen Tiefgaragen der diversen Bürogebäude stehen. So wirken Männer in körperlicher Hinsicht leider weniger, aber sicherlich in Sachen Position und Statussymbole interessant und attraktiv.

> ▶ Die männliche Attraktivität entwickelt sich nicht nur positiv durch berufliche Erfolge, höhere Positionen Gehälter bzw. Bonuszahlungen oder Statussymbole, sondern erhält gewisse Dämpfer in körperlicher Hinsicht.

Erfolg, Prestige und Anerkennung erlauben einen Lebensstil auf einem höheren Niveau mit Statussymbolen, teuren Rotweinen und Zigarren, Dinner in Gourmet-Restaurants und Urlauben in Luxus-Ressorts oder sonstigen Exklusivitäten, die das Attraktivsein in anderer als in körperlicher Hinsicht, unterstreichen. Dieser Lebensstil ist die persönliche Belohnung für außerordentliches Engagement und das Erreichen positiver Ziele. Nicht selten werden daraus irgendwann aber die Kompensationen für die Schattenseiten einer erfolgreichen Karriere.

Der zeitliche Einsatz, um beruflich weiter zu kommen und damit der Verzicht, private Interessen in den Vordergrund zu schieben, zeigen positive und weniger aufbauende Resultate. Projekte oder Verantwortungsbereiche werden gewichtiger, größer und bedeutender. Karriereangebote erscheinen bedeutsamer und interessanter. Die Budgets, die ein Mann managt, erreichen beeindruckende Dimensionen und die Wichtigkeit der Positionen gewinnen auf der Karriereleiter nach oben an Bedeutung. Mit all dem steigt auch die Erwartungshaltung immer höher gesteckte Ziele zu erreichen oder gar über zu erfüllen. Wachsender Druck und aufkommender Stress sowie zeitweilige Unzufriedenheit und

Demotivation nicht nur im Business sondern manchmal auch in der Beziehung, sind die Folge. Mangelnde Zeit und Energie für Freunde und persönliche Interessen sowie immer größer werdende Zahlen auf der Waage und Pfunde am Bauch fordern einen Ausgleich. Die goldene Uhr am männlich behaarten Handgelenk macht zwar irgendwie sexy, weniger attraktiv wirkt hingegen das Hüftgold, das den Umfang und das Aussehen deutlich verändert. Inwieweit Luxus-Fahrzeuge ausreichen, von jenen ungünstigen Körperpartien abzulenken oder teure Maßanzüge helfen diese unauffällig zu kaschieren und damit ein sportlich, attraktives Auftreten zu suggerieren, beurteilt jeder Mann jeweils selbst. Wichtig ist, dass sich diese Männer wohlfühlen. Das Ausmaß der Zufriedenheit ist schlussendlich das Resultat aus der Kombination von beruflichen Inhalten, persönlichem Engagement, individuell vertretbarem Zeiteinsatz, erwartetem Erfolg und externen Einflussfaktoren. Soweit hier eine subjektive Ausgewogenheit besteht und ein Mann sich wohlfühlt und zufrieden ist, stört auch kein Bäuchlein. Dann strahlt ein Mann all das aus, was ihn in seinem Erfolg attraktiv und sexy macht.

Nicht nur im Auto, im Maßanzug oder verdeckt durch andere „Schutzschilder" wollen Männer eine gute Figur abgeben. Diese Phase beginnt in aller Regel dann, wenn nicht nur gesundheitliche oder optische Notwendigkeiten auftreten, sondern auch private Veränderungen und Zwänge einem Mann neue Prioritäten auferlegen. Infolgedessen gewinnen oftmals Sport und gesunde Ernährung wieder eine vordergründigere Rolle, um leistungsfähiger und ausdauernder im Business zu sein, aber auch attraktiver und anziehender. Nun heißt es, nicht mehr 50, 60 oder mehr Stunden in der Woche nur in die Karriere zu investieren, sondern noch früheres Aufstehen oder späteres Ins-Bett-gehen zu Gunsten der körperlichen Ertüchtigung. Ergänzend zu Maßanzug und Luxus-Fahrzeug gewinnen sportliche Outfits an Bedeutung. Sportklamotten, Laufschuhe und Stirnlampe oder das sündhaft teure Rennrad oder Mountainbike schmücken nun zusätzlich den dynamisch erfolgreichen Mann. Zu Zielvorgaben und Leistungsdruck im Business kommen nun selbst gesteckte sportliche Ziele, um wieder geringeres Gewicht auf die Waage und kleinere Konfektionsgrößen im Kleiderschrank zu bekommen.

▶ Der persönliche Erfolg präsentiert sich nicht mehr alleine an der Position, dem Karriere-Package oder Statussymbolen, sondern sehr wohl auch an der körperlicher Fitness bzw. dem äußeren Erscheinungsbild. Quantitative Zielgrößen begleiten Männer nicht nur im Business, sondern auch im Privaten auf dem sportlichen Weg, um erfolgreich und sexy zu sein.

14.3 Kennzahlen steuern das Handeln, bestimmen aber nicht allein den Erfolg

Für jeden bedeutet beruflicher Erfolg etwas anderes. Der eine misst ihn an der Höhe seines Gehaltes und den damit verbundenen monetären Möglichkeiten sich von anderen abzuheben bzw. Wünsche zu erfüllen. Ein anderer bewertet den Erfolg an seiner Position und der damit verknüpften Macht und Einflussnahme. Bei dem einen ist es der größere Dienstwagen, bei dem anderen die Bonuszahlung. Für manche bedeutet beruflicher Erfolg, wenn persönliche Ziele erreicht wurden, für andere, wenn mit einem Team gemeinsam etwas aufgebaut wurde. Der eine empfindet Erfolg, wenn er Anerkennung in der täglichen Arbeit von seinem Vorgesetzten erhält und der andere, wenn er Mitarbeiter führen und fördern darf. Bei manchen ist es ein beruflicher Erfolg, wenn er tun kann, was seinem Talent entspricht oder sein Hobby ist, und bei anderen ist es der Erfolg, wenn er einer sinnvollen Aufgabe nachgehen kann. Dies sind nur einige der mannigfaltigen Ansichten über Erfolg.

▶ Der berufliche Erfolg ergibt sich durch eine individuelle Mischung aus intrinsischen und extrinsischen Faktoren, die einen Mann interessant, attraktiv und sexy machen.

Auf Unternehmensseite wird der Erfolg in der Regel an allgemeingültigen und individuellen KPIs (Key Performance Indicators) gemessen. Kennzahlen wie Marktanteile, Umsatzsteigerung, Eigenkapitalrentabilität, Margen, EBIT, um nur einige zu nennen, verdeutlichen den Erfolg eines Unternehmens, eines Bereichs oder einer Einheit bzw. Teams. Zahlen, die in Tabellen oder Berichten mit Punkt-, Linien-, Kreis-, Balken- oder Säulendiagrammen manchmal täglich, oftmals wöchentlich oder monatlich vor Augen führen, wo das Unternehmen im Vergleich zu seinem Mitwettbewerbern steht, inwieweit die Zielvorgaben erreicht wurden oder wo der Trend zukünftig hinführt.

In unserer globalisierten Wirtschaft zählen wachsende Marktanteile, steigende Umsatzzahlen, höhere Renditen, stärkere Profitabilität oder sinkende Kosten, um wettbewerbsfähig zu bleiben und Konkurrenten zu verdrängen. Shareholder Value steht im Vordergrund und damit die Maximierung des Vermögens der Eigentümer. Die Unternehmensziele orientieren sich daran und abgeleitet davon die Ziele derer, die zu diesen Erfolgskennzahlen beitragen. Vor dem Hintergrund heißt es festgelegte Ziele und Erwartungen zu erfüllen, um Aktienwerte des Unternehmens zu steigern bzw. Übernahmen oder gar Schließungen zu verhindern.

▶ Das Erreichen gesetzter sachlicher oder objektiver Ziele, wie auch emotionaler Ziele macht den Erfolg aus.

In der Wirtschaft ist es wie im Sport. Zahlen präsentieren den Grad des Erfolges. Das Torergebnis beim Fußball, die Platzierung in der Formel Eins oder die Zeit beim Marathon: Der Erfolg wird quantitativ gemessen, dokumentiert und präsentiert. Im Business sind es Wochen-, Monats-, Quartals- und Jahresergebnisse in Berichten oder Reports, die kontinuierlich in Soll-/Ist-Abweichungen aufzeigen, inwieweit man auf dem „richtigen Weg" zum gesetzten Ziel und damit zum Erfolg ist. Kennzahlen, manchmal sogar in täglicher Frequenz, sollen den internen Wettbewerb anheizen, wöchentliche Reports die kurzfristige Entwicklung demonstrieren und monatliche Berichte die Tendenz für das Geschäftsjahr aufzeigen.

Erfolg im Business stellt sich dann ein, wenn definierte Zielvorgaben erreicht oder gar übererfüllt werden. Häufig werden Ziele recht hoch gesteckt und stellen damit eine wirkliche Herausforderung dar, die nicht ohne besonderes Engagement und außerordentlichen Einsatz zu erreichen sind. Im Beratungsbusiness werden zwar auch Systemlösungen verkauft, aber der überwiegende Teil der Leistungen wird durch Consultants geliefert, also durch menschlichen Einsatz.

Überall da, wo Menschen durch ihr Handeln Einfluss auf Lösungen, Prozesse und Ergebnisse haben, spielen Faktoren wie Loyalität, Motivation, Anerkennung, Wertschätzung, Achtung, Respekt, Engagement, Produktivität und eine positive Einstellung eine entscheidende Rolle. Wird ein Mitarbeiter eher als Ressource als ein Mensch betrachtet und anhand quantitativer Werte gemessen, hat dies nicht nur unternehmensinterne Auswirkungen, sondern beeinflusst in Folge auch das Image eines Unternehmens in negativer Weise.

Fehlende Achtung und Respekt schaffen Unzufriedenheit und Enttäuschung. Unzureichende Anerkennung und Wertschätzung deprimieren und demotivieren und tragen nicht zur Wertschöpfung bei. Mangelnde Loyalität und Motivation fördern kein engagiertes und positives Handeln. Sinkendes Engagement und Produktivität tragen nicht dazu bei qualitativ und quantitativ mehr zu leisten und damit zum Erfolg aktiv beizutragen.

Damit Unternehmen im Dienstleistungssektor den immer stärker wachsenden und sich ändernden Markt- bzw. Kundenanforderungen gerecht werden, erfordert es also nicht nur innovative Lösungen und kosteneinsparende Dienstleistungen, sondern vor allem auch gut ausgebildete und erfahrene Mitarbeiter, die motiviert und engagiert sind.

Kommen diese nicht in ausreichendem Umfang zum Einsatz bzw. werden in entsprechendem Maße gefördert, können zum Beispiel festgelegte Einsparungsmaßnahmen im Rahmen von Optimierungsprojekten wie auch verbesserte Prozesse im täglichen Business scheitern. Der Mensch beeinflusst durch sein Handeln diese Arbeitsabläufe. Stimmen die Ziele und Rahmenbedingungen für den Einzelnen nicht, hat dies Einfluss auf seine Leistung und sein Engagement und somit lassen sich detaillierte Planungen, kontinuierliche Hochrechnungen, ausgeklügelte Kalkulationen oder genaueste Berechnungen nicht realisieren und beeinflussen folglich in negativer Weise den gemeinschaftlichen Erfolg.

Kompetenz, Know-how, Erfahrung, Wissen, Expertise und Können, all das sind Werte, die ein Mann im Beratungs- bzw. Dienstleistungsbusiness weiter entwickelt und die ihn motivieren. Er kann diese Fähigkeiten messen, sei es an der Anzahl der Studiengänge, deren Beurteilung bzw. Abschluss oder an den Trainings, Seminaren oder Weiterbildungen, die er karrierebegleitend besucht hat. Ergänzend dazu weist sein Curriculum Vitae diverse Projekte aus, die auf seine praktische Erfahrung und Expertise hinweisen. Dies alles sind notwendige, aber keine hinreichenden Voraussetzungen für einen beruflichen Erfolg.

Neben den Erfahrungen, die ein Mann in seinen Beruf einbringt, ist aber vor allem auch entscheidend, ob er mit der Tätigkeit, die er ausführt, im Einklang ist, um damit erfolgreich zu werden. Eine bestimmte Rolle oder Position ist dabei nicht alleine entscheidend und auch nicht Prestige oder materielle Befriedigung. Häufig sind es schon die

Freiräume, die eingeräumt werden um (neue) Aufgaben auszuführen, die interessant, abwechslungsreich oder sinnstiftend empfunden werden. Der inhaltliche (Mehr)Wert einer Tätigkeit liefert den persönlichen Antrieb und Bestätigung. Bei dem einen ist es die spezielle Expertise, die man einbringen und weiterentwickeln möchte, beim anderen ist es die Herausforderung neue Rollen übertragen zu bekommen. Der passende Einsatz und angemessene Entwicklungsmöglichkeiten sind entscheidend dafür, dass ein Mann Spaß und Freude empfindet, bei dem, was er tut. Diese innere Selbstzufriedenheit schafft zudem äußere Anziehungskraft, die auf einer immateriellen Ebene zum Wirken kommt.

Unternehmen strukturieren um, Positionen verändern sich, Prozesse werden digitalisiert oder outgesourct und damit erhalten bisherige Tätigkeiten neue oder veränderte Inhalte. Der Mann ist im Laufe seiner Karriere gefordert sich auf diesen steten Wandel einzustellen und seinen Tätigkeitsbereich neu zu definieren bzw. zu finden, um sich optimal zu positionieren. Dies erfordert Kreativität, Flexibilität und Anpassungsfähigkeit und ist zumeist mit neuen Aufgaben, einem anderen Arbeitgeber oder dem Sprung in die Selbständigkeit verbunden.

▶ Wenn ein Mann liebt, was er tut, verleiht ihm das ein Flow-Erlebnis und er wirkt damit auf sein Umfeld positiv, dynamisch, überzeugend, motivierend und engagiert und ist folglich deutlich leistungsfähiger.

Motivation, Engagement und Leistungsfähigkeit treiben die Karriere an. Beförderungen sind dabei ein Teil des Erfolgs, die häufig mit der Erwartung größerer Freiräume an Entscheidungsmöglichkeiten, Selbstbestimmung und Durchgriff einhergehen. Nicht selten ist der berufliche Aufstieg damit verbunden, dass diese Möglichkeiten jedoch nicht immer im gleichen Maße mitwachsen. Interne Politik, Vorgaben, „Leitplanken", Abhängigkeiten oder interne Prozesse erscheinen stringenter und schränken die Möglichkeiten der Entscheidungsfreiheit teilweise ein. Diese Rahmenparameter sind aber nicht nur als Nachteil zu betrachten, denn sie können je nach Struktur und Implementierung sehr wohl auch von Vorteil sein. Dann nämlich, wenn sie transparent und unmissverständlich den Weg aufzeigen, den man einzuhalten bzw. zu gehen hat, sowie die Ziele, die man zu erreichen und am besten über zu erfüllen sollte. In der Regel sind das dann, oder sollten es zumindest sein, ganz klar messbare Ergebnisse, die das Handeln beeinflussen sowie steuern, um den beruflichen Aufstieg zu machen, den Bonus zu erhalten und für etwaige weitere Entwicklungsmöglichkeiten innerhalb des Unternehmens zur Diskussion zu stehen. Nicht selten sind es aber auch Interdependenzen oder gegenläufige Ziele zwischen Teams oder Bereichen, die Entscheidungsfreiräume eingrenzen und damit Erfolge beschränken, behindern oder gar ausschließen.

Rein rechnerisch ist es logisch und zu erwarten, dass positive Ergebnisse einzelner Einheiten zu einem positiven Gesamtergebnis beitragen. Jedoch kann ein interner Wettbewerb bewirken, dass eine für den Gesamterfolg auch kontraproduktive Konkurrenzsituation geschaffen wird. Im Beratungsbusiness kommt es u. a. darauf an, dass Consultants kontinuierlich und profitabel in Projekten eingesetzt sind. Deshalb sind Ziele auf Kennzahlen wie zum Beispiel Auslastung und Profitabilität sinnvoll. Der Berater ist meist nicht nur beim Kunden im Einsatz, sondern unterstützt bei der Akquise neuer Kunden, beim Verkauf von Dienstleistungen und Lösungen oder bei der Erstellung von Angeboten, je nach Erfahrung und Expertise. Derartige Tätigkeiten werden häufig auch nachgehalten und führen somit zu weiteren Kennziffern bzw. Zielgrößen, an denen Erfolge gemessen und verglichen werden. In der Praxis fließen nicht selten mehrere zu erreichende Zielwerte additiv oder vielleicht sogar multiplikativ in das Gesamtergebnis. Je nach Struktur der eingesetzten Zielmodelle besteht für den Einzelnen die Chance die verschiedenen Kenngrößen zu optimieren. Ist dies nicht möglich, werden unweigerlich negative Ergebnisse die Folge sein und Unzufriedenheit und Demotivation sind vorprogrammiert. Die Folge ist, dass das Engagement sinkt, wenn eine persönliche oder kollektive Einflussnahme ab einem bestimmten Zeitpunkt nicht mehr realistisch ist. Divergierende und sogar gegenläufige Einzelziele können nur dann sinnvoll verfolgt werden, wenn diese in irgendeiner Form optimierbar sind. Bandbreiten, innerhalb derer man seine Ziele steuern und in Summe erreichen kann, können hierbei hilfreich sein. So kann beispielsweise das Ziel Vollauslastung eines Teams durch Einsatz in Projekten mit eher niedrigeren Tagessätzen erreicht werden, was sich jedoch auf mögliche weitere Zielgrößen wie Marge und Profitabilität wahrscheinlich nachteilig auswirken wird. Die Einflussnahme auf die Zielerreichung ist ein wesentlicher Faktor, um unternehmerisches Handeln zu fördern und mehr Engagement zu erreichen.

Vergleichbar ist dies mit übergreifenden Zielen. Durch gemeinschaftliche Maßnahmen können sich in manchen Konstellationen positivere Ergebnisse erzielen lassen, als wenn man ausschließlich individuelle Ziele verfolgt. Diese Vorgehensweise hat Chancen für die Gesamtheit, führt aber unter Umständen dazu, dass eigene Ziele nicht mehr zu erreichen sind. Beispielsweise kann es sinnvoll sein, erfahrene Mitarbeiter an Lösungen oder Angeboten arbeiten zu lassen, statt in einem Projekt einzusetzen, wodurch zwar fakturierbarer Umsatz verlorengeht, aber dafür eine höhere Chance besteht einen neuen Kunden oder ein neues Projekt zu gewinnen, bei dem weit mehr Mitarbeiter zu interessanten Konditionen zum Einsatz kommen. Erfolg hängt somit nicht grundsätzlich von der individuellen Zielerreichung sowie der damit verbundenen kontinuierlichen und vorwiegend kurzfristigen Kennzahlenüberwachung und -auswertung ab.

Erscheinen Ziele als unrealistisch, nicht beeinflussbar und damit unerreichbar, gefährdet dies den Erfolg, was wiederum weder die Motivation noch das Engagement fördern und folglich zu Unzufriedenheit, Demotivation oder gar Resignation führen wird. Keine guten Voraussetzungen für ein Unternehmen im Dienstleistungssektor, um mit einer zwar gut ausgebildeten, aber wenig motivierten Mannschaft erfolgreich zu werden. Hilfreich ist es also abzuwägen, welche Entscheidungen zu treffen sind, um Ziele zu optimieren und dabei auch Chancen für positive kollektive Ergebnisse mit zu berücksichtigen, an denen der einzelne dann trotz unterschiedlich erfolgreicher Einzelzielwerte partizipieren kann, um erfolgreich zu sein.

▶ Eine Win-win-Situation besteht, wenn der Erfolg auf beiden Seiten in gleicher Weise interpretiert wird, durch entsprechende Zielvereinbarungen festgeschrieben, die realistisch, fordernd wie auch erreichbar und beeinflussbar sind.

Die Zielerreichung ist der Gradmesser für den Erfolg. Weisen Berichte auf, dass Werte nicht im Trend oder Vorgaben nicht erreicht werden können, gilt es häufig Maßnahmen festzulegen und umzusetzen, um möglichst kurzfristig einen „Kurswechsel" zu erzielen. Es heißt also frühzeitig ungewünschten Entwicklungen entgegenzuwirken, um unliebsame und negative Überraschungen zu vermeiden und betroffene Bereiche wieder in-line zu bringen.

Nicht selten besteht wenig Zeit genauer zu analysieren, was die Ursachen für die identifizierte negative Entwicklung sind, welche Maßnahmen effektiv wären und wie diese möglichst effizient umgesetzt werden können. Die Folge ist, dass unzureichende Maßnahmen implementiert werden, die nicht zu den erwarteten Ergebnissen führen. Erschwerend kommt dazu, dass in aller Regel für diese Maßnahmen entsprechende weitere Kennzahlen definiert und in neuen Reports dokumentiert werden. Jene Kennziffern gilt es dann ebenfalls zu messen und nachzuweisen. Dies erweckt nun den Eindruck eines Perpetuum mobile. Da nicht selten damit das Augenmerk auf das Messen der weiteren Kennziffern gerichtet ist, verlieren die inhaltliche Betrachtung der eingeleiteten Maßnahmen sowie die Entwicklung der äußeren Umstände, die ebenfalls Einflusskriterien sein können, den Fokus.

Es ist aber nicht nur zu überprüfen, ob die passenden Maßnahmen zum Einsatz kommen, sondern auch ob sie angemessen verständlich und umsetzbar sind. Häufig sind es nämlich einer oder mehrere der folgenden Aspekte, die es verhindern, dass definierte Maßnahmen korrekt umgesetzt werden können, und positive Ergebnisse liefern:

- fehlende Kenntnisse über Ursachen von Problemen in der Zielerreichung,
- Definition und Einsatz nicht passender Maßnahmen und Lösungen,
- Festlegung und Messung unpassender quantitativer Zielwerte,
- fehlende Beachtung qualitativer Zielwerte,
- unzureichende Kommunikation und damit fehlendes Verständnis,
- Einsatz ineffizienter Prozesse und Systeme,
- fehlende unterstützende Materialien oder Produkte,
- nicht ausreichende personelle bzw. zeitliche interne Unterstützung.

▶ Ein klares Verständnis über die Ursachen von Problemen ist eine notwendige Voraussetzung, um die richtigen Maßnahmen oder Lösungen zu identifizieren bzw. umzusetzen und daraus abzuleiten, inwieweit man auf dem richtigen Weg zum Erfolg ist.

Beim Sport kommen nicht nur die technisch aktuellsten Sportinstrumente zum Einsatz, sondern man analysiert den Gegner, schaut sich die eigene Spieleraufstellung an und motiviert die Spieler, Höchstleistungen im Wettbewerb zu bringen. Im Business besteht durch das häufig mehrheitliche Kümmern um interne Prozesse und die damit oftmals verbundenen immer stärker wachsenden administrativen Tätigkeiten die Gefahr zu wenig Zeit und Intensität in die Analyse des sich stetig verändernden Marktes, den Mitbewerbern und den fortschreitenden Trends und Entwicklungen zu investieren. Es sind also nicht nur die Zahlen, die man im Innen betrachten und kritisch interpretieren und verfolgen muss, sondern auch Rahmenbedingungen im Außen, die beobachtet und analysiert werden müssen, um passende Maßnahmen zu definieren, abzuleiten, anzupassen oder umzusetzen. Es heißt zwar häufig, Fehler zunächst bei sich selbst zu suchen, aber man sollte keinesfalls den Blick über den Tellerrand außer Acht lassen, sondern auch die externe Seite einbeziehen, um die Ist-Situation besser beurteilen und zukünftige Schritte zum Erfolg effektiver und effizienter gestalten zu können.

▶ So global der Markt ist, so komplex sind entsprechend die Ursachen und Wirkungen im Business und die Lösungsszenarien, die man einbeziehen muss, um Erfolg zu haben.

Häufig wird dabei nur auf Symptome, nicht aber auf die Ursache einer negativen Entwicklung geschaut. Wenn im Auto beispielsweise der Ölwechsel angezeigt wird, geht man wohl kaum hin und wechselt die Ölanzeige aus, sondern erneuert das Öl. Ähnlich stellt es sich auch im Business dar. Reports stellen positive wie auch negative Ergebnisse einer bestimmten Periode dar und repräsentieren damit Symptome, deren es Ursache im negativen Falle zu ergründen gilt. Nicht selten werden in ersten Ad-hoc-Maßnahmen veränderte oder angepasste Auswertungen mit ähnlichen oder vergleichbaren Zahlen in anderer Form neu erhoben. Dies trägt nur bedingt zu einer Verbesserung der Ergebnisse bei. In der Regel verursachen sie eher Mehr-Aufwand, der meist nicht im Verhältnis zu den erzielten Verbesserungen steht. Die Folge ist, dass weitere Zahlenkolonnen analysiert, mit Kommentaren versehen und weitere Aktivitäten definiert werden, die dazu beitragen sollen, die jeweiligen schlechten Werte in gute zu wandeln. Es gibt sicherlich Situationen, in denen diese Vorgehensweise stimmig ist. Dennoch sollte dabei beachtet werden, dieses Vorgehen zeitlich zu beschränken, da eine derartige kontinuierliche Überwachung bzw. Rechtfertigung über einen längeren Zeitraum weder zur Motivation beiträgt noch die Kreativität fördert, um die eigentlichen Auslöser negativer Ergebnisse zu ergründen und zu eliminieren. An Symptomen rumzudoktern ist manchmal eine kurzfristige aber sicher keine langfristige Lösung.

In komplexeren Konstellationen ist eine genauere Analyse der eigentlichen Gründe des Problems erforderlich, um „den Kahn wieder auf Kurs" zu bringen. Schieflagen können beispielsweise sein, dass Aufwände sich als größer erweisen als ursprünglich geplant, Termine nicht wie vorgegeben eingehalten werden oder die Qualität nicht wie versprochen erzielt wird. Nicht selten wird die Schuld für derartige Fehlentwicklungen dem Projekt-Manager bzw. seinem Team zugerechnet. Der unverzügliche Austausch unzureichend qualifizierter oder falsch eingesetzter Projektleiter oder Team-Mitglieder sowie auch die kurzfristige Messung und das Reporting von den Problempunkten, um diese zu korrigieren, erweisen sich unter bestimmten Umständen sicherlich als korrekt. Sie sind aber nicht grundsätzlich die Lösung derartiger Probleme. Insbesondere dann nicht, wenn man die eigentlichen Ursachen nicht kennt oder einfach auch nicht mehr präsent hat.

Probleme im Projektverlauf können ihre Ursachen bereits in der Planung haben. Deshalb liegt es nahe u. a. auch in Betracht zu ziehen, ob nicht bereits im Angebot Aufwände berechnet wurden, die nicht realistisch sind. Gegebenenfalls wurden diese auch bewusst niedrig kalkuliert, um das Projekt zu gewinnen respektive zu „kaufen". Gleiches gilt, wenn Terminzugeständnisse gemacht wurden, die der Projektumfang in keinster Weise zulässt, aber eventuell dazu verholfen haben gegenüber der Konkurrenz zu punkten. Ebenso ist es mit Qualitätsversprechen, die nicht eingehalten werden können, weil unter Umständen die entsprechenden Standards aufgrund fehlender Qualifikationen oder Systeme nicht realisiert werden können. Sind derartige Entscheidungen bewusst eingegangen bzw. getroffen worden, so sind diese beim Controlling entsprechend zu dokumentieren und dem Projekt-Team gegenüber zu kommunizieren, damit die Unzufriedenheit und Demotivation über solch eine Ausgangslage und die damit geringe Wahrscheinlichkeit erfolgreich zu sein, nicht den weiteren Projektverlauf zusätzlich negativ beeinflussen. Entsprechende Kompensationen für Teams, die unter solchen Voraussetzungen aktiv sind, erweisen sich in aller Regel als unterstützend und motivationsfördernd.

> Der Weg zum Erfolg beginnt, wenn ein Mann die Ursachen erkennt, die den Erfolg verhindern und nicht, wenn man versucht Symptome aus der Welt zu schaffen.

Nicht selten besteht das Problem bei der Implementierung von Maßnahmen auch darin, dass sich der Sinn dieser Aktion dem einzelnen nicht erschließt oder das Verständnis dafür nicht besteht. Oftmals sind fehlende, unzureichende oder falsche Kommunikation die Gründe dafür, dass definierte Aktivitäten nicht verstanden werden, nicht auf das nötige Verständnis stoßen und darum auch nicht entsprechend umgesetzt werden und folglich die gewünschten Ergebnisse erzielen. Die Ausführung solcher Maßnahmen entwickelt sich dann eher zu einem „Blindflug" und Handlungen werden nur noch als Aktionismus oder als reine Vorgabe betrachtet, die man umzusetzen hat. Eine Unterstützung im täglichen Business wird zumeist nicht erkannt. Die Inhalte und der Nutzen überwiegen nicht mehr, sondern eine nicht selten kontinuierliche Anzahl an Berichten und Reports mit Zahlenkolonnen, die vom eigentlichen Business ablenken. Bleiben Verbesserung der Zielwerte aus, bekommt das Vorhaben „Maßnahmen-Verfolgung" eine Eigendynamik. Häufig ist es ursächlich nicht einzig die Unfähigkeit oder der Unwille der Teams, vorgegebene Zielwerte nicht zu erreichen, sondern es wurden unter Umständen Kennziffern festgelegt, die die Zielerreichung nicht in geeigneter Weise repräsentieren. Zudem ist es nicht selten, dass auch nicht entsprechend ausgebildete Mitarbeiter eingesetzt sind, die für diese Tätigkeiten vorgesehen sind.

Den Umsatz zu steigern bedingt eine erfolgreiche Kunden-Akquise, den Verkauf von Produkten bzw. das Gewinnen neuer Projekte. Schafft man es, neue Kunden zu gewinnen und diesen oder bestehenden Auftraggebern Lösungen oder Projekte zu verkaufen, dann ist ein Teil des Erfolges geschafft. Werden Produkte korrekt geliefert oder Projekte dann auch noch „in time and budget" durchgeführt und abgeschlossen, ist der Erfolg perfekt. Um Kunden zu gewinnen und zu überzeugen, bedarf es zwar auch Vorgaben und Messungen wie z. B. Anzahl wöchentlicher Kundenkontakte, aber vor allen Dingen sind derartige Vorgaben an diejenigen zu richten, die für diese Aufgabe qualifiziert sind. Jeder Berater kann indirekt auch als ein „Verkäufer" betrachtet werden, da er zwar als Repräsentant eines Consulting-Unternehmens bei Kunden auftritt, jedoch dort in der Regel mit anderen Expertisen und Fähigkeiten sein Potenzial einsetzt. Somit sind quantitative Erwartungen in Richtung Akquise nicht bei jedem Mitarbeiter und in jedem Umfang sinnvoll. Neben quantitativen Zielgrößen darf in diesem Beispiel der qualitative Aspekt sicherlich nicht außer Acht gelassen werden.

Durch eine große Anzahl an Kundenkontakten, die pro Woche oder Monat vorgabegemäß absolviert werden, erreicht man zwar die gesetzten Kennzahlen, aber gewinnt nicht notwendigerweise neue Kunden oder Projekte. Dies treibt in erster Linie die Rührigkeit der Consultants an, erhöht damit auch die Wahrscheinlichkeit für mögliche Akquise-Erfolge, ist aber nicht die Garantie auf Erfolg. Manchmal ist weniger auch mehr. Wenige aber dafür gezielt gut vorbereitete Kundenkontakte erfüllen kurzfristig zwar nicht die vorgegebenen Zielwerte, an denen der Berater gemessen wird, führen mittelfristig aber zu neuen Kunden und damit zu wichtigen Projekten. Wird der Fokus hauptsächlich auf die Anzahl geführter Kundengespräche gelegt, besteht die Gefahr, dass der Blick mehrheitlich nach innen auf die Zielerreichung gerichtet ist und versucht wird, irgendwelche Termine auszuweisen, um die Zielwerte zu erreichen. Kunden zu überzeugen hängt nicht allein von der Menge der Termine ab, sondern inwieweit man den Markt des Kunden kennt, die Herausforderungen des Kunden versteht und überzeugend innovative Lösungen oder passende Dienstleistungen für dessen aktuelle Situation oder bevorstehende Entwicklungen anbieten kann. Dies erfordert genaues Zuhören, exaktes Zusammenfassen der übermittelten Informationen und Einholen von Feedback über das, was man verstanden hat. Auf dieser Grundlage lassen sich passende Lösungsangebote vorbereiten, die den Bedürfnissen des Kunden entsprechen. Diese und einige weitere Schritte benötigen Zeit und passende Expertise und sollten sich in den entsprechenden Zielkennzahlen widerspiegeln, um zum Erfolg zu führen und vor allem auch den betroffenen Mitarbeiter zu motivieren, sich bei Kunden zu engagieren.

▶ Die vorrangige Betrachtung und Überwachung gesetzter quantitativer Zielgrößen ist eine hinreichende Bedingung für den Erfolg, aber keine notwendige.

Erfolg im Business bedeutet, Kunden mit bedarfsgerechten, passenden oder auch innovativen Produkten oder Dienstleistungen zu marktgerechten Preisen erfolgreich zu machen, und dabei selbst profitabel zu sein und stetig zu wachsen, um sich am Markt behaupten zu können. Das, was ein Unternehmen ausmacht bzw. für was es steht, ist sein Dienstleistungs- oder Lösungs-Portfolio. Die Digitalisierung schafft immer mehr Transparenz und damit Vergleichbarkeit, was zielgruppenorientierte und wirtschaftliche Alleinstellungsmerkmale unabdingbar machen. Vergleichbare Dienstleistungen und Lösungen, wie sie Wettbewerber auch anzubieten haben, erhöhen den überaus anstrengenden Kampf, der zunächst über Umfang und Qualitätskriterien geführt, aber schlussendlich häufig auch über den Preis entschieden wird. Der Druck steigt, den Deal zu gewinnen und somit sind Preisnachlässe, die Einführung von Rabattstaffeln, die Gewährung längerer Zahlungsziele oder sonstige Ermäßigungen die Folge, die bei zunächst gleichbleibenden Kosten zu niedrigeren Margen und damit geringerer Profitabilität führen. Solche Konstellationen können sich wiederum negativ auf die Zielwerte auswirken.

Es heißt also, sich so abzuheben, um höhere Preise verlangen, aber auch erzielen zu können. Dies schafft man entweder durch innovative oder neue Produkte und Lösungen, die gefordert, aber nicht von vielen Mitbewerbern geliefert werden können oder durch ein Nischenthema, das kaum Konkurrenten in ihrem Portfolio mitführen. Aber auch besondere Qualitätsmerkmale von Produkten oder Lösungen können Alleinstellungsmerkmale sein. Entscheidend ist, warum ein Kunde ausgerechnet bei einem Unternehmen kaufen soll. Sofern man kein „Boutique-Anbieter" ist, also Spezialthemen offeriert, sind es nicht selten Innovationen, mit denen man sich abhebt. Diese sind nicht notwendigerweise neue Erfindungen, sondern es sind manchmal etwas andere Kombinationen, Ergänzungen bzw. Anpassungen existierender Produkte, Lösungen und Dienstleistungen, die das gewisse Etwas ausmachen. Es ist deshalb von Zeit zu Zeit sinnvoll, etwas Abstand vom Gewohnten zu nehmen, eine andere Perspektive einzunehmen, den Blick auf anderes zu richten und die Zeit für kreative Entwicklung zu investieren. Manche Unternehmen haben hierfür spezielle Teams oder Einheiten, um kreative (Weiter-)Entwicklungen zu betreiben. Nicht selten sind das aber einfach auch nur Teams bestehend aus Technikern oder Fachpersonal, die Spezialthemen vorantreiben, Mitarbeitern, die vertrieblich bei Kunden unterwegs sind, oder aber auch Beratern, die vor Ort auf Projekten im Einsatz sind. Letztere erhalten durch längere Projekteinsätze, Zugänge zum Kunden-Intranet oder durch ihre Integration in Kunden-Teams andere aber auch mehr interne Informationen. Dies ist für ein noch besseres Verständnis der Herausforderungen und Bedürfnisse der Kunden hilfreich, und unterstützt, dass Lösungen entwickelt werden, die bedarfsgerecht und umsetzbar sind.

Die Einbeziehung einzelner Team-Mitglieder hat nicht nur den positiven Effekt, dass sie ihre Erfahrung einbringen und aktiv an den Lösungen mitwirken können, die sie oder Kollegen später vertreiben bzw. bei Kunden umsetzen, sondern auch den nicht unwesentlichen Nebeneffekt, dass man ihnen damit Wertschätzung und Anerkennung entgegenbringt. Dies fördert die Identifikation und Loyalität mit dem Unternehmen und trägt damit maßgeblich zum Engagement und zur Motivation bei.

> ▶ Erfolg erreicht man mit einem Portfolio aus Lösungen und Dienstleistungen, die sich von Mitbewerbern unterscheiden und den Kunden kurzfristig und nachhaltig dazu verhelfen, besser und erfolgreicher zu werden.

Im Beratungsgeschäft kommt es auch darauf an, mit Kreativität und Einfühlungsvermögen auf Kunden einzugehen, ihr Business und ihren Markt kennenzulernen bzw. zu verstehen. Ein Auftraggeber hat keinen Grund einfach so ein Produkt zu kaufen, ein Projekt zu vergeben oder Berater einzusetzen, um einem Dienstleister oder Lieferanten einen Gefallen zu erweisen. Es sind ausschließlich seine Bedürfnisse, Herausforderungen, Pläne und Ziele, die ihn veranlassen, sich für ein Produkt, eine Lösung oder Dienstleistung einer Beratungsgesellschaft oder eines Lieferanten zu entscheiden. Der Kunde will erleben, dass er im Mittelpunkt steht, seine Belange verstanden und passende Ideen, Lösungen und Leistungen „in time and budget" aber auch in der avisierten Qualität und Quantität bereitgestellt oder geschaffen werden. Ist dies der Fall, dann ist er bereit, einen marktgerechten Preis zu zahlen und ein Mann hat in aller Regel einen langjährigen und verlässlichen Kunden gewonnen, der ihm umgekehrt zu weiterem Erfolg verhelfen kann, aber auch Anerkennung, Wertschätzung sowie Respekt entgegenbringt.

▶ Erfolg erzielt ein Mann nicht notwendigerweise deshalb, weil er verkauft, was er anzubieten hat und damit seine internen Ziele erfüllt, sondern weil er verkauft, was der Kunde benötigt, um dessen Ziele zu erreichen und erfolgreicher zu werden.

In einer globalisierten Wirtschaft, die mit immer schneller wechselnden technischen Möglichkeiten ein immer höheres Maß an Transparenz erzeugt, ist es eine Maxime, dass im Business immer kurzfristigere Erfolge erzielt werden müssen, um sich effektiv und effizient auf dem Markt zu positionieren. Die Konkurrenzsituation und die Schnelllebigkeit in der Wirtschaft verkürzen die Erfolgszyklen. In immer engeren Zeiträumen müssen Umsätze gesteigert, Margen erhöht, Kosten reduziert und Marktanteile gewonnen werden. Die Zeitspanne für das Erzielen von Erfolgen wird bestimmt von Quartalsabschlüssen, dem Geschäftsjahr oder manchmal auch von der Vertragslaufzeit des jeweiligen Managers.

Kaum ein Unternehmen kann sich also noch langlaufende Projekte erlauben, die unter Umständen erst nach mehreren Jahren Ergebnisse liefern. Das Entwickeln und Aufsetzen von längerfristigen Maßnahmen wird häufig zu Gunsten von Quick-Wins zurückgestellt, weil die Geduld für einen „Marathon" im heutigen Business weder auf Seiten von Kunden noch bei Dienstleistern durchhaltbar sind. Prozesse, Lösungen oder Dienstleistungen müssen sich nicht nur inhaltlich, preislich und qualitativ von Konkurrenzprodukten abheben, sondern möglichst kurzfristig zu Erfolgen führen. Im Business gilt es somit häufig einen „100-m-Sprint" zurückzulegen.

Zum Beispiel erfordert eine frühzeitige Produkteinführung, um sich eine Marktführerschaft zu sichern, eine schnelle und termingerechte Realisierung. Technologische Neuerungen oder fachliche Trends machen kurzfristige Anpassungen und Entwicklungen notwendig. Aber auch gesetzliche Anforderungen bedingen nicht selten recht kurzfristige Aktionen, um diese termingerecht vorweisen zu können. Ebenso ist es, wenn ungewisse wirtschaftliche Prognosen bestehen und damit Aufträge bzw. Projekte so aufzusetzen sind, dass man nutzbare Teilergebnisse erreichen und ausliefern kann, und bei Bedarf auch das verbleibende Vorhaben stoppen kann, ohne dass es ein Totalverlust bedeutet.

In all diesen Fällen sind agile und flexible Systeme und Projektpläne erforderlich, um kurzfristig reagieren und handeln zu können. Systeme müssen jederzeit modular anpassbar und kompatibel sein. Projekte sollten in ihren Phasen verwertbare (Teil-)Lösungen einplanen, um in kürzester Zeit auf neue Anforderungen anpassbar zu sein.

Dies ist nicht nur zum Vorteil des Auftraggebers. Damit erlebt auch ein Berater kurzfristigere Erfolgserlebnisse, was seine Ziele und Motivation positiv beeinflussen, aber auch die Chance bietet schneller Karriere zu machen.

▶   Die Strecke zum Erfolg wird stets kürzer und das bedeutet höhere Flexibilität, Agilität und Kreativität.

Mit der zunehmenden Globalisierung nimmt der Konkurrenzdruck zwischen den Unternehmen bzw. der Kostendruck innerhalb der Unternehmen kontinuierlich zu. Dieser Trend war bereits bei Industriebetrieben vor Jahrzehnten deutlich spürbar. Lange bevor der Slogan „Geiz ist geil" durch die Medien geisterte, herrschte im produzierenden Gewerbe massiver Kostendruck und dies zog die Umsetzung von radikalen Einsparungsmaßnahmen nach sich. Vor einigen Jahren folgte die Finanzbranche diesem Kurs. Es zeigt sich, dass die Interdependenzen und die immer engere Verzahnung zwischen Unternehmen, aber auch die zunehmende Technologisierung diese Entwicklung beeinflussen. Optimierungen, Rationalisierungen und Einsparungen herrschen in der Wirtschaft seit Jahren mehr oder weniger mit gleicher Intensität.

Wenn alle technischen und organisatorischen Maßnahmen ausgereizt sind, bleiben häufig nur noch personelle Rationalisierungsmaßnahmen. Diese werden häufig zunächst in Back-Office-Funktionen umgesetzt. Funktionen wie zum Beispiel Human Resources, Rechnungsabwicklung, Finance, Accounting oder Facility Management werden optimiert, reorganisiert, restrukturiert, oder gar gänzlich outgesourct. Diese Entwicklung in Unternehmen ist für das Beratungsbusiness positiv, da hierdurch mit einem Anstieg derartiger Aufträge zu rechnen ist. Sie macht aber nicht vor den Beratungsunternehmen halt. Auch Beratungshäuser führen Inhouse-Optimierungen von Prozessen, Regeln und entsprechenden Systemen durch, die es ermöglichen sollen, das Business noch effektiver und effizienter abzuwickeln. Prozesse, in denen bisher Spezialisten Standard- wie auch Sonderfälle abgewickelt haben, werden häufig durch Systeme ersetzt, die mehr oder weniger geeignet sind, um den Berater zu unterstützen. Nicht selten werden im Rahmen dieser Umstellungen sogenannte „Self-Service-Systeme" zum Einsatz gebracht, die jene Mitarbeiter, die bisher diese Aufgaben durchgeführt haben, ersetzen oder auf ein notwendiges Minimum reduzieren. Was bleibt, sind häufig interne Einheiten im Ausland, zum Beispiel in Ländern wie Tschechien, Ungarn, Indien oder auf den Philippinen, oder externe Dienstleister, die in unterschiedlichsten Funktionen „zuarbeiten" und damit den Weg zum Erfolg unterstützen sollen. In beiden Fällen sind zumeist nicht die Ziele kongruent mit denen, die ein Mann in seiner Beraterfunktion zu erfüllen hat, was das Erreichen von Zielvorgaben dann nicht immer stressfrei verlaufen lässt.

Abgesehen von unterschiedlichen Zielvorstellungen sind diese neuen Prozesse und Systeme oder Unterstützungseinheiten nur dann hilfreich und nützlich, wenn sie nicht nur professionell umgesetzt und eingeführt, im Vorfeld hinreichend kommuniziert und geschult wurden, sondern schlussendlich auch für ihre Nutzer einen Mehrwert und eine Entlastung schaffen.

Nicht selten aber werden solche organisatorischen Entscheidungen semi-professionell umgesetzt, da wenig Zeit für die Planung und Einführung eigener Prozesse und Systeme besteht, ganz zu schweigen für die Einbeziehung entsprechender Experten. Ein Grund hierfür ist in Teilen auch, dass dieser Prozess häufig mit Mitarbeitern durchgeführt wird, die nicht auf Projekten im Einsatz sind. Bis zu ihrem nächsten Auftrag sind sie für solche internen Aufgaben verfügbar, bringen aber unter Umständen nicht die entsprechende benötigte Qualifikation mit. Ein Vertrautmachen mit dieser Thematik und eine angemessene Einarbeitung sind erforderlich. Dies hat für den einzelnen zunächst den positiven Nebeneffekt der Erfahrungsausweitung. Winkt jedoch der nächste Kundeneinsatz, sind es dann nicht selten diejenigen, die gerade eingearbeitet sind oder entsprechende Erfahrung mitbringen, die abgezogen werden, um den externen Umsatz zu unterstützen. Ein Nachfolger wird folglich derjenige, der nicht auf einem externen Projekt im Einsatz ist. Er übernimmt ebenfalls nicht oder nur teilweise eingearbeitet das interne Projekt, um hausinterne Optimierungs-, Outsourcing- oder Rationalisierungsmaßnahmen durchzuführen. Ökonomisch betrachtet ist das bis zu einem gewissen Punkt sinnvoll und nachvollziehbar, aber geht in aller Regel zu Lasten der Qualität eigener Prozesse und Systeme.

Entgegen vorgegebener Methoden einer professionellen Projektdurchführung, die man üblicherweise beim Kunden einzusetzen hat, wird bei hausinternen Projekten nicht selten eher eine „Light-Version" zum Ansatz gebracht, was folglich zu Ergebnissen führt, getreu dem Motto „der Schuster hat immer die schlechtesten Schuhe". Hausinterne Projekte sind mit der gleichen Ernsthaftigkeit und den gleichen Maßstäben wie Kundenprojekte abzuwickeln und fertigzustellen, da es auch hier „Kunden" gibt, die einen Qualitätsanspruch haben.

Wird dies nicht entsprechend berücksichtigt, kann die Folge mangelnde Unterstützung und Entlastung sein, denn Abläufe und Systeme erweisen sich in Teilen aufwändiger, komplizierter und fehleranfälliger, die Nutzung umständlicher und weniger intuitiv, sowie der Output nur bedingt brauchbar. Unzufriedenheit macht sich breit, da eine effektive Zusammenarbeit aller Beteiligten nicht effizient möglich ist, sondern Mehrarbeit verursacht. Fazit ist nicht selten, dass man durch Unzulänglichkeiten in Standard-Back-Office-Prozessen in seiner eigentlichen Tätigkeit behindert statt unterstützt wird. Die Aufgaben, für die ein Mann in einem Unternehmen ursprünglich eingesetzt ist, rücken aufgrund zumeist zunehmend administrativer und verwalterischer Handlungen immer stärker in den Hintergrund. Es bleibt anhaltend weniger Zeit und Kreativität für das eigentliche Business. Prioritäten verlagern sich auf immer mehr nicht wertschöpfende Aufgaben und man ist vielfach gezwungen, seine Arbeit letztlich noch effektiver und effizienter abzuwickeln, was eher selten gelingt. So mancher versucht dann zuweilen trotz unverändert hohem administrativen und verwalterischen Aufwand, durch Mehrarbeit seinem eigentlichen Arbeitsumfeld wieder mehr Bedeutung und Raum zu geben. Dies wird aber oftmals nicht in ausreichendem Maße gesehen, gewürdigt, wertgeschätzt und bringt somit nicht die erhoffte Anerkennung. Am Ende des Tages bleibt nur die große Erschöpfung und die Frage, was ein Mann eigentlich geschaffen hat und inwieweit er sich mit dem, was er tut, noch identifizieren kann. Leistung und Zeiteinsatz stehen in keinem Verhältnis mehr und damit wächst die Unzufriedenheit mit dem, was man tut. Es zählen vorrangig die Ergebnisse, die sich aus internen Prozessen ergeben und damit zum Unternehmenserfolg beitragen. Folglich nimmt die erfolgreiche Bearbeitung dieser Kennzahlen und Zielwerte zeitweise eine stärker werdende Priorität ein. Für manchen könnte hierdurch der Eindruck entstehen, dass Zweck, Bedeutung und Inhalt des Unternehmens eher in den Hintergrund treten. Nicht selten verringert sich das Engagement und sinkt die Motivation des Einzelnen, da eine Korrelation zum persönlichen Erfolg abnimmt. Oft sind es noch die Kontakte zu den Kollegen und der verbleibende Spaß an dem Rest der ursprünglichen Aufgabe, die den morgendlichen Antrieb geben. Sinkende Einsatz- und Leistungsbereitschaft, mangelnde Identifikation mit und Loyalität zu dem Unternehmen sind die Folge und wirken sich unweigerlich auf den Unternehmenserfolg aus.

Es ist wichtig zu entscheiden, wo und in welcher Form Optimierungs- und Rationalisierungsprojekte durchgeführt werden bzw. ein Outsourcing hilfreich und nützlich ist, wobei dann aber Vorgehensweisen bzw. Qualitätsmaßstäbe eines Kundenprojektes zugrunde gelegt werden sollten.

▶ Qualitativ gut kommunizierte und gemanagte Prozesse sowie effiziente und unterstützende Systeme halten einem den Rücken frei, um motiviert und engagiert das eigentliche Business voranzutreiben und erfolgreich zu werden.

Nicht immer bleibt über all die Jahre die anfängliche berufliche Euphorie. Was zunächst spannend und interessant erschien, wird zum Alltag und zur Routine und weist, wie ein in die Jahre gekommenes Auto, Beulen und Kratzer auf. In der heutigen Arbeitswelt sind es aber keinesfalls nur Routine und Langeweile, die Unzufriedenheit schaffen, sondern sehr wohl auch das Gegenteil. Stete Reorganisationen in immer kürzeren Zyklen sind heute die Antwort auf Konkurrenzdruck und Marktpositionierung. Damit heißt es, sich in oftmals über aus kurzen Zeiträumen auf neue Organisationsstrukturen, umgestellte Prozesse und Systeme, verändernde Märkte, aggressive Konkurrenten und anspruchsvolle Kunden einzustellen, was häufig eher Unruhe schafft. In diesen dauernden Veränderungsprozessen ist ein Mann gefordert sich zu positionieren und zu beweisen. Oftmals bleibt hierzu neben der eigentlichen Tätigkeit kaum mehr die Zeit. Häufig bringen diese Veränderungen nicht nur technische und organisatorische Veränderungen mit sich, sondern auch personelle. Mitarbeiter werde entlassen oder verlassen das Unternehmen. Neue Teams bilden sich und müssen sich zunächst kennenlernen und aufeinander einstellen. Dies erfordert Zeit. Eine Vielzahl von zusätzlichen Reorganisationsaufgaben wird notwendig, um ein

Team wieder auf Speed zu bekommen, und steht damit in Konkurrenz mit der Verfolgung der zu Jahresbeginn gesetzten Ziele. Nicht selten erweisen sich diese in solchen Veränderungsprozessen dann als unrealistisch oder nicht mehr erreichbar, da sie sich auf bisherige und nicht auf die sich neu ergebenden Rahmenbedingungen beziehen. Zudem kommt, dass sich ein Mann durch den steten Wandel und kontinuierliche Sondereinsätze kaum mehr mit der eigentlichen Arbeit identifizieren kann. Es fehlt hierbei häufig auch die notwendige Unterstützung sowie Zeit. Aber auch die Anreize erweisen sich nicht selten als zunehmend unattraktiv. Was jedoch in aller Regel bleibt, sind die Erwartungen an die Erbringung der Zielvorgaben. Aus großem Engagement wird irgendwann, durch steten Wettbewerb und Druck um die Zielerreichung, Unzufriedenheit oder gar Resignation.

▶ Erfolg erfordert ein ausgewogenes Maß an Flexibilität und Veränderungsbereitschaft einerseits, aber auch Konstanz und Anpassungsmöglichkeiten andererseits.

Kontinuierliche (Weiter-)Entwicklung von Dienstleistungen und Lösungen einerseits sowie Optimierungen von Prozessen und Systemen andererseits sind notwendig, um Marktanforderungen gerecht zu werden. Nicht selten werden damit neue Zielwerte definiert und zusätzliche Berichte generiert, um den Erfolg dieser neuen Systeme, Prozesse, Produkte und Dienstleistungen zu messen. Sie dienen dann in der Regel dazu Erklärungen abzugeben, Rechenschaft abzulegen und Maßnahmen zu definieren, nach denen man wiederum gemessen wird. Manchmal sind es ganze Teams, die sich mit der Erstellung wöchentlicher, monatlicher, quartalsmäßiger bzw. jährlicher Berichten beschäftigen. Das Reporting weist vordefinierte Zielgrößen und ihre Abweichungen aus und liefert sichtbare Hinweise auf positive oder negative Kenngrößen. Damit wird vor Augen geführt, wo man im Vergleich zu seinen Kollegen steht. Zumeist wird in solchen Reports nicht auf die Gründe von Differenzen eingegangen, die gegebenenfalls ein schlechtes Ergebnis relativieren könnten. Sie geben auch keine Informationen darüber, welche positiven Aktivitäten parallel vorgenommen wurden. Es besteht damit irgendwann die Gefahr, dass das eigentliche Ziel des Unternehmens nicht mehr im Vordergrund steht, sondern sich mehrheitlich alles um die Erreichung von Kennzahlen und die Definition von neuen Maßnahmen dreht, sofern die Zielwerte nicht erreicht werden.

Die logische Schlussfolgerung aus dem steten Kreislauf von regelmäßigen Maßnahmen-Definitionen und Maßnahmen-Messungen kann somit nur noch sein, dass ein Mann irgendwann versucht, das Reporting zu überlisten. Niemand möchte kontinuierlich in Berichten im Vergleich zu anderen als schlechter, erfolgloser und damit unter Umständen als unfähig präsentiert werden. Am liebsten möchte man dort gar nicht erscheinen und wenn möglichst mindestens im Mittelfeld, um allen Fragen und Diskussionen aus dem Weg zu gehen. In diesem Moment manifestieren sich zwei kontraproduktive Entwicklungen. Auf der einen Seite kommt es zu einer reinen „Nabelschau", da sich das Augenmerk mehrheitlich darauf richtet, was man anders machen kann, um den Vorgaben bzw. Zielwerten in den Reports gerecht zu werden, andererseits verselbstständigt sich dieser Prozess und die Kreativität fokussiert sich auf „How to beat the system". Man versucht alles, um das System auszutricksen, sofern Zielwerte kaum erreichbar erscheinen. Dies ist ein weiterer bedenklicher Aspekt auf dem Weg zu Erfolg. Man beginnt alles zu tun, um mehrheitlich die Zahlen zu erfüllen, nicht immer aber die Inhalte zu generieren, die es benötigt, um die Ziele zu erreichen. Nicht selten wird alle Energie in ein Zahlen-Tuning verschwendet. Der Blick richtet sich nun nicht mehr im Schwerpunkt darauf was das eigentliche Business ist, sondern auf das Erbringen der „richtigen" Zahlen. Und damit verliert man die Zeit, Energie und Kreativität, um sich der eigentlichen Zielsetzung des Unternehmens und damit seiner, zu widmen.

Geschäftsziel eines Unternehmens ist es sicher nicht, zunehmend komplexer werdende, heterogene interne Systeme zur Ausführung einer steigenden Anzahl an internen Genehmigungsprozessen und Abwicklungsprozeduren zu implementieren, sowie eine anwachsende Menge an Rechenschaftsberichten und Kennzahlen-Berichten zu generieren, um Mitarbeiter in ihrer Arbeit zwar in erster Linie unterstützen zu wollen. Schlussendlich kann dies aber den Eindruck erwecken, dass Mitarbeiter in ihren Verantwortlichkeitsbereichen überwacht und durch die Komplexität dieser Prozesse und Berichte eher belastet statt entlastet werden. Ziel eines ausgewogenen Reportings sollte sein, Mitarbeiter zu informieren, wo das Unternehmen wirtschaftlich oder ein Bereich bzw. eine Einheit in der Erbringung ihrer Zielwerte steht, insbesondere, wenn der Bonus und ähnliche Zielwerte von diesen Kennziffern abhängen.

Neben offenen, ehrlichen oder auch kritischen Darstellungen von Kennzahlen sind auch positive und motivierende Aussagen essentiell. Stattdessen werden zunehmend die schlechten Nachrichten, die negativen Entwicklungen oder rückläufige Kennzahlen hervorgehoben. Nicht selten stehen diese in stundenlangen Meetings, in wiederholenden Diskussionen oder Telefonkonferenzen im Vordergrund. Verteidigungs- und Rechenschaftsdiskussionen prägen nicht selten die Meeting-Kultur, und man verliert sich meist in viel zu langen und unnützen Debatten über operationale Details. Es werden immer seltener klare Visionen, mögliche Chancen oder positive Entwicklungen betrachtet und analysiert. Meetings drehen sich kaum mehr darum, welche Potentiale bestehen, die man nutzen kann, um genau dort hin zu kommen, wo man sein will, sondern ihre Teilnehmer blicken eher in die Vergangenheit und diskutieren häufig viel zu lange darüber, warum etwas so gekommen ist, wie es sich aktuell darstellt. Man beschäftigt sich vorherrschend und intensiv mit all dem, das nicht erfolgreich läuft, so dass sich dies unweigerlich zu einem „Mantra" entwickelt, das wie eine selbsterfüllende Prophezeiung unweigerlich wirken muss. Während das Glas eigentlich halb voll wäre, wird stets suggeriert, dass es halbleer ist. Man bewegt sich in einem Umfeld zunehmender Frustration, Unzufriedenheit und Demotivation. An diesem Moment heißt es, sehr viel eigene Motivation mitzubringen, um den Motor am Laufen zu halten.

> ▶ Erfolg erreicht ein Mann nicht durch die stete Betrachtung all dessen, was man nicht mehr will, sondern durch den Fokus auf das, was er erreichen möchte.

Konkurrenz und Wettbewerb gibt es im Sport wie in der Wirtschaft. Im Sport sagen Zahlen etwas über den Erfolg aus. Sei es im Wettbewerb gegen Gegner oder gegen sich selbst beim Erreichen von Zeitvorgaben. Gute Ergebnisse zu erzielen, bedingt körperlich fit, gut trainiert und mental eingestellt zu sein. Dies aber wiederum bedeutet mehr oder weniger regelmäßige Vorbereitung, Geduld und Ausdauer, je nachdem was immer man erreichen möchte. Sei es, einmal einen Marathon in einer bestimmten Zeit zu laufen, ein einstelliges Handicap beim Golfen zu erreichen oder bis zu den Sommerferien überflüssige Pfunde verloren zu haben. Stetigkeit, Talent und Training sind die wesentlichen Faktoren für ein erfolgreiches Vorankommen und das Erreichen realistischer Ziele.

Im Business erfolgreich zu werden erfordert vergleichbare Grundvoraussetzungen. Auch hier steht der Mensch, sofern es sich um den Dienstleistungssektor handelt, im Mittelpunkt. Er ist das Kapital, das zum Einsatz kommt und entsprechend ausgebildet und auf dem neuesten Stand sein muss. Um den Menschen in Höchstform zu bringen bzw. zu halten, sind in der Beratungsbranche nicht nur kontinuierliche Projekte maßgeblich, die weitere Erfahrung mit sich bringen und damit den Curriculum Vitae des einzelnen zunehmend in seinem Wert steigern. Fachliche oder technische Kompetenz und Erfahrung wächst über die Jahre und ist für Kunden sehr wichtig, denn diese fordern zunehmend Ideen und Lösungen, um erfolgreicher, stärker und mächtiger zu werden und immer seltener sogenannte „Erfüllungsgehilfen", die in Ermangelung an eigener Expertise oder eigenem Personal zum Einsatz kommen. Um auf Augenhöhe mit Kunden kommunizieren und passende Lösungen definieren, entwickeln und anbieten zu können, erfordert dies auch immer häufiger einen Schritt voraus zu sein und antizipieren zu können, in welche Richtung fachliche oder technische Trends gehen. Das Wissen, das ein Mann bisher gesammelt hat, ist dabei hilfreich, aber nicht immer ausreichend. Der Blick nach vorne ist hier notwendig. Entscheidend sind folglich das Investment in fachliche oder technische Fortbildung und damit das Erlangen von Zertifikaten bzw. der kontinuierliche Blick auf Marktrends, industriespezifische fachliche Entwicklungen und technische Tendenzen aber nicht selten auch gesetzliche Anforderungen.

Wirtschaftlichkeits- und Rentabilitätsüberlegungen in Unternehmen offenbaren, dass immer häufiger auch Fortbildungsmaßnahmen aufgrund von Kostendruck und Einsparungsentscheidungen auf ein Minimum reduziert oder gar gänzlich gestrichen werden. Inzwischen werden aber immer häufiger Aus- und Weiterbildungsmodelle eingesetzt, bei denen alternative Formen der Finanzierung Berücksichtigung finden, um Training trotz wirtschaftlicher Engpässe zu ermöglichen. Sei, dass die Kosten zwischen dem Unternehmen und dem Mitarbeiter in einem bestimmten Verhältnis geteilt werden, oder dass die Kostenübernahme durch den Arbeitgeber mit einer festgelegten Bindung des Mitarbeiters an das Unternehmen gekoppelt ist. Sofern er diese nicht einhält, muss der Mitarbeiter die Kosten komplett oder in Teilen ersetzen.

Vor dem Hintergrund derartiger wirtschaftlicher Restriktionen, ist es umso wesentlicher, begrenztes Budget zielgerichtet einzusetzen und Fehlinvestitionen auszuschließen. Als Voraussetzung erfordert dies einerseits eine klare Vision des Unternehmens, eines Bereichs oder Abteilung über den personellen quantitativen und qualitativen Bedarf und andererseits Transparenz darüber, welche Qualifikation ein Mann besitzt und folglich systematisch weiter auf- bzw. ausbauen sollte. Gezieltes Training oder Coaching auf dieser Basis wird sich sehr schnell als positiver Return on Investment erweisen. Diese konsequente und systematische Entwicklung der Expertise und somit der Veredelung des „Kapitals" Mensch hat ganz nebenbei auch positive und motivierende Effekte. Er fühlt sich unweigerlich anerkannt und wertgeschätzt, denn das Unternehmen investiert in ihn. Er erbringt nicht nur Höchstleistung, sondern wird auch auf diesem Weg unterstützt und gefördert und nicht nur gefordert.

> ▶ Strategische, konsequente und systematische Personalplanung und -entwicklung sind unabdingbare Bestandteile, um erfolgreich zu werden sowie die Motivation für das Vorankommen zu steigern.

Im Business trägt zwar der einzelne mit seiner Expertise und Erfahrung zur Zielerreichung bei, aber das Team schafft den Erfolg. Ein Vorstand macht ein Unternehmen nicht ohne die Unterstützung seiner Bereiche und deren Mitarbeiter erfolgreich, ein Bereichsleiter schafft es nicht ohne den Zusammenhalt seiner Einheiten und der Abteilungsleiter erreicht alleine nichts ohne seine Teams. Es ist wie im Mannschaftssport. Als Individuum im Team schafft ein Mann es auch seine Erfolge zu erzielen.

Mit den Teams, die zusammenarbeiten, ist es ähnlich wie mit den verschiedenen Zielkenngrößen, die in der richtigen Höhe und Kombination zum Erfolg führen. Die Mischung an Qualifikation, Geschlecht und Alter macht ein erfolgreiches Team aus. Nicht die Summe von ausschließlich jungen „Alpha-Männchen" optimiert das Ergebnis und führt zum Erfolg, sondern die optimale Zusammenstellung. Im Sport ist es in Teilen vergleichbar. Eine erfolgreiche Sport-Mannschaft setzt sich auch aus Spielern unterschiedlicher Fähigkeit, Erfahrung und Eignung zusammen. Neben der richtigen Mischung der entsprechend qualifizierten Team-Mitglieder sind deren optimalen Einsatzbereiche sowie die passenden Positionierungen essentiell.

Im Business ist eine passende Zusammensetzung mindestens ebenso wichtig, um erfolgreich zu sein. Erfahrene Consultants bringen die Expertise und Souveränität mit, um Kunden zu überzeugen, Projekte zu leiten bzw. Lösungen zu realisieren. Sie leisten, aufgrund ihrer langjähriger Erfahrung bei unterschiedlichsten Kunden in diversen Branchen und an den richtigen Stellen eingesetzt, wertvolle Beiträge und tragen unter anderem dazu bei, jüngere Mitarbeiter zu coachen. Junge Consultants können sich an der Seite routinierte Kollegen entwickeln und Erfahrung sammeln. Aber nicht nur die Mischung aus Jüngeren und Älteren, sondern auch verschiedene erforderliche Qualifikationen vervollständigen ein erfolgreiches Team. Es braucht den Vertriebstyp, der auf existierende aber auch neue Kunden zugehen, Dienstleistungen und Lösungen präsentieren sowie verkaufen kann. Dann benötigt es die technisch versierten Berater(Innen), die Senioren-Projektleiter(Innen) oder die erfahrene Change Manager(Innen), qualifizierte Tester(innen) und ähnliche Spezialisten oder auch Generalisten. Abhängig vom jeweiligen Projektauftrag macht es die Ausgewogenheit aus, nicht nur in Bezug auf das Alter und Erfahrung, sondern auch bezüglich der Geschlechter.

Unsere globale Welt ist ein vernetztes Business von Konkurrenten, Partnern, Kollegen, Mitbewerbern, Lieferanten oder Investoren. Eine Wirtschaft mit Verbindungen zwischen Kontinenten, Ländern, Regionen und Menschen. Es geht auch da nicht mehr vorrangig um den Einzelnen und dessen Ziele, sondern um die Gemeinschaft. Eine wesentliche Grundlage in dieser weltumspannenden Kooperation, sei es innerhalb eines international agierenden Großkonzerns oder zwischen Partnern aus unterschiedlichen Ländern, ist das Verständnis für die Unterschiedlichkeiten aller Beteiligten und der Wille, diese möglichst reibungslos miteinander zu verbinden und zu einem erfolgreichen Ganzen zu integrieren. Dies erfordert nicht nur die Berücksichtigung und Integration kultureller und arbeitsrechtlicher Divergenzen, sondern ebenso eine positive und offene Einstellung ohne jegliche Ressentiments für einen gemeinsamen Austausch von Expertisen, Erfahrungen und Fähigkeiten, damit man seinen Erfolg teilen kann.

▶ Erfolg entwickelt sich in ausgewogenen und abgestimmten Teams mit der optimalen Zusammensetzung aus unterschiedlichen Erfahrungen, abgestimmten Qualifikationen beider Geschlechter und verschiedener Alterslevel.

In der Beratung gehören Einsätze in unterschiedlichen Teams aber auch als einzelner bei wechselnden Auftraggebern in Projekten zur Tagesordnung. Folglich ist ein Mann in diesem Business darauf angewiesen, dass dieses variable Umfeld stets aufs Neue positive und motivierende Einflüsse erhält. Formen der Zusammenarbeit, der persönlichen Kontakte aber auch der Kommunikation zwischen Hierarchie-Ebenen spielen hierbei eine nicht unwesentliche Rolle, um sich in seiner Tätigkeit bzw. Position eingebunden sowie wohl zu fühlen und damit sich verstärkt zu engagieren und erfolgreich einzubringen. Aber auch Aspekte wie Fairness, Verlässlichkeit und Vertrauen sind in derartigen Umfeldern relevant. Einen nicht unerheblicher Anteil daran trägt ein Mann natürlich selbst, denn so wie ein Mann auf Menschen zugeht, mit ihnen zusammenarbeitet und kommuniziert, so reagiert dieses Umfeld wiederum auf ihn und unterstützt ihn auf seinem Weg zum Erfolg.

Es sind aber nicht nur stetig wechselnde Projekt- und damit Kommunikationsumfelder, die ein konstruktives Miteinander erfordern, um erfolgreich zusammenzuarbeiten. Auch exponierte Situationen, wie zum Beispiel schwierige bzw. schlechtlaufende Projekte oder negative wirtschaftliche Entwicklungen machen eine verlässliche Kooperation und Kommunikation zwischen und innerhalb von Teams noch weit wichtiger, um derartige ungünstige externe Einflüsse weitgehend unbeschadet zu überstehen. Erfahrungsgemäß ist ein positiver und kollegialer Zusammenhalt essentiell, um sich einerseits gegenseitig zu helfen und zu unterstützen, andererseits verhilft dies, nicht nur eine positive Stimmung nach innen zu erhalten, sondern auch nach außen Optimismus und Loyalität für das Unternehmen zu demonstrieren.

▶ Erfolg zeigt seine positiven und attraktiven Seiten überall da, wo Menschen kollegial und wertschätzend miteinander zusammenarbeiten.

14.4 Ein Meer an Möglichkeiten – Das berufliche Netzwerke

Das Beratungsbusiness bietet, insbesondere auch dem jungen Mann, der sich noch nicht beruflich festgelegt hat, hervorragende Chancen, in unterschiedlichsten Industrien, bei verschiedensten Kunden und in diversesten Themen zum Einsatz zu kommen und dort Erfahrungen zu sammeln, aber auch seine Expertise einzubringen. Wenn man sich also zunächst „ausprobieren" möchte und sich noch nicht für eine Branche oder eine Firma festlegen kann und will, so ist dies ein idealer Startpunkt in eine Karriere mit verschiedensten Möglichkeiten. Dieser Beruf bietet damit auch mannigfaltige Gelegenheiten, ein breites berufliches Netzwerk auf- und auszubauen, das für die Karriere von Vorteil ist. Sei es, eine neue berufliche Herausforderung zu finden, neue Kunden zu akquirieren oder Lösungen und Dienstleistungen zu verkaufen.

In der Beratungsbranche ist es nicht unüblich, dass man auch einmal die Seiten wechselt und seine Expertise auf Auftraggeberseite in einer Linienposition einbringt und damit weitere Erfahrungen aus dieser Perspektive dazu gewinnt. Was ein Mann zunächst als Consultant von außen kennengelernt hat, erfährt er dann aus einer Innensicht verbunden mit weiteren betriebsinternen Aspekten. Diese unterschiedlichen Sichtweisen sind oft hilfreich, um effizientere und effektivere Lösungen zu kreieren bzw. Managemententscheidungen zu treffen. Sei es in der Linienfunktion in einem Unternehmen oder wiederum als Consultant, denn nicht selten führt der Weg zurück in die Beratung, wenn man reich an Erfahrung dann souverän und sicher bei Firmen auftritt. Diese unterschiedlichen Ansichten vervollständigen nicht nur den Blick auf das Business und ermöglichen eine bessere Einschätzung und Bewertung des jeweiligen Standpunktes, sondern verhelfen gleichfalls das berufliche Netzwerk deutlich auszubauen.

Die Flexibilität auf dem Arbeitsmarkt hat sich in den vergangenen Jahren aus vielerlei Gründen deutlich gewandelt. Zum einen wechselt man heute aus Karriere-, privaten oder geografischen Gründen deutlich häufiger seinen Arbeitgeber und zum anderen erzwingen zunehmende Einsparungs- und Restrukturierungsmaßnahmen innerhalb von Unternehmen berufliche Veränderungen. Damit erscheint der Arbeitsmarkt in Teilen unsicherer, bietet aber andererseits auch Chancen sich persönlich zu entwickeln, sich neuen Herausforderungen zu stellen und damit auch eine Karriere aktiv zu kreieren. Ob diese Veränderungen nun aus eigener Initiative oder betriebsbedingten Gründen vollzogen werden, ist nebensächlich. Tatsache ist, dass die Anzahl der Kunden, Kollegen, Partner, Lieferanten aber auch Konkurrenten, mit denen man in irgendeiner Form zusammengearbeitet oder in einem sonstigen beruflichen Kontakt gestanden ist, kontinuierlich ansteigt und folglich sein berufliches Netzwerk ausweitet und aufwertet.

Nicht nur der persönliche Einsatz, die wachsende Erfahrung, die zunehmende Expertise und der kontinuierliche Aufstieg innerhalb eines Unternehmens machen den Erfolg aus. Heute gewinnt mehr denn je das berufliche Netzwerk an Bedeutung, das sich in erster Linie aus ehemaligen Kollegen und Kunden zusammensetzt, aber auch aus Konkurrenten und potenziellen Kunden. Je nach Industriezweig bzw. Business ist man in dieser globalisierten Welt nicht nur mit Mitbewerbern und Kunden in seinem unmittelbaren Umfeld oder dem eigenen Land konfrontiert, sondern mit denen aus der ganzen Welt. Das Netzwerk kann sich also häufig auch als weltumspannend erweisen.

Vernetzt zu sein bringt nicht nur eine steigende Anzahl interessanter Menschen, sondern vor allem neue Impulse, Ideen und Input, sofern man das Netzwerk entsprechend nutzt. Die Kontakte können im aktuellen Business unterstützend sein aber auch bei einer zukünftigen Neuausrichtung. Das ist auch der Grund, warum Business-Plattformen wie z. B. LinkedIn, Xing u. Ä. an Bedeutung gewonnen haben. Kontakte öffnen Türen, liefern wertvolle Informationen oder sind einfach das Sprungbrett in das Meer neuer Möglichkeiten und Herausforderungen. Voraussetzung ist, dass man dieses Netzwerk pflegt und das bedeutet bis zu einem bestimmten Grad im Gespräch bzw. interessant und interessiert zu sein und zu bleiben sowie sich auszutauschen. Kontakte ohne Bezug oder kontinuierliche Pflege werden wertlos, sofern sie es nicht schon von Anfang an sind.

Um nicht nur das noch unbekannte Feld an Konkurrenten und Partnern kennenzulernen und sich damit vertraut zu machen, sondern auch Interessenten zu gleichen Themen anzutreffen, sind Fachzeitschriften wie auch Wirtschaftsclubs oder Industrie-Verbände bzw. themenbezogene Vereinigungen wesentliche Foren, um sich zu präsentieren, Kontakte zu knüpfen, sich auszutauschen und das berufliche Netzwerk zu erweitern. Man kann diese Plattformen nutzen, um durch Vorträge oder Fachartikel interessant und im Gespräch zu bleiben.

Da sich das Netzwerk zunächst aus Kontakten des unmittelbaren Umfeldes entwickelt, spielen hier bereits Kommunikation, Umgang und Verhältnis mit diesen Menschen eine nicht unwesentliche Rolle. Vom Zeitpunkt der Einstellung über den Zeitraum der Zusammenarbeit bis zu dem Moment der Trennung ist ein achtungsvolles und wertschätzendes Miteinander entscheidend. Gegenseitiges Vertrauen und Kollegialität, sowie Anerkennung und Respekt sind somit nicht nur wesentliche Faktoren auf dem gemeinsamen Weg zum Erfolg, sondern ganz besonders auch in den Momenten, in denen Gründe dafür sprechen getrennte Wege zu gehen. Was immer auch die Ursache ist, dass eine Zusammenarbeit nicht mehr fortgesetzt wird, sollte man stets daran denken, dass man sich in der Regel immer ein zweites Mal begegnet und folglich ist eine faire, respektvolle und anständige Trennung nicht nur wichtig, sondern früher oder später unter Umständen sogar eher zuträglich und hilfreich. Man darf dabei auch nie vergessen, dass die Menschen, mit denen man in irgendeiner Form zu tun hatte, sich ebenfalls weiter entwickeln und irgendwann und irgendwo an einer entscheidenden Position sitzen, die unter Umständen in irgendeiner Form nützlich und förderlich für den eigenen beruflichen Erfolg sein könnten.

▶ Im beruflichen Netzwerk spielt nicht so sehr die Quantität, sondern die Qualität der Kontakte und deren Pflege eine entscheidende Rolle für den Erfolg.

14.5 Über die Autorin

Dagmar A. Verloop ist Beraterin und Managerin und seit über 20 Jahren in Beratungsunternehmen und Banken erfolgreich tätig. Die studierte Betriebswirtin entwickelte und implementierte Anwendungen, analysierte und optimierte Prozesse oder baute Organisationseinheiten auf. Ihre langjährige Erfahrung im Sales und in der Leitung von Einheiten oder Projekten ließen immer wieder erkennen, dass der Fokus auf Fachwissen, Technik oder Zahlen nicht ausreichen um Erfolg zu erzielen. Der Faktor Mensch und die (interne) Kommunikation spielen im Organisations- und IT-Umfeld ebenso bedeutende Rollen. Sie versteht sich als Bindeglied zwischen der fachlichen und der technischen Welt, in der sie Menschen unterschiedlichster Disziplinen zusammenführt und zu Teams aufbaut. Mit Spaß und Abwechslung, mit Kreativität und Erfahrung, sowie mit Respekt und Wertschätzung, begleitet sie diese, um gemeinsame Ziele zu erreichen. Hieraus entwickelte sie nicht nur Ihr breites Netzwerk, sondern sie engagiert sich seit mehreren Jahren auch als Management-Coach und Mentor, und unterstützt Mitarbeiter und Kunden erfolgreich in ihrer Karriere.

Geheimtipps für Chefs: Was Business-Frauen wirklich denken

15

Vanessa Weber, Katrin Sadwornych, Gwendolyn Stoye-Mingers und Agnes Anna Jarosch

Inhaltsverzeichnis

15.1	Männer haben es auch nicht leicht	282
15.2	Vom Gockelkampf um die Henne	282
15.3	Wenn es knistert: Ein Boss im Bett	285
15.4	Was Frauen eigentlich sagen wollen	288
15.5	Wie Mixed Leadership gelingt	294
15.6	Kreieren Sie Ihren persönlichen Erfolgsmix	297
15.7	So werden Sie zum Frauenversteher – Acht nicht ganz ernst gemeinte Anti-Tipps	304
15.8	Über die Autorinnen	305
Literatur		307

Vier Geschäftspartnerinnen treffen sich, um ein typisch weibliches Gespräch über ihre Erlebnisse in der Businesswelt zu führen. Dabei tauschen sie ihre subjektiven Erfahrungen, Erlebnisse und Tipps aus, wie „Mixed Leadership" gelingen kann. Lauschen Sie der Unterhaltung der vier Business-Ladies, die unterschiedlicher nicht sein könnten:

Vanessa Weber ✉
Benzstraße 4, 63741 Aschaffenburg, Deutschland
e-mail: v.weber@werkzeugweber.de

Katrin Sadwornych
Poststraße 1, 97877 Wertheim, Deutschland
e-mail: katrin.sadwornych@ifskreativ.de

Gwendolyn Stoye-Mingers
Heisfelder Str. 199, 26789 Leer, Deutschland
e-mail: info@stoye-mingers.de

Agnes Anna Jarosch
Agentur Stilwunder, Hohner Str. 25, 70469 Stuttgart, Deutschland
e-mail: agnes.jarosch@stilwunder.org

© Springer Fachmedien Wiesbaden 2016
P. Buchenau (Hrsg.), *Chefsache Männer*, DOI 10.1007/978-3-658-07510-1_15

15.1 Männer haben es auch nicht leicht

Es gibt sie noch, das klassische „Old Boys Network" sowie die typische „Weiberclique". Allerdings sind geschlechtsspezifische Monokulturen im Business out. Eine Durchmischung ist gewünscht, da gemischte Teams aus Männern und Frauen signifikant erfolgreicher sind. Zahlreiche Studien bestätigen diese Ergebnisse. Einige Beispiele:

- Die Managementberatung Accenture (2010) untersuchte die 358 größten Unternehmen aus 24 europäischen Ländern und bestätigt eine signifikante Korrelation zwischen Frauenanteil und Markterfolg: Je mehr Frauen in Führungspositionen, desto höher der Gewinn eines Unternehmens.
- Auch die Unternehmensberatung McKinsey (Devillard et al. 2012) belegt den Zusammenhang zwischen Frauen in Führungspositionen und Gewinn: Die europäische börsennotierten Großunternehmen mit dem höchsten Frauenanteil in Führungspositionen erzielten in den Jahren 2003–2005 knapp 50 % mehr Gewinn als der jeweilige Branchendurchschnitt.
- Diesen Ergebnissen schließt sich die Unternehmensberatung Ernst & Young (2012) mit seiner Studie „Mixed Leadership" an, die 2005–2010 die 300 größten börsennotierten Unternehmen untersuchte. Unternehmen mit mindestens einem weiblichen Vorstandsmitglied steigerten in diesem Zeitraum ihren Umsatz um 64 % und den Gewinn um 89 %. Unternehmen ohne Frau im Vorstand schafften lediglich 44 % (Umsatzsteigerung) und 67 % (Gewinnsteigerung).

15.2 Vom Gockelkampf um die Henne

Der renommierte Zukunftsforscher Mathias Horx (Horx und Friebe 2011) spricht von einem „Female Shift" und die Zeitschrift „Welt" (Hollstein 2013) tituliert in einem Online-Artikel „Der Aufstieg der Frauen ist unaufhaltsam". Solche Entwicklungen haben praktische Konsequenzen. Langsam aber konsequent drängen Frauen in die Chefetagen und es ist verständlich, dass Männer verunsichert sind! Was bedeutet es für das Ego, dass wirtschaftliche Macht keine klassische Männerdomäne mehr sein soll? Instinktiv wissen Männer, wie sie im Gockelkampf um die Henne eine gute Figur machen und Kontrahenten ausstechen. Seit jeher sind Weibchen in der archaischen Männerwelt die Trophäen, die vom tapferen Helden erobert werden. Jetzt müssen die mutigen männlichen Helden lernen, die einstigen Trophäen als Kontrahentinnen ernst zu nehmen und mit ihnen um Macht, Moneten und Meinungsführerschaft kämpfen. Und dabei sollen sie auch noch Gentlemen sein, tadellose Manieren haben und eine gute Figur machen. Da kann man doch nur verlieren, oder?

Lauschen Sie einem typischen subjektiven Business-Frauen-Gespräch und erfahren Sie, wie „Mixed Leadership" aus weiblicher Sicht gelingen kann.

Gwen Vanessa, du bist blond, blauäugig – und Boss. Und das in einer Männerdomäne. Wie kommst du damit klar?

Vanessa Letzte Woche hatte ich in Bonn einen Kongress und ich war eine der wenigen Frauen in Führungspositionen. Was mich wirklich genervt hat, waren die sehr direkten und plumpen Anmachen in den Abendstunden. „Willst du meine Zimmernummer wissen?" war eine der harmloseren Varianten. Ich wundere mich immer wieder …

Gwen Verständlich. Ein Fachgespräch ist schließlich kein Flirt, ein Business-Meeting kein Date. Was machst du in solchen Situationen?

Vanessa Ich bin ja nicht auf den Mund gefallen und habe mittlerweile Standardantworten parat. Ich verstehe nur nicht so genau, was in manchen Männern vorgeht und warum diese das nötig haben. Dass so ein Verhalten nicht angebracht ist sollte ihnen doch wohl klar sein!

Agnes Business-Essen zwischen Mann und Frau sind auch so eine Sache. Ich habe mir angewöhnt, gleich im Einstiegs-Smalltalk auf die Familie zu sprechen zu kommen. Wenn man ein paar Worte zu Ehefrauen, Ehemännern, Kindern und Hunden ausgetauscht hat, sind die Fronten klar. Das entspannt die Situation für beide. Die subtile Gefahr, dass ein geschäftliches Abendessen mit einem Date verwechselt werden könnte, ist dadurch gebannt.

Katrin Ja, das stimmt. Doch einige Männer sind sehr hartnäckig und lassen sich von Ehemännern nicht abschrecken. Sie glauben, Signale zu empfangen, die wir Frauen niemals gesendet haben.

Agnes Da ist was dran. Ich erinnere mich an meinen ersten Job. Es war August und sommerlich warm, als ein Chefredakteur bei mir anrief. Ob es bei mir im Büro auch so heiß sei, fragte er und sagte darauf: „Ich stell mir vor, wie Sie gerade im Bikini am Schreibtisch sitzen". Mir fiel die Kinnlade runter. Zum Glück viel mir ein Konter ein „Oh. Wie interessant! Wenn Sie sich auch vorstellen, wie mein Verlagsleiter in Badehose am Schreibtisch sitzt, kann ich damit leben". Er ist glimpflich davongekommen, denn damit war die Sache für uns beide vom Tisch.

Katrin Gut gekontert! Doch dein Beispiel zeigt: Im Geschäftsleben geht es uns Frauen in erster Linie ums Business. Männern geht es häufig um ihre Männlichkeit und sie nehmen das Business dazu, um ihre privaten Chancen bei Frauen auszuloten. Mich wollte ein Kunde mal bezahlen, damit ich privat mit ihm einen Kaffee trinken gehe.

Gwen Hier vermischen sich zwei Ebenen. Das ist für die Frau eine peinliche Situation. Sie fühlt sich abgewertet. Nicht ernst genommen. Wenn es dann nicht offen angesprochen wird und klare Grenzen gezogen werden, dann kommt es zu Verstimmungen.

Vanessa Alkohol ist auch so ein Thema. Ich erinnere mich an ein Abendessen mit Geschäftspartnern. Es herrschte ausgelassene Stimmung. Der ranghöchste Mann bestellte ein Bier, dementsprechend bestellten die anderen drei Männer auch Bier. Ich mag kein Bier und bestellte ein Wasser. Mein Verhalten wurde durchaus kritisch beäugt. Bis später ein Herr aus der Runde das Thema wieder aufgriff: Ich könne doch ein Bier trinken, das sei viel lustiger. Ich fühlte mich regelrecht genötigt mitzutrinken. Ich weiß: Einige Entscheidungen werden tatsächlich abends beim Bier getroffen, aber das muss ja nicht unter Alkoholeinfluss sein. Ich stehe dazu, dass ich keinen Alkohol mag.

Gwen Ich trinke gerne mal ein Bier. Jedoch entscheide ich selbst, wann ich was esse und trinke. Dies ist ein Eingriff in die Privatsphäre. Wahrscheinlich nicht mal böse gemeint. Es ist ganz üblich, dass es eine Gruppendynamik gibt. Verhält man sich anders, dann haben die anderen das Gefühl, dass man nicht dazu gehören will. Ich bin mir sicher, dass viele Männer froh darüber sind, dass sich hier die Regeln ändern.

Vanessa Ob mit Alkohol oder ohne: Wenn etwas richtig Peinliches vorgefallen ist, kannst du nicht mehr professionell zusammenarbeiten. Mein Appell an Männer ist, professionell in ihrer Rolle zu bleiben.

Unser Tipp: So bleiben Sie in Ihrer Rolle
Die häufigsten Probleme zwischen Männern und Frauen im Business entstehen, wenn einer von beiden unerwartet die berufliche Rolle verlässt. Dazu ein gewöhnliches Beispiel aus dem Alltag:

> **Praxisbeispiel**
> Die Mitarbeiterin Frau Fleißig kommt aus dem Urlaub zurück und stellt erstaunt fest, das ihr Büro umorganisiert ist. Zornig stürmt sie in das Büro ihres Chefs und beschwert sich. Er entgegnet lächelnd: „Immer wenn Sie ärgerlich sind, sind Sie besonders hübsch". Frau Fleißig wird noch wütender. Schließlich geht es hier um die Sache und nicht um ihr Aussehen. Sie hat das Gefühl, billig abserviert und auf Äußerlichkeiten reduziert zu werden. Ihr Chef wollte die Situation mit dem Scherz entspannen und seine Mitarbeiterin aufheitern. Dabei hat er unbewusst seine professionelle Rolle verlassen. Er wurde als Vorgesetzter in seiner Führungsrolle angesprochen und reagierte als „Mann" aus der Geschlechterrolle.

In diese Falle tappte auch der FDP-Politiker Rainer Brüderle im Interview mit der Journalistin Laura Himmelreich. Frau Himmelreich scheiterte beim Versuch, ein professionelles Interview mit ihm zu führen, da dieser von ihrer Oberweite ganz entzückt war und sich zu vermeintlich wohlwollenden Kommentaren hinreißen ließ. Statt in seiner Politiker-Rolle zu bleiben, drängte er die Journalistin in die „Weibchen-Rolle". Wenn Frauen nicht wissen, wie sie sich wehren und wieder auf die Sachebene zurückkommen können, führt so ein Verhalten zu Problemen. Frauen Absicht und Kalkül zu unterstellen, hilft Männern im Geschäftsleben nicht weiter.

Schützen Sie als Chef Ihre Reputation und bleiben Sie in Ihrer professionellen Rolle. Verlassen Sie diese nicht ohne Vorwarnung. Fragen Sie sich: Wäre Ihre Wortwahl auch gegenüber einem Kollegen oder einem Mitarbeiter passend? Eine Äußerung wie „Die Farbe steht Ihnen gut. Mit diesem Outfit haben Sie auf der Bühne eine gute Figur gemacht" wäre prinzipiell auch zwischen Chef und Mitarbeiter denkbar. Eine Formulierung wie „Ihr Outfit ist ganz schön aufregend. Es betont ihre schönen langen Beine" hingegen nicht.

15.3 Wenn es knistert: Ein Boss im Bett

Etwa 11 % aller Paare lernen sich im Büro kennen (Jacobs Krönung Studienreihe 2012). Das bringt häufig Probleme mit sich: Es werden Abhängigkeiten geschaffen, das Risiko der Bevorteilung ist groß, bei Streit oder Trennung leidet oft die Arbeitsleistung beider Personen. Sexuelle Belästigung am Arbeitsplatz ist gesetzlich untersagt, flirten und verlieben am Arbeitsplatz lässt sich jedoch nicht verbieten. Es bleibt ein dauernder Balanceakt, wie Sachlichkeit und Neutralität in der Zusammenarbeit gewahrt bleiben.

Gwen Katrin, dein Partner und du, ihr habt zusammen eine Werbeagentur und da du auch Mitarbeiterverantwortung hast, würde mich interessieren, was du Männern empfiehlst, die sich im Büro verlieben?

Katrin Wenn er sich nicht sicher ist, kann er charmant nachfragen. „Ich hab den Eindruck, dass es zwischen uns knistert. Was meinst du?"

Agnes Ich empfehle darüber hinaus, Business und Privates zu trennen, um keine Abhängigkeiten zu schaffen. Flirt- und Anmachsprüche im Meeting sind unprofessionell. Besser ist die sachliche und räumliche Trennung: „Danke Frau Meier, die Arbeit ist beendet. Ich will jetzt noch eine Kleinigkeit essen. Haben Sie Lust, mitzukommen?" Das gibt Frauen die Gelegenheit, vom Business-Modus in den Privat-Modus zu wechseln. Wenn sie „Ja" sagt, kann er davon ausgehen, dass er Chancen hat.

Gwen Oft missverstehen Männer die Signale, die Frauen senden. Frauen kommen sich bloßgestellt und blöd vor, weil sie auf dem beruflichen Parkett ihre berufliche Rolle erfüllen wollen. Anzügliche Bemerkungen werfen sie komplett aus der Bahn.

Katrin Diese gibt es vor allem wegen der Kleidung. Frauen tragen ihre Businesskleidung auch gerne mal feminin. Das tun sie aber nicht, um attraktiv für Männer auszusehen, sondern um sich wohl zu fühlen.

Vanessa Genau. Ich will im Geschäftsleben auch nicht immer zugeknöpft rumlaufen, sondern Frau sein und mir selbst gefallen. Deshalb bin ich jedoch kein Freiwild.

Agnes Dabei gibt es körpersprachliche Indizien dafür, dass die Frau flirtet. Sie spiegelt die Körpersprache des Mannes, das heißt, sie ahmt unbewusst seine Gesten und Körperhaltungen nach. Sie legt den Kopf schräg, sieht ihm auf den Mund, fährt sich durch die Haare oder spielt mit ihrer Kette. Ihre Augen glänzen. Das können Signale sein, dass eine Frau ihren Chef nicht nur als Vorgesetzten sympathisch findet.

Gwen Katrin, war das bei dir auch so?

Karin Wir haben uns zwar nicht auf der Arbeit kennengelernt, aber dass es wichtig ist, sensibel für Signale zu sein, kann ich nur unterstreichen. Wir haben unsere Beziehung nie vor Mitarbeitern und Geschäftspartnern geheim gehalten, aber haben sie auch nicht auf dem Silbertablett präsentiert. Im Geschäftsleben sind die Gefühle dem professionellen Auftreten untergeordnet. Rumschmusen, Knutschen oder ähnliches hat im Büroalltag nichts zu suchen. Im Kopierraum Knutschen oder ähnliches, das geht gar nicht.

Vanessa Ich kenne das von meinen Eltern, die auch zusammen arbeiten. Man muss aufpassen, dass man beim Abendessen nicht ständig über die Firma spricht.

Katrin Für mich ist das OK, wenn es auf mittlere Sicht ausgewogen ist. Man kann nicht sagen „wir reden zuhause nur über Privates", denn die Bereiche „Privat" und „Geschäft" sind untrennbar in Familienunternehmen. Jeder Bereich fordert von Zeit zu Zeit die volle Aufmerksamkeit. Als unsere Tochter geboren wurde, stand die Familie wochenlang an erster Stelle.

Gwen Es kommt ja auch auf die Größe des Unternehmens und die eigenen Positionen an. In größeren Konzernen hat es Konsequenzen, wenn Chef und Mitarbeiterin sich verlieben, weil direkte Abhängigkeiten bestehen. Das muss man der Personalabteilung mitteilen.

Agnes Katrin, was siehst du so als größte Herausforderung, wenn der Mann der Chef ist?

Katrin Der Mann ist auf der Arbeit der Chef und vergisst auch mal, diese Rolle im privaten Umfeld abzulegen. Da muss Frau auch mal sagen: „Halt, Stopp! Hier hast du nicht absolute Befehlsgewalt."

Vanessa Hm. Mein Partner wirft mir auch häufig vor, dass ich daheim nicht der alleinige Chef bin. Da muss ich mir an die eigene Nase fassen.

Katrin Man muss sich außerdem wirklich gut überlegen, ob man sich überhaupt auf eine Beziehung am Arbeitsplatz einlässt. Es gibt auch mal schlechte Tage und da nimmt man den privaten Ärger unter Umständen mit ins Büro. Ist man auf die Zusammenarbeit mit dem Lebenspartner angewiesen, dann leidet hier die Arbeit. Das kann niemand auf Kommando abstellen. Das gilt nicht nur für negative Emotionen, sondern auch für die Verliebtheits-Phase.

Gwen Was empfiehlst du Chefs?

Katrin Klare Spielregeln. Grenzen helfen uns unsere Gefühle nicht permanent auszuleben. Wir versuchen uns in den klar abgesteckten Handlungsfeldern zu bewegen. Im Extremfall nehmen wir uns die Zeit den Ärger aus der Welt zu schaffen und schieben die Arbeitszeit nach hinten. Wenn du Beziehungsprobleme im Büro auslebst, bist du nicht arbeitsfähig. Und das schlägt sich ganz schnell in der Bilanz nieder.

Agnes Du bist ja das, was man eine Mumpreneur nennt – eine Frau mit Unternehmen und mit Kind. Wie klappt das? Und was wünschst du dir von Männern?

Katrin Ich wünsche mir vor allem Geduld. Manchmal bleibt Büroarbeit liegen, weil die Nächte unruhig sind oder das Kind krank ist. Dann muss man die Erledigung nachholen und das kann schon mal bis zum nächsten Abend dauern. Ich habe mich nicht für ein Kind entschieden, um es optimiert wegzuorganisieren. Manche Männer wissen, wie fordernd das Gesamtpaket ist.

Agnes Da zeigt sich wieder, wie wichtig es ist, Sichtweisen auszutauschen und sich in die Lage des anderen hinein zu versetzen. Das ist sogar ein allgemeiner Beziehungstipp.

Katrin Ja, insbesondere wenn man auf mehreren Ebenen verbandelt ist. Ein Unternehmer-Kollege von mir hat einmal gesagt „Porno gleich Storno". Sämtliche Affären mit Kundinnen, Lieferantinnen oder Mitarbeiterinnen sollte man am besten gar nicht erst beginnen, sofern man sein derzeitiges Lebensmodell nicht komplett ändern will.

Unser Tipp: So bringen Sie Familie und Firma unter einen Hut

Die Erfahrung zeigt: In den meisten Fällen sind weder Männer noch Frauen automatisch in der Lage, die unterschiedlichen Sichtweisen und Verhaltensstrategien zu berücksichtigen. Dadurch entstehen zwangsläufig Missverständnisse. Unterscheiden Sie zwischen Ihrer „Person" und Ihrer „Rolle".

Menschen im Arbeitsleben übernehmen Positionen und Funktionen – und damit „Rollen". Sie sind Ingenieur, Führungskraft, Autofahrer, Familienvater, Ehemann, Sohn – um nur einige zu nennen. Die Anforderungen an die „Rolle" werden von außen gestellt. Von einem Boss erwartet man zum Beispiel Lösungskompetenz, Durchsetzungsvermögen, Entscheidungsfreudigkeit, Gerechtigkeit und Sachverstand. Für Frauen und Männer gilt im Beruf das Gleiche: Ihre Kommunikation im Beruf muss sich an den Erwartungen der Rolle orientieren – und nicht an geschlechtsspezifischen Verhaltensmustern. Die Erwartungen an einen Ehemann sind andere als die an einen Boss. Vom Partner erwarten Frauen eher Empathie, Taktgefühl, Partnerschaftlichkeit, Kompromissbereitschaft, Verständnis, Humor und/oder Romantik.

Diese Rollenvielfalt sollte das Leben nicht erschweren, sondern bereichern. Sie bekommen die Möglichkeit, all Ihre Facetten auszuleben und all Ihre Talente zu entwickeln. Geben Sie sich selbst etwas Zeit, um nach Feierabend bewusst von der Boss-Rolle in die Partner- oder Familienvater-Rolle zu wechseln. Dabei helfen Rituale. Vielleicht hilft Ihnen ein bestimmter Song auf der Autofahrt nach Hause, sich privat einzustimmen. Zu Hause dürfen Sie auch einmal nachgiebig sein! Sehen Sie auch das Ankommen zu Hause, das Händewaschen oder das Kleiderwechseln als bewusstes Übergangsritual, um die Boss-Rolle abzulegen und in die Privat-Rolle schlüpfen.

15.4 Was Frauen eigentlich sagen wollen

Erfolgreiche Geschäftsfrauen haben es sich antrainiert, Klartext zu sprechen und in Männersprache zu formulieren. Die Chefin sagt nicht: „Wäre es für dich gegebenenfalls OK, wenn du die Aufgabe vielleicht bis Anfang der kommenden Woche erledigen könntest?" Sie sagt stattdessen: „Ich brauche den Bericht bis Montag, 9.00 Uhr, auf meinem Schreibtisch".

Doch was als typisch weiblich und typisch männlich gilt, liegt an der Sozialisation, den Genen und an der Erziehung. Kinder lernen durch die Familie, Lehrer, Freunde, Medien und Kollegen, wie Mädchen und wie Jungs zu sein haben. Jungs werden gelobt, wenn sie Stärke zeigen, mutig und tapfer sind. Es gelten Sprüche wie „Indianer kennen keinen Schmerz" und „Was uns nicht umbringt, macht uns nur noch härter." Offen gezeigte Schwäche, Sensibilität und Ängste werden abgestraft: „Sei nicht so ein Mädchen", „Weichei", „Memme", „Softie".

Mädchen erhalten Anerkennung, wenn sie nett, liebenswürdig, süß und hübsch sind. Medien prägen das Barbie-Puppen-Ideal. Mit Ermahnungen wie „Sei wieder lieb" und „Hochmut kommt vor dem Fall" lernen sie, Rücksicht zu nehmen. Angriffslust, Draufgängertum und Rücksichtslosigkeit werden Mädchen seltener verziehen als Jungs.

Diese Erziehungsmuster sind heute nicht mehr so stark ausgeprägt wie vor 30 Jahren. Aber die Generation, die mit diesen Vorgaben und Erwartungen erzogen wurde, befindet sich heute in Führungspositionen und prägt die Unternehmenskommunikation.

Gwen Was typisch männlich ist? Mir fällt auf, dass Männer selten schlecht von sich reden, während die meisten Frauen andauernd an sich herummäkeln. Ich gebe viele Seminare für Frauen. Dabei stelle ich immer wieder fest, dass Frauen mit sich selbst kritischer sind, als andere mit ihnen.

Katrin Ja, Männer haben häufig das Naturtalent, sich selbst in einem äußerst positiven Licht zu sehen und sich selbst viel zuzutrauen. Manchmal beneide ich die Männer für dieses gesunde Selbstbewusstsein. Dazu habe ich Euch vier Bilder mitgebracht.

Abbildung 15.1 zeigt das Fremdbild des Mannes: Ein kleines Wohlstandsbäuchlein und lichtes Haar: So sieht manch ein Mann jenseits der 40 realistisch betrachtet aus.

Abbildung 15.2 zeigt das Selbstbild des Mannes: Er selbst sieht sich aber eher als Adonis und hat dementsprechend keine Probleme, selbstbewusst aufzutreten. Bei uns Frauen ist das genau anders herum.

Abbildung 15.3 zeigt das Fremdbild der Frau: Attraktiv und weiblich, doch wir Frauen haben immer etwas an uns auszusetzen. Selbst Topmodels mäkeln an ihrem Körper herum.

Abbildung 15.4 zeigt das Selbstbild der Frau: Selbst Frauen mit Traummaßen sehen sich bestenfalls als nett und durchschnittlich an. Auch die eigenen Leistungen werden häufig unterschätzt.

Abb. 15.1 Fremdbild eines Mannes

Abb. 15.2 Selbstbild des Mannes

Gwen (lacht) Natürlich ist das etwas extrem, aber lustig. Im Business führt diese Betrachtung zwischen Mann und Frau manchmal zu Schwierigkeiten. Männer geben sich keine Blöße. Ganz im Gegenteil. Sie wissen, dass es für einen starken Auftritt und die Karriere dazugehört zu zeigen und zu sagen, was man kann und gemacht hat. Frauen nehmen sich in der Regel nicht so wichtig und haben schnell das Gefühl anzugeben oder überheblich zu sein. Sie nehmen sich deswegen sogar zurück. Sie sind kritisch mit Ihrem Auftreten und mit ihrer Leistung. Und dann hoffen sie darauf, dass erkannt wird, was sie Gutes leisten. Sie arbeiten hart und warten darauf, dass ihre Leistung gesehen wird. Werden sie nicht automatisch gelobt und anerkannt, sind sie enttäuscht. Das führt zu Frust und manchmal auch zu Verstimmungen am Arbeitsplatz.

Agnes Ein Grund, warum Chefs ihre Mitarbeiterinnen für gute Leistung angemessen loben sollten. Doch genau das haben die meisten Männer nicht gelernt. Sie sprechen eher sach- und aufgabenbezogen. In ihren Gesprächen geht es primär um Informationen – über Gefühle reden sie nicht so gern, denn da begeben sie sich auf dünnes Eis.

Abb. 15.3 Fremdbild der Frau

Gwen Ja, genau. Beide Geschlechter sind nicht nur durch die Erziehung, sondern auch durch die Gene geprägt. Und in denen steckt die gesamte Entwicklungsgeschichte unserer Vorfahren, die unser Verhalten bis heute prägt.

Vanessa Wie meinst du das?

Gwen Na ja, Jahrtausende war es so, dass Männer arbeiten gegangen sind und Frauen sich um die Familie gekümmert haben. Das war die Aufteilung und Männer waren mehr arbeitsorientiert und Frauen mehr beziehungsorientiert. Und das prägt. In der Arbeitswelt ging es vor allem darum Macht zu haben, kompetent zu sein, effizient zu arbeiten und etwas zu leisten. In Beziehungen sind Liebe, Kommunikation, anderen helfen und auf den anderen zu achten viel wichtiger.

Agnes Ein Klischee, das häufig stimmt. Meine Mutter hat den siebten Sinn dafür, wenn etwas mit mir nicht stimmt. Wenn ich mit meinem Vater ein Problem besprechen wollte, musste ich ihn konkret darauf ansprechen.

Abb. 15.4 Selbstbild der Frau

Gwen (lacht) Ja, das kenne ich auch. Und, ging es dir nach den Gesprächen mit deiner Mutter besser, wenn ihr über dein Problem geredet habt?

Agnes Ja. Sie hat einfach zugehört und ich habe erzählt. Sie hat ab und zu eine Frage gestellt, Verständnis und Mitgefühl gezeigt. Mein Vater hat stattdessen sofort rationale Analysen, Handlungsempfehlungen und Ratschläge zur Lösung des Problems gegeben. Seine Vorschläge waren immer gut gemeint, jedoch nicht immer hilfreich. Mein Vater war eher ein Mann der Taten statt der Worte.

Gwen Das ist wohl einer der größten Unterschiede in der Kommunikation zwischen Mann und Frau. Männer versuchen ihre Probleme alleine zu bewältigen. „Der einsame Wolf" sieht darin Stärke und Kompetenz. Nur, wenn er wirklich nicht weiter weiß, dann holt er sich Hilfe und möchte dann auch eine Lösung haben. Er möchte nicht über seine Gefühle reden, sondern über die Lösungen. Frauen denken in der Regel genau andersrum, wenn es ein Problem gibt, dann sprich darüber. Sie fühlt sich dann besser, findet beim Sprechen neue Ideen und freut sich über den Austausch. Für sie ist es normal, dass über alles geredet wird. Sich mitzuteilen, bedeutet für sie einen Beziehungsaufbau zu leisten.

Vanessa ... und dann heißt es schnell, dass Frauen Tratschtanten sind.

Männer verstehen oft nicht, was Frauen haben. Sätze wie „wenn etwas ist, dann kann sie es doch sagen" oder „ich will ja nicht neugierig sein, das geht mich doch nichts an" drücken aus, dass Männer gelernt haben, nicht über Probleme zu sprechen bzw. nur dann, wenn sie direkt angesprochen werden.

Frauen wollen am liebsten, dass man ihnen ihre Stimmung von den Augen abliest, sie anspricht, nachfragt, wenn sie traurig aussehen oder sich anders verhalten. Da sie das selbst auch können, verstehen sie oft nicht, dass Männer das nicht machen. Sie sind stolz darauf, dass sie auf die Bedürfnisse und Gefühle ihrer Mitmenschen Rücksicht nehmen. Sie bieten gerne ihre Hilfe an und bekommen auch gerne Hilfe angeboten, in Form von Zuhören und Verständnis.

Tipp: So entschlüsseln Sie die weibliche Geheimsprache
Was Frauen sagen was sie damit meinen und sich wünschen ist für Männer häufig nicht eindeutig. Frauen und Männer verwenden zwar die gleichen Wörter, jedoch werden diese oft in einen anderen Zusammenhang gestellt und mit verschiedenen Bedeutungen gebraucht.

Praxisbeispiel
Frau Fleißig sagt auf der Arbeit: „Heute geht es hier wieder drunter und drüber". Damit möchte sie niemanden kritisieren. Sie möchte lediglich zum Ausdruck bringen, dass ihr heute alles zu viel ist und sie das Gefühl hat, unterzugehen. Die Kollegin Frau Freundlich versteht intuitiv, was Frau Fleißig meint. Sie entgegnet: „Ja, es ist heute ein langer Tag." Diese kleine Bemerkung zeigt Empathie. Sie bedeutet:

- „Ich verstehe dich und beachte dich. Du bist mir wichtig und ich gebe dir meine Aufmerksamkeit und meine Unterstützung. Ich weiß, dass es sich gut anfühlt, wenn man einfach jemanden an seiner Seite weiß. Deswegen möchte ich mir einen Moment für dich nehmen."
- „Ich verstehe Dich, obwohl ich heute vielleicht nicht so viel zu tun hatte, aber ich kann es nachvollziehen. Ich kenne diese Gefühle."
- „Ich respektiere dich und deine Arbeit. Du hast heute hart gearbeitet. Du hast gemacht, was du konntest. Du hast das Recht, dich gestresst zu fühlen."

Nach diesem Dialog ist der Austausch für beide Frauen zufriedenstellend beendet. Es wurden lediglich emotionale Inhalte ausgetauscht. Es ging weder darum, eine Lösung in dieser Situation dafür zu finden, noch darum, die Situation sofort zu verändern.

Das Geheimnis, wie Sie als Chef eine gute Arbeitsbeziehung zu Geschäftspartnerinnen, Kolleginnen und Mitarbeiterinnen herstellen, liegt in dieser Art des Zuspruchs und der Anerkennung. Probieren Sie es aus! Sie werden überrascht sein, wie wirksam eine kurze emotionale Bestätigung in der Männer-Frauen-Kommunikation sein kann.

Geben Sie in solchen Momenten keine Lösung vor. Antworten wie „morgen ist es schon wieder besser" oder „sie schaffen das schon" führen eher dazu, dass die Frau sich missverstanden fühlt. Versuchen Sie lediglich auf die Gefühle einzugehen, statt eine Lösung für das Problem zu präsentieren.

15.5 Wie Mixed Leadership gelingt

Wieso sollten Sie sich als Chef mit der Denkweise von Frauen beschäftigen? Sehen Sie es pragmatisch. Wenn Sie auf dem internationalen Parkett mit Japanern, Indern oder Mexikanern Geschäfte machen, besuchen Sie interkulturelle Trainings, lesen Bücher, studieren Reiseratgeber und die Sprache Ihres Geschäftspartners. Um möglichst erfolgreich zu kommunizieren und zu verhandeln versuchen Sie, die Sichtweise des anderen besser zu erfassen und sich auf kulturelle Unterschiede einzulassen. Der Erfolg gibt Ihnen Recht. Um gut in einem gemischten Team aus Männern und Frauen zu arbeiten können, halten Sie es wie Henry Ford. Er sagte: „Erfolg hat derjenige, der die Position des anderen versteht."

Immer wieder führen die Unterschiedlichkeiten zwischen Männern und Frauen zu Reibungen. Lange Zeit mussten Frauen sich anpassen und lernen, sich „männlich" zu verhalten. Dafür wurden sie nicht nur von Männern als Emanze abgestraft. Sie passten ihr Aussehen an, ihr Auftreten und ihre Wortwahl, um in Männerdomänen zu bestehen. Noch immer dominieren Männer die oberen Führungsetagen und bestimmen die Spielregeln.

Berufsanfänger ahmen ihre erfolgreichen männlichen Chefs nach und lernen durch Beobachtung, dass Wettkampf und offener Schlagabtausch dazu gehören, wenn man Karriere machen will.

Auch wenn sie sich noch so sehr anstrengen: Aus Frauen werden keine besseren Männer. Unternehmen, die die Unterschiedlichkeit von Männern und Frauen konstruktiv nutzen, sind wirtschaftlich erfolgreicher, wie die eingangs zitierten Studien beweisen. Allerdings gibt es immer noch viel zu wenige Frauen an der Unternehmensspitze. 5,5 % der DAX-Vorstände sind weiblich (Weckes 2015), allerdings sollen es bis 2016 30 % sein. Ein Hindernis: Viele Frauen verharren ausdauernd auf ihrer Position und warten, dass man sie für eine verantwortungsvollere Stelle vorschlägt. Zwischenzeitlich kommen Männer ihnen häufig zuvor und schlagen sich selbst für die Beförderung vor.

Frauen wollen kooperieren statt zu übertrumpfen. Wer eine Mädchengruppe beim Spielen beobachtet wird feststellen, dass es häufig keine klare Anführerin gibt. Die Gruppe geht auf Distanz zu einem Mädchen, das sich als Anführerin aufspielt will. Sie wird abgestraft mit Sätzen wie: „sie glaubt, dass sie etwas besseres ist" oder „sie glaubt, dass sie uns herumkommandieren kann." In der Regel hat ein Mädchen eine beste Freundin, mit der sie kleine Geheimnisse über andere und deren Verhalten teilt. Dies ist ein Zeichen der Freundschaft und Verbundenheit.

Das Klischee, dass Frauen viel Wert auf Beziehungen und Männer viel Wert auf ihren beruflichen Status legen, stimmt häufig. Das ist jedoch kein Nachteil. Moderne Unternehmen sehen die Chance und verstehen es, weibliche und männliche Stärken gleichermaßen zu nutzen. Schließlich geht es um Kennzahlen und Produktivitätssteigerungen, aber auch um Kommunikationsstärke, stabile Kundenbeziehungen und – im Kampf um die besten Mitarbeiter auf dem Markt – eine konstruktive Arbeitsatmosphäre.

Daher lohnt es sich, klassisch-männliche Bewertungsmaßstäbe zu überdenken. Männer sind es gewohnt, in kurzen knappen Worten zu erklären, worum es ihnen geht. Frauen schweifen gerne mal in Details ab und erläutern umfassend, was sie denken. Diese Art der Kommunikation verunsichert Männer oftmals so sehr, dass sie die Frau als inkompetent abstempeln. Sie sind es gewohnt, Probleme allein zu lösen und reagieren auf das „Vielgerede" zuweilen genervt.

Für unsere Vorfahren waren beide Arten der Problembewältigung sinnvoll. Männer hatten die Aufgabe, ihre Familie zu ernähren. Bei der Jagd kam es auf Stärke, Mut, Durchhaltevermögen, schnelle Entscheidungen und sichtbare Erfolge an. Die erlegte Beute war das entscheidende Resultat, das zählte. Sozialverhalten war nebensächlich.

Die Frauen blieben währenddessen mit den Kindern, den Verletzten und Alten in der Höhle zurück. Ihre Herausforderungen bestanden darin, auf engstem Raum miteinander klar zu kommen, die Bedürfnisse der Anwesenden zu erahnen und zum Schutz der Gemeinschaft diplomatische Lösungen zu finden. Während sie auf ihre Männer warteten, hatten sie viel Zeit für den verbalen und den nonverbalen Austausch. Noch heute ist es für viele Frauen eine Wohltat, sich mitzuteilen und auf diesem Wege eine konstruktive Lösung zu finden.

Das soziale Einfühlungsvermögen sollte als Erfolgsfaktor eines Unternehmens nicht unterschätzt werden. Zu diesem Ergebnis kommt eine Untersuchung mit 699 Versuchspersonen um das Forscherteam der Psychologen Anita Williams Woolley von der Carnegie Mellon University (Woolley et al. 2011). Dabei zeigte sich, dass Frauen die kollektive Denkleistung eines Teams erhöhen. Die Forscher glauben allerdings nicht, dass das Geschlecht die entscheidende Variable ist. Die Hypothese: Gruppenarbeit ist dann am produktivsten, wenn die Teilnehmer soziales Einfühlungsvermögen besitzen und die Emotionen anderer erkennen können. Diese Fähigkeiten bringen Frauen in Führungsteams mit ein und nehmen somit langsam aber sicher Einfluss auf die Spielregeln in Führungsetagen.

Gwen Zu Beginn meiner Karriere war ich überzeugt, dass ich mich verhalten muss wie ein Mann, um erfolgreicher zu werden. Ich habe das Verhalten von Männern beobachtet und gelernt, wie das Spiel funktioniert. Daraus hat sich eine Veränderung in meinem Verhalten gegenüber Männern, aber auch Frauen ergeben. Eine sehr sichtbare Folge war, dass ich viele Jahre keine Röcke oder Kleider angezogen habe, um zu demonstrieren, dass es mir auf dem Job nur um die Arbeit geht.

Vanessa Ja das kenne ich. Ich wollte von Anfang an eine gute Chefin sein. Auf meine Kleidung habe ich nicht so sehr geachtet, weil es mir einfach nicht wichtig erschien.

Gwen Frauen sind bisher in Top-Positionen aufgestiegen, indem sie sich anpassten und männliches Verhalten adaptierten. Anders ging es nicht. Ich glaube, dass es auch heute viele Frauen gibt, die noch nicht wissen, wie sie auf der einen Seite ihre Frauenrolle leben können und gleichzeitig zeigen, dass sie mindestens genauso gut führen und arbeiten können wie Männer. Es ist eine große Verunsicherung, die immer noch vorherrscht.

Agnes Ja. Dazu kommt, dass Frauen, die ihre Weiblichkeit unterdrücken und sich allzu männlich geben, als Emanzen abgestempelt werden.

Katrin Klingt, als wäre das Spiel nicht zu gewinnen. Auf der einen Seite sind die Regeln von Männern gemacht. Auf der anderen Seite wird eine Frau, die sich diese zu eigen macht, in eine Schublade gesteckt. Was soll sie denn nun machen?

Gwen Frauen sollten ihre natürlichen Stärken selbstbewusst zum Wohle des Unternehmens einbringen. Ihre Stärke ist es, dass sie sich gern austauschen, kooperativ sind und gern gleichberechtigt mit anderen Experten und Fachkräften im Team zusammenarbeiten.

Vanessa Das kann ich bestätigen. Ich arbeite unheimlich gerne mit meinem Frauenteam zusammen. Besonders schätze ich die Hilfsbereitschaft und die feinen Antennen für das Zwischenmenschliche. Es geht natürlich um die Arbeit, jedoch reden wir auch mal über persönliche Angelegenheiten. Da wird schon mal gefragt: „Mensch, du siehst müde aus. Geht's dir gut?"

Gwen Ich denke, die hierarchischen Strukturen in den Unternehmen sind einfach nicht mehr zeitgemäß. Frauen ist es oft nicht so wichtig wie Männern, ob sie einen Titel haben oder ganz oben an der Spitze sind, sondern es geht Ihnen um einen ein Arbeiten, das Spaß macht. Deswegen führen oder arbeiten sie nicht schlechter, sondern nur anders.

Unser Tipp: So vermeiden Sie Missverständnisse
Männern fällt es in der Regel nicht schwer, ihre Vorstellungen frei heraus zu sagen und den Ton anzugeben. Frauen steuern ihr Ziel dagegen selten sofort an, klopfen mit Fragen erst das Meinungsterrain ab. Sie wollen niemanden überrumpeln und zuerst die anderen Meinungen erfragen. Für Männer wirkt dieses Vorgehen oft diffus. Sie glauben, Frauen seien unentschlossen und ziellos. Um keine Zeit zu verlieren, kürzen die Männer die Entscheidungsfindung einfach ab.

> **Praxisbeispiel**
> Ein Beispiel: Frau Fleißig und Herr Großkotz sind Kollegen und planen einen gemeinsamen Lieferantenbesuch. Herr Großkotz sagt zu Frau Fleißig: „Ich hole Sie morgen

um 8:30 Uhr ab!" Das Abholen soll eine nette Geste sein, dennoch ärgert sich Frau Fleißig. „Schon wieder knallt er mir seine Entscheidung machomäßig vor den Latz; fragt nicht einmal nach, ob mir die Uhrzeit passt oder ob wir mein Auto nehmen wollen."

Herr Großkotz führt schnelle Entscheidungen herbei und denkt sich: „Sie kann doch Nein sagen, wenn sie etwas anderes will." Außerdem: „Warum lange herumreden – sie findet es doch gut, wenn sie abgeholt wird."

Keine der genannten Strategien ist per se besser oder schlechter. Ihr Erfolg hängt von der Situation, Ihrer Rolle und Ihrem Gegenüber ab. Ein „Ich hole Sie morgen um 8:30 Uhr ab" vom Vorgesetzten zum Mitarbeiter kann richtig sein, ein „Wo wollen wir uns treffen?" unangemessen. Vom Mitarbeiter zum Vorgesetzten oder Kollegen kann es genau andersherum sein.

Beachten Sie bei Ihrer Kommunikation mit Frauen die Situation und die Rolle, in der Sie sind. Auch einem Chef steht es gut zu Gesicht, wenn er Anweisungen nicht im Militärjargon vorträgt. Eine Aussage wie „Ich hole Sie morgen um 8:30 Uhr ab!" ist sehr dominant. Partnerschaftlicher klingen folgende Formulierungen:

- „Wir können mein Auto nehmen und ich bin morgen um 8:30 Uhr bei Ihnen – einverstanden?"
- „Soll ich Sie morgen mitnehmen? Wenn ich Sie um 8:30 Uhr abhole, sind wir pünktlich beim Lieferanten und haben noch ein bisschen Puffer."
- „Ich hole Sie gerne um 8:30 Uhr ab, okay?"

Ziel ist nicht, Ihr eigenes Kommunikationsverhalten zu unterdrücken, sondern es besser zu verstehen. Im Beruf sollte Ihr Verhalten sich nicht am Geschlecht, sondern an der beruflichen Rolle orientieren:

Die Auszubildende fragt: „Darf ich jetzt Mittagspause machen?"

Der Projektmanager sagt: „Wenn nichts dagegen spricht, mache ich jetzt Pause."

Der Chef lässt lediglich wissen: „Ab 14:00 Uhr bin ich wieder telefonisch zu erreichen."

Passen Sie Ihre Wortwahl und Ihren Kommunikationsstil sanft an die berufliche Position an. Berücksichtigen Sie dabei auch, ob Sie Gast oder Gastgeber, Kunde oder Dienstleister sind.

15.6 Kreieren Sie Ihren persönlichen Erfolgsmix

Männer sind häufig verunsichert, wenn sie nicht mehr unter sich sind und ihr verbales Kräftemessen durch Frauen gestört wird. Häufig bestimmt die Anzahl von Schenkelklopfern und gewonnenen Schlagabtauschen die inoffizielle Hackordnung. Doch beim Kampf um die Hierarchie ist es anstrengend, gleichzeitig gegenüber Frauen den Gentleman zu spielen. Da Männer unter sich verbale Schlagabtausche sportlich sehen, sind sie einen provokanten Sprachstil gewöhnt. Im Eifer des Gefechts bleiben Frauen nicht verschont.

> **Praxisbeispiel**
>
> Frau Sanftmut sagt beispielsweise in der Besprechung: „Die Kosten müssen reduziert werden." Herr Spaßig kontert: „Ihre Sprechzeiten auch!" Alle lachen. Herr Spaßig ist hochzufrieden mit sich selbst. Frauen sind solch ruppigen Kommunikationsstil nicht gewohnt. Die spaßhaft gemeinte Äußerung nehmen sie als persönlichen Angriff wahr und zweifeln an sich und ihren Leistungen. Während Frauen häufig zur Untertreibung neigen, haben Männer einen Hang zur Übertreibung.

Gwen Mir fällt eine weitere Situation ein, in der ein Chef seine Mitarbeiterin befördern wollte. Sie fragte sich selbst: Kann ich das? Werde ich dieser Aufgabe gerecht? Ein Mann fragt in so einer Situation nach den Fakten: Wie viele Mitarbeiter habe ich, wie viel Macht, wie hoch ist die Gehaltserhöhung und wo ist mein neues Büro?

Agnes Frauen wirken dummerweise unsicher, wenn sie Ihre Zweifel mit der Männerwelt teilen. Doch häufig suchen sie das Gespräch mit dem Chef, weil sie sich Zuspruch wünschen.

Gwen Mich fragte ein guter Freund, was er tun kann, um seine Mitarbeiterinnen noch besser zu motivieren. Im Grunde ist es ganz einfach. Frauen wünschen sich Anerkennung und Wertschätzung. Doch Männer untereinander stehen immer in einem sportlichen Wettbewerb. Sie sprühen vor Energie, wenn sie sich mit anderen messen können – sie versuchen deshalb öfter, sich in Gesprächen zu profilieren und ihre Machtposition zu festigen oder auszubauen.

Vanessa Deswegen zeigen Männer auch keine Schwäche, sondern ein Pokerface. Frauen, die über Ängste sprechen, werden in der Männerwelt nicht ernst genommen.

Agnes Wenn Frauen über ihre Leistungen sprechen, kommen sie sich häufig angeberisch vor. Das müssen sie erst lernen. Der Mann erzählt selbstbewusst seine Erfolgsstories, während die Frau die gesamte Teamleistung lobt und glaubt, der Chef müsse schon von allein erkennen, wie gut sie sei.

Katrin Dafür sind wir Frauen besser darin, über Probleme zu reden und uns Hilfe zu holen. Während der Mann noch wie ein einsamer Wolf vor sich hin grübelt, hat die Frau das Problem längst gelöst, weil sie darüber spricht und sich Hilfe aus der Gemeinschaft holt.

Agnes Genau aus diesen Gründen sollten Führungsteams heutzutage beides können: Selbstbewusst und wettbewerbsorientiert, aber gleichzeitig netzwerkorientiert und herzlich auftreten, denken und handeln. Das ist der Wettbewerbsvorteil von „Mixed Leadership". Allerdings müssen wir Frauen lernen, uns nicht immer und überall hofieren zu lassen.

Gwen Wie meinst Du das?

Agnes Gestern hatte ich ein Geschäftsessen mit einem neuen potentiellen Geschäftspartner. Ich war Gastgeberin. Ich habe das Essen vorgeschlagen, das Restaurant ausgewählt, den Tisch reserviert und meine Empfehlungen zur Speisekarte und zu den Getränken gegeben. Dennoch war es meinem Geschäftspartner unangenehm, mich zum Schluss die Rechnung zahlen zu lassen. Doch genau das ist im Business OK – im Gegensatz zu einem Date. Bei einem Date finde ich es nach wie vor schön, wenn er großzügig ist und die erste die Rechnung übernimmt.

Vanessa Für mich ist es auch selbstverständlich, dass ich als Gastgeberin meine Kunden zum Essen einlade.

Agnes Höflichkeit ist im Geschäftsleben keine Einbahnstraße von Mann zu Frau. Zeitgemäß ist, dass beide aufmerksam miteinander umgehen. Wenn jemand bei mir im Auto mitfährt, öffne ich grundsätzlich die Autotür für meinen Gast. Allerdings verstehe ich, dass Männer es manchmal schwer haben.

Gwen Was meinst du?

Agnes Ihr glaubt nicht, was einem Geschäftspartner von mir passiert ist. Als Vertriebsleiter stand er kürzlich vor der Situation, eine Geschäftspartnerin ein Stück mit dem Auto mitzunehmen. Selbstsicher ging er zur Beifahrertür seines Wagens, um diese für seine Geschäftspartnerin zu öffnen. Doch die junge Dame bewegte sich stattdessen freudestrahlend auf die Fahrertür zu: „Ach, wie toll, dass ich deinen neuen Dienstwagen Probefahren darf!"

Katrin Wie hat dein Geschäftspartner reagiert?

Agnes Er bewahrte den Stil und ließ sich nichts anmerken. Stattdessen lächelte er charmant und warf ihr lässig den Autoschlüssel rüber, um auf dem Beifahrersitz seines neuen Firmenwagens Platz zu nehmen. Seitdem empfehle ich Männern im Zweifelsfall, ihre Gesten verbal zu verstärken. Etwa: „Einen Moment, ich öffne die Tür für Sie".

Katrin Kavaliersgesten sind nicht nur eine Erziehungs- sondern auch eine Typfrage. Genau wie bei uns Frauen gibt es auch bei den Männern unterschiedliche Typen. Bestimmt kennt ihr Persönlichkeits-Modelle wie DISK oder Insights. Die Charaktereigenschaften eines Menschen lassen sich kategorisieren, je nachdem, ob er eher introvertiert oder extrovertiert, sach- oder beziehungsorientiert ist.

Agnes Ja, erklär das doch bitte noch mal für uns alle.

Abb. 15.5 Der Sonnengelbe

Katrin Ich hab die vier Typen einmal etwas überzeichnet. Seht sie Euch an.

Gwen Ja, der sonnengelbe Typ (vgl. Abb. 15.5) verbreitet gute Laune und ist immer für einen Spaß zu haben. Er ist originell, witzig und sprudelt vor Ideen. Allerdings geht es bei ihm immer auch etwas chaotisch zu.

Agnes Der feuerrote Typ (vgl. Abb. 15.6) charakterisiert das typische Alpha-Männchen, das viel Wert auf Macht, Prestige und Statussymbole legt. Er ist ein echter Macher und *eine* Führungspersönlichkeit, neigt häufig jedoch dazu, andere zu überrumpeln und jede Plattform zu nutzen, um sich selbst darzustellen und zu profilieren.

Katrin Der erdgrüne Typ (vgl. Abb. 15.7) ist derjenige, der uns Frauen intuitiv am besten versteht. Er ist ein Gefühls- und Familienmensch, der viel Wert auf Beziehungen und Traditionen legt.

Vanessa Der eisblaue Typ (vgl. Abb. 15.8) ist schwer zu durchschauen. Emotionsausbrüche sind von ihm nicht zu erwarten. Er arbeitet am liebsten im Stillen für sich allein, plant gern und hasst Planänderungen. Er spricht von allen vier Typen am wenigsten und nur,

Abb. 15.6 Der Feuerrote

wenn es um die Vermittlung sachlicher Informationen geht. Dafür ist er ruhig, geduldig, sachlich, prozessorientiert und strukturiert. Es gibt viele Aufgaben, die einem genau diese Eigenschaften abverlangen.

Gwen Welche Erfahrungen habt ihr mit den unterschiedlichen Männertypen gemacht?

Agnes Ob Mann oder Frau: Niemand kann sein Wesen komplett ändern, jedoch ist jeder Mensch gut beraten, sich seiner eigenen Stärken und Schwächen bewusst zu sein. Ich habe einen langjährigen Geschäftspartner, der eisblau ist. Und clever. Er hat sich zum Beispiel eine offene, kommunikationsstarke und empathische Kollegin mit ins Boot geholt. Beide können ihre Stärken ausspielen und sich zu einem unschlagbaren Team formieren. Hier werden meistens Fehler gemacht: Chefs suchen sich häufig die Typen aus, die genauso ticken, wie sie selbst.

Vanessa Der Rote ist der klassische Cheftyp, selbstsicher und dominant. Für ihn zählen keine Bemühungen, sondern nur Zahlen, Daten und Fakten. Allerdings wirkt er manchmal arrogant und aggressiv, wenn er rücksichtslos seine Ziele verfolgt und seine Statussymbole zur Schau stellt. Da dieser Typ immer mit anderen Männern im Konkurrenzkampf ist,

Abb. 15.7 Der Erdgrüne

hat er im Idealfall eine Assistentin, die nicht alles persönlich nimmt und die den Mut hat, ihm auch einmal ehrlich auf Augenhöhe die Meinung zu sagen. Der rote Cheftyp wird noch erfolgreicher, wenn er Frauengerede nicht abwertet. Er sollte diese weiblichen Stärken seiner Mitarbeiterinnen stattdessen bewusst einsetzen und nutzen, um seine eigenen Defizite an Taktgefühl und Empathie kompensieren zu lassen.

Katrin Der Erdgrüne ist der klassische Kumpeltyp. Seine Stärken sind Loyalität, Beständigkeit, Empathie und Vertrauen. Er ist ein Teamplayer, der viel Wert auf Harmonie legt und gut aufgehoben ist, wenn er seinen Werten treu bleiben kann. Was der feuerrote Typ rücksichtslos hinausposaunt, frisst der erdgrüne Typ allerdings häufig in sich hinein, bis ihm der Kragen platzt. Ihn muss man zum Reden ermuntern, damit er nicht irgendwann eine Frustkündigung ausspricht. Macho-Gehabe findet er genau so peinlich wie wir Frauen. Er arbeitet gern mit uns Frauen zusammen und weiß die weibliche Empathie und Kommunikationsstärke zu schätzen.

Gwen Der sonnengelbe Typ ist der klassische Vertriebler: Er redet gern und viel, ist gut gelaunt und hat Spaß daran, viel Kontakt mit Menschen zu haben. Für ihn wäre es eine Strafe, allein und konzentriert an einer Aufgabe arbeiten zu müssen. Er lässt sich schnell

Abb. 15.8 Der Eisblaue

begeistern, allerdings flacht die Begeisterung genauso schnell wieder ab. Im Chaos des Alltags gehen gute Ideen verloren. Der sonnengelbe Typ profitiert von Frauen, die gut organisieren können und in der Lage sind, seine guten Ansätze Schritt für Schritt in die Tat umzusetzen.

Unser Tipp: Vermeiden Sie Monokulturen und setzen Sie auf Vielseitigkeit
Beim Mixed Leadership ändern sich Spielregeln, Kommunikationsformen und Verhaltensweisen. Schwächen können Sie systematisch abbauen oder durch Ihr Team kompensieren lassen. Dort wo Sie Ihre Defizite haben, haben andere Menschen Ihre Stärken. Ein vielseitiger Mix aus Männern, Frauen und unterschiedlichen Persönlichkeiten ist die beste Formel, um für den zukünftigen Wettbewerb gerüstet zu sein.

15.7 So werden Sie zum Frauenversteher – Acht nicht ganz ernst gemeinte Anti-Tipps

1. Frauen sorgen nur für Ärger: Versuchen Sie so gut es geht und so lange wie möglich, Frauen aus der Führungsriege fern zu halten. Es ist leichter, wenn Männer unter sich bleiben.
2. Wenn sich der Aufstieg einer Frau nicht vermeiden lässt: Seien Sie sparsam mit sachlicher Anerkennung („Das haben Sie gut gemacht"). Einer Rivalin müssen Sie keine sachliche Anerkennung schenken.
3. Seien Sie stattdessen großzügig mit Komplimenten, die sich auch den weiblichen Körper beziehen („Sie haben eine Wespentaille"), damit die Frauen sich in der Männerrunde zumindest attraktiv fühlen.
4. Bei Geschäftsessen und After-Work-Partys: Duellieren Sie sich in der Disziplin des Kampftrinkens, um weibliche Herzen im Sturm zu erobern.
5. Bleiben Sie in der Boss-Rolle, wenn Sie nach Hause kommen. Schließlich hat Ihre Frau Sie wegen Ihrer Alpha-Tierchen-Qualitäten geheiratet und ist geehrt, Ihre Kommandos zu empfangen.
6. Wenn Frauen mit Ihnen ehrlich über ihre Ängste und Bedenken sprechen, ist das ein Zeichen von Schwäche. Nutzen Sie das weibliche Understatement aus, um sich selbst überlegen zu fühlen und sie zu übertrumpfen.
7. Praktizieren Sie mit Frauen verbalen Schlagabtausch, auch in Meetings. Schließlich müssen Frauen, die etwas werden wollen, erst einmal lernen, sich in der Männerwelt zu behaupten.
8. Blenden Sie Ihre typbedingten Schwächen aus: Stellen Sie nur Menschen ein, die genau so denken und handeln wie Sie.

15.8 Über die Autorinnen

Agnes Anna Jarosch brennt für gute Manieren und ist eine Instanz in Sachen Knigge. Sie ist Chefredakteurin des Ratgebers „Der große Knigge", Leiterin des Deutschen Knigge-Rats und ist als Speakerin und Trainerin in Großkonzernen und mittelständischen Unternehmen deutschlandweit unterwegs.

Weitere Infos unter www.stilwunder.org

Gwendolyn Stoye-Mingers unterstützt Frauen erfolgreich glücklich zu sein. Ihr Thema: Positionierung als Businessfrau – erfolgreich glücklich. Sie ist Dipl. Volkswirtin, (Verkaufs-)Trainerin und Coach, hat zwei Kinder und selbst erlebt, wie es ist Karriere, Kinder und (Lebens-)Komfort unter einen Hut zu bringen. Mit viel Leidenschaft und Kompetenz begleitet Sie Ihre Kundinnen zu einem freien, erfolgreichen und glücklichen Leben.

Weitere Infos unter www.stoye-mingers.de

Katrin Sadwornych ist mit Leidenschaft Gestalterin und Mama. Als Partnerin der ifs Kreativagentur leitet sie die Mediengestaltung und entwickelt Gestaltungskonzepte im Kundenauftrag. Produkte, Dienstleistungen und Menschen setzt sie mit Design, Fotografie und Film in Szene. Die 24-h-Familienunternehmerin steht mit beiden Beinen fest im Leben, liebt ihren Beruf und meistert Familie wie Unternehmen gemeinsam mit ihrem Lebenspartner.

Vanessa Weber ist Geschäftsführerin der Firma Werkzeug Weber GmbH & Co KG in Aschaffenburg. Bereits im Alter von 22 Jahren hat Sie das elterliche Unternehmen übernommen. Gemeinsam mit ihrem Team hat Sie es geschafft in den letzten zehn Jahren den Umsatz zu verfünffachen. Heute ist sie neben ihrer Tätigkeit für ihre Firma als Vortragsrednerin tätig. Sie ist eine Frau aus der Praxis für die Praxis.

Weitere Infos unter www.vanessa-weber.de

Literatur

Accenture (2010). *Phoenix Report, Studie/Befragung von 1.100 Führungskräften in 24 Ländern*. http://www.accenture.com/Microsites/talentmanagement/Documents/downloads/Phoenix%20Report%20Diversit%C3%A4t%20ist%20gut.pdf. Zugegriffen: 10.06.2015

Devillard, S., Graven, W., Lawson, E., Paradise, R., & Sancier-Sultan, S. (2012). *Woman Matter 2012, Making the Breaktrough, McKinsey & Company, Studie/Befragung von 235 Unternehmen aus 8 europäischen Ländern*. http://www.mckinsey.de/sites/mck_files/files/mckinsey_women_matter_2012.pdf. Zugegriffen: 10.06.2015

Ernst & Young (2012). *Mixed Leadership, Studie/Untersuchung der 300 größten börsenorientierten Unternehmen im Zeitraum von 2005 bis 2010*. http://www.ey.com/Publication/vwLUAssets/Mixed_Leadership_2012/$FILE/Kernergebnisse%20Mixed%20Leadership.pdf. Zugegriffen: 10.06.2015

Hollstein, M. (2013). „Der Aufstieg der Frauen ist unaufhaltsam", In: Die Welt, Erscheinungsdatum: 05.09.2013. http://www.welt.de/politik/deutschland/article119746285/Der-Aufstieg-der-Frauen-ist-unaufhaltsam.html/. Zugegriffen: 8. Januar 2015

Horx, M., & Friebe, H. (2011). Die 11 Megatrends. *Trend Update, 2011*(9), 5.

Institut für Demoskopie (2012). *Jacobs Krönung Studienreihe – Wo sich Paare finden*. Allensbach: Institut für Demoskopie. Repräsentative Befragung von 1.558 Menschen

Weckes, M. (2015) Geschlechterverteilung in Vorständen und Aufsichtsräten, Report der Mitbestimmungsförderung in der Hans-Böckler-Stiftung Nr. 10, März 2015

Woolley, A., & Malone, T. (2011). Defend your research: What makes a team smarter? More women. *Harvard Business Review, 89*(6), 32–33.

So cool führen Sie die Generation Y

Drei Geschichten

Nadine Wendt

16

Inhaltsverzeichnis

16.1 „Wieso wollen Sie Verkaufsdirektorin werden, Sie sind doch eine Frau?" 309
16.2 Die Zeiten sind vorbei, als schwangere Frauen noch auf dem Feld arbeiten mussten .. 315
16.3 Muss ich wirklich die Freundin meines Chefs werden? 318
16.4 Über die Autorin 324
Literatur 324

Bei der Ansprache aller Protagonisten sind sowohl die weiblichen als auch die männlichen Kollegen und Kolleginnen gemeint.[1]

16.1 „Wieso wollen Sie Verkaufsdirektorin werden, Sie sind doch eine Frau?"

Dieser Satz hat Laura[2] nachhaltig geschockt. Wollte sie doch nur den nächsten Karriereschritt gehen und vom Sales Manager zum Director of Sales befördert werden. Schließlich hat sie diesen Job bereits seit mehreren Jahren ausgeführt. Ihr damaliger Chef, der Director of Sales, hatte vor einigen Monaten nach 13 Jahren Betriebszugehörigkeit gekündigt und weil er zum Wettbewerb gegangen ist, wurde er sofort freigestellt. Sie kam, schon vorgewarnt von ihrem Kollegen, aus dem Skiurlaub und der Hoteldirektor und sein Stell-

---

[1] Generation Y: Die Generation, die vermehrt Fragen in der Berufswelt stellt und wissen möchte, warum sie etwas tun sollen. Die Aufgaben müssen für diese Generation, die von 1990 bis 1985 geboren ist, Sinn machen.
[2] Die Namen sind frei erfunden, weil die Geschichten wahr sind.

Nadine Wendt ✉
Talent Institut, Altenwall 26, 28195 Bremen, Deutschland
e-mail: nadine.wendt@talent-Institut.de

© Springer Fachmedien Wiesbaden 2016
P. Buchenau (Hrsg.), *Chefsache Männer*, DOI 10.1007/978-3-658-07510-1_16

vertreter boten ihr die Stelle an. Einen anderen Titel gab es offiziell dafür aber nicht, ebenso keine Gehaltserhöhung, dafür selbstverständlich mehr Verantwortung. Weil Laura sich dennoch geschmeichelt fühlte, nahm sie den Job natürlich an. „Du kannst das eh viel besser als Alex, der hat dich nur ausgebremst", sagte der Hoteldirektor Tom zu ihr.

Hey super, dachte sie. Heute war ihr 30. Geburtstag und sie wurde befördert, was für ein Glückstag. So soll es sein. Laura arbeitete sich durch die wirren Unterlagen ihres Vorgängers. Ordnung zählte leider nicht zu dessen Stärken. Also durchforstete sie seinen Laptop und seine gesammelten Werke, um durchzustarten. Sie hatte allerhand Ideen, was sie im Team noch verbessern konnten, Tiefenakquise[3] konnten sie bei ihren bestehenden Großkunden durchführen. Tatsächlich ist es ihnen im Team gelungen, dass Sie bei einem Kunden den Umsatz mal eben durch ein Gespräch verdoppelt haben. Sie hatten einen weiteren Ansprechpartner ausfindig gemacht und der war verantwortlich für einen weiteren Firmenteil. Dadurch hatte sich das Tagungsgeschäft enorm verbessert und das gleich für die kommenden zwei Jahre.

Das war ein Beispiel dafür, wie sie im Vertrieb des Stadthotels ihre Aktivitäten und dadurch natürlich auch den Umsatz erheblich gesteigert haben. Als Dank bekamen sie für das Team eine neue Assistentin und wurden noch produktiver.

Nach einem halben Jahr dachte Laura darüber nach, wie es wohl wäre, wenn sie einen neuen Titel bekäme, Director of Sales – wow, wie das klingt. Schließlich erfüllte sie jetzt alle Aufgaben. Selbstverständlich wollte sie auch eine dazugehörige Gehaltserhöhung einfordern. Wo sie doch so erfolgreich war. Soweit Lauras Vorhaben.

Mutig sprach Laura bei einer Vertriebstagung ihren Area Director of Sales Central Europe, John, an. Sie fragte ihn, was so möglich sei in der Hotelgruppe. Er entgegnete, dass diese Frage sehr überraschend käme und er sich Nürnberg vorstellen könnte. Das wäre ein kleineres Hotel und dort kann sie sofort in der Position als Director of Sales starten. Später könnte es ein größeres Hotel werden. Gern würde er das allerdings mit ihr und ihrem Hoteldirektor in Ruhe besprechen.

Laura freute sich auf dieses Gespräch, denn sie wusste, dass John sie bald im Hotel besuchen würde. Bremen war zwar schön, aber so ein paar Jahre Nürnberg klangen verlockend.

Was sie nicht wusste, war, dass Tom nach vier Jahren das Haus verlassen wollte, um sich weiter zu entwickeln. Mit ihm hatte sie in der Zwischenzeit über ihre Beförderung gesprochen und auch er wollte ihr Vorhaben mit John besprechen.

Gute Aussichten, dachte sie. Doch dann der Hammer: Tom verkündete ihr, dass es bald einen neuen Hoteldirektor gäbe. Der käme aus Nürnberg und würde gleich seinen Director of Sales mitbringen. Ihm wäre aufgefallen, dass es hier in ihrem Haus keinen gäbe. Es sei nur ein Sales Manager vorhanden. Tom versicherte Laura, dass er alles für sie getan hätte, aber nichts dagegen tun konnte, dass der Kollege aus Nürnberg Director of Sales wird.

---

[3] Tiefenakquise ist ein Kunstwort und steht für die Akquise in größeren Unternehmen mit mehreren Ansprechpartnern. Man arbeitet sich sozusagen durch die Tiefen des Unternehmens um möglichst viel Potential für seinen Vertrieb abzuschöpfen.

Laura war leichenblass. Das konnten die doch nicht tun. Sie hatte die ganze Zeit schön exzellent ihren Job gemacht und noch viel mehr. Ganz so, wie sie es aus ihrer Ausbildung kannte. Gemeinsam mit ihrem Team hatte sie eine top Performance hingelegt. Wieso bekommt sie jetzt einen Chef vor die Nase gesetzt? Die größte Herausforderung war zusätzlich sein Alter. Der neue Director of Sales war 23. Der wollte Laura zukünftig erzählen wie der Hase läuft? Jungspund!

Der neue Hoteldirektor Frank kam im September. Laura und Frank wurden keine Freunde. Sie rasselte regelmäßig mit ihm aneinander. Frank war impulsiv und Laura eher ruhig und überlegt. Zwei Welten, die so nicht funktionierten.

Wollte sie hier wirklich bleiben? Alles hatte sich so gut für sie entwickelt und jetzt das. Dachte sie doch immer, dass es drei Dinge gibt, die wichtig im Berufsleben sind – erstens: Leistung, zweitens: Leistung und drittens: Leistung. Das waren die Grundsteine in ihrer Ausbildung zur Hotelfachfrau. Damit ist sie bisher immer weiter gekommen. So hatte sie schon zahlreiche Preise gewonnen. Zwei Mal ist sie in ihrer Ausbildung Nachwuchsgewinnerin bei den Wettbewerben des VSR, Verband der Service-, Restaurant- und Hotelfachkräfte e. V. geworden. Und im Jahr 2000 Deutsche Juniorenmeisterin im Hotel. Der beste Wettbewerb, an dem sie immer teilnehmen wollte, der zwei Tage dauerte und ihr eine sehr gute Reputation in ihrem damaligen Luxus-Hotel einbrachte, wo sie zu dem Zeitpunkt an der Rezeption tätig war.

Fehlte noch immer der Besuch von John. John kündigte sich nicht an. Dann, mit einem Mal war er da. Die Tür ging auf und John sagte gerade noch „Guten Tag" zu Lauras Kollegen aus der Veranstaltungsabteilung. Auf der Durchreise nach Berlin hätte er einen Abstecher nach Bremen gemacht und er bräuchte noch mal eben schnell den Forecast[4] für die kommenden drei Monate. Außerdem wollte er wissen, wie die Preisgespräche bei ihren Kunden laufen. So in einer halben Stunde könnten sie sich doch in der Hotellobby treffen. Bis dahin bräuchte er noch einen Schreibtisch, weil er dringend ein paar Mails beantworten und etwas erledigen müsste. Laura war mit ihren Kollegen zu sechst im Büro. Sie schauten sich alle an. Was war das für ein Auftritt? Nichts dabei denken, immer schön weiter arbeiten.

Sie bereitete also ihren Forecast vor, druckte alle wesentlichen Tabellen und Listen aus und saß pünktlich um 15:30 Uhr in der Lobby. Wer nicht kam, war John. Zehn Minuten später sah sie ihn noch vor dem Büro ihres Direktors und beobachtete, wie sich die beiden unterhielten. Sie schauten kurz in Lauras Richtung. Aha, die reden also über sie. Wieder nichts dabei denken.

John kam zum Tisch, entschuldigte sich mit keiner Silbe. Kurz tauschten sie sich zu den Prognosen für die kommenden drei Buchungsmonate aus. Da das Hotel eine gute Buchungsquote hatte, stand Laura mit ihrem Team gut da und ihr Gespräch verlief bestens. Bis zu dem Zeitpunkt, wo sie das Thema Beförderung ansprach. „Sie sind doch eine Frau", sagte John. „Was ist denn mit Ihrer Familienplanung?" Laura war platt. Das war doch überhaupt nicht ihr Thema. Ihr Thema war Beförderung. Was dachte sich diese Füh-

---

[4] Forecast: Englischer Fachbegriff für die Umsatzvorschau.

rungskraft? „Also meine Frau hat auch immer gern gearbeitet", fuhr er weiter fort. „Doch jetzt haben wir drei Kinder und sie bleibt zu Hause, weil ich arbeite."

Sie war noch immer platt und wusste zunächst nicht, was sie sagen sollte. Da hatte sie drei Jahre lang mit ihrem früheren Chef über Karrierepläne gesprochen. Es stand alles in Personalunterlagen, die sie jedes Jahr für die Bewertungsgespräche nutzten. John saß vor ihr und wusste anscheinend nichts davon, sondern schmetterte alle mit dem Scheinthema Familienplanung ab.

1. Sie wollte keine Familie planen und hatte es auch demnächst nicht vor.
2. Das ist eine Unterstellung. Laura hatte sich gerade von ihrem Freund getrennt und ihn in die Wüste geschickt.
3. Wieso, hatte John nicht den Mut, ihre Frage zu beantworten?

Das weitere Gespräch ist für Laura unschön verlaufen. Laura ging nicht auf Johns Frage ein, meinte nur, dass sie keine Familie plane, sondern ihre Karriere. Er redete drum herum und die ursprüngliche Idee von Nürnberg war vom Tisch. Schließlich bekam sie eine wage Aussage, aber nichts Konkretes.

Das reichte Laura: Ein ehemaliger Hoteldirektor, der ihre Interessen nicht vertreten hat. Ein neuer Hoteldirektor, mit dem sie nicht klar kommt. Ein neuer Vorgesetzter, der sieben Jahre jünger ist als sie. Nieten in Nadelstreifen!

Ein perfekter Anlass, sich einen neuen Job zu suchen. Laura wälzte die Zeitungen, die Jobportale und schaute sich in diversen Branchen um. Vom Hotelleben hatte sie genug.

Schifffahrt fand sie spannend, die Leitung eines Callcenters könnte ihr gefallen und so schrieb sie diverse Bewerbungen. Peppte ihren Lebenslauf auf, bisher hatte doch immer alles so gut funktioniert. Renommierte Hotelgruppen oder Luxushotels, diverse Auszeichnungen, Laura war sich sicher, dass es nur so weitergehen konnte. Sie wunderte sich noch immer darüber, dass ihr Chef John so abwertend gegenüber Frauen war. Wie konnte es sein, dass sie einen so guten Job hinlegte und trotzdem vorsätzlich ignoriert wurde? War das überhaupt noch zeitgemäß, über Jahre in der gleichen Branche zu sein? Wieso wurden Frauen so selten befördert? Laura dachte nach. In der gesamten Hotelgruppe gab es nur eine Frau, die Hoteldirektorin war. Sie war gefürchtet von vielen Kollegen, die behaupteten, sie hätte Haare auf den Zähnen. Dann gab es noch zwei Verkaufsdirektorinnen in der Gruppe, eine davon machte einen sehr männlichen Eindruck, mit ihrer tiefen Stimme. War das der Weg? Ein besserer Mann zu werden, um dann befördert zu werden? Laura war unsicher.

Sie schnappte sich ihr Rennrad und kurvte 120 km um Bremen. Der Wind wehte um ihre Nase, sie ließ all ihre Wut auf dem Asphalt und trat kräftig in die Pedale. Danach ging es ihr besser. Weiter optimierte sie ihre Bewerbungen, peppte ihren Schreibstil und die Bewerbungsmappe auf. Laura sendete eine nach der anderen an verschiedene Firmen, die sie interessant fand. Top motiviert, etwas zu ändern. Etwas Neues tun zu wollen.

Absage um Absage flatterte in ihren Briefkasten. Sie erkundigte sich über die Gründe. Fehlende Fachkompetenz in der Schifffahrt, in der Spedition oder keine Auskunft. Klasse.

Das brachte sie so nicht weiter. Jetzt umschulen? Nur zu was? Laura war entmutigt. Endlich kam eine Absage, die auch begründet wurde. „Wir können Ihnen nur 2.000 € brutto zahlen", sagte der Niederlassungsleiter der Zeitarbeitsfirma, bei der Laura sich beworben hatte. „Sonst hätten wir Sie gern genommen. Sie haben gute Referenzen und mit Ihrer Qualifikation hätten Sie hier gut reingepasst." „Schade", dachte Laura. Da sie mit ihrem Gehalt aber nach oben wollte, sagte sie ab.

Wieder kein neuer Job in Aussicht. Schließlich fand sie einen Weg mit ihrem neuen Hoteldirektor Frank. Sie schlug ihm vor, dass sie täglich 15 min besprachen, was an diesem Tag für Vertriebsaktivitäten anstanden und welche Termine sie möglicherweise gemeinsam wahrnehmen wollten. Bis auf die Tatsache, dass Frank ein paar Treffen aufgrund von Verschlafens zu spät wahrnahm, entwickelte sich die Zusammenarbeit besser und besser. Laura hatte inzwischen einige Seminarbausteine zum Thema Konfliktmanagement besucht und hatte mit Frank einen guten Übungspartner gefunden. Sie war zufrieden. So konnte es weiter gehen.

Das Jahr neigte sich dem Ende zu und alle Abteilungsleiter wurden aufs Land eingeladen. In einer evangelischen Bildungsstätte gab es ein Führungsseminar, gutes Essen in einem der bekanntesten Fischrestaurants sowie ein Essen auf einer Burg. Ganz so wie im Mittelalter wurde hier mit den Händen gespeist. Am zweiten Tag kam der Überraschungsgast: der neue Director of Sales aus Nürnberg. Es war unglaublich, alle Abteilungsleiter standen hinter Laura, selbst die erfahrene und alt eingesessene Hausdame machte Laura ein tolles Kompliment. Sie hätte einen so guten Job gemacht, das wollte sie ihr mal mit auf den Weg geben, weil sie es doch derzeit nicht so leicht mit Jeff und dem neuen Kollegen hätte, der jetzt ihr Chef werden sollte. Laura war stolz. So ein tolles Lob von der Hausdame. Sie war beeindruckt. Auf die Hausdame Elli hielt sie große Stücke. Diese hatte ihre Abteilung gut im Griff.

Der Abend in der mittelalterlichen Burg war soweit ganz lustig. Wenn sich nicht Frank und der neue Director of Sales Henry so daneben benommen hätten. Sie waren am Ende sturzbetrunken, dass es irgendwie nicht mehr auszuhalten war. Was für ein schräger Ausflug, so kurz vor Weihnachten.

Doch Laura war zufrieden, fühlte sich bestätigt von ihrer Kollegin Elli. Das hatte bisher noch keiner zu ihr gesagt. Sie wähnte sich in Sicherheit und konnte entspannt in die Weihnachtsferien gehen.

Gestärkt und erholt kam Laura aus den Weihnachtsferien zurück. Sie war guter Dinge und fand einen machbaren Weg mit Henry. Schließlich hatte sie schon im Dezember eine Strategie vorbereitet, wie die Verkaufsabteilung zukünftig gut aufgestellt ist. Dabei hat sie gemeinsam mit ihren beiden Mitarbeitern die Aufgaben und die Kundenbetreuung so aufgeteilt, dass alle zufrieden sein müssten. Henry war von ihrer Vorstellung begeistert. Er müsse eh viele strategische Aufgaben übernehmen, die vorher in diesem Hotel nicht so stark ausgeprägt waren. Zum Beispiel die Marktforschung und die Entwicklung neuer Märkte in der Region. Mit einem Mal schienen alle in der Verkaufsabteilung zufrieden zu sein. Jeder hatte seine Aufgaben und seine Verantwortlichkeiten. Mit der neuen Situation, dem Director of Sales im Team, arrangierten sich alle Kollegen. Lauras Pläne gingen auf.

Sie schaffte es sogar, einen Key Account so zu entwickeln, dass sich dessen Umsatzzahlen verdoppelten.

Eines Tages bekam Laura dann Post von einer Reederei, bei der sie sich vor Monaten beworben hat. Sie wurde gebeten, sich zu einem persönlichen Vorstellungsgespräch zu melden. Fünf Tage später hatte sie ein interessantes Angebot, den Vertrieb für ein Hotel auf einer Insel aufzubauen. „Herausfordernd!" dachte sie, denn im November fährt dort so keiner freiwillig zur Erholung hin. Laura hatte die Idee, den Kunden dort Tagungen und Incentives anzubieten. Außerdem wurde auf der Insel, auf der sie anfangen konnte, ein Künstlerhaus gebaut. Darüber freute sich Laura besonders, weil sie kunstinteressiert ist und selbst malt. Eine gelungene Kombination. Sie dachte ein paar Tage darüber nach, besprach das neue Jobangebot mit ihren Freunden und nahm es schließlich an. Und das Beste: 60 % mehr Gehalt, als Frau. Yes.

Die Zeit für eine Kündigung war gekommen. Laura besprach ihr Vorhaben mit Henry, der die Botschaft weiter im Hotel verbreitete. Mit einem Mal mochte er sie nicht gehen lassen. Ob das ernst gemeint war oder alle nur aus Höflichkeit so reagierten? Laura war sich nicht sicher, nach allem, was sie in dieser Hotelgruppe erlebt hatte. Viele konnten es verstehen, nur John nicht. Er fragte Laura, was denn jetzt die Herausforderung daran sei. Es sei doch keine internationale Hotelgruppe, daher sehe er das nicht als Fortschritt an. „Naja" dachte Laura, „von John hätte ich auch nichts anderes erwartet."

Als Laura ihren letzten Arbeitstag hatte und bei einem schönen Abendessen mit allen Abteilungsleitern und einem Abschiedscocktail mit all ihren wichtigsten Kunden wohlwollend verabschiedet wurde, kniete Frank zu guter Letzt vor Laura, sie solle doch im Hotel bleiben. Laura fühlte sich geschmeichelt, verstand aber die Welt nicht mehr. Sie freute sich auf ihre neue Herausforderung und trat sie top motiviert an.

Was ist das Fazit dieses Erlebnisses?
Laura war immer engagiert. Doch welche der männlichen Führungskräfte ist ernsthaft auf ihre Talente eingegangen? Der neue Director of Sales hat sich mit ihr arrangiert, weil er dachte, dann bekommt er einen guten Start ins Team, sowie gute Kontakte in die Szene vor Ort. Somit machte er es sich leichter, die Kundenbeziehungen aufzubauen.

Und all die anderen Chefs? Wenig bis keine Empathie!

Eine Fähigkeit, die sich nicht nur Frauen von ihren Chefs wünschen. Versetzen Sie sich ab und zu in die Lage Ihrer Mitarbeiter. Was denken, fühlen, beobachten diese? Welche Erkenntnisse haben Sie dadurch? Wie stünde es um die Leistungsfähigkeit von Laura, wenn einer ihrer Chefs auf sie eingegangen wäre, einige ihrer Bedingungen akzeptiert hätte? Vielleicht wäre sie länger im Hotel geblieben? In jedem Fall hätte sie sich noch besser einbringen können.

Laut einer Forsa-Studie aus dem Jahr 2009 bemängeln 60 % der befragten Mitarbeiter die fehlende Wertschätzung im Betrieb. Daraus schätzt das Fürstenberg-Institut Folgekosten von 262 Milliarden Euro durch diese verminderte Leistungsfähigkeit in Unternehmen (FAZ 2010).

Dieses Ergebnis ist Grund genug, sich vermehrt dem Thema Wertschätzung im Unternehmen durch respektvollem und empathischem Führungsverhalten zu widmen. Die Generation Y motiviert sich nicht mehr über externe Faktoren, wie es Laura in diesem Fall getan hat. Karriere steht für sie nicht im Vordergrund. Vielmehr geht es ihnen darum, wie sie etwas umsetzen und welcher Nutzen dahinter steht. Beziehen Sie Ihre Mitarbeiter immer mit in die Arbeitsprozesse ein. Stellen Sie Ihnen zum Beispiel Fragen wie: „Was ist Ihr nächster Schritt? Wie würden Sie entscheiden? Wie setzen Sie das Projekt um? Wie gehen Sie jetzt vor?" Selbstverständlich sollten diese Fragen immer aus Ihrem Sprachgebrauch stammen. Nur so wirken Sie authentisch und Ihre Mitarbeiter nehmen Ihnen wirklich ab, was Ihre Absicht ist.

16.2 Die Zeiten sind vorbei, als schwangere Frauen noch auf dem Feld arbeiten mussten

Szene im Verkaufsseminar: „Na, wie lange wollen Sie noch arbeiten?" „Bis ich in den Mutterschutz gehe. Also sechs Wochen vor dem Geburtstermin." „Oh hah! Noch mal eben alles mitnehmen, was?" sagte Jörg, der Meister eines Servicecenters. Maja war irritiert. Was sollte sie auf diese Aussage antworten?

„Ja, richtig erkannt" sagte Maja, „solange ich fit bin, arbeite ich weiter."

Jörg saß selbstgefällig in seinem Stuhl zwischen seinen beiden Kollegen, die ihn angrinsten. Arbeitsalltag. Das Seminar begann schon richtig gut. Maja, die Verkaufstrainerin, fragte ihre Teilnehmer während der Begrüßungsrunde, was sie jeweils besonders macht. Die Teilnehmergruppe bestand aus vier Männern und einer Frau, hierarchisch gleichgestellte Führungskräfte.

„Ja", fing Ellen an, sie war als erstes dran, sich vorzustellen. „Was macht mich besonders?" „Du bist ein Mädchen", entgegnete Paul und fiel ihr damit ins Wort. „Ich kann gut zuhören, bin offen für Neues und finde für viele Probleme eine Lösung", beendete Ellen ihre Vorstellung und ignorierte Paul einfach.

Sprüche, die die Welt nicht braucht. Was spricht dagegen, wenn eine schwangere Frau, die Spaß an ihrer Arbeit hat und Unternehmerin ist, so lange arbeitet, wie sie glaubt, dass es für sie richtig ist? Als Frau denken Sie: Was soll dieser Spruch? Ich fühle mich in der Lage, weiter das zu tun, was mir Spaß macht. Und weil mir dieser Job so viel Freude macht, mache ich ihn. Selbstverständlich kommen Frauen an ihre Grenzen. Denn sie wollen weiterhin ebenso viel Verantwortung tragen und die Aufgaben erledigen, die sie als Führungskraft erfüllen, die Mitarbeiter motivieren, ihnen ein Vorbild sein. Mit zunehmender Schwangerschaft gelingt es ihnen jedoch nicht, weil sie permanent an Gewicht zunehmen und der Körper sich beinahe täglich verändert.

Stellen Sie sich vor, Sie hätten zehn Kilo zugenommen und man verlangt von Ihnen, dass Sie Ihre zehn Kilometer Strecke, die Sie üblicherweise in 50 Minuten absolvieren, jetzt ebenso schnell absolvieren sollen. Gelingt es Ihnen? Doch nur, wenn Sie regelmäßig trainiert haben oder? Und Maja macht jeden Tag mindestens dreißig Minuten Sport, deswegen ist sie so fit. Wenn Sie regelmäßig trainieren, dann hätten Sie eh keine zehn Kilo zugenommen.

Wenn die Frauen in Ihrem Team an dem Punkt angekommen sind, wo sie als Führungskraft zugeben müssen, dass sie etwas zurückschalten müssen und ihre Aufmerksamkeit durch die Hormone leidet und ihr Umfeld ebenso irritiert ist, weil es gewohnt war, dass sie immer an alles gedacht hat, dann hilft nur mehr Kommunikation, Kommunikation, Kommunikation. Im besten Fall erzählt die Frau in der Führungsposition, was gerade in ihr vorgeht und sucht einen Weg, wie sie professionell damit umgeht.

Maja, die Verkaufstrainerin denkt überhaupt nicht daran, mit der Arbeit aufzuhören, weil sie ihren Job liebt. Sie wundert sich darüber, dass ihr Umfeld (Freundinnen, Bekannte, Frauenarzt) sie mitleidig anblicken, wenn sie erwähnt, dass sie, wenn ihr Kind etwa drei Monate alt ist, wieder arbeiten möchte. Sie weiß, dass sie stundenweise beginnt, aber sie könnte sich nicht vorstellen, ein Jahr zu Hause zu bleiben.

Wenn Maja ihren Freundeskreis befragt, dann hat sie die eine Hälfte Freunde, die ebenso denken wie sie. Die andere Hälfte gibt ihr unbewusst zu verstehen, dass sie eine Rabenmutter ist, wenn sie so schnell wieder einsteigt (dabei sind Rabenmütter sehr liebevolle Tiere, die sich rührend um ihre Jungen kümmern).

Maja wächst mit ihren Aufgaben, je mehr ihre Schwangerschaft voran schreitet, desto mehr merkt sie körperlich, dass sie nicht mehr voll im Betrieb mitarbeiten kann. Sie bespricht diese Situationen regelmäßig mit ihrem Mann, mit dem sie den Betrieb leitet und sie verabreden, dass ihr Mann in einer Notsituation einspringt, falls sie an einem Tag nicht in der Lage ist, ein Seminar zu halten. Das kommuniziert sie ihren Kunden, damit diese sicher sein können, dass ihre Seminare durchgeführt werden. Wenn sie zum Beispiel drei Intervallseminare bei einem Kunden hält, dann berichtet sie bei jedem Training, dass sie eine Plan-B-Lösung hat und dass sie bei dem letzten Seminar ihre Assistentin mitbringt, damit sie sicher sein kann, dass ihre Teilnehmer immer bestens betreut sind. Das ist ihr wichtig.

Sie fragt ihren Mann immer wieder, wie wohl ein Mann darüber denkt, dass sie als Schwangere weiterhin Seminare hält, damit sie versteht, warum die Männer ihr gegenüber solche Sprüche machen. Und weil ihr Mann so offen und flexibel ist, ist es leicht für sie, wieder einen Einstieg in das Berufsleben zu finden. Er denkt, dass es nur förderlich für sein Kind ist, wenn es weitere Bezugspersonen hat, um seine soziale Kompetenz auszubauen. Maja fühlt sich von ihm gleichberechtigt behandelt, weil er ihr ermöglicht, wieder im Job einzusteigen. Dazu wird er sich ebenfalls Zeit für ihr Kind nehmen. Einerseits möchte Maja nicht den Faden in ihrem Beruf verlieren und andererseits denkt sie darüber nach, was es für Folgen haben könnte, wenn sie beispielsweise ein Jahr aussetzen würde.

Sie erzählt ihren Kunden, dass sie nach etwa drei Monaten wieder langsam und stundenweise einsteigen wird. „Ach, doch so früh", sagt ein Geschäftsführer eines Handelsunternehmens. „Meine Frau hat länger ausgesetzt."

Tipp an die Männer in Führungspositionen
Nicht alle Frauen denken, dass sie sofort aussteigen werden, wenn sie schwanger sind oder nehmen die Schwangerschaft als Ausrede, um nicht mehr arbeiten zu müssen. Frauen in der heutigen Zeit möchten Kinder bekommen *und* sich in ihrem Job verwirklichen. Dabei geht es der Frau nicht darum, ein Effektivitätsmonster zu werden, sondern einen Weg zu finden, wie sie ihr privates und ihr berufliches Leben in Einklang bringt.

Liebe Männer, sehen Sie das bitte differenzierter und seien Sie offen für Frauen, die so denken. Die Generation Y befasst sich eher mit dem Sinn ihres Berufes und sie stellt sich nicht die Frage, ob das eine oder das andere Platz hat. Beides hat seinen Platz.

Frauen dieser Generation denken nicht in Karriereschritten. Sie haben ein Wertesystem, mit dem sie Verantwortung für sich übernehmen, Sinn in einem Projekt finden oder einer Aufgabe nachgehen, die sie erfüllt. Glück hat viele Facetten.

Praxisbeispiel
Die Grafikerin Melanie ist 25 Jahre alt und hat vor zwei Jahren angefangen als studentische Aushilfe in einer Akademie zu arbeiten, zunächst für ein paar Stunden in der Woche. Sie wollte zum Beispiel immer um 11:00 Uhr mit ihrer Arbeit beginnen. Anfangs war das unproblematisch, weil sie etwa zwei bis drei Projekte, wie zum Beispiel die Gestaltung einer Einladungskarte oder die Gestaltung des Handbuches, zur gleichen Zeit bearbeitet hat.

Mit der Zeit machten ihr die Projekte immer mehr Spaß. Nun stellte sie vieles in Frage, machte Vorschläge, wie man beispielsweise die Hauszeitung für ein Fahrzeugbauunternehmen attraktiver für deren Kunden gestalten kann. Außerdem geht sie offen damit um, wenn ihr Chef ihr Vorschläge oder Verbesserungen macht, damit sie lernt, die Kundenprojekte selbstständig zu betreuen. Sie führt den Kundenkontakt selbstständig, ist Ansprechpartnerin für diese und zieht die Konsequenzen, wenn Fehler passieren oder erntet ihr persönliches Lob, wenn die Kunden sehr zufrieden mit ihrer Arbeit sind.

Melanie findet zunehmend mehr Spaß an Ihrer Arbeit. Sie kann sich vorstellen, hauptberuflich als Grafikerin für die Akademie tätig zu sein. Was ihr wirklich gut gefällt, ist die offene und wertschätzende Unternehmenskultur. Anfangs wollte sie unbedingt in eine große Agentur gehen, um dort etwas zu lernen. Heute ist sie für die nächsten Jahre überzeugt, dass sie sich in der Akademie entfalten wird.

Als Maja, ihre Chefin, mit ihr ein Reflexionsgespräch führt, wird Melanie gefragt, wie sie sich die Zusammenarbeit vorstellt. „Ja, ich möchte sieben Stunden am Tag arbeiten, damit ich noch etwas vom Abend habe." Maja schaut Melanie an. „Kannst du dir auch vorstellen, bereits um 10:00 Uhr zu starten? Das ist uns wichtig, weil morgens Kundenanfragen kommen, die vormittags beantwortet werden müssen. Wenn wir die Telefonate beantworten, dann müssen wir auf einen Rückruf von dir verweisen. Bist du dann mit der Arbeit beginnst, sind manche Kunden wieder unterwegs und die Rückfragen beschränken sich auf den Nachmittag. Das ist manchmal zu spät, weil die Kundenentscheidungen dann doch auf den nächsten Tag verschoben werden." „Ja, das verstehe ich", sagt Melanie. „Ich bin eher so die Spätaufsteherin und kann ab 11:00 Uhr und nachmittags gut konzentriert arbeiten. Ich versuche, immer um 10:00 Uhr da zu sein."

Gesagt, getan und umgesetzt. Hätten Sie vor 15 Jahren gedacht, dass ein Mitarbeitergespräch so ablaufen wird? Eher hätte sich der Mitarbeiter der Situation gefügt und geschaut, wie er sich im Betrieb anpassen kann, um möglichst seine Karriere voran zu bringen.

Es zählten drei Dinge: 1. Leistung, 2. Leistung und 3. Leistung
Als Maja eines Tages ziemlich erschöpft zur Arbeit kommt, weil sie durch ihre Schwangerschaft immer weniger Arbeitsleistung bringen kann, sagt Melanie zu ihr: „Laura, die Zeiten sind vorbei, dass Frauen noch in der Schwangerschaft auf dem Feld arbeiten mussten. Wir sind auch noch da und nehmen dir Arbeit ab. Das bekommen wir schon hin."

Maja, die noch aus ihrer anfänglichen beruflichen Zeit weiß, wie wichtig es ist, Leistung zu bringen, lächelt und freut sich über die Rückmeldung von Melanie. Das tut ihr gut und gibt ihr Mut, etwas kürzer treten zu können. „Der Mensch wächst mit seinen Aufgaben!" denkt sie. „Gut, dass wir mit einer Generation offener Menschen arbeiten können, denen der Teamgeist wichtiger ist, als die eigene Karriere."

16.3 Muss ich wirklich die Freundin meines Chefs werden?

Ja, das hatte keiner Sina zugetraut. Nach nur einem halben Jahr Betriebszugehörigkeit in der Pflegegruppe „Gutbetreut" wird sie Einrichtungsleiterin in einer Pflegeeinrichtung, die zentral im Ortskern von Vegesack liegt. Früher war sie Verwaltungsfachkraft im Krankenhaus. Dort hat sie gelernt, wie man mit Herausforderungen in der Pflege umgeht. Nur kranke Menschen um einen herum. Das ist schon manchmal laut, die vielen Rufe nach den Krankenschwestern und das Gejammer, dass die Krankheit so schlimm ist. Dieses ständige Leid, die Patienten schreien vor Schmerzen, es riecht unangenehm in den Zimmern, obwohl von morgens bis abends die Böden und die Waschecken gereinigt werden. Und dann diese Dokumentationsflut, ewig alles notieren, was man mit dem Patienten gerade gemacht hat. Von der Pille bis zur Bettpfanne, jeder Handgriff muss notiert werden. Wer kontrolliert das? Der medizinische Dienst, der mit einem Mal unangemeldet vor der Tür steht und einen ganzen Tag lang Stichproben macht, ob auch die Patienten zur richtigen Zeit geweckt und gewaschen werden. Immer wieder ein großes Thema in den Dienstbesprechungen, denn wenn der Medizinische Dienst einen Fehler gefunden hat, dann ist die Not groß. Daran hatte sich jeder in der Zwischenzeit gewöhnt. Und die Pflegeteams haben es einfach gemacht, denkt sich Sina, dann wird es wohl in der Pflegeeinrichtung „Sonnenschein" auch klappen.

Sina ist voller Tatendrang. Boris, der Pfleger aus dem Haus A, tritt ihr forsch gegenüber: „Was hast du denn vor in den nächsten Wochen? Das Betriebsklima verbessern, das haben ja schon ganz andere vor dir versucht." Sina lässt sich auf der monatlichen und für sie heute ersten Dienstbesprechung nicht aus der Fassung bringen. Solche Quertreiber oder Machtmenschen wie Boris gab es in ihrer Klinik auch, die sind generell gegen jede Form der Veränderung. Sina trägt ihre Agenda vor und befragt der Reihe nach Henriette, Lena und Max, ihre Abteilungsleiter für das Haus „Sonnenschein." Henriette bemängelt die fehlende Beteiligung an der Organisation des Sommerfestes, Lena berichtet kurz über die Belegungszahlen aus der Tagespflege und Max, der Küchenchef, jammert, dass wieder mal zwei seiner Aushilfen krank geworden sind. „Immer die beiden Gleichen, die fehlen. Rufen montags an, dass sie die ganze Woche krank sind. Und dann diese leidende Stimmlage. Das geht mir schon sehr auf den Keks." Die Besprechung geht zu Ende und außer den Führungskräften hat kein anderer Mitarbeiter was zu sagen. Sina ist irritiert, wo doch Boris so rumgetönt hat, dass das Betriebsklima so schlecht sei. Und dann diese beiden Abteilungsleiter, die sich über ihre Mitarbeiter beschweren, dass sie sich nicht engagieren. Das typische oberflächliche Gerede. Die Besprechung war am Morgen.

Paul steht pünktlich am Nachmittag um 15:00 Uhr an der Rezeption des Hauses „Sonnenschein". Sieglinde, die Verwaltungsfachkraft und gleichzeitig Rezeptionistin hat schon Feierabend. Paul ist im ganzen Haus bekannt für seine Pünktlichkeit, schließlich hat er das Haus zwei Jahre als Einrichtungsleiter geführt. Auch Henriette weiß seine Genauigkeit zu schätzen. Sie freut sich, dass er heute im Haus ist. Paul besucht die Einrichtung regelmäßig, seit zwei Jahren ist er engagierter Geschäftsführer der Pflegegruppe „Gutbetreut". Henriette plaudert auf dem Gang in der hellen und einladenden Eingangshalle mit ihm: „Ja, die Bewohner, die sehen alle momentan ganz zufrieden aus. Es ist ja Sommer", meint Henriette. „Und gut, dass Sie mal wieder hier sind. Ich habe immer gern mit Ihnen gearbeitet, Herr Fröhlich." Paul fühlt sich geschmeichelt und läuft mit erhobener Brust durch die Gänge. „Guten Tag Herr Fröhlich. Schön, Sie mal wieder zu sehen", kommt Max ihm aus der Küche entgegen. Ach wie freundlich, denkt sich Paul.

So kann es weiter gehen, wo er doch hier schon so viele Einrichtungsleiter eingestellt hat, die ihm immer versprochen haben, dass sie ganz nah am Mitarbeiter sind. Was sie denn damit meinten, hat Paul immer gefragt. „Ja, ich mache eine Morgenrunde und begrüße alle Mitarbeiter auf den Stationen wie in der Küche." Meinte Moritz, der vorletzte Einrichtungsleiter. Doch über ihn hatten sich so viele Mitarbeiter beschwert, dass er den ganzen Tag in seinem Büro saß und unerreichbar war. Schließlich hatte er noch die Frechheit besessen und sich mit einer Schülerin abends verabredet, so dass Paul sicher war, dass Moritz außerhalb der Pflegegruppe besser aufgehoben sei.

Jetzt freute er sich auf das erste Gespräch mit Sina. Paul hatte gleich viele Talente in ihr entdeckt, obwohl viele sie als sehr schüchtern und zurückhaltend empfunden haben. Doch da war Paul anderer Meinung, man müsste sie nur genug fordern, dann würde sie zeigen, dass sie Führungsqualitäten hat. Sein Kollege, der Peter, den er aus dem Studium kennt, hatte ihm Sina empfohlen. „Sina ist immer offen, sie stellt sich allen Herausforderungen, die es so gibt." Peter kannte Sina aus der Klinik. Er war so begeistert von ihr, weil sie endlich die Verwaltung neu strukturiert hatte. Endlich gab es eine neue Ordnerstruktur, jeder wusste, wo welches Dokument in welchem Regal oder wo welche Vorlage für jeden Handgriff war. Alle Teamkollegen kamen damit gut zurecht. Sie waren froh über die Vereinfachung, da sie dadurch mehr Zeit hatten.

Sina und Paul suchten sich eine ruhige Ecke in dem gemütlichen Café, das nachmittags selbst gebackene Torten anbot. Seitdem Paul das Haus geführt hatte, kamen hin und wieder Passanten von außen, entweder nach einem Spaziergang oder wenn ihr Zug Verspätung hatte, zum Kaffee ins Haus „Sonnenschein." Sina hatte vor Pauls Besuch sich eine Liste mit Notizen über den aktuellen Stand des Hauses gemacht. Nach der Dienstbesprechung notierte sie sich alle ihre Gedanken, die sie nach ihrem ersten Eindruck hatte.

Das Küchenteam um Max herum war irgendwie kein Team, ständig war einer krank. Von Max hatte sie kein besonders vorbildliches Bild bekommen. Er selbst ging früh nach Hause und kam erst 08:00 Uhr zum Dienst. Dann war schon viel Arbeit erledigt. Das Frühstück stand im Restaurant und auf den Wohnbereichen bereit für die Bewohner, die es gewohnt waren, pünktlich ihre frisch gebackenen Brötchen und immer den gleichen Käse auf der gleichen Stelle der Platte wieder zu finden.

Henriette erledigte viele Aufgaben selbst. Sie kontrollierte die Dienstpläne, die sie selbst geschrieben hatte, wobei sie darüber fluchte, dass die Wünsche aus ihrem Team nicht umsetzbar waren. Dann wollte Horst an dem Wochenende Urlaub, an dem Roswitha frei haben wollte, wie sollte das gehen? Sina bekam das genau mit, weil sie sich mit Henriette ein Büro teilte.

Von Lena, der Leiterin der Tagespflege, hatte sie noch kein genaues Bild. Die erzählte nur die notwendigen Punkte, wie die Belegung des Tages, die Zufriedenheit der Bewohner und so weiter.

Sina trug Paul einen Punkt nach dem anderen vor. Es war schon komisch, dass er früher der Chef in diesem Haus war, dachte Sina. Alle Kollegen sind so freundlich zu Paul. Und wenn er wieder weg ist, dann jammern sie alle rum. „Da stimmt etwas nicht. Zu Ihnen sind alle so freundlich, Herr Wüstenstaub. Vorhin in der Dienstbesprechung gab es viel Gejammer. Der engagiert sich nicht, der ist krank und so weiter. Welchen Eindruck haben Sie?" „Ich werde immer sehr freundlich empfangen. Mir scheint es so, als ob sich viele mit mir gut stellen wollen. Oder vielleicht hat der eine oder andere Kollege die Hoffnung, dass ich als Leiter dieses Hauses wiederkomme." „Das macht die Sache nicht einfacher für mich", entgegnet Sina. „Ich versuche mich hier durchzusetzen und habe einfach den Eindruck, dass ich nicht akzeptiert werde." „Ja, dann müssen Sie sich wohl besser durchsetzen." „Wenn das so einfach wäre." Die beiden reden aneinander vorbei.

„Haben Sie Ihren Abteilungsleitern schon gesagt, was Sie von Ihnen erwarten?" Paul sitzt mit erhobener Brust vor Sina und erklärt ihr, wie er sein Team geführt hat. „Fragen stellen. Fragen stellen. Fragen stellen. Wie planen Sie, Ihr Küchenteam gesund zu halten? Was unternehmen Sie, damit die Pflege einen guten Zusammenhalt hat? Diese Fragen habe ich immer gestellt."

„Auf einen Versuch käme es an", ist Sina sich sicher. Doch will sie es genauso machen wir ihr Chef Paul? „Ich brauche Unterstützung. So einfach sind diese Themen hier nicht zu klären. In der Tagespflege steige ich nicht durch. Lena scheint alle ihre Schäfchen im Griff zu haben. Da schert keiner so schnell aus, keiner sagt etwas. Aber sobald ich den Raum betrete, hört das Tuscheln, das es vorher gab, auf. Finden Sie das nicht werkwürdig?"

Paul denkt nach. „Ich bin der Sache noch nicht auf den Grund gekommen, warum sich die Teams mir und Ihnen gegenüber so unterschiedlich verhalten. Was schlagen Sie vor, Sina?" „Ich denke an ein Kommunikationstraining für alle Mitarbeiter. Vom Hausmeister bis zur Reinigungskraft sollten alle gelernt haben, was es bedeutet, wertschätzend miteinander zu kommunizieren. Nach dem Seminar wären alle auf dem gleichen Stand. Jeder hätte es einmal getestet und ausprobiert, wie es sich anfühlt, wenn man sich auf eine konstruktive Art die Meinung sagt, ohne dass jemand eingeschnappt ist." „Gewaltfreie Kommunikation, das hatten wir schon bei Larissa und Erwin. Da kenne ich mich bestens aus. Aber das setzt hier keiner um, außerdem müssen Konsequenzen folgen."

Gesagt getan. Quer gemischt durch die Abteilungen findet ein Kommunikationsseminar statt. Lena startet als erste in der Begrüßungsrunde. Nina ist eine erfahrene und praxisorientierte Kommunikationstrainerin. Jahrelang hat sie in einer Klinik gearbeitet und ist seit 6 ½ Jahren als Trainerin unterwegs. Routiniert stellt sie Fragen zum Thema Kommunikation, welche Erfahrungen und welche Wünsche die Teilnehmer an das Team haben. „Wenn sich alle um sich selbst und nicht um die anderen kümmern, dann wären wir alle einen großen Schritt weiter", schließt Henriette die Begrüßungsrunde.

Nina nimmt alle Aussagen zur Kenntnis. Auf dem „Wünsche-Flipchart" stehen Begriffe wie: Wertschätzung, Respekt, Unterstützung, gegenseitige Offenheit und vieles mehr. Alle Gruppen sind sich einig, Nina hätte alle Flipcharts mit allen Wünschen hängen lassen können. Es steht überall das gleiche. Der Umgangston ist einer der wichtigsten Faktoren.

„Die Kühlregale müssen noch geputzt werden. Bevor du Feierabend hast, muss das alles fertig sein." Svetlana übt mit Denise einen Dialog. Denise fühlt sich von Svetlana angegriffen. Dieser Umgangston gefällt ihr nicht. Nina bemerkt die Unstimmigkeiten und spiegelt den unterschiedlichen Tonfall beider Kolleginnen. Svetlana und Denise verstehen, dass sie sich jeweils in ihrem Umgangston vergreifen. „Auf mich wirkst du sehr hart. Ich fühle mich dadurch angegriffen. Natürlich verstehe ich, dass die Kühlregale geputzt werden müssen. Ist doch logisch", beginnt Denise ihre Sichtweise zu schildern. Svetlana versteht langsam, worum es hier geht. Sie hat es nicht so gemeint. Ihr ist wichtig, dass alle Aufgaben pünktlich erledigt sind, so hat sie es in Russland gelernt. Pünktlichkeit und Ordnung, das sind wichtige Tugenden in ihrer Heimat. Denise wünscht sich einen sachlicheren Umgangston von Svetlana. Die beiden finden eine Lösung.

Sina hat sich von diesem Seminar viel versprochen. In ihrer Nachlese mit Nina stellt sie fest, dass sie noch einiges zu tun hat. „Ihre Führungskräfte übernehmen keine Verantwortung. Immer sind die anderen schuld", fasst Nina zusammen. Die beiden stellen einen Plan auf, wie es weiter geht. Ein Auffrischungsseminar soll es in drei Monaten geben. Sina soll Besprechungsregeln auf Grundlage des Seminars einführen, weil Wünsche wie Respekt und Vertrauen häufig vertreten waren.

„Da bekomme ich so einen Krawatte", meint Sina im Führungsseminar. Sie hat sich doch nach einigen Monaten und Rücksprache mit Paul zur Führungswerkstatt angemeldet. Das findet nur 45 Kilometer von ihrer Arbeitsstelle statt und sie kann sich dort mit anderen Führungskräften austauschen.

„Du wirkst auf mich etwas aggressiv", entgegnet Ondür, auch Teilnehmer der Führungswerkstatt und Meister in einer Kfz-Werkstatt. „Woran machst du das fest?" entgegnet

Sina. „Deine Körperhaltung wirkt abwehrend, deine Mimik, dein Gesicht sind ganz verkniffen. Da würde ich auch nicht das machen, was du möchtest."

Sina stöhnt auf. „Ok, ok. Ich hab's verstanden. Wie soll ich das ändern? Ist gerade alles anstrengend. Unser zweiter Geschäftsführer war heute bei uns im Haus. Mein gesamtes Team macht einen Kniefall vor ihm und ich habe ihm die Meinung gesagt. Ich glaube, das fand der nicht so gut. Es ist aber nicht meine Art, es jedem Recht zu machen."

Da muss ich wohl durch, denkt sich Sina. Irgendwas ist ja immer. Ich lasse mich auf keinen Fall unterkriegen. Das wäre ja noch schöner.

Stille im Raum. Sina denkt nach. Alle Teilnehmer schauen zu Boden. Stille aushalten! Denkt sich Nina und blickt in die Runde. Wenn sie immer gleich alle Antworten geben würde, dann würde niemand darüber nachdenken, warum er sich so verhält. Sina widmet sich Ondür: „Was denkst du, wie kann ich meine Körpersprache und Mimik ändern? Gib mir bitte einen Tipp." „Puh!" Ondür stöhnt auf. „Soll ich die Antwort geben?" Alle blicken in seine Richtung.

„Was wünschen Sie sich von Sina?" gibt Nina an dieser Stelle einen Tipp.

„Dass Sie mich offen und wohlwollend anblickt, so dass ich die Möglichkeit habe, auf sie einzugehen, wenn ich der Mitarbeiter wäre. Meine ich." „Und wie genau sieht das aus?" Nina lässt nicht locker.

„Soll ich das vormachen?" Ondür stöhnt auf. Also so. Er setzt sich mit offenen Armen, freundlichem Blick und aufrechtem Oberkörper in Sinas Richtung. Sie lächelt ihn an. „Danke Ondür, ich versuche es", freut sich Sina.

„Und wie genau sieht das bei dir aus? Stell dir vor, ich wäre deine Mitarbeiterin, die gerade vergessen hat, ein Medikament zu dokumentieren." Nina bleibt hartnäckig.

Sina blickt zu Boden, atmet tief durch und setzt sich aufrecht in meine Richtung, blickt Nina mit ihren freundlichen Augen an und beginnt mit dem Satz: „Hallo Nina, wie geht es dir?" „Gut, danke."

„Ich möchte kurz mit dir über unsere Zusammenarbeit sprechen. Du weißt, dass du eine wichtige Kraft bei uns im Team bist?" Nina nickt.

„Mir ist aufgefallen", Sina bleibt weiter gerade sitzen, als Ondür sie freundlich anblickt, „dass du bei dem Bewohner Herrn Siebenstreich vergessen hast, die Dokumentation fertig zu stellen."

„Ja, stimmt. Ich hatte keine Zeit."

„Wie wichtig ist die Dokumentation in der Pflege?" „Sehr wichtig."

„Wer arbeitet das jetzt nach?" „Ich."

„Gut. Danke. Was tust du, damit du immer die Einträge in die Dokumentationen machst?"

„Wenn ich bei dem Bewohner meine Arbeit erledigt habe, dann setze ich mich kurz hin und notiere alle relevanten Daten. Dann lasse ich meinen Blick durch das Zimmer schweifen, ob ich an alles gedacht habe. Danach gehe ich zum nächsten Zimmer."

„Klasse, so können wir alle notwendigen Standards einhalten. Die Bewohner sind zufrieden, die Angehörigen, der medizinische Dienst und die Geschäftsführung auch. Und wir alle haben es leichter."

Sina ist zufrieden. „Danke, das war gut. Wenn du das weiter übst und dran bleibst, dann wirst du merken, wie sich Zusammenarbeit mit deinem Team ändert. Sag mal, das Thema, das wir gerade besprochen haben, klärst du das wirklich mit einem Pfleger oder wer könnte das außer dir tun?", reflektiert Nina das Gespräch.

„Das müsste eigentlich Henriette, unsere Pflegedienstleiterin tun. Ich glaube, ich muss mehr abgeben und die Abteilungsleiter auch genauer fragen, wie sie ihre Mitarbeitergespräche führen. Wir haben dazu ja ein Seminar bei dir besucht. Daran könnte ich sie erinnern, damit unsere Stimmung besser wird." Sina wirkt etwas abgekämpft, aber zufrieden mit sich.

„Danke, das hat mir geholfen. Danke Ondür." Sina schaut in Ondürs Richtung. Ondür ist überrascht, wird er doch so selten gelobt. „Gern. Immer doch", entgegnet Ondür gönnerhaft.

Sina lässt sich mit ihrer frischen und offenen Art nicht unterkriegen und erarbeitet sich den Respekt ihres Teams. Mit der Zeit lernt sie damit umzugehen, das Team akzeptiert sie. In jedem Führungswerkstattabend testet sie wieder neue Formulierungen aus und berichtet in der Gruppe, was sich verändert hat.

Während Paul seine anfangs monatlichen Besuche im Haus „Sonnenschein" noch mit viel Zeitaufwand plant, ist Sina ein gutes Beispiel dafür, wie offen eine Führungskraft immer wieder Herausforderungen herangeht. Zu allem Überfluss muss Sina ihren Küchenchef austauschen. Er war der Meinung, er könne sich nach Feierabend mit einer Praktikantin treffen und ihr tagsüber anzügliche SMS senden. Doch das hat Sina auch nicht umgehauen. „Irgendwie ist ja immer etwas zu tun", berichtet Sina in ihrer frischen Art, als sei diese Situation alltäglich.

Und weil Sina einen so guten und vorbildlichen Job macht und der Krankenstand in ihrer Pflegeeinrichtung immer geringer wird, bekommt sie nach zwei Jahren Tätigkeit den Job als Regionalgeschäftsführerin angeboten. Sina denkt lange nach.

Tipp an die Männer in Führungspositionen
Merken Sie sich den Satz: Jeder Mensch hat alle Fähigkeiten und Möglichkeiten, die er braucht, um sich im Beruf zu entfalten. Die Generation Y ist offen und neugierig. Nutzen Sie diese Fähigkeiten, damit die bestehenden und die neuen Teams ideal zusammengeführt werden. Was Sie dafür benötigen: Geduld, die Fähigkeit, sich zurückzunehmen und Fragen zu stellen sowie einen Vertrauensvorschuss für Ihr Team, damit es sich entfalten kann.

Denken Sie daran, wie Sie selbst vor Jahren als Führungskraft begonnen haben? Was haben Sie über Ihr Umfeld gedacht und welche Einstellung hatten Sie zu Ihrem Betrieb und Ihrem Team? Waren Sie immer mit allen Maßnahmen einverstanden?

Versetzen Sie sich von Zeit zu Zeit in die Lage der jüngeren Generation, um nachzuempfinden, was in der Generation vorgeht, wie sie denkt, fühlt und handelt. Diese Übung wird Sie dabei unterstützen, die Generation besser zu verstehen, deren Talente zu nutzen und alle Generationen, die in Ihrem Team vorhanden sind, miteinander zu vereinen.

16.4 Über die Autorin

Nadine Wendt (geborene Schneider) beschäftigte sich frühzeitig mit dem Thema Führung. Schon während der Ausbildung zog es Sie aktiv in die erste Reihe. So gewann Sie zweimal die niedersächsischen Hotelmeisterschaften und dann konsequenterweise die Deutschen Hotelmeisterschaften im Bereich Service. Viele Förderer unterstützen Sie bei dieser herausragenden Aufgabe und sahen in ihr weiteres Talent schlummern.

In der Folge strebte Nadine beständig nach einer für Sie passenden leitenden Funktion. Als sich die Chance bot, ergriff Sie diese und setzte sich an die Spitze Ihres Verkaufsteams in einem renommierten Bremer Hotel. Bis zum Wechsel in eine neue Tätigkeit führte Sie Ihr Team mehr als erfolgreich.

Im Jahr 2007 professionalisierte Nadine Wendt ihre gesammelten Erfahrungen und agiert seither als Sparringspartnerin in allen Fragen der Führung in Firmen und gegenüber Führungskräften. Mittlerweile vertrauen sich Nadine Wendt jedes Jahr mehr als 50 Führungskräfte mit all Ihren Fragen an.

Darüber hinaus hat Sie Ihr eigenes Format, die Führungswerkstatt, entwickelt. Die wird von den Teilnehmern so gut angenommen, dass es mittlerweile davon drei unterschiedliche Formate für Einsteiger und Profis gibt.

Literatur

FAZ (2010). *Probleme der Mitarbeiter kosten Milliarden*. http://www.faz.net/aktuell/beruf-chance/arbeitswelt/neue-studie-probleme-der-mitarbeiter-kosten-milliarden-1936973.html. Zugegriffen: 19.05.2015

Topaktuelles Wissen für die Praxis

2013. XII, 258 S. 48 Abb. Brosch.
€ (D) 29,99 | € (A) 30,83 | * sFr 37,50
ISBN 978-3-658-01417-9 (Print)
€ (D) 22,99 | * sFr 30,00
ISBN 978-3-658-01418-6 (eBook)

2014. XIX, 167 S. 34 Abb. in Farbe. Geb.
€ (D) 19,99 | € (A) 20,55 | * sFr 25,00
ISBN 978-3-658-03589-1 (Print)
€ (D) 14,99 | * sFr 20,00
ISBN 978-3-658-03590-7 (eBook)

2014. XIV, 325 S. 48 Abb. Brosch.
€ (D) 29,99 | € (A) 30,83 | * sFr 37,50
ISBN 978-3-658-03611-9 (Print)
€ (D) 22,99 | * sFr 30,00
ISBN 978-3-658-03612-6 (eBook)

2015. X, 261 S. 7 Abb. Brosch.
€ (D) 29,99 | € (A) 30,83 | * sFr 37,50
ISBN 978-3-658-03613-3 (Print)
€ (D) 22,99 | * sFr 30,00
ISBN 978-3-658-03614-0 (eBook)

2015. XVIII, 207 S. 47 Abb. Brosch.
€ (D) 29,99 | € (A) 30,83 | * sFr 37,50
ISBN 978-3-658-05774-9 (Print)
€ (D) 22,99 | * sFr 30,00
ISBN 978-3-658-05775-6 (eBook)

2015. XIV, 115 S. Geb.
€ (D) 29,99 | € (A) 30,83 | * sFr 32,00
ISBN 978-3-658-07507-1 (Print)
€ (D) 22,99 | * sFr 25,50
ISBN 978-3-658-07508-8 (eBook)

2016. Etwa 300 S. Geb.
€ (D) 29,99 | € (A) 30,83 | * sFr 37,50
ISBN 978-3-658-07497-5 (Print)
€ (D) 22,99 | * sFr 25,50
ISBN 978-3-658-07498-2 (eBook)

2016. Etwa 300 S. Geb.
€ (D) 29,99 | € (A) 30,83 | * sFr 37,50
ISBN 978-3-658-07509-5 (Print)
€ (D) 22,99 | * sFr 25,50
ISBN 978-3-658-07510-1 (eBook)

2015. Etwa 70 S. Geb.
€ (D) 19,99 | € (A) 20,55 | * sFr 21,50
ISBN 978-3-658-05782-4 (Print)
€ (D) 14,99 | * sFr 17,00
ISBN 978-3-658-05783-1 (eBook)

€ (D) sind gebundene Ladenpreise in Deutschland und enthalten 7 % MwSt. € (A) sind gebundene Ladenpreise in Österreich und enthalten 10 % MwSt. Die mit * gekennzeichneten Preise sind unverbindliche Preisempfehlungen und enthalten die landesübliche MwSt. Preisänderungen und Irrtümer vorbehalten.

Jetzt bestellen: springer.com/shop

MIX
Papier aus verantwortungsvollen Quellen
Paper from responsible sources
FSC® C105338

If you have any concerns about our products,
you can contact us on
ProductSafety@springernature.com

In case Publisher is established outside the EU,
the EU authorized representative is:
**Springer Nature Customer Service Center GmbH
Europaplatz 3, 69115 Heidelberg, Germany**

Printed by Libri Plureos GmbH
in Hamburg, Germany